ESTUDOS DIRIGIDOS
DE GESTÃO PÚBLICA
NA AMÉRICA LATINA

Volume 1

Raquel Dias da Silveira
Rodrigo Pironti Aguirre de Castro
Coordenadores

ESTUDOS DIRIGIDOS DE GESTÃO PÚBLICA NA AMÉRICA LATINA

Volume 1

Belo Horizonte

Editora Fórum

2011

© 2011 Editora Fórum Ltda.

É proibida a reprodução total ou parcial desta obra, por qualquer meio eletrônico, inclusive por processos xerográficos, sem autorização expressa do Editor.

Conselho Editorial

Adilson Abreu Dallari	Floriano de Azevedo Marques Neto
André Ramos Tavares	Gustavo Justino de Oliveira
Carlos Ayres Britto	Jorge Ulisses Jacoby Fernandes
Carlos Mário da Silva Velloso	José Nilo de Castro
Carlos Pinto Coelho Motta	Juarez Freitas
Cármen Lúcia Antunes Rocha	Lúcia Valle Figueiredo (*in memoriam*)
Clovis Beznos	Luciano Ferraz
Cristiana Fortini	Lúcio Delfino
Diogo de Figueiredo Moreira Neto	Márcio Cammarosano
Egon Bockmann Moreira	Maria Sylvia Zanella Di Pietro
Emerson Gabardo	Oswaldo Othon de Pontes Saraiva Filho
Fabrício Motta	Paulo Modesto
Fernando Rossi	Romeu Felipe Bacellar Filho
Flávio Henrique Unes Pereira	Sérgio Guerra

Editora Fórum

Luís Cláudio Rodrigues Ferreira
Presidente e Editor

Coordenação editorial: Olga M. A. Sousa
Revisão: Leonardo Eustáquio Siqueira Araújo
Bibliotecária: Lissandra Ruas Lima – CRB 2851 – 6ª Região
Capa, projeto gráfico e diagramação: Walter Santos

Av. Afonso Pena, 2770 – 15º/16º andares – Funcionários – CEP 30130-007
Belo Horizonte – Minas Gerais – Tel.: (31) 2121.4900 / 2121.4949
www.editoraforum.com.br – editoraforum@editoraforum.com.br

E82   Estudos dirigidos de gestão pública na América Latina / Coordenadores: Raquel Dias da Silveira; Rodrigo Pironti Aguirre de Castro. Belo Horizonte: Fórum, 2011.

v. 1 : 393 p.
ISBN 978-85-7700-432-4

1. Direito administrativo. 2. Gestão pública. I. Silveira, Raquel Dias da. II. Castro, Rodrigo Pironti Aguirre de.

CDD: 341.3
CDU: 342.9

Informação bibliográfica deste livro, conforme a NBR 6023:2002 da Associação Brasileira de Normas Técnicas (ABNT):

SILVEIRA, Raquel Dias da; CASTRO, Rodrigo Pironti Aguirre de (Coord.). *Estudos dirigidos de gestão pública na América Latina*. Belo Horizonte: Fórum, 2011. v. 1, 393 p. ISBN 978-85-7700-432-4.

Dedicamos este livro à memória do Prof. Manoel de Oliveira Franco Sobrinho, professor estimado que sempre desempenhou papel fundamental na integração do Direito Administrativo latino-americano.

Ao Prof. Romeu Felipe Bacellar Filho e ao Prof. Rodolfo Carlos Barra, por permitirem a amizade e a troca de conhecimento na América Latina.

Sumário

APRESENTAÇÃO
Raquel Dias da Silveira, Rodrigo Pironti Aguirre de Castro 15

Considerações acerca dos Tipos de Licitação "Melhor Técnica" e "Técnica e Preço"
André Luiz Freire 17
1   Considerações iniciais 17
2   Os tipos de licitação "melhor técnica" e "técnica e preço" 18
2.1 Conceito 18
2.2 Hipóteses de cabimento 19
2.3 Adoção do tipo "melhor técnica" e do tipo "técnica e preço" 21
3   A determinação dos critérios técnicos. A importância da motivação 22
4   O procedimento do tipo "melhor técnica" 28
5   O procedimento do tipo "técnica e preço" 31

Aportes para um Ideário Brasileiro de Gestão Pública: a Função do Controle Externo
Angela Cassia Costaldello 33
1   Premissas de apreciação do tema 33
2   A gestão e a Administração Pública: o sentido da condução da
     res publica sob o fluxo dos princípios constitucionais 35
3   O planejamento estratégico: pressuposto da ação administrativa
     eficiente e da eficácia das políticas públicas 37
4   A atribuição constitucional de controle externo: os Tribunais de
     Contas 43
5   O controle da gestão pública pelos Tribunais de Contas: limites e
     possibilidades 46
6   Considerações finais 48
     Referências 49

Direito Público e Direito Privado na Organização da Administração Pública Brasileira: o Caso dos "Colaboradores" das Autarquias Profissionais
Daniel Ferreira 53
1   Introdução 53
2   Histórico do vínculo mantido entre os Conselhos de Fiscalização
     Profissional e os seus "colaboradores" 55
2.1 Desde o Decreto-Lei nº 968/69 até a Constituição Federal de 1988 55
2.2 Da Constituição Federal de 1988 até a Emenda Constitucional
     nº 19/98 56
2.2.1 A Lei nº 8.112/90 – Estatuto dos Servidores Públicos Civis da União 56
2.2.2 Da Lei nº 9.649 – de 27 de maio de 1998 60

2.3 Da Emenda Constitucional nº 19/98 até a decisão na ADIN nº 2.135 62
3 Efeitos da medida cautelar deferida na ADIN nº 2.135 64
4 Direitos decorrentes do retorno ao *status quo ante* 65
4.1 Direito à aposentadoria no regime estatutário 65
4.1.1 A questão do custeio da aposentadoria estatutária remunerada 67
4.2 Direito à contagem em dobro de licença prêmio não gozada 68
5 Conclusão 69

Gestão Pública e a Realidade Latino-Americana
Daniel Wunder Hachem 71
1 Introdução 71
2 Origens da noção de *gestão pública* 72
3 Significado(s) e objetivos da *gestão pública* 75
4 Correntes e perspectivas teóricas da *gestão pública*: é possível a transposição da lógica da *gestão privada* ao espaço público? 80
5 A ideia de *gestão pública* é compatível com a realidade latino-americana? 85
6 Conclusão: a vinculação da *gestão pública* à pauta constitucional e aos direitos fundamentais 90
Referências 91

A Razoável Duração do Processo como Pressuposto da Gestão Pública Eficiente: a Tensão Dialética entre o Cumprimento das Finalidades Essenciais e a Dimensão Temporal do Processo Administrativo
Daniel Müller Martins 95

Os Princípios da Subsidiariedade e da Universalização do Serviço Público como Fundamentos da Prestação de Serviço Público por meio de PPP: Realidade Brasileira
Eduardo Ramos Caron Tesserolli, Rodrigo Pironti Aguirre de Castro 109
1 Crise do Estado e o princípio da subsidiariedade 109
1.1 A evolução do Estado e o princípio da subsidiariedade 109
1.2 O modelo de gestão pública gerencial e o princípio da subsidiariedade 115
1.3 Princípio da subsidiariedade e da universalização do serviço público como fundamento da delegação do serviço a particular por meio de PPP 122

O Gerencialismo entre Eficiência e Corrupção: Breves Reflexões sobre os Percalços do Desenvolvimento
Emerson Gabardo, Luciano Elias Reis 125
1 Introdução 125
2 A ética como premissa na atuação pública 127
3 A eficiência no modelo gerencial 132
4 A corrupção e os seus efeitos 138
5 Posicionamento normativo transnacional da corrupção 141

6   Conclusão 143
    Referências 144

ACERCA DE LA INTERPRETACIÓN RESTRICTIVA DE CONCESIONES Y LICENCIAS EN EL DERECHO ADMINISTRATIVO ARGENTINO
Héctor Huici 149
I.   Introducción 149
II.   El origen de la doctrina citada 151
II.1   Los hechos del caso 151
II.2   El Fallo 152
III.   Aplicación de la doctrina en nuestro país 157
III.1   Santamaría Antonio c. Gobierno de la Provincia de Santa Fe 157
III.2   Compañía Swift de La Plata c. el Gobierno de la Nación 158
III.3   Fisco Nacional c. Compañía Dock Sud de Buenos Aires Limitada 159
IV.   Alcance y valoración crítica de la doctrina 161

INÉRCIA INCONSTITUCIONAL CAUSADORA DE DANOS INÍQUOS: RESPONSABILIDADE CIVIL PROPORCIONAL DO ESTADO
Juarez Freitas 165
1   Introdução 165
2   Desproporcionalidade e a omissão inconstitucional do Estado-Administração 167
3   Conclusões 180

GESTÃO DE RISCOS NA PRESTAÇÃO DE SERVIÇOS PÚBLICOS: A EXPERIÊNCIA MINEIRA NA IMPLEMENTAÇÃO DAS PARCERIAS PÚBLICO-PRIVADAS
Licurgo Mourão, Gélzio Viana Filho 183
1   Introdução 183
2   A reforma do Estado e as PPPs 185
3   As leis das PPPs e o modelo adotado em Minas Gerais 192
4   O projeto do complexo penitenciário de Minas Gerais 196
5   Arranjos e garantias 206
6   O tratamento jurídico-contábil dos riscos e garantias nos contratos de PPP 208
7   O controle das Parceiras Público-Privadas 210
8   Considerações finais 211
    Referências 213

PROTEÇÃO JURÍDICA DO AGENTE PÚBLICO QUANDO DA INVALIDAÇÃO DO VÍNCULO DE TRABALHO COM O ESTADO: IMPROPRIEDADE DO CRITÉRIO DA BOA-FÉ DO AGENTE PARA FINS DE INDENIZAÇÃO
Luis Henrique Braga Madalena, Raquel Dias da Silveira 217
1   Introdução 217

2	Contratação temporária por excepcional interesse público	218
3	Consequências da contratação temporária ilegal	224
4	Fundamentos da proteção jurídica do prestador de trabalho ao Estado	227
5	Conclusão	230
	Referências	231

Parcerias Público-Privadas e Desenvolvimento Local em um Município de Minas Gerais
Luiz Alex Silva Saraiva, José Márcio Donádio Ribeiro 233

1	Introdução	233
2	Desenvolvimento local	234
3	Modelos de desenvolvimento local	235
4	Metodologia	241
5	Análise dos dados	242
5.1	Entraves da implantação de parcerias público-privadas	246
5.2	Vantagens e desvantagens socioeconômicas com a utilização das PPPs	248
6	Conclusões	249
	Referências	250

El Control del Transporte Público Pasajeros en Trenes Subterráneos en la Ciudad Autónoma de Buenos Aires
Mariano Cordeiro 253

I.	Introducción	253
II.	El Ente Único Regulador de Servicios Públicos de la Ciudad de Buenos Aires	256
III.	El transporte público de pasajeros en trenes subterráneos	259
III.a)	Los alcances del poder de policía local	261
III.b)	La competencia del Ente	264
IV.	Conclusiones	264

Ética Pública
Martín Plaza 267

I	Introducción	267
II	Complejo normativo	269
III	Participación del particular	271
IV	Ética y eficiencia	272
V	Conclusiones	272

Tutela Judicial Efectiva Rechazo in Limine de las Acciones en General y del Amparo en Particular
Pablo Oscar Gallegos Fedriani 275

Breves Considerações sobre a Adequada Gestão Pública. Busca-se a Ótima ou a Eficiente?
Phillip Gil França 289

1	Introdução	289
2	Gestão Pública	290
3	Princípio da Eficiência	293
4	Princípio da Administração ótima	294
5	Conclusão	296

Naturaleza de la Financiacion Privada de Infraestructura Pública
Rodolfo C. Barra 299

	Introducción	299
I.	La financiación de las obras públicas	300
a)	La Constitución Nacional y la financiación de las obras públicas	300
b)	Modalidades de la ecuación económico-financiera de la concesión	303
c)	El peaje o tarifa pagada por el concesionario es un recurso público, no el precio como prestación por el uso del camino	305
II.	Naturaleza del peaje. La doctrina de "Arenera del Libertador" y sus matices	306
III.	Las "relaciones organizativas genéricas" y las "relaciones organizativas específicas"	309
a)	Las relaciones organizativas genéricas	310
b)	Las "relaciones organizativas específicas" y las "cargas económicas administrativas"	312
c)	"Reserva de ley" y "sujeción positiva a la ley"	316
IV.	Las "relaciones organizativas específicas" y las "relaciones especiales de sujeción"	318
V.	¿Competencia legislativa o zona de reserva de la Administración? El principio de la "interpretación funcional más conveniente"	321
VI.	La delegación transestructural de cometidos	323
	Referencias	325

Notas sobre as Licitações por Pregão e as Fraudes: Breves Reflexões e a Desconstrução de um Mito
Rodrigo Pironti Aguirre de Castro, Luis Eduardo Coimbra de Manuel 327

Introdução	327
Aspectos gerais da modalidade pregão	328
O interesse público na máxima difusão do pregão	331
O problema da competição entre iguais	332
Algumas formas de desvirtuamento	333
Conclusões	338

Profissionalização da Função Pública: a Experiência Brasileira
Romeu Felipe Bacellar Filho 339

1	Profissionalização da função pública e legitimação da Administração Pública	339
2	Constituição de 1988, Administração Pública e princípio da impessoalidade	341
3	Profissionalização do servidor público, reforma administrativa e princípio da eficiência	343

4   Profissionalização da função pública e princípio da acessibilidade
    aos cargos e empregos públicos 346

El Sistema Federal y la Regulación de los Servicios Públicos en la Argentina
Santiago R. Carrillo 351
I.   Introducción: el escenario político 351
II.   El sistema federal: la autonomía como base de la unidad............353
II.1.   La jurisdicción en materia de servicios públicos..........................356
II.2.   La alternativa por las regiones para la regulación local................362
III.   El concepto de regulación..363
IV.   La ejecución de los servicios públicos 365
IV.1.   El título habilitante para la prestación del servicio público 366
IV.2.   Las tarifas...367
IV.3.   El regulador: solvencia técnica y autonomía funcional 368
IV.4.   La protección de los usuarios..369
IV.5.   Efecto expansivo: presupuestos mínimos en la protección de los
        usuarios 369
V.   Conclusiones..370

Algunas Pautas para la Gestión Estatal de las Necesidades Esenciales de la Comunidad: Conclusiones a la Luz de un Ejemplo Particular
Sebastián Álvarez...373
1   Enfoque 373
2   El inicio de la actividad en Argentina. Actividad privada, no
    regulada 374
3   Actividad esencial. Prestación mixta 375
4   1949 a 1990. Período de nacionalización de la actividad 376
5   1990 – 2001. Privatización de la industria. Regulación y control
    estatales 379
6   2001 al presente. Desadaptación del mercado, intensificación de la
    regulación. Ultimo modelo de gestión 382
7   Algunas conclusiones a las que se puede arribar del ejemplo aquí
    referido 383

Sobre os Autores...387

Apresentação

Esta obra é fruto da inspiração de jovens professores de direito administrativo, que, motivados por um espírito de amizade e de intercâmbio do desenvolvimento intelectual e acadêmico da América Latina, resolvem deixar sua singela contribuição para as dinâmicas discussões da gestão pública global.

Em uma breve síntese evolutiva, importante registrar que, entre 13 e 16 de maio de 2007, Curitiba foi sede do II Congresso Ibero-Americano de Direito Administrativo, promovido pela Associação Ibero-Americana e pelo Instituto Ibero-Americano de Direito Público *Jesús González Pérez*, sob a presidência do Professor Romeu Felipe Bacellar Filho.

Imaginava o Prof. Romeu, já naquela oportunidade, constituir uma associação ibero-americana de jovens administrativistas, ou ainda, um grupo de jovens juristas com interesse em discutir temas relevantes de direito administrativo.

Foi com esse espírito agregador que Romeu Felipe Bacellar Filho[1] apresentou os professores brasileiros Emerson Gabardo e Rodrigo Pironti Aguirre de Castro aos professores argentinos Mariano Cordeiro, Santiago Carrillo e Isaac Damski e também aos mexicanos Miguel Alejandro Lopez Olvera e Rodrigo Ochoa Figueroa.

Assim, os contatos foram formalizados e, com o passar do tempo, os vínculos da academia e, principalmente, de amizade se estreitando, o que tem permitido um intercâmbio constante de ideias, acrescido de um relacionamento, cada vez mais, fraterno, sobretudo, entre professores do Brasil, Argentina e México.

Em 2009, com o apoio da OAB/PR — presidida naquela ocasião pelo Dr. Alberto de Paula Machado — por meio de sua Comissão de Gestão Pública, sob a presidência do Prof. Rodrigo Pironti Aguirre de Castro, tornou-se possível o I Fórum Latino-Americano de Gestão Pública, com a participação de jovens professores brasileiros,

---

[1] Reconhece-se, portanto, com justiça, que o prof. Romeu Bacellar é o real detentor de todos os méritos deste grupo e daquilo que ainda teremos a realizar.

argentinos e mexicanos, a fim discutir problemas comuns relacionados à Administração Pública desses três países.

O fortalecimento dos vínculos de amizade e o desenvolvimento científico dos trabalhos do grupo foi tão intenso que, no início de 2010 — sob a coordenação do professor argentino Rodolfo Carlos Barra —, alguns de seus integrantes participaram de Fóruns de discussão sobre gestão pública na Itália e Espanha, permitindo que expandissem ainda mais seus laços institucionais e acadêmicos.

Entre os dias 17 e 18 de junho de 2010, a mesma comissão da OAB/PR, com o apoio e incentivo da presidência da Ordem dos Advogados do Brasil – Seccional Paraná, representada pelo seu Presidente Dr. José Lúcio Glomb, realizou no grande Auditório da OAB o II Fórum Latino-Americano de Gestão Pública, com o intuito de estudar e debater temas sobre infraestrutura e desenvolvimento do Estado, tendo por convidados, entre outros, professores de Direito Administrativo do Brasil, da Argentina e do México.

O evento, incontestavelmente profícuo e com inovação temática incontroversa, foi patrocinado pela Editora Fórum e resultou na elaboração desta obra coletiva.

Além dos professores que participaram na qualidade de expositores do II Fórum Latino-Americano de Gestão Pública, escrevem nesta obra membros da Comissão de Gestão Pública da OAB Paraná e outros professores convidados. A todos eles, reiteramos nossos mais sinceros agradecimentos pelos esforços e conhecimentos ofertados, seguros de que sua participação apenas densifica a qualidade intelectual da obra que se lhes apresenta.

Vale ressaltar, ainda, que essa coletânea, embora por nós coordenada, é, na verdade, resultado do empenho e dedicação de uma comissão constituída por membros verdadeiramente atuantes, que têm se debruçado no estudo, investigação e proposição de alternativas para a melhora da gestão pública brasileira.

Por isso, não apenas como professores de Direito Administrativo, mas, sobretudo, como advogados, com festejada alegria e justificado orgulho, submetemos esses frutos à apreciação da comunidade jurídica.

Raquel Dias da Silveira
Vice-Presidente da Comissão de Gestão Pública da OAB Paraná.

Rodrigo Pironti Aguirre de Castro
Presidente da Comissão de Gestão Pública da OAB Paraná.

Considerações acerca dos Tipos de Licitação "Melhor Técnica" e "Técnica e Preço"

André Luiz Freire

Sumário: 1 Considerações iniciais – 2 Os tipos de licitação "melhor técnica" e "técnica e preço" – 2.1 Conceito – 2.2 Hipóteses de cabimento – 2.3 Adoção do tipo "melhor técnica" e do tipo "técnica e preço" – 3 A determinação dos critérios técnicos. A importância da motivação – 4 O procedimento do tipo "melhor técnica" – 5 O procedimento do tipo "técnica e preço"

1 Considerações iniciais

Um dos aspectos importantes das licitações públicas consiste na escolha do *tipo de licitação*. Os tipos de licitação são os critérios de julgamento a serem usados pela Administração Pública para a seleção da proposta mais vantajosa para o interesse público. Por força do princípio do julgamento objetivo, eles deverão estar definidos no edital da licitação pública, não sendo possível que eles se fundamentem em parâmetros subjetivos.

Os tipos de licitação estão previstos taxativamente no art. 45, §1º, da Lei nº 8.666/1993 ("Lei de Licitações" ou "LLC"). São eles: menor preço, melhor técnica, técnica e preço e maior lance ou oferta. Todo critério de julgamento fixado no edital de licitação deverá, necessariamente, fazer referência a esses tipos, porquanto o §5º do dispositivo veda a utilização de outros tipos de licitação. Assim, não pode o administrador combinar, por exemplo, o maior lance com a melhor técnica. Essa medida torna inválido o edital de licitação. Os tipos de licitação deverão ter previsão legal.

Nas licitações públicas, a regra é a adoção do tipo menor preço. Assim, é definido no edital um padrão mínimo de qualidade e a escolha do futuro contratado ocorrerá apenas com base no menor valor. Porém, em determinadas situações o tipo menor preço cederá espaço para outros tipos de licitação. Neste estudo, o objetivo consiste em analisar os *tipos de técnica*, quais sejam, os tipos "melhor técnica" e "técnica e preço".

Para tanto, serão apresentados inicialmente os aspectos gerais desses tipos (tópico 2). Em seguida, serão tecidas considerações sobre a determinação dos critérios técnicos (tópico 3) e, ao final, sobre o procedimento dos tipos "melhor técnica" (tópico 4) e "técnica e preço" (tópico 5).

2 Os tipos de licitação "melhor técnica" e "técnica e preço"

2.1 Conceito

A nota comum dos tipos de técnica ("melhor técnica" e "técnica e preço") reside no fato de que a seleção da oferta mais vantajosa para o interesse público demanda a *valoração dos aspectos técnicos da proposta dos licitantes*.

Contudo, na "melhor técnica", a Administração seleciona a melhor proposta técnica e, a partir disso, procede a uma "negociação" com o licitante. Já na "técnica e preço", é feita uma média ponderada das notas obtidas na análise das propostas técnica e econômica; aqui, não há aquela "negociação", pois a melhor proposta é selecionada pela conjugação dos critérios técnico e de preço.

Nas licitações de técnica, a Administração descreve o objeto da licitação, a partir das especificações indispensáveis para a satisfação da necessidade pública, avalia a existência dessas especificações nas propostas realizadas e, em seguida, *valora* os aspectos técnicos das propostas dos licitantes, de acordo com os critérios objetivos fixados no ato convocatório.

Tanto nas licitações de menor preço como nas de técnica há a avaliação técnica das propostas. Essa avaliação existe para que a Administração possa identificar as propostas que são aceitáveis das que não são, ou seja, aquelas que possuem os requisitos mínimos para a satisfação do interesse público das que não têm. Todavia, apenas nas licitações de técnica o Poder Público *diferencia*, para fins de escolha do futuro contratado, os aspectos técnicos das propostas (observado o padrão mínimo fixado no edital), sempre de acordo com os critérios objetivamente definidos no edital.

Aliás, no que se refere à definição dos critérios de valoração técnica, é imprescindível que a Administração os estabeleça de modo objetivo.[1] A partir do momento em que não se dispõe de critérios objetivos para avaliar a técnica empregada, isso significa que não cabe sequer licitação, mas sim inexigibilidade (LLC, art. 25, *caput*, e II). Assim, para a contratação de um advogado para a elaboração de um parecer jurídico, não há critérios objetivos para se avaliar as propostas dos potenciais interessados. Logo, não cabe a licitação. Porém, em se tratando da contratação de advogado para patrocinar as demandas judiciais da Administração Pública,[2] é possível estabelecer critérios técnicos objetivos, de tal modo que será possível utilizar o tipo de técnica.

2.2 Hipóteses de cabimento

A Lei de Licitações prevê duas hipóteses de cabimento para os tipos de técnica: (a) serviços de natureza predominantemente intelectual (LLC, art. 46, *caput*); (b) objetos de grande vulto majoritariamente dependentes de tecnologia nitidamente sofisticada e de domínio restrito (LLC, art. 46, §3º).

---

[1] Sobre a subjetividade dos critérios de avaliação, convém transcrever trecho do voto do Conselheiro Eduardo Bittencourt Carvalho, do TCE/SP, relator do TC-037605/026/09 (Tribunal Pleno):
"Nas quatro modalidades de propostas técnicas que deverão ser apresentadas por cada licitante, consoante enumeração e descrição dos itens '6.3.1', '6.3.2', '6.3.3' e '6.3.4', há o mesmo sistema de atribuição de pontos, onde o conceito 'Muito Bom' atribuirá 10 (dez) pontos, o conceito 'Satisfatório' atribuirá 06 (seis) pontos e o conceito 'Não Apresentado' atribuirá zero ponto.
Pois bem, é evidente a condenável subjetividade destes critérios na medida em que é impossível de ser determinado com um mínimo de precisão sobre o que pode ser considerado como proposta 'satisfatória', passível de receber 06 (seis) pontos, ou ainda, sobre o que pode ser considerada como proposta 'muito boa', passível de receber 10 (dez) pontos.
A irregularidade se aprofunda com o dispositivo do item '9.1.2' do edital, onde está consignado que serão também levadas em consideração a 'clareza', a 'objetividade' e a 'consistência' das propostas, bem como a 'confiabilidade' e a 'experiência' do corpo técnico da licitante, o que comprova de forma cabal que o DAEE construiu cláusulas editalícias que atribuem uma substancial e condenável margem de discricionariedade à Comissão de Julgamento, em detrimento dos princípios da isonomia, do julgamento objetivo e da necessária transparência que deve estar presente nos atos da Administração."
Também sobre a subjetividade dos critérios técnicos, *vide* TCE/SP – 2ª Câmara, TC-002060/007/07.

[2] Evidentemente, dentro de um contexto em que foram observados os requisitos necessários à terceirização lícita dos serviços advocatícios.

Marçal Justen Filho critica a fórmula adotada pela Lei nº 8.666/93, por considerá-la simplista. Na lição do jurista, não é a natureza do objeto que determina a escolha do tipo de licitação, mas sim as características do interesse visado pelo Poder Público, isto é, os caracteres da necessidade pública. "Pode-se afirmar que a licitação de menor preço é cabível quando o interesse sob tutela do Estado pode ser satisfeito por um produto qualquer, desde que preenchidos requisitos mínimos de qualidade ou técnica. Já as licitações de técnica são adequadas quando o interesse estatal apenas puder ser atendido por objetos que apresentem a melhor qualidade técnica possível, considerando as limitações econômico-financeiras dos gastos públicos".[3]

Com efeito, são as características da demanda pública que acabam levando à valoração ou não da técnica empregada para a seleção da melhor proposta. Se a necessidade pública puder ser indistintamente atendida por objetos que possuam um padrão mínimo de qualidade (objetivamente descrito no edital), o tipo de licitação será o menor preço. Por outro lado, se o grau de satisfação do interesse público variar conforme seja a melhor qualidade do objeto, então a técnica é um elemento a ser valorado.[4]

De modo geral, isso ocorre em serviços de natureza predominantemente intelectual, tais como os exemplificados no dispositivo legal em comento (elaboração de projetos, estudos técnicos etc.). Não há dúvida de que, para a contratação de alguém para a elaboração de projeto básico e executivo para uma obra, os aspectos técnicos deverão ser objeto de valoração. Conforme a técnica do proponente seja melhor, igualmente mais bem atendido será o interesse público. O mesmo vale para a contratação de advogados, pouco importando a natureza da atividade jurídica desempenhada (evidentemente, desde que existam critérios objetivos de escolha; do contrário, trata-se de inexigibilidade).

Porém, é possível que a diferença técnica em serviços de natureza predominantemente intelectual seja irrelevante, bem como também pode ocorrer que outros objetos demandem valoração técnica. Isso fica

---

[3] JUSTEN FILHO, Marçal. *Comentários à lei de licitações e contratos administrativos*. 14. ed. São Paulo: Dialética, 2010. p. 625.
[4] "AÇÃO POPULAR. LICITAÇÃO. CLÁUSULAS IRREGULARES E ILEGAIS EM FACE DA LEI Nº 8.666/93. 1. Quando a atividade ofertada através de licitação envolve algum perigo ou risco à população é indispensável que também seja utilizado o critério técnica, pois não se pode priorizar apenas o aspecto econômico. 2. As cláusulas editalícias não podem ser interpretadas de forma isolada, mas sim em conjunto com as demais exigências editalícias, bem como com o objeto do certame e a Lei nº 8.666/93 e suas alterações posteriores. 3. Reexame necessário a que se nega provimento" (TRF/4ª Região, REO nº 200104010637246, 4ª Turma, rel. Des. Fed. Joel Ilan Paciornik, *DJ* 29.01.2003).

claro quando se lê o §3º do art. 46. Neste dispositivo, a Lei de Licitações admite a utilização dos tipos de técnica quando o objeto seja de grande vulto e dependentes de tecnologia nitidamente sofisticada, nos casos em que forem admitidas soluções alternativas e variações de execução, com repercussões significativas sobre sua qualidade, produtividade, rendimento e durabilidade concretamente mensuráveis, e estas puderem ser adotadas à livre escolha dos licitantes.

Marçal Justen Filho tem razão novamente ao afirmar que o valor da contratação é fator de menor relevância.[5] Aliás, seria possível acrescentar que *não tem relevância* para a escolha do tipo de técnica. O que importa mesmo é a diversidade de técnicas existentes não dominadas pela Administração e pertencentes a círculo pequeno de pessoas, altamente especializadas. Nesses casos, há inclusive a licitação do projeto executivo em conjunto com a execução do objeto (art. 7º, §1º, da LLC).

A partir dessa perspectiva, o que se deve avaliar é se, independentemente do valor da contratação, se a *valoração* da técnica empregada é ou não determinante para a melhor execução do objeto e, por consequência, se é determinante para a melhor satisfação do interesse público em concreto. Se for, então o tipo de técnica deverá ser adotado.

2.3 Adoção do tipo "melhor técnica" e do tipo "técnica e preço"

O art. 46 da Lei nº 8.666/93 não diferenciou as hipóteses em que cabe o tipo "melhor técnica" e o tipo "técnica e preço".

---

[5] "O §3º reporta-se a situação em que a Administração não logrou determinar, de antemão, a solução técnica mais satisfatória para o interesse perseguido pelo Estado. A peculiaridade do dispositivo reside muito mais nesse aspecto do que na questão do tipo de licitação. O que desperta grande atenção é a possibilidade de soluções alternativas, que possam ser adotadas à livre escolha do licitante.
São situações, portanto, em que a Administração sequer disporá propriamente de um projeto executivo, na medida em que não elegeu, de modo preciso, uma solução técnica para execução de uma prestação. A licitação se peculiariza pelo convite aos interessados para formularem não apenas uma proposta econômica, mas também cogitarem da concepção de solução tecnológica. Assim, suponha-se a necessidade de construção de uma ponte, em local caracterizado por grandes dificuldades técnicas. Existem diversas soluções para execução da obra, cada qual envolvendo pontos positivos e negativos. A Administração não dispõe de condições de identificar a opção mais satisfatória, especialmente pela dificuldade de formular uma relação custo-benefício. Em tal hipótese, remete a questão para o âmbito da licitação. Cada licitante disporá da faculdade de escolher a solução técnica, tomando em vista os aspectos positivos que possa envolver e os custos econômicos correspondentes" (JUSTEN FILHO. *Comentários...*, p. 630).

Seria possível defender que, quando a valoração técnica for mais relevante que a verificação do menor preço, caberá usar o tipo "melhor técnica". De igual modo, quando for necessário valorar ambos, deverá ser adotado o tipo "técnica e preço". Contudo, esse argumento não possui grande relevância, pois nada impede que a Administração atribua na "técnica e preço" um peso maior ao fator técnica, o que, aliás, é usual. De outro lado, como será visto mais à frente, o tipo "melhor técnica" poderá acabar resultando na escolha do menor preço.

Em realidade, não existe um critério objetivo capaz de apontar quando caberá o tipo "melhor técnica" e quando caberá "técnica e preço". Trata-se de *competência discricionária* da Administração, a partir dos elementos do caso concreto. É evidente que tal escolha deverá ser devidamente motivada, devendo o administrador demonstrar as razões que o levaram a afastar um tipo em detrimento do outro.

Convém mencionar que a péssima sistemática conferida pela Lei de Licitações ao tipo de licitação "melhor técnica" tem levado os administradores a escolher o tipo "técnica e preço", conferindo maior peso ao fator técnica. Tal opção tem trazido, de fato, maior segurança à tomada de decisões dos agentes públicos.

De todo modo, vale destacar que a escolha de um dos tipos de técnica não é uma tarefa das mais simples. Nas situações em que há dúvida sobre qual tipo de técnica é mais adequado, o órgão controlador (notadamente o Poder Judiciário e os Tribunais de Contas) deverá ter um critério objetivo para invalidar a decisão da Administração; se não tiver, ele não poderá sindicar o ato, declarando válida a decisão do agente público.

3 A determinação dos critérios técnicos. A importância da motivação

Nas licitações de técnica, a tarefa mais complicada reside na determinação dos critérios a serem avaliados e valorados. O art. 46, §1º, I, da Lei de Licitações dispõe que poderão ser objeto de avaliação: (a) a capacitação e a experiência do proponente; (b) a qualidade técnica da proposta, podendo compreender a metodologia, organização, tecnologias e recursos materiais a serem utilizados nos trabalhos; (c) a qualificação das equipes técnicas a serem mobilizadas para sua execução.

Ressalte-se que foi usada a expressão *"poderão ser objeto de avaliação"*. Nem sempre todos aqueles critérios serão valorados. A razão para isso é simples: "o critério técnico a ser valorado deverá guardar *compatibilidade direta com a maior satisfação da necessidade pública"*. A partir do momento em que inexiste relação lógica entre o aspecto técnico a ser avaliado e a maior qualidade da futura prestação, então o critério é impertinente.[6]

Acerca da necessidade de haver nexo lógico entre o quesito de pontuação técnica e o objeto da futura contratação, há diversos julgados. A título de exemplo, pode-se citar o Acórdão nº 2.561/2004 – 2ª Câmara, no qual o TCU entendeu que não cabe exigir, numa licitação para serviços de informática, quesito de pontuação técnica que: (a) privilegiasse "o local, se interno ou externo à empresa, de treinamento dos funcionários da licitante, quando tal condição for irrelevante para a execução do objeto a ser contratado" (item 9.3.3 do Acórdão); e, (b) levasse em conta critérios relativos à política de benefícios concedidos pelas licitantes a seus funcionários.

Em igual sentido, no Acórdão nº 1.782/2007 – Plenário, a Corte de Contas federal consignou, no Sumário do julgado, que é inválida a licitação cujo edital estabelece critérios de pontuação da proposta técnica "excessivamente restritivos e desproporcionais às características exigidas dos licitantes para a prestação dos serviços, com prejuízo ao alcance da proposta mais vantajosa para a Administração".

Interessante também é o Acórdão nº 1.453/2009 – Plenário: "9.2.3.6. em se tratando de tipo técnica e preço, abstenha-se de exigir ou pontuar qualquer quesito que não guarde correlação técnica, pertinência ou proporcionalidade com o objeto contratado ou que não indique, necessariamente, maior capacidade para fornecer os serviços licitados, em observância ao disposto na Lei n. 8.666/1993, art. 3º, §1º, I, e à jurisprudência do TCU, contida, por exemplo, nos Acórdãos ns. 667/2005 – Plenário e 2.561/2004 – 2ª Câmara".

---

[6] Convém transcrever trecho do voto do Min. Augusto Sherman Cavalcanti, proferido no Acórdão 2.172/2005 – Plenário, DOU 23.12.2005:
"27. À primeira vista, a redação do dispositivo legal leva à interpretação de que todos os critérios citados devem sempre compor a avaliação da proposta técnica. No entanto, cabe lembrar que a norma determina que os critérios sejam 'pertinentes e adequados ao objeto licitado'. Portanto, são as características do objeto que irão definir quais os critérios do art. 46, §1º, inciso I, da Lei 8.666/93 aplicáveis e em que medida tais critérios deverão ser utilizados. Isso significa que é possível ocorrer situações em que a natureza daquilo que é licitado determinará que um critério venha a ter primazia sobre outro e seja mais extensamente utilizado na avaliação. Ou, ainda, haverá ocasiões em que o objeto tornará certos critérios inaplicáveis. O que, por óbvio, não poderá ocorrer será a supressão completa dos critérios de avaliação previstos na lei, visto que tal prática é desconforme com o tipo de licitação em análise.
28. Nesse contexto, a melhor interpretação para o art. 46, §1º, inciso I, da Lei 8.666/93 é aquela que entende que o gestor deve, obrigatoriamente, adequar a avaliação da proposta técnica às particularidades do objeto licitado, elegendo os critérios, dentre aqueles arrolados na lei, que forem considerados apropriados, úteis e relevantes para a obtenção do resultado desejado pela Administração."

Dessa forma, os critérios de pontuação técnica deverão ter conexão lógica com a melhor qualidade da prestação. Não é por outra razão que a pontuação do *tempo de experiência* pode ser considerada como adequada em certos casos e inadequada em outros, sem que isso represente qualquer incoerência. Tudo dependerá do objeto.

Assim, em diversas ocasiões, o TCU considerou ser inválido o edital pontuar o tempo de experiência do licitante no mercado, porquanto isso não implicaria melhor desempenho na execução do objeto.[7] Porém, admitindo a pontuação da experiência anterior, há julgados tanto do TCU como do Poder Judiciário.[8] A Corte de Contas federal, por exemplo, já entendeu ser válido estabelecer pontuação da experiência anterior, tendo em vista que não se tratava, no caso analisado, do único adotado na licitação e por não possuir peso significativo no cômputo da avaliação técnica.[9] [10]

O mesmo pode ser dito quanto à pontuação progressiva de atestados, a qual já foi refutada em determinadas ocasiões e aceita em outras, pois pode se apresentar como fator capaz de aferir uma maior qualidade na execução do objeto.[11] Se isso ocorrer, sem dúvida será um critério lícito.

---

[7] A título de exemplo, vale citar: Acórdão nº 1.040/2004 – Plenário, rel. Min. Augusto Sherman Cavalcanti, *DOU* 16.08.2004; Acórdão nº 944/2006 – Plenário, rel. Min. Ubiratan Aguiar, *DOU* 16.06.2006; Acórdão nº 1.201/2006 – Plenário, rel. Min. Marcos Bemquerer Costa, *DOU* 24.07.2006.

[8] O TRF da 1ª Região (AC nº 200034000276526, 5ª Turma, rel. Des. Fed. João Batista Moreira, *DJe* 29.10.2009) já decidiu no seguinte sentido:
"2. É pertinente a pontuação atribuída aos consultores que comprovem vínculo contratual com outras pessoas jurídicas porque demonstra experiência profissional, evitando-se, como bem justificou a Comissão Especial de Licitação, que 'as empresas forjem, de última hora, funcionários de linha como consultores à míngua da experiência mais plural que se espera desses profissionais'.
3. É válida pontuação atribuída à comprovação de tempo de experiência da licitante na prestação de serviços de informática, pois o que se veda 'é a exigência de comprovação com limitações de tempo ou de época ou ainda em locais específicos' (art. 30, §5º, da Lei n. 8.666/93), o que não é a hipótese dos autos".
Convém ainda mencionar julgado do TRF da 5ª Região: REOMS nº 200132000135496, 6ª Turma, rel. Juiz Federal Carlos Augusto Pires Brandão, *DJ* 26.06.2006.

[9] Nesse sentido, *vide* Acórdão nº 1.993/2008 – Plenário, rel. Min. Ubiratan Aguiar, *DOU* 12.09.2008.

[10] Como a pontuação da experiência anterior depende do grau de compatibilidade desse quesito para a aferição da qualidade da atividade a ser desempenhada, é preciso ler o enunciado da Súmula nº 22 do TCE/SP de forma inteligente, a fim de não se vedar de forma absoluta essa solução. Nos termos da súmula: "Em licitações do tipo 'técnica e preço', é vedada a pontuação de atestados que comprovem experiência anterior, utilizados para fins de habilitação".

[11] Após apresentar os dois posicionamentos já defendidos na Corte quanto à pontuação progressiva de atestados, o Min. Benjamin Zymler, no Acórdão nº 1.910/2007 – Plenário, *DOU* 14.09.2007, fez as seguintes considerações:

O mesmo vale para *qualidade técnica da proposta*. O Poder Público deverá estabelecer critérios objetivos para aferir essa qualidade e que sejam pertinentes com o interesse público visado. Dessa forma, não há sentido em se pontuar de modo diverso, a título do fator "qualidade", atestados conforme sua emissão tenha sido feita por entes públicos ou privados. Ou ainda, a mera indicação, nos atestados, de que os serviços foram executados com qualidade também não pode ser quesito de pontuação.[12]

A estipulação dos critérios de pontuação em relação ao fator qualidade dependerá diretamente da sua pertinência em relação à qualidade da prestação, podendo haver pontuação em função da metodologia, organização, tecnologias ou recursos materiais a serem utilizados nos trabalhos. Por tal razão, é possível que a apresentação de certificados ISO 9000 e similares possam ser objeto de pontuação,[13] bem como o recebimento de prêmios por atividades desempenhadas.[14]

A Administração poderá ainda estabelecer critérios objetivos de pontuação da qualificação da *equipe técnica* a ser utilizada na execução do objeto. É importante que a qualificação objeto de pontuação guarde

---

"14. Na sessão de 7/2/2007, este Colegiado, ao apreciar os TC nº 026.646/2006-6 e nº 026.640/2006-2, aprovou Voto apresentado pelo eminente Ministro Ubiratan Aguiar, do qual destaco o seguinte trecho: 'Relativamente à pontuação progressiva ao número de atestados apresentados pelos licitantes (alínea 'f' do §5º, retro), percebe-se que os subitens 2.3.1; 2.3.2; 2.3.5; 2.4.1; 2.4.2 e 2.4.3 do Anexo II do Edital prevêem pontuação progressiva quanto ao número de atestados apresentados com vistas à comprovação de experiência na execução dos serviços licitados. Ressalto, porém, que as pontuações estipuladas nos citados subitens não se mostram desarrazoadas, nem há indicativos de que restringem a competitividade do certame sob exame. Sobre essa questão, penso que a experiência da licitante na execução reiterada de determinados serviços de informática em certa medida a qualifica a executá-los com melhor qualidade, motivo pelo qual considero legítima a pontuação constante do Edital da Funasa. A despeito dessas observações, considero necessário que a Funasa demonstre claramente no projeto básico do novo edital a ser lançado os fundamentos para as pontuações descritas nos mencionados subitens.'
15. Por oportuno, registro que 13 empresas acorreram à presente licitação, que foi suspensa em decorrência da cautelar concedida neste processo. Logo, restou configurada a inexistência de restrição à competitividade. Ademais, consigno que as pontuações estipuladas no edital em tela não se mostram desarrazoadas.
16. Com espeque no último entendimento deste Colegiado e sopesadas as características peculiares desta licitação, considero que deve ser permitida a pontuação progressiva na concorrência sob enfoque, desde que haja a demonstração explícita no projeto básico dos fundamentos dessa pontuação."
[12] *Vide* itens 56 a 59 da Proposta de Deliberação contida no já citado Acórdão nº 2.172/05 – Plenário.
[13] Sobre o tema, *vide* TCU, Acórdão nº 2.008/2008 – Plenário, rel. Min. Ubiratan Aguiar, *DOU* 12.09.2008. Em igual sentido, Acórdão nº 1.107/2006 – Plenário, rel. Min. Marcos Vinícius Vilaça, *DOU* 10.07.2006 e Acórdão nº 2.614/2008 – 2ª Câmara, rel. Min. Raimundo Carreiro, *DOU* 31.07.2008 (ambos os julgados foram citados por Renato Geraldo Mendes. *Lei de licitações e contratos anotada*. 7. ed. Curitiba: Zênite, 2009. p. 433, notas 1768 e 1775, respectivamente).
[14] Acerca de prêmios, confira Acórdão nº 4.614/2008 – Plenário, rel. Min. André Luís de Carvalho, *DOU* 31.10.2008.

pertinência com a natureza da atividade a ser desempenhada. Assim, num serviço advocatício, por exemplo, o qual envolverá a aplicação de conhecimentos de Direito Civil e Empresarial, não terá cabimento pontuar de igual modo os títulos de pós-graduação da equipe técnica em outras áreas do conhecimento (*v.g.*, Direito Penal).

Vale ressaltar ainda que, uma vez indicada uma equipe com determinada qualificação, o licitante está obrigado a, em se sagrando vencedor, utilizar equipe técnica que possua a mesma ou superior qualificação. O licitante não precisa usar exatamente aqueles profissionais indicados na proposta; porém, os profissionais a serem alocados pelo contratado na execução da prestação contratual deverão ter, ao menos, aquela qualificação. Afinal, a proposta obriga o proponente (Código Civil, art. 427, c/c art. 54 da LLC). Tal exigência sequer precisa estar prevista no edital. Contudo, para evitar questionamentos futuros, é interessante que isso conste expressamente.

Em relação à pontuação, não se pode deixar de mencionar que *deverá haver um aumento da pontuação conforme determinado quesito técnico seja mais relevante*. Evidentemente, isso irá variar conforme as circunstâncias concretas de cada licitação. Mas é certo que a motivação é indispensável e o agente público deverá se orientar pelo princípio da proporcionalidade.[15] O que não é possível é a tomada de decisões arbitrárias, sem demonstrar a sua racionalidade e compatibilidade com o interesse público concreto.

De igual forma, nas licitações de técnica e preço, *a estipulação da proporção entre a proposta técnica e de preço demanda motivação adequada que demonstre a* razoabilidade *da decisão tomada*. Aliás, é interessante

---

[15] Convém transcrever trecho do voto do Min. Ubiratan Aguiar, relator do Acórdão nº 55/2007 – Plenário do TCU (*DOU* 02.02.2007): "7. No tocante à acentuada disparidade na pontuação das qualificações técnicas relativas ao tempo de efetivo exercício na advocacia para os advogados indicados e à experiência profissional dos advogados no patrocínio de ações nas Justiça do Trabalho e Federal e na atuação em feitos perante os tribunais superiores, o responsável limita-se a elencar a pontuação de cada quesito, para em seguida defender a 'perfeita proporcionalidade entre os quesitos formulados e a quantificação a eles conferida'. Observo, contudo, que permanecem inatacadas as restrições que fiz no despacho por meio do qual determinei a audiência do responsável. Ali consignei que, de acordo com o edital, o exercício da advocacia por 26 anos garantiria dez pontos, ao passo que o exercício por 25 anos, apenas cinco pontos — diferença de 100% (item 9.2, 'b'); o patrocínio de quatrocentas ações conferiria oito pontos, enquanto o de 401, garantia quinze pontos — 87,5% a mais (item 9.2, 'd'); e à atuação em seiscentas ações perante tribunais superiores era atribuído dez pontos, enquanto à atuação em mais de seiscentas eram atribuídos quinze pontos — diferença de 50% (item 9.2, 'e'). Reafirmo que tais critérios de pontuação são desproporcionais, comprometendo o resultado do certame e a obtenção da proposta mais vantajosa para a Administração. Os argumentos do responsável não lograram justificar tal desproporção."

anotar que nas situações em que o fator técnica tiver um peso maior que o critério econômico, a motivação (que já se fazia necessária) se torna muito mais relevante. É imprescindível que essa diferença de peso se justifique no caso concreto. Não basta estabelecer o peso 7 para técnica e 3 para preço, por exemplo; é indispensável demonstrar porque essa diferença de peso se mostra relevante para o atendimento ao interesse público concreto.[16] O Tribunal de Justiça de São Paulo, por exemplo, reputou válida a fixação de peso mais acentuado para a proposta técnica em relação à proposta econômica numa licitação para a celebração de contrato de concessão administrativa (Lei nº 11.079/2004), tendo em vista o vulto da contratação.[17]

Deve-se destacar que, na prática, a tarefa de definir os quesitos de pontuação e avaliar a sua razoabilidade e proporcionalidade é extremamente difícil. Infelizmente, não há um critério *a priori* que permita identificar quais critérios são pertinentes e quais não são. E isso ocorre porque isso variará conforme seja a necessidade pública a ser satisfeita.

---

[16] "19. A questão da disparidade na ponderação da Nota Final da licitação, com a adoção do peso de 80% para a Nota Técnica e de apenas 20% para a Nota Comercial, embora também se refira a quesito que restou prejudicado ante a realidade verificada na Concorrência (...), merece especial atenção. Com efeito, endosso o entendimento da unidade técnica quanto a não haver restado devidamente justificada a adoção de ponderação tão extrema. Não se está, com isso, pretendendo, de modo algum, diminuir a importância ou a complexidade do objeto a contratar (...). Contudo, acompanho a unidade técnica quanto a não vislumbrar a razão para que a máxima diferença entre a menor proposta e aquela idêntica ao valor orçado gere um impacto, sobre a nota final da licitação, de apenas 4 pontos (em um total de 100), fazendo com que, conforme ilustrado na situação hipotética levantada pela 6ª Secex, uma proposta com preço 50% inferior possa ser derrotada pela diferença de apenas 5 (em 100) pontos de nota técnica. Os pesos estabelecidos, portanto, estariam em frontal desacordo com os entendimentos manifestados por este Tribunal (*vide, e.g.*, Acórdãos 1.782/2007 e 1.330/2008, ambos do Plenário). Considero fundamental, portanto, que se estabeleça determinação com vistas a coibir novas ocorrências similares.
(...)
Acórdão
(...)
9.4. determinar (...) à Secretaria-Executiva do Ministério dos Esportes que, doravante:
(...)
9.4.2. estabeleça, em licitações do tipo técnica e preço, critérios de pontuação e valoração dos quesitos da proposta técnica dos licitantes compatíveis com o objeto licitado, de modo a atribuir pontuação que, ao mesmo tempo que valore o aspecto técnico em nível necessário e, sobretudo, suficiente, não elimine ou, mesmo, reduza o estímulo à oferta de propostas mais econômicas, em consonância com o art. 3º, *caput*, da Lei 8.666/93 e em atenção aos diversos alertas desta Corte a respeito da matéria (*vide, e.g.*, Acórdãos 1.782/2007 e 1.330/2008, ambos do Plenário)" (TCU, Acórdão nº 1.227/2009 – Plenário, rel. Min. Augusto Sherman Cavalcanti, *DOU* 08.06.2009).

[17] TJ/SP, Apelação nº 705.857.5/9, 1ª Câmara de Direito Público, rel. Des. Marcio Franklin Nogueira, Data do Julgamento 26.02.2008.

Para tentar superar esses obstáculos, o agente público competente para fixar esses critérios deverá motivar *adequadamente* cada decisão tomada. Esse é um tema que nunca é demasiado sublinhar. O administrador deverá demonstrar tecnicamente sua compatibilidade com o interesse público visado. A motivação, mais do que um dever jurídico imposto à Administração,[18] funcionará também como elemento de proteção do próprio administrador, porquanto este terá condições de demonstrar para o órgão de controle as razões que o levaram a escolher certo critério.

Também aqui vale destacar: se os órgãos de controle não dispuserem de elementos objetivos capazes de invalidar a decisão da Administração ao fixar esses critérios, então estarão impedidos de declarar a invalidade do ato. É preciso que os órgãos de controle (notadamente os Tribunais de Contas) não pretendam se substituir aos administradores públicos, quando estes adotem condutas legítimas perante o Direito.

4 O procedimento do tipo "melhor técnica"

O rito processual do tipo "melhor técnica" se encontra no §1º do art. 46 da Lei de Licitações. Pela leitura do dispositivo, é possível defender duas sequências diferentes de atos.

De acordo com a primeira linha, o julgamento do tipo de licitação "melhor técnica" teria a seguinte ordem: (i) abertura dos envelopes de propostas técnicas e sua avaliação pela comissão de licitação; (ii) elaboração da lista prévia de classificação das propostas técnicas; (iii) recursos em relação às propostas técnicas; (iv) elaboração de lista final de classificação das propostas técnicas; (v) abertura dos envelopes de proposta de preço e avaliação da sua validade formal e exequibilidade; (vi) classificação preliminar das propostas de preços; (vii) "negociação" com licitante que obteve a melhor pontuação técnica; (viii) em caso de impasse, nova "negociação" com os licitantes seguintes, observada a ordem de classificação da proposta técnica; (ix) elaboração da classificação preliminar da fase de julgamento das propostas; (x) recursos referentes às propostas de preços; (xi) classificação definitiva dos licitantes.

---

[18] Como bem aponta Juarez Freitas (*Discricionariedade administrativa e o direito fundamental à boa Administração Pública*, p. 7 *et seq.*), o Estado Constitucional pode ser se traduzido como "o Estado das escolhas administrativas legítimas". Logo, a decisão administrativa deverá estar acompanhada de "motivação consistente e coerente", sob pena de nulidade.

A segunda forma de encarar o procedimento seria a seguinte: (i) abertura dos envelopes de propostas técnicas e sua avaliação pela comissão de licitação; (ii) elaboração da lista prévia de classificação das propostas técnicas; (iii) abertura dos envelopes de proposta de preço e avaliação da sua validade formal e exequibilidade; (iv) classificação preliminar das propostas de preços; (vii) "negociação" com licitante que obteve a melhor pontuação técnica; (viii) em caso de impasse, nova "negociação" com os licitantes seguintes, observada a ordem de classificação da proposta técnica; (ix) elaboração da classificação preliminar da fase de julgamento das propostas; (x) recursos referentes às propostas técnicas e de preços; (xi) classificação definitiva dos licitantes.

Como se pode perceber, a primeira linha implica maior demora na realização da licitação, tendo em vista a existência de duas etapas recursais dentro da fase de julgamento das propostas: uma referente ao julgamento das propostas técnicas e outra concernente ao julgamento das propostas de preços. Se, por um lado, essa concepção implicaria lentidão no certame, por outro, representaria uma maior segurança no julgamento dos recursos, pois a cisão da decisão sobre os recursos possibilitaria uma análise mais detida deles.

Já a segunda linha acima exposta poderia levar a um ganho em termos de tempo,[19] já que haveria apenas uma etapa recursal em relação a toda fase de julgamento das propostas (técnicas e econômicas). Todavia, não se pode negar que a análise dos recursos será mais complexa, pois envolverá não só os aspectos técnicos como também os econômicos. Ademais, conforme seja a decisão sobre os recursos, talvez se faça necessário refazer toda a fase de julgamento.

Apesar disso, essa segunda linha não é contrária ao ordenamento jurídico. Isso porque não haverá restrição ao direito de recorrer em relação a toda fase de julgamento das propostas. Ademais, a Lei nº 8.666/93 não é clara quanto ao momento de interposição de recursos, e a Administração sempre poderá prorrogar o prazo de análise dos recursos caso exista justificativa razoável, ainda que a Lei de Licitações tenha fixado esse lapso temporal em cinco dias úteis (art. 109, §4º, da LLC).

Vale destacar que o edital deverá estabelecer preço máximo (LLC, art. 46, §1º); aqueles que apresentarem preços superiores ao valor estipulado no ato convocatório serão afastados do certame, ainda que o preço ofertado esteja dentro do mercado. Aqui, a Administração presume que qualquer valor acima do fixado no edital é excessivo.

---

[19] É evidente que nem sempre isso ocorre na prática.

Além disso, na licitação "melhor técnica" deverá haver a fixação de valorização mínima exigida no edital (LLC, art. 46, §1º, II). Ou seja, haverá sempre uma pontuação mínima a ser atendida pelos licitantes, sob pena de desclassificação.

Um aspecto do procedimento do tipo "melhor técnica" que chama a atenção reside na chamada "negociação" com o licitante que obteve a melhor pontuação técnica (LLC, art. 46, §1º, II). Essa negociação terá como referência o valor da menor proposta apresentada. A rigor, não se trata de verdadeira negociação, tendo em vista que, se o licitante tecnicamente melhor classificado não aceitar reduzir o seu preço para patamar do menor valor obtido, deverá a Administração "negociar" com o segundo colocado (LLC, art. 46, §1º, III). Convém exemplificar.

Numa licitação de "melhor técnica", participaram quatro licitantes — A, B, C e D — classificados nessa ordem. O licitante A, cuja proposta técnica foi a melhor, apresentou o preço de R$2.000.000,00; o licitante B, segundo melhor tecnicamente, R$1.700.000,00; o licitante C, terceiro lugar na etapa de julgamento das propostas técnicas, R$1.750.000,00; e o licitante D, R$900.000,00.

Dentro desse exemplo, o licitante A, para ser o vencedor da licitação, deverá reduzir sua proposta (originalmente em R$2.000.000,00) para o patamar de R$900.000,00. Normalmente, tal redução não será possível sem redução da qualidade da proposta, ou em inexequibilidade (em face da técnica utilizada), tendo em vista que o comum é que propostas com uma maior qualidade técnica demandem maiores custos.

Poder-se-ia sustentar que o menor preço é mera referência, de tal modo que a Administração poderá contratar por valor um pouco acima do menor preço proposto. Ou seja, seria possível contratar com o licitante A pelo valor de R$1.000.000,00, se exequível. Contudo, esse posicionamento não pode prosperar. Ora, se o menor preço fosse mera referência, haveria subjetivismo no julgamento das propostas, em clara ofensa ao princípio do julgamento objetivo.

Dessa forma, a rigor, inexiste verdadeira negociação. O que há é a redução do valor proposto pelo licitante melhor classificado tecnicamente ao menor preço ofertado na licitação. Se isso não ocorrer, o melhor classificado na etapa de julgamento das propostas técnicas não poderá ser declarado vencedor.

Como bem observou Antônio Carlos Cintra do Amaral, esse "absurdo esquema implantado pela Lei 8.666/1993 inviabiliza, na prática, a realização de licitação de melhor técnica".[20] A rigor, a adjudicação

---

[20] AMARAL, Antônio Carlos Cintra do. *Concessão de serviço público*. 2. ed. São Paulo: Malheiros, 2002. p. 81.

do objeto ao licitante melhor classificado tecnicamente somente será possível quando as diferenças de custos entre as propostas técnicas apresentadas não forem substanciais, sendo possível que o licitante reduza o seu preço ao menor valor proposto, sem que isso implique inexequibilidade.

5 O procedimento do tipo "técnica e preço"

A rigor, o procedimento do tipo "técnica e preço" será praticamente o mesmo do tipo "melhor técnica". Inclusive, o §2º do art. 46 da Lei de Licitações, ao estabelecer o rito da licitação do tipo "técnica e preço", deixa claro que o inc. I do §1º será aplicado. Nesse sentido, as observações realizadas acerca das etapas recursais no item 4 acima são as mesmas nas licitações de "técnica e preço".

A principal diferença reside no fato de que, na licitação de "técnica e preço", a classificação dos licitantes será feita de acordo com a média ponderada das valorizações das propostas técnicas e de preço, conforme os critérios objetivamente definidos no edital. Não haverá a chamada "negociação".

Outra diferença consiste na *faculdade* (e não, obrigatoriedade) em se estipular preço máximo em licitações de "técnica e preço", já que o §2º apenas faz alusão ao inc. I do §1º.

Na mesma linha, também não há o dever de se estabelecer valorização mínima para as propostas técnicas apresentadas pelos licitantes. Isso é obrigatório apenas nas licitações de "melhor técnica", por força do inc. II do §1º do art. 46, aplicável somente a esse tipo de licitação, e não ao tipo "técnica e preço". Contudo, seria possível questionar se é vedado ao edital fixar uma nota de corte. Para Joel de Menezes Niebuhr, como o dispositivo citado faz referência apenas às licitações de "melhor técnica", nas licitações de "técnica e preço" todas as propostas técnicas deverão ser levadas em consideração, por mais baixas que sejam as notas.[21]

Embora se respeite esse posicionamento, dele se discorda. Isso porque nada impede que seja fixada uma pontuação mínima a ser atingida pelos licitantes nas licitações de "técnica e preço". Para tanto, é indispensável que essa pontuação de corte represente o mínimo de

---

[21] "Logo, com amparo no princípio da legalidade, todas as propostas técnicas devem ser levadas em consideração pela Comissão de Licitação, sendo vedado ao instrumento convocatório estabelecer pontuação técnica mínima ou nota técnica de corte" (NIEBUHR, Joel de Menezes. *Licitação pública e contrato administrativo*. Curitiba: Zênite, 2008. p. 315).

qualidade capaz de satisfazer a necessidade pública. Evidentemente, deverá haver justificativa técnica adequada nesse sentido. Mas, se houver, nada impede que a Administração fixe uma valorização mínima nas licitações de "técnica e preço", apesar de não ser obrigatório.

Por fim, nas licitações do tipo "técnica e preço", especial atenção deverá ter a Administração em relação aos pesos atribuídos para as notas técnicas e de preços, porquanto deverá haver a devida razoabilidade e proporcionalidade em relação ao interesse público visado, tal como já mencionado no item 3 *supra*.

Informação bibliográfica deste texto, conforme a NBR 6023:2002 da Associação Brasileira de Normas Técnicas (ABNT):

FREIRE, André Luiz. Considerações acerca dos tipos de licitação "melhor técnica" e "técnica e preço". In: SILVEIRA, Raquel Dias da; CASTRO, Rodrigo Pironti Aguirre de (Coord.). *Estudos dirigidos de gestão pública na América Latina*. Belo Horizonte: Fórum, 2011. v. 1, p. 17-32. ISBN 978-85-7700-432-4.

APORTES PARA UM IDEÁRIO BRASILEIRO DE GESTÃO PÚBLICA: A FUNÇÃO DO CONTROLE EXTERNO

Angela Cassia Costaldello

Sumário: 1 Premissas de apreciação do tema – **2** A gestão e a Administração Pública: o sentido da condução da *res publica* sob o fluxo dos princípios constitucionais – **3** O planejamento estratégico: pressuposto da ação administrativa eficiente e da eficácia das políticas públicas – **4** A atribuição constitucional de controle externo: os Tribunais de Contas – **5** O controle da gestão pública pelos Tribunais de Contas: limites e possibilidades – **6** Considerações finais – Referências

1 Premissas de apreciação do tema

Esta quadra de século demonstra que há fundamentos suficientes para a composição de um ideário brasileiro de *gestão pública e de sua apreciação pelos Tribunais de Contas* e que não a reduz a uma sinonímia de Administração Pública, mas que incorpora aspectos necessários e relativos ao planejamento estratégico, ao dever de desempenho ótimo, à eficácia progressiva e a prescrever disposições que possam direcionar a *res publica* a uma *performance*[1] indiscutivelmente melhor.

---

[1] GUILLAUME, Henri; DUREAU, Gillaume; SILVENT, Franck. *Gestion publique*: l'etat et la performance. Paris: Dalloz, 2002.

Pretende-se, assim, delinear, esboçar, em linhas gerais esses baldrames e que não se trata, por certo, de negação às brilhantes contribuições sobre o sentido e a abrangência do conceito de Administração Pública — como o de Rui Cirne Lima, que, traçando interessante paralelo com a atividade privada, refere à administração como uma atividade realizada por aquele que não é proprietário; e, na esfera do direito do Estado, a administração é a atividade de quem não é senhor absoluto[2] —, assim como de olvidar as irretocáveis obras acerca do controle da gestão pública.[3] Cuida-se, pois, de perquirir e buscar instaurar um duto de reflexão doutrinária sobre as questões essenciais que cingem o "ser" e o "fazer", e mais que isso, volve-se ao plano teleológico da gestão pública — "para quê" e "para quem" —, que hoje vão além do exame formal e da exigência principiológica da eficiência.

Fruto de um processo de maturação institucional[4] e de investigação basicamente em doutrina estrangeira,[5] uma vez que o tema é, ainda, incipiente no direito brasileiro,[6] esta iniciativa pode propiciar uma ampliação da legitimação material do agir estatal, já que almeja cooperar para um *debate sobre o instrumental técnico e teórico que passa a exigir do Estado uma reorganização coeva à contemporaneidade*.

Portanto, a proposta não versa sobre a mera importação e utilização de mecanismos da administração privada no âmbito do Estado, mas pretende o desenvolvimento de ferramentas específicas, próprias da seara pública, que poderão induzir, inclusive, a uma republicização[7] do Estado, redundado na concretização do princípio da boa administração.[8]

---

[2] LIMA, Rui Cirne. *Princípios de direito administrativo*. 3. ed. Porto Alegre: Sulina, 1954. p. 20, 21.
[3] Sobre o tema, *O controle da gestão pública*, de Helio Saul Mileski. São Paulo: Revista dos Tribunais, 2003; *Novos horizontes para a gestão pública*, de Rafael Antônio Baldo. Curitiba: Juruá, 2009.
[4] No ano letivo de 2007, o tema "gestão pública" foi ministrado na disciplina de Direito Administrativo Contemporâneo, no Mestrado e no Doutorado da Faculdade de Direito da Universidade Federal do Paraná. A par disso, a atuação ministerial junto ao Tribunal de Contas propicia vislumbrar a importância do assunto no quotidiano da Administração Pública brasileira. Ademais disso, muito se fala de gestão, mas poucas são as formulações jurídicas sobre ela e de grave desconhecimento pelos administradores públicos.
[5] Nomeadamente a doutrina francesa, americana e mexicana.
[6] Anota-se que vasto é o material nacional e estrangeiro na Ciência da Administração, mas parco no direito brasileiro.
[7] A respeito consultar *Regulação estatal e interesses públicos*, de Floriano Peixoto de Azevedo Marques Neto. São Paulo: Malheiros, 2002. p. 171 *et seq*.
[8] O princípio da boa administração, dentre outros ordenamentos ocidentais, consta da Constituição Italiana desde 1948, art. 97, e, também da Carta dos Direitos Fundamentais da União Europeia de 2000, art. 41, inserido no Capítulo V, "Da Cidadania", relativamente ao "Direito a uma boa administração", tem a seguinte redação: "Todas as pessoas têm direito a que os seus assuntos sejam tratados pelas instituições e órgãos da União de forma imparcial,

Dentre esses meios públicos de atuação destacam-se aqueles decorrentes do cumprimento da missão constitucional dos órgãos de controle, em especial dos Tribunais de Contas, que devem efetuar a averiguação, não apenas das contas públicas e da sua legalidade, legitimidade e eficiência, mas também e na atualidade principalmente, da *conformação da gestão pública ao princípio da boa administração e aos demais princípios constitucionais, sempre norteados pela concretização da dignidade da pessoa humana*.

Neste passo, por meio deste delineamento teórico, acresce-se mais um aspecto: a inquirição de quais são os limites do controle externo da Administração Pública pelos Tribunais de Contas no que toca à gestão dos órgãos e entidades sobre os quais incide a fiscalização.

Não se pretende sustentar que os órgãos de controle externo se imiscuam ou substituam a atribuição funcional e política dos administradores públicos e dos governantes democraticamente eleitos. Ao contrário, crê-se que a função orientativa dos Tribunais de Contas, no Brasil, tem o condão — pouco utilizado, mas eficaz quando aplicado — de auxiliar a Administração Pública a alcançar os escopos que a sociedade dela exige e que a Constituição da República ordena.

2 A gestão e a Administração Pública: o sentido da condução da *res publica* sob o fluxo dos princípios constitucionais

Lição preliminar — e da qual deve ser sabedor todo o gestor público — é a de que a Administração Pública brasileira é orientada pelos princípios constitucionais timbrados no artigo 37, *caput*, e por todas as demais normas — regras e princípios — inseridas neste dispositivo e nos demais disseminados pelo texto da Constituição da República de 1988.

A legalidade, impessoalidade, moralidade, publicidade e eficiência regem a instituição pública Administração e mais, a *gestão* dessa Administração Pública, como corolário, também é submetida a eles. Portanto, não há como se cogitar de gestão pública sem a sua submissão aos princípios, tanto os explícitos quanto os implícitos.

---

equitativa e num prazo razoável". Em obra merecedora de elogios, Juarez Freitas explora o tema com concepção de "direito fundamental à boa administração" (*Discricionariedade administrativa e o direito fundamental à boa Administração Pública*. São Paulo: Malheiros, 2007).

O desdobramento primeiro desta afirmação é o de que os gestores públicos devem conduzir a sua atuação sob o influxo dos comandos constitucionais, principiologicamente adequada, o que pressupõe a realização de um *planejamento público estratégico* convergente aos fins indicados pela Constituição da República vigente.

A concepção calcada no modelo liberal de Administração com atuação limitada, no transcurso do século XX, tem a sua força original mitigada e passa a ser impulsionada por responsabilidades que se espraiam na vida social, culminando num cenário que, segundo Jacques Chevallier, "as fronteiras do espaço administrativo tendem a se tornar indefinidas".[9] É a fase de *dilatation* que ocorre "espaço administrativo" e que se deve ser tomado como "o lugar que a administração ocupa na sociedade, sua esfera de atividade, a dimensão de suas missões".[10] Alerta, ainda, que esse processo, embora lento, não ocorreu de modo igual e surtindo os mesmos efeitos em todos os países.

Conquanto em outros moldes, este estado de coisas parece ter se perpetuado e transpassado para este começo de século XXI, no Brasil.

Apesar da fixação adotada pelo estudioso francês, relativamente estanque, de Administração conforme os países de modelo liberal, de modelo socialista e dos países em desenvolvimento, e a conjuntura nacional, neste momento, não se amoldar a nenhum deles de modo puro, constata-se que a extensão da influência e do poder administrativo sobre a vida social resulta na transferência, ao Estado, de incontáveis problemas que o "jogo dos mecanismos sociais não consegue resolver".[11]

A Constituição da República promulgada em 1988 possuía caráter eminentemente social, circunstância que tendeu à alteração, sobretudo, com a edição da Emenda Constitucional nº 19, de junho de 1998, mediante a qual se buscava, segundo vários teóricos — alguns defensores, outros contundentes opositores —, a adoção de um Estado neoliberal e, como decorrência lógica, ter-se-ia uma Administração Pública menos ampla, mais ausente e nada interventiva, mas mais eficiente.

Ante a esse evento produzido pelo poder constituinte reformador e às aspirações que, à época, o cercavam, as nuances da atuação administrativa, das diretrizes políticas e do agir dos gestores sofreram

---

[9] Tradução livre. No original: "les frontières de l'espace administratif tendent à devenir floues". CHEVALLIER, Jacques. *Science administrative*. 3ᵉ éd. refondue. Paris: Presses Universitaires de France, 2002. p. 156.

[10] Tradução livre. No original: "la place que l'administration occupe dans la société, sa sphère d'activité, l'étendue de ses missions". *Ibidem*, p. 120.

[11] Tradução livre. No original: "jeu des mécanismes sociaux ne parvenait pas à résoudre". *Ibidem*, p. 164.

transformações que hoje, passada mais de uma década, verifica-se que, na essência, manteve o modelo social e evoluiu para a elaboração e materialização de políticas públicas.

A polêmica é ínsita à definição de política pública.[12] No entanto, Celso Antônio Bandeira de Mello conceitua *política pública*, com sua peculiar clareza, como "um conjunto de atos unificados por um fio condutor que os une ao objetivo comum de empreender ou prosseguir um dado projeto governamental para o País".[13]

Ora, seguindo essa ordem de ideias, por evidente, o governo — que tem por atribuição ajustar escopos, diretrizes e estratégias — submisso está a todo o ordenamento jurídico, ao eleger as políticas publicas e, sobretudo, ao excetuá-las está vinculado ao planejamento que foi impulsionado assombrosamente em virtude da intensidade de intervenção da Administração Pública na contextura social e, de forma predominante ao exercer funções de base ao desenvolvimento social, promoção da justiça social e prestações de cunho social.[14]

3 O planejamento estratégico: pressuposto da ação administrativa eficiente e da eficácia das políticas públicas

A Administração Pública está intrinsecamente vinculada à concepção de planejamento, na qual "a explicação das finalidades da ação pública constitui a pedra angular da gestão pela performance".[15]

O planejamento não está a apontar, tão somente, aos propósitos colimados pela atuação do administrador público, mas pressupõe o *exame cuidadoso e completo do objeto que constituirá as políticas públicas e dos meios para sua materialização*. Nele devem ser consideradas as reais necessidades das quais a sociedade carece — cujo atendimento e processo executório deve se perfazer a curto, a médio e a longo prazo —, os valores por ela manifestados, a par do atendimento dos ditames constitucionais, detentores ou não de percentuais, mas de cumprimento obrigatório.

---

[12] BUCCI, Maria Paula Dallari. *Direito administrativo e políticas públicas*. São Paulo: Saraiva, 2002. p. 251 *et seq.*
[13] BANDEIRA DE MELLO, Celso Antônio. *Curso de direito administrativo*. 26. ed. São Paulo: Malheiros, 2009. p. 808.
[14] CORREIA, Fernando Alves. *O plano urbanístico e o princípio da igualdade*. Coimbra: Almedina, 1989. p. 168 *et seq.*
[15] Tradução livre. No original: "L'explication des finalités de l'action publique constitue la clef de voûte de la gestion par la performance". GUILLAUME, DUREAU, SILVENT, *op. cit.*, p. 59.

Tal afirmação — a princípio singela, porém, dotada de complexidade pelos múltiplos aspectos que a constituem — está indissociavelmente atada ao modo pelo qual os recursos públicos são manejados, à definição das escolhas do ente estatal, as prioridades relacionadas às políticas públicas que, em dado tempo e em certo espaço, foram convencionadas pelo administrador público. Em última análise, a resolução do próprio papel do Estado.

A eficácia e a eficiência das políticas públicas dependem de algumas diretrizes e certos parâmetros no sentido de contribuir com aportes para o estabelecimento de uma dogmática jurídica das *políticas públicas*, com vistas ao controle das suas finalidades. Estas devem ser concertadas com a proibição da insuficiência no atendimento aos desígnios constitucionais, assim como da vedação do retrocesso[16] no que tange à efetivação dos direitos fundamentais, em especial dos direitos sociais, por meio de *políticas públicas*.[17]

Para que possa ser atingido esse objetivo, impende examinar alguns elementos relativos à arrecadação de recursos estatais e ao seu dispêndio, como será realizado a seguir.

A menção ao Direito Tributário induz ao fácil reconhecimento que vários dos debates advêm da tentativa de contenção ao ímpeto arrecadador do Estado. Fato semelhante, porém, não ocorre sobre o Direito Financeiro e acerca das despesas públicas. Sabe-se que há desperdícios e ineficiência e que ocorrem, cotidianamente, preferências e prioridades incompatíveis com os princípios constitucionais regentes da Administração Pública.

Paralelamente, em igual intensidade e amplitude, há o incontestável fato da *precariedade de serviços indispensáveis à proteção e à promoção*

---

[16] "Diante da transição paradigmática que a sociedade contemporânea passa buscando a afirmação e a fundamentação dos direitos, o princípio da vedação de retrocesso dos direitos sociais é um corolário para o que o ser humano deve dar valor: a sua dignidade. É indissociável a idéia de que a Constituição foi criada para propiciar cidadãos dignos, garantindo-lhes a mínima proteção para que lhes seja assegurada uma vida boa, uma vida feliz. (...) O direito à proibição de retrocesso social consiste numa importante conquista civilizatória. O conteúdo impeditivo deste princípio torna possível brecar planos políticos que enfraqueçam os Direitos Fundamentais. Funciona até mesmo como forma de mensuração para o controle de Constitucionalidade em abstrato, favorecendo e fortalecendo o arcabouço de assistência social do Estado e as organizações envolvidas neste processo" (ALMEIDA, Dayse Coelho de. *A fundamentalidade dos direitos sociais*. Disponível em: <www.anamatra.org/geral/artigo_IEC.doc>. Acesso em: 30 maio 2006).

[17] BREUS, Thiago Lima. *Políticas públicas no Estado constitucional*: problemática da concretização dos direitos fundamentais pela Administração Pública brasileira contemporânea. Belo Horizonte: Fórum, 2007. p. 253.

de direitos fundamentais sociais básicos, como a educação e a saúde, aliado à verificação da conivência coletiva dos órgãos de fiscalização e da população em geral com gastos elevados em rubricas como publicidade governamental e comunicação social, situações estas que não se apresentam de modo isolado no quadro da Administração Pública brasileira. Toda ordem de desvios de recursos públicos é verificada e sob os mais variados argumentos que, frente à Constituição da República de 1988, não encontram qualquer baldrame.

Com vistas à superação dessa situação fática, que envolve a forma de dispêndio dos recursos públicos e com o objetivo da *concretização de políticas públicas* voltadas à promoção dos direitos sociais, é que se impõe a indicação de alguns elementos que possam contribuir para a construção de uma dogmática jurídica sólida e apta a viabilizar o controle jurídico das *políticas públicas* no Brasil[18] sem, porém, reduzir o espaço do político, substancial para a preservação da democracia.

Nesse contexto, o primeiro dado é o de que as ferramentas jurídicas e de controle devem se voltar ao patamar verdadeiro, concreto e inarredável de que as *metas constitucionais serão prioritárias*, não permitem qualquer flexibilização por parte dos órgãos e instituições de controle externo quando do exame das contas públicas. Dessa evidência decorre outra: toda a ação administrativa — no seu sentido mais amplo — deve estar voltada a perfilhar as *políticas públicas*, pelo aparato orgânico e material da Administração Pública, com vistas ao seu alcance.[19]

A assimilação desses mandamentos de *status* constitucional implica, necessariamente, em afiançar outra ideia, a de que determinada *política pública*, "ainda que aprovada pelo órgão representativo, não deverá ser implementada até que as metas prioritárias pretendidas pelo constituinte originário tenham sido atingidas".[20] Tal afirmação induz a outro desafio, qual seja, o da averiguação do por quê uma determinada política pública pode ou deve ser tomada com primazia em relação a outras.

---

[18] Na linha exposta, trata-se de um controle jurídico e não apenas judicial porque congrega também a possibilidade da utilização dos mecanismos de controle interno da Administração Pública, do controle externo, exercido pelo Judiciário e pelos Tribunais de Contas e, ainda, pelo controle social, que se amplia gradativamente e se mostra, potencialmente, como o mecanismo de controle possivelmente mais eficaz.

[19] BARCELLOS, Ana Paula de. Neoconstitucionalismo, direitos fundamentais e controle das políticas públicas. *Revista de Direito Administrativo*, Rio de Janeiro, n. 240, p. 93, abr./jun. 2005.

[20] *Ibidem*.

Dentre vários fatores, o impasse surge e toma relevo diante da ausência de balizas mediante o controle externo. Ora, num Estado dito Constitucional, tais definições devem ser retiradas, de forma clara e congruente, da Constituição da República. Para a superação desses entraves, é pressuposto que haja a averiguação, em sede constitucional, das funções do Estado e, via de consequência, dos seus objetivos, e destes, quais são atuações circunscritas à vinculação e quais o são no campo discricionário. Ou seja, é preciso a visualização do agir estrito e prescrito nas normas e aquele que é reservado ao espaço de liberdade concedida, pela ordem jurídica, à decisão do administrador público.

A acrescentar conteúdo assas ideias, está Eloisa de Mattos Höfling ao afirmar que "o processo de definição de 'políticas públicas' para uma sociedade reflete os conflitos de interesses, os arranjos feitos nas esferas de poder que perpassam as instituições do Estado e da sociedade como um todo".[21]

Os fins do Estado — como tem reiteradamente defendido a doutrina — estão descritos, de modo amplo, na Constituição da República e podem ser sintetizados na *concretização da dignidade humana* e na *ação promotora dos direitos fundamentais*. Porém, e não obstante a relevância destes elevados propósitos, têm forte cunho abstrato e assentam-se, não raro, em princípios, o que traz — ainda que equivocadamente — um caráter inacessível e não obrigatório de submissão do administrador público. Há quase a negação do seu caráter normativo.[22]

Diante disso, mostra-se ainda mais premente a demarcação, de um lado, de padrões que permitam determinar quais os *destinos gerais* a serem perseguidos pelo Estado e, a partir deles, estaria todo o suporte estatal vinculado ao seu cumprimento pelo caráter prioritário; de outro, os *meios e critérios de controle desses escopos*. Este *desiderato* depende, por igual, de noções de gestão pública.

A gestão pública, por sua vez, "en pocas palabras, dar-nos generalizaciones útiles y prácticas sobre como deben actuar los administradores públicos en diversas situaciones. La frase 'útiles y prácticas' pretende sugerir que la teoría de la gestión pública debe ser pertinente e orientada hacia problemas concretos".[23] Envolve, pois, a execução

---

[21] HÖFLING, Eloisa de Mattos. *Estado e políticas (públicas) socais*. Disponível em: <www.scielo.br/scielo.php?script=sci_arttex&pid=S01013262200100030000&lng=pt&nrm=isso>. Acesso em: 24 out. 2006.

[22] Sobre a normatividade dos princípios, dentre outros, ver ALEXY, Robert. *Teoria de los derechos fundamentales*. Madrid: Centro de Estúdios Constitucionales, 1997.

[23] PERRY, James L. La teoria de la gestión pública: ¿qué es? ¿Qué debería ser?. In: BOZEMAN, Barry (Coord.). *La gestión pública*: su situación actual. México: Fondo de Cultura Económica, 1998. p. 53.

das opções valorativas e dos interesses que, ao final, implementarão as políticas públicas. Dentre os vários aspectos que a compõem, sobressaem os relacionados à eficiência e à eficácia da política pública, que permitem orientar o administrador público, o legislador e a sociedade, destinatária das políticas públicas e da sua gestão.[24]

Perante este recorte e cujo núcleo posto pela Constituição da República, estão as políticas públicas e a indicação de algumas formas de ação que as concretizarão. Porém, ao que parece — aliando-se as exigências da sociedade hodierna em sua constante dinamicidade, a eficiência e a eficácia das políticas públicas eleitas — há outro aspecto inafastável, qual seja, o *planejamento estratégico*.

Tal noção contém, ao menos, dois marcos: o *iter* a ser seguido e os resultados a serem obtidos uma vez selecionadas as políticas públicas tidas por prioritárias. E mais, é-lhe ínsito o dado temporal: os fins são implantados para serem atingidas dentro de certo prazo e a depender das dificuldades e da complexidade da política pública envolvida. Por outras palavras, "estratégia" está em reunir os vários elementos e *planejar* a ação administrativa vinculativa por certo tempo, independentemente da alternância dos titulares que exercem a tarefa de governar.

O planejamento estratégico pode revelar e se dirigir a várias necessidades postas no ordenamento constitucional e infraconstitucional, e comprometem o aparelho estatal que lhes é afeto.[25] Um exemplo de tal afirmativa pode ser dado, com apoio na reflexão de Ana Paula de Barcelos,[26] de que o Estado brasileiro está comprometido a proporcionar a educação fundamental a toda a população, sem custos para quem dela usufruir, nos termos dos artigos 205 e 208, inciso I, da Constituição da República de 1988.

Os recursos públicos disponíveis à educação, portanto, devem ser empregados em *políticas públicas* que visam obter esses resultados até que eles sejam atingidos. E isto pressupõe a participação de todos os órgãos, entidades e agentes cuja competência constitucional ou legal se relacione à educação.

Nesse sentido, uma vez definidos os resultados pretendidos, as tarefas do controle e da fiscalização tornam-se facilitadas.

Trata-se, pois, de verificar se o resultado final da atividade do Estado em cada uma das áreas está, efetivamente, sendo atingido. Caso

---

[24] CARAVANTES, Geraldo R.; BJUR, Wesley. *Readministração em ação*. São Paulo: Makron Books, 1996. p. 202 *et seq.*
[25] GUILLAUME; DUREAU; SILVENT, *op. cit.*, p. 60 *et seq.*
[26] BARCELLOS, *op. cit.*, p. 94.

a resposta seja negativa, impõe-se a aplicação dos recursos disponíveis em *políticas públicas* vinculadas a essa finalidade estatal, de modo que outros gastos terão que aguardar essa premência.

Esse ponto mostra-se o mais complexo sob a ótica do controle, uma vez que requer o exame dos meios fixados pelo poder público para a realização dos objetivos e comandos constitucionais, e a ele se alia o fato de que a seleção do objeto que constituirá *políticas públicas* e o meio pelo qual serão consubstanciadas são matérias que a Constituição da República reserva à definição ou discricionariedade política.

Contudo, esse controle é, em verdade, um dos pilares de legitimidade do próprio Estado Democrático de Direito. Com efeito, quando o Administrador planeja uma *política pública*, o faz visando concretizar um determinado direito.[27] A questão se põe justamente pela maneira como se compõe a *política pública*.

Pode-se, pois, buscar eliminar dentre todos os meios disponíveis à Administração Pública, aqueles comprovadamente ineficientes para a observância dos fitos constitucionais. O objetivo desse procedimento é buscar garantir uma eficácia mínima das ações estatais. E isso porque as *políticas públicas* necessitam contribuir com uma eficiência mínima para alcançar os propósitos assegurados pela Constituição.

Em sentido oposto, estar-se-á avaliando inequívoco desperdício de recursos públicos e se deixando de aplicar as disposições constitucionais e, salvo as circunstâncias extremas, será difícil verificar se a *política pública* levada a efeito é minimamente eficiente para cumprir a meta prevista.

Em se tratando de situação limite, há que se socorrer da intervenção do Judiciário. Todavia, não se trata de substituir a política do governante pela do juiz[28] ou do órgão de controle externo, mas apenas

---

[27] Não significa que não haja espaço autônomo de deliberação majoritária acerca da definição das políticas públicas ou do destino a ser dado aos recursos disponíveis. Muito ao revés. Em um Estado Democrático, não se pode pretender que a Constituição invada o espaço da política em uma versão de substancialismo radical e elitista, em que as decisões políticas são transferidas, do povo e de seus representantes, para os reis filósofos da atualidade: os juristas e operadores do direito em geral. A definição dos gastos públicos é, por certo, um momento típico da deliberação político-majoritária; salvo que essa deliberação não estará livre de alguns condicionantes jurídicos-constitucionais. Cf. BARCELLOS, *op. cit.*, p. 92.

[28] Isso, como sustenta Rogério Gesta Leal, "não significa o abandono ou a renúncia das competências institucionais próprias ou específicas dos entes federados, mas pelo contrário, o resguardo de suas autonomias e independências político-administrativas, ratificando o postulado fundacional que anima a idéia de República, a saber, a garantia de se criar um mecanismo de check and balance entre os Poderes estatais" (LEAL, Rogério Gesta. Controle da Administração Pública no Brasil: anotações críticas. *A&C – Revista de Direito Administrativo e Constitucional*, Belo Horizonte, ano 5, n. 20, p. 125, abr./jun. 2005).

promover a eliminação das hipóteses comprovadamente ineficientes. Se for ineficiente, pode ser reputada como inválida, de modo que deverá ser substituída por outro meio, ou ser adequada para que possa, satisfatoriamente, atingir os resultados planejados.

4 A atribuição constitucional de controle externo: os Tribunais de Contas

Vários são os instrumentos jurisdicionais de controle externo, porém a adoção de outra via de controle externo, aquela autorizada pela dicção do artigo 71, da Constituição da República de 1988, que prevê tal modalidade de controle da Administração Pública a ser exercido pelo Poder Legislativo, auxiliado pelo Tribunal de Contas, deve-se ao fato de que a fiscalização, assim como a inspeção sobre o uso dos recursos públicos, exige a superação e a transposição dos confins tradicionais no que tange ao conteúdo próprio da ação administrativa.

Nesse compasso chega-se, então, a duas ordens de observações. A primeira é a de que os Tribunais de Contas, diversamente do Poder Judiciário, pode e deve adentrar ao exame da gestão que, não raro e no mais das vezes, envolve o exame da discricionariedade[29] de toda a atuação dos gestores públicos. A segunda relaciona-se à tarefa orientativa dos Tribunais de Contas, adrede mencionada.

Paralelamente a isso, as competências institucionais dos Tribunais de Contas estão positivadas nos artigos 71 e 72 da Constituição da República de 1988, e é de todo oportuno ressaltar que essas instituições não são órgãos do Poder Legislativo,[30] mas órgãos auxiliares[31] desse Poder instituído no exercício do controle externo.

Dentre suas atribuições encontra-se a de apreciar as contas prestadas anualmente pelo Chefe do Poder Executivo, no domínio territorial correspondente a cada Tribunal de Contas, mediante parecer prévio, assim como a de julgar as contas dos administradores e demais

---

[29] Embora despiciendo, anota-se que a posição assentada do Poder Judiciário brasileiro é o da não apreciação da discricionariedade, reservando-a, em caso de revisão dos atos e ações, exclusivamente à Administração Pública.

[30] Essa construção decorre logicamente do art. 44, da Constituição da República de 1988 e do princípio da simetria constitucional.

[31] Insta salientar que o caráter auxiliar dos Tribunais de Contas não possui qualquer conotação de inferioridade hierárquica ou subalternidade funcional, como delimitou o Ministro Carlos Ayres Britto, cf. BRITTO, Carlos Ayres. O regime constitucional dos Tribunais de Contas. *Revista Diálogo Jurídico*, Salvador, v. 1, n. 9, dez. 2001. Disponível em: <http://www.direitopublico.com.br>. Acesso em: 19 out. 2007.

responsáveis por dinheiros, bens e valores públicos da administração direta e indireta, fiscalizar gastos que possam causar dano irreparável ou grave lesão à economia pública, dentre outras incumbências ligadas à análise de legalidade de atos de admissão, de inativação de servidores públicos, à instauração de inspeções e auditorias de natureza contábil, financeira, orçamentária, operacional e patrimonial, nas unidades administrativas sujeitas a seu controle.

A partir disso é possível constatar que os atos de gestão que, num primeiro instante possam parecer inalcançáveis pelos Tribunais de Contas, como, *verbi gratia*, as nomeações para cargo de provimento em comissão. Entretanto, se a questão for examinada tendo por referencial a gestão, o Tribunal de Contas pode — e deve — analisar a política de gestão de pessoal. Não se trata aqui, por óbvio, de apreciar a legalidade da nomeação de dado indivíduo para o cargo de provimento em comissão, mas do *exame global e contextual* da gestão no que tange à política de pessoal, em qualquer um dos Poderes instituídos.

Concomitantemente e invocando as asserções postas quanto às políticas públicas, defende-se aqui que sejam elas submetidas ao crivo dos Tribunais de Contas, pois há elementos para o controle: lapso de tempo predeterminado para lograr as finalidades, destino específico dos recursos, qualidade de prestação da política pública sob exame, lei orçamentária que prevê os recursos e as prioridades de execução, os agentes públicos responsáveis. Todos são dados total ou parcialmente inseridos na seara vinculada da Administração Pública. Os poucos dados que são — e devem ser — deixados à discricionariedade do administrador podem, pela finalidade — se atendida ou não — também sofrer a apreciação dos Tribunais de Contas.

No panorama descrito há que ser concebida duas ordens de planos estratégicos: o da Administração Pública na assunção e concretização das políticas públicas e o dos Tribunais de Contas quanto ao controle das mesmas. Evidentemente, operam-se de modos diversos, mas ambos — Administração Pública e Cortes de Contas — tendem a um único e maior objetivo: a resposta à sociedade da sua própria razão de ser, mediante a concretização da dignidade da pessoa e da promoção dos direitos fundamentais.

De qualquer modo, ao se pensar em *gestão pública* se está, forçosamente, a considerar a existência de arcabouço organizacional compatível com a operacionalização do controle nos padrões de um plano estratégico e para a apreciação das políticas públicas avençadas.

Frente a esse aspecto primordial, desde o início da década de 90, os Tribunais de Contas contam, em suas conformações orgânicas, com a contribuição do Ministério Público[32] que se tornou, na atualidade, uma instituição vital para a harmonização dos interesses sociais. Embora integre a eixo estatal, ele não se volta, a rigor, à defesa dos interesses particulares do Estado. Mais ampla, a sua função compreende o resguardo dos valores, direitos e interesses atinentes à sociedade civil, ainda que, em determinando ocasião, sejam antagônicos às chamadas "razões" de Estado.

Com a Constituição da República de 1988 é que o Ministério Público brasileiro recebeu a conformação estrutural e funcional atual, sendo incumbido, de modo definitivo, da defesa da ordem jurídica, do regime democrático e dos interesses sociais e individuais indisponíveis, além de outras importantes funções institucionais alinhavadas no art. 129 do texto constitucional.

Essa arquitetura principiológica permite ao Ministério Público junto aos Tribunais de Contas o exercício de seus múltiplos afazeres. Como todos os demais organismos estatais, a sua organização — jurídica, axiológica e física — deve corresponder, na exata medida, às suas atribuições que, por sua amplitude, a doutrina chega a classificá-lo como um poder estatal à parte.[33]

Destarte, o Ministério Público e os Tribunais de Contas desempenham, dentre outros, *o papel de controle das atividades públicas e privadas, não se amoldando, perfeitamente, dentre as tarefas típicas dos demais poderes estatais.* É de se lembrar que a concepção tripartite de separação de poderes data do século XVIII, em que a realidade estatal era absolutamente diversa e, igualmente, a evolução das sociedades já levou diversos países a criar um poder estatal de controle e defesa contra os desmandos e abusos dos agentes públicos, chamada de *Ombudsman*.[34]

No Brasil, por efeito de instrumentos de controle entre cada um dos Poderes, os chamados mecanismos de *freios* e *contrapesos* e, apesar disso, os abusos de poder cada vez mais frequentes a condutas desmedidas praticadas pelos gestores públicos, têm conduzido ao gradual processo de "judicialização" da política e "tribunalização" da aplicação

---

[32] Refere-se aqui, particularmente, ao Ministério Público junto ao Tribunal de Contas, instituição assim considerada pelo Supremo Tribunal Federal.

[33] Segundo Marçal Justen Filho, "(...) é correto afirmar que existem, no Brasil, cinco Poderes, porque o Mistério Público e o Tribunal de Contas recebem por parte da Constituição da República de 1988, um tratamento que lhes assegura autonomia estrutural e identidade funcional" (JUSTEN FILHO, Marçal. *Curso de direito administrativo*. São Paulo: Saraiva, 2005. p. 26).

[34] Observa-se que, embora o *Ombudsman* seja uma instituição importante no controle da Administração Pública, não constitui aspecto a ser analisado neste texto.

da lei pela Administração Pública, assiduamente em detrimento da coletividade, pois o Poder Judiciário é conclamado, antes de dirimir os conflitos sociais, a solucionar lides cada vez mais intensas, entre os próprios poderes estatais.

Sublinha-se que a crítica acima não se relaciona, em qualquer hipótese, à eventual intervenção do Poder Judiciário em presença do arbítrio do Poder Público ou da negação da salvaguarda de quaisquer direitos fundamentais, subjetivos ou objetivos. Ou mais, no controle, no que concerne à juridicidade, das políticas públicas.[35]

Constitui-se, pois, em uma proposição a ser refletida e que se bem conduzida, não geraria desequilíbrio nas finanças públicas e no fidedigno ajuste fiscal dos entes federativos, mas, em largo alcance, evitaria a exorbitância de prerrogativas dos Poderes estatais, assegurando o pleno exercício das relevantes atribuições constitucionais do Ministério Público em prol da sociedade civil e afastaria a inconstitucionalidade que reveste as interferências atuais dos demais Poderes na sua administração, organização e funcionamento.

5 O controle da gestão pública pelos Tribunais de Contas: limites e possibilidades

A influência da *política* na Administração Pública e na eleição das políticas públicas é inquestionável.[36] Aqui se toma o conceito como programa de ação e abrange normas e atos e, seguindo a reflexão de Fábio Konder Comparato, *"se a política deve ser claramente distinguida das normas e dos atos, é preciso reconhecer que ela acaba por englobá-los como seus componentes. (...) a política aparece, antes de tudo, como uma 'atividade', isto é, um conjunto organizado de normas e atos tendentes à realização de um objetivo determinado".*[37]

O forte caráter de liberdade que a política, por natureza, permite ao governante não parece coerente com o Estado Democrático de Direito que não haja limites.

---

[35] O'LEARY, Rosemary; STRAUSSMAN, Jeffrey D. El impacto de los tribunales sobre la gestión pública. *In*: BOZEMAN, Barry (Coord.). *La gestión pública*: su situación actual. México: Fondo de Cultura Económica, 1998. p. 259.

[36] CHEVALLIER. *Science administrative*, p. 276 *et seq.*

[37] COMPARATO, Fábio Konder. Ensaio sobre o juízo de constitucionalidade das políticas públicas. *In*: BANDEIRA DE MELLO, Celso Antônio (Org.). *Estudos em homenagem a Geraldo Ataliba*. São Paulo: Malheiros, 1997. (Direito administrativo e constitucional, v. 2). (destaque do original).

Como se está a aventar de planejamento, de políticas públicas, performance do Estado (e também da Administração Pública) e, portanto, da boa administração, nestas tarefas, parece recomendável que se reflita sobre o traçado — possível jurídica e faticamente, de contornos. Para tanto, não se pode prescindir da avaliação desta tríade que conforme Henri Guillaume, Gillaume Dureau e Franck Silvent, "Avaliar uma política é perscrutar se os meios jurídicos, administrativos ou financeiros aplicados permitem a produção dos efeitos almejados desta política e atendem aos objetivos que lhes são fixados (decreto de 22 de janeiro de 1990 sobre os procedimentos interministeriais de avaliação)".[38]

A avaliação da gestão, assim como das políticas públicas, implica em apreciar, em certo grau, a discricionariedade da atuação dos gestores públicos e dos governantes, quer quanto à opção daquilo que entendam eles por política pública, quer quanto ao modo de execução e a seus destinatários.

A delicadeza desse entendimento — adentrar ao exame da discricionariedade — encontra na doutrina lineamentos que permitem, com certa segurança, essa possibilidade sem que se substitua o "avaliador" pelo gestor público. Na ordem de ideias até aqui seguidas, parece de todo autorizada que os Tribunais de Contas procedam a essa avaliação.

Os baldrames a serem seguidos pelas Cortes de Contas, nesta hipótese, são os princípios constitucionais (implícitos e explícitos) e toda a ordem jurídica vigente. Fixada esta premissa categórica, têm os Tribunais todos os instrumentos orçamentários e legislativos utilizados pela Administração Pública que lhes permite apreciar o direcionamento das políticas públicas (educação, saúde, saneamento básico e incontáveis outros misteres que podem e devem ser objetivo de atendimento pelo Estado), a quem (os cidadãos que concretamente demandam aquela ação estatal planejada, maciça e efetiva) a licitude e legitimidade dos gastos públicos que foram realizados pela execução dessas políticas (mediante controle de meio e de resultado).[39]

---

[38] Tradução livre. No original: "Évaluer une politique, c'est rechercher si les moyens juridiques, adminsitratifis ou financiers mis em oeuvre permettent de produire les effets attendus de cette politique et d'atteindre les objectifs qui lui sont fixes (decreto di 22 de janvier 1990 sur les procédures interministérielles d'évaluation)" (GUILLAUME; DUREAU; SILVENT. *Gestion Publique...*, p. 137).

[39] Utiliza-se, neste aspecto, as noções de administração burocrática e gerencial, porque em relação às políticas públicas são elas indissociáveis e conjugadas.

Se se está a explorar sobre essas variáveis da ação administrativa em relação às políticas públicas e à liberdade de escolha que ocasionalmente[40] tem o gestor público e que, em contrapartida, há toda a ordem jurídica e fática a dar-lhe parâmetros, os Tribunais de Contas devem se aparelhar — concreta e juridicamente — para acompanhá-las e averiguá-las. Cabe, neste aspecto, a constatação da higidez (ou não) das aplicações corretas (ou desvios) orçamentárias, a pertinência (ou inadequação) das políticas públicas escolhidas em face da realidade social sobre a qual incidem em confronto com os objetivos específicos.

Por fim, a mensuração da real consolidação material por intermédio do atendimento da necessidade coletiva apontada quando do planejamento estratégico. Isto culmina com a apreciação da discricionariedade (diminuta, anote-se) e resulta no controle da finalidade de toda a atuação do gestor público e, por consequência, da boa administração. Ainda que lícita a conduta, em cada caso concreto[41] — levando-se em conta a imensurável variedade de aspectos sociais e administrativos em cada ente da Federação — é possível avaliar e aquilatar se os fins da destinação de todo o aparato utilizado pelo administrador público atendeu à finalidade pública, razão de ser das políticas públicas.

Se não cumprida a finalidade pública a que se propôs o gestor público, essa teratologia (sem exageros se está a usar o termo aqui) pode ser analisada e orientada pelos Tribunais de Contas, mas também pelo Poder Judiciário, uma vez que não se tem mais uma faculdade discricionária, mas uma obrigação vinculada.

6 Considerações finais

Das reflexões expostas, conclui-se, em síntese, que a ênfase constitucional dada às políticas públicas está a compelir os Tribunais de Contas a inserir, em seu plano de atuação, a fiscalização, em sentido amplo, das políticas públicas. Assim sendo, o controle externo da Administração Pública a seu encargo não se resume à aferição da legalidade estrita, mas da verificação se os mandamentos constitucionais necessários para a proteção e promoção dos direitos fundamentais estão sendo seguidos.

---

[40] É eventual e contingente essa discricionariedade em face do que toda a ordem jurídica antepõe a fim de balizar a ação administrativa.

[41] Recorda-se aqui de Castanheiras Neves que exemplarmente expõe as implicações do exame do caso jurídico concreto. Cf. NEVES, A. Castanheira. *Metodologia jurídica*: problemas fundamentais. Coimbra: Coimbra Ed., 1993. p. 155 *et seq.*

1. O tema das políticas públicas está intimamente ligado à gestão pública, esta tomada como critérios a orientar os gestores públicos, de maneira que o controle e a avaliação das políticas públicas devem ocorrer desde a fase inicial, de planejamento, até a prestação das respectivas contas das políticas realizadas.
2. Por conseguinte, o controle da gestão pública está relacionado à comprovação do alcance dos patamares constitucionalmente estabelecidos pertinentes à proteção e à concretização dos direitos fundamentais, relacionados à dignidade da pessoa, que deve ser salvaguardada a todos, indiscriminadamente.
3. A fim de fiscalizar, de modo efetivo, a prestação das políticas públicas, os Tribunais de Contas podem apreciar a margem de escolha do administrador público, isto é, a parcela de discricionariedade que lhe é outorgada pela ordem jurídica, com vistas ao exame da finalidade das políticas (licitude e legitimidade da execução, adequada escolha dos destinatários nos termos constitucionais e prestação efetiva).
4. Pelo juízo da concretização da finalidade pública em meio à atuação discricionária, permite que ilegalidades e anomalias na gestão das políticas públicas sejam apreciadas também pelo Poder Judiciário, pois estas hipóteses se circunscrevem à juridicidade.

Referências

ALEXY, Robert. *Teoria de los derechos fundamentales*. Madrid: Centro de Estúdios Constitucionales, 1997.

ALMEIDA, Dayse Coelho de. *A fundamentalidade dos direitos sociais*. Disponível em: <www.anamatra.org/geral/artigo_IEC.doc>. Acesso em: 30 maio 2006.

AMARAL, Gustavo. *Direito, escassez e escolha*: em busca de critérios jurídicos para lidar com a escassez de recursos e as decisões trágicas. Rio de Janeiro: Renovar, 2001.

BALDO, Rafael Antônio. *Novos horizontes para a gestão pública*. Curitiba: Juruá, 2009.

BANDEIRA DE MELLO, Celso Antônio. *Curso de direito administrativo*. 26. ed. São Paulo: Malheiros, 2009.

BARCELLOS, Ana Paula de. Neoconstitucionalismo, direitos fundamentais e controle das políticas públicas. *Revista de Direito Administrativo*, Rio de Janeiro, n. 240, abr./jun. 2005.

BREUS, Thiago Lima. *Políticas públicas no Estado constitucional*: problemática da concretização dos direitos fundamentais pela Administração Pública brasileira. Belo Horizonte: Fórum, 2007.

BRITTO, Carlos Ayres. O regime constitucional dos Tribunais de Contas. *Revista Diálogo Jurídico*, Salvador, v. 1, n. 9, dez. 2001. Disponível em: <http://www.direitopublico.com.br>. Acesso em: 19 out. 2007.

BUCCI, Maria Paula Dallari. *Direito administrativo e políticas públicas*. São Paulo: Saraiva, 2002.

CANOTILHO, José Joaquim Gomes. Constituição e défice procedimental. *In*: CANOTILHO, José Joaquim Gomes. *Estudos sobre direitos fundamentais*. Coimbra: Coimbra Ed., 2004.

CARAVANTES, Geraldo R.; BJUR, Wesley. *Readministração em ação*. São Paulo: Makron Books, 1996.

CHEVALLIER, Jacques. Le concept d'intérêt en science administrative. *In*: GÉRARD, Philippe; OST, François; KERCHOVE, Michel van de (Org.). *Droit et interet*. Bruxelles: Publications des Facultés universitaires Saint-Louis, 1990. (Approche interdisciplinaire, v. 1).

CHEVALLIER, Jacques. Le droit administratif entre science administrative et droit constitutionnel. *In*: CHEVALLIER, Jacques (Org.). *Le droit administratif en mutation*. Paris: Presses Universitaires de France, 1993.

CHEVALLIER, Jacques. *Science administrative*. 3ᵉ éd. refondue. Paris: Presses Universitaires de France, 2002.

COMPARATO, Fábio Konder. Ensaio sobre o juízo de constitucionalidade das políticas públicas. *In*: BANDEIRA DE MELLO, Celso Antônio (Org.). *Estudos em homenagem a Geraldo Ataliba*. São Paulo: Malheiros, 1997. (Direito administrativo e constitucional, v. 2).

CORREIA, Fernando Alves. *O plano urbanístico e o princípio da igualdade*. Coimbra: Almedina, 1989.

DIDIER, Jean-Pierre. *La déontologie de l'administration*. Paris: PUF, 1999.

FERLIE, Ewan *et al*. *A nova Administração Pública em ação*. Tradução de Sara Rejane de Freitas Oliveira e revisão técnica de Tomás de Aquino Guimarães. Brasília: EXANP, 1999.

FREITAS, Juarez. *Discricionariedade administrativa e o direito fundamental à boa Administração Pública*. São Paulo: Malheiros, 2007.

GALDINO, Flávio. *Introdução à teoria dos custos dos direitos*: direitos não nascem em árvores. Rio de Janeiro: Lumen Juris, 2005.

GOUVÊA, Marcos Maselli. *O controle judicial das omissões administrativas*: novas perspectivas de implementação de direitos prestacionais. Rio de Janeiro: Forense, 2003.

HÖFLING, Eloisa de Mattos. *Estado e políticas (públicas) socais*. Disponível em: <www.scielo.br/scielo.php?script=sci_arttex&pid=S010132622001000300008&ln g=pt&nrm=isso>. Acesso em: 24 out. 2006.

HOLMES, Stephen; SUNSTEIN, Cass R. *The Cost of Rights*: why Liberty Depends on Taxes. New York: W.W. Norton & Company Inc., 1999.

JUSTEN FILHO, Marçal. *Curso de direito administrativo*. 5. ed. rev. e atual. São Paulo: Saraiva, 2010.

KRELL, Andréas J. Controle judicial dos serviços públicos básicos na base dos direitos fundamentais sociais. *In*: SARLET, Ingo Wolfgang (Org.). *A Constituição concretizada*: construindo pontes entre o público e o privado. Porto Alegre: Livraria do Advogado, 2000.

LEAL, Rogério Gesta. Controle da Administração Pública no Brasil: anotações críticas. *A&C – Revista de Direito Administrativo e Constitucional*, Belo Horizonte, ano 5, n. 20, abr./jun. 2005.

LEAL, Rogério Gesta. *Estado, Administração Pública e sociedade*: novos paradigmas. Porto Alegre: Livraria do Advogado, 2006.

LIMA, Rui Cirne. *Princípios de direito administrativo*. 3. ed. Porto Alegre: Sulina, 1954.

MARQUES NETO, Floriano de Azevedo. *Regulação estatal e interesses públicos*. São Paulo: Malheiros, 2002.

MARQUES, Maria Manuel Leitão; MOREIRA, Vital. *A mão visível*: mercado e regulação. Coimbra: Almedina, 2003.

MILESKI, Helio Saul. *O controle da gestão pública*. São Paulo: Revista dos Tribunais, 2003.

NEVES, A. Castanheira. *Metodologia jurídica*: problemas fundamentais. Coimbra: Coimbra Ed., 1993.

O'LEARY, Rosemary; STRAUSSMAN, Jeffrey D. El impacto de los tribunales sobre la gestión pública. *In*: BOZEMAN, Barry (Coord.). *La gestión pública*: su situación actual. México: Fondo de Cultura Económica, 1998.

PERRY, James L. La teoria de la gestión pública: ¿qué es? ¿Qué debería ser?. *In*: BOZEMAN, Barry (Coord.). *La gestión pública*: su situación actual. México: Fondo de Cultura Económica, 1998.

SEN, Amartya. *Desenvolvimento como liberdade*. 3. reimp. São Paulo: Companhia das Letras, 2000.

Direito Público e Direito Privado na Organização da Administração Pública Brasileira: o Caso dos "Colaboradores" das Autarquias Profissionais

Daniel Ferreira

Sumário: 1 Introdução – **2** Histórico do vínculo mantido entre os Conselhos de Fiscalização Profissional e os seus "colaboradores" – **2.1** Desde o Decreto-Lei nº 968/69 até a Constituição Federal de 1988 – **2.2** Da Constituição Federal de 1988 até a Emenda Constitucional nº 19/98 – **2.2.1** A Lei nº 8.112/90 – Estatuto dos Servidores Públicos Civis da União – **2.2.2** Da Lei nº 9.649 – de 27 de maio de 1998 – **2.3** Da Emenda Constitucional nº 19/98 até a decisão na ADIN nº 2.135 – **3** Efeitos da medida cautelar deferida na ADIN nº 2.135 – **4** Direitos decorrentes do retorno ao *status quo ante* – **4.1** Direito à aposentadoria no regime estatutário – **4.1.1** A questão do custeio da aposentadoria estatutária remunerada – **4.2** Direito à contagem em dobro de licença prêmio não gozada – **5** Conclusão

1 Introdução

O título do presente ensaio revela, desde logo, sua finalidade, qual seja, a de homenagear — ainda que de forma póstuma — o Professor Guillermo Andrés Muñoz, um homem diuturnamente preocupado em fazer deste mundo um lugar cada vez melhor para se viver, com dignidade.

Esse saudoso jurista brindou, por primeiro, a comunidade acadêmica presente no Congresso Internacional sobre a "Problemática da

Administração Contemporânea", realizado na Universidade Notarial Argentina em 1997, com a exposição intitulada "Direito público e Direito privado na organização da Administração".

Na oportunidade foi dado especial destaque ao dualismo *Direito público, Direito privado* e exatamente na década na qual a Argentina experimentava uma privatização generalizada de serviços públicos e mesmo de empresas estatais. Foi nesse contexto que assim precisou:

> En suma, la personalidad jurídica no supone necesariamente un límite entre las organizaciones. Existe, sin duda, un complejo orgánico estatal al cual se identifica como Administración Central. Pero, además, el Estado utiliza la técnica de la personificación de algunos de sus sectores como instrumento para crear otras entidades, que no por ello dejan de ser estatales. Más de una vez estas personas jurídicas, ya sean entes autárquicos o sociedades privadas, actúan en el seno de la organización en forma similar a los órganos, y con no muchas potestades más que éstos. Paralelamente, existen órganos sin personalidad jurídica, que suelen tener a su cargo actividades de distinta naturaleza, y que han llegado a estar dotados de mayor autonomía que otras personas jurídicas. Si ustedes recuerdan el Sistema Nacional Integrado de Salud verán hasta qué punto esto es así.
>
> Ello se explica porque entre nosotros existieron y existen:
>
> 1) Personas jurídicas públicas a las cuales se aplica primordialmente el Derecho privado, sin que por tal circunstancia dejen de ser Administración pública.
>
> 2) Personas de Derecho privado, que también forman parte de la organización administrativa.[1]

No Brasil a situação é mais crítica, e mesmo nos idos de 2010, porque a claudicância na instituição, no reconhecimento e, piormente, na implementação do regime jurídico aplicável aos "colaboradores" dos Conselhos Regionais Profissionais — das induvidosamente autarquias que exercem "poder de polícia" sobre a atividade regulada por lei e desempenhada por engenheiros e médicos, dentre outros — é um caricato exemplo disso.

Melhor dizendo, isso se dá no âmbito intestino das autarquias corporativas (dotadas de personalidade jurídica de direito público), produzindo uma vacilação entre o público e o privado, logo entre o regime estatutário e o celetista, entre a aposentação no regime funcional

---

[1] ANDRÉS MUÑOZ, Guillermo. Derecho público y derecho privado en la organización de la administración. *In*: ANDRÉS MUÑOZ, Guillermo; SALOMONI, Jorge L. (Directores). *Problemática de la administración contemporânea*. Buenos Aires: AD-HOC, 1997. p. 38-39.

ou de previdência geral, e, pois, um pesadelo injustificável que assombra parceiros fiéis que, não pouca vez, emprestam seu suor diário ao mesmo tomador de serviços desde a década de oitenta.

Portanto, é no deliberado e sensível ambiente dos "servidores públicos"[2] e do "dualismo público-privado" que se vai perscrutar a aplicação, ou não, do regime jurídico estatutário aos sujeitos vinculados em caráter laboral e permanente aos conselhos profissionais brasileiros, tudo a partir do Direito posto (*hic et nunc*) e como assim paulatinamente reconhecido pelo Poder Judiciário.

2 Histórico do vínculo mantido entre os Conselhos de Fiscalização Profissional e os seus "colaboradores"

2.1 Desde o Decreto-Lei nº 968/69 até a Constituição Federal de 1988

De 1969 a 1988, os "colaboradores" dos Conselhos Representativos de Classe — aqui entendidos como aqueles sujeitos com vínculo de trabalho de natureza profissional e caráter não eventual, sob liame de dependência[3] — tinham suas relações laborais determinadas por *norma específica*, não se submetendo, assim, à legislação de caráter geral sobre pessoal e nem às demais disposições relativas à administração interna das autarquias federais. Ou seja, nos estritos termos do art. 1º do Decreto-Lei nº 968/69:

> Art. 1º – As entidades criadas por lei com atribuições de fiscalização do exercício de profissões liberais que sejam mantidas com recursos próprios e não recebam subvenções ou transferências à conta do orçamento da União, regular-se-ão pela respectiva legislação específica, não se lhes aplicando as normas legais sobre pessoal e demais disposições de caráter-geral, relativas à administração interna das autarquias federais.

De conseguinte, a relação jurídico-laboral entabulada entre os conselhos e os seus colaboradores não poderia ser a estatutária, restando para eles, enfim, a regulação dos direitos e das obrigações nos termos da Consolidação das Leis do Trabalho — da CLT[4] (até 1988).

---

[2] Que reclama tutela não apenas com lastro na "segurança jurídica" e na necessidade de "lealdade e de boa-fé por parte da Administração Pública", porém e sobremaneira pela inafastável exigência de proteção da dignidade da pessoa humana.

[3] BANDEIRA DE MELLO, Celso Antônio. *Curso de direito administrativo*. 26. ed. São Paulo: Malheiros, 2009. p. 248.

[4] Decreto-Lei nº 5.452, de 1º de maio de 1943.

2.2 Da Constituição Federal de 1988 até a Emenda Constitucional nº 19/98

Tal situação, entretanto, foi *visceralmente* alterada pela Constituição da República, que textualmente previu a existência de *apenas um regime jurídico, dito ÚNICO*, e aplicável aos servidores da administração pública direta, das autarquias — *sem qualquer distinção* — e das fundações públicas. Era o que previa a (original) redação do seu art. 39:

> Art. 39. A União, os Estados, o Distrito Federal e os *Municípios instituirão, no âmbito de sua competência, regime jurídico único e planos de carreira para os servidores* da administração pública direta, *das autarquias* e das fundações públicas. (grifamos)

Então, a partir de 5 de outubro de 1988, com a entrada em vigor da *nova ordem constitucional*, o Decreto-Lei nº 968/69 foi tacitamente derrogado, porque com ela incompatível, de sorte que os "colaboradores" de todas as autarquias federais deveriam ter sido necessariamente "submetidos" ao regime jurídico único e, pois, assim assumindo a condição de servidores titulares de cargos públicos. Contudo, a norma constitucional *ainda carecia de regulamentação...*

2.2.1 A Lei nº 8.112/90 – Estatuto dos Servidores Públicos Civis da União

Dita regulamentação adveio com a *Lei nº 8.112/90* — que "instituiu" o *Regime Jurídico Único dos Servidores Públicos no âmbito federal*, nos seguintes e destacados termos:

> Art. 1º Esta Lei institui o Regime Jurídico dos Servidores Públicos Civis da União, *das autarquias, inclusive as em regime especial*, e das fundações públicas federais.
>
> Art. 2º Para os efeitos desta Lei, servidor é a pessoa legalmente investida em cargo público.

Ressalte-se, na passagem, que o Estatuto Federal foi além da própria previsão constitucional, porque *expressamente* garantiu a aplicação *do regime jurídico único* até mesmo aos "servidores" das autarquias **em regime especial** (como as profissionais, *e.g.*), *transformando* seus *empregos em cargos* para todos os fins legais. *Verbis*:

> Art. 243 *Ficam submetidos ao regime jurídico instituído por esta Lei, na qualidade de servidores públicos*, os servidores dos Poderes da União,

dos ex-Territórios, *das autarquias, inclusive as em regime especial*, e das fundações públicas, regidos pela Lei nº 1.711, de 28 de outubro de 1952 – Estatuto dos Funcionários Públicos Civis da União, ou pela Consolidação das Leis do Trabalho, aprovada pelo Decreto-Lei nº 5.452, de 1º de maio de 1943, exceto os contratados por prazo determinado, cujos contratos não poderão ser prorrogados após o vencimento do prazo de prorrogação.

§1º Os empregos ocupados pelos servidores incluídos no regime instituído por esta Lei ficam transformados em cargos, na data de sua publicação.

(destaques nossos)

Perceba-se: TRANSFORMANDO *e não singelamente* determinando *a transformação*, circunstância de evidente relevo para a compreensão do imbróglio.

Demais disso, toda e qualquer dúvida acerca do regime jurídico aplicável aos "colaboradores" dos Conselhos Representativos de Classe no dito interregno (de 05.10.1988 até 04.06.1998) parece ter sido afastada pelas Cortes de Justiça, na exata medida em que se reconheceu como expressa e válida a determinação constitucional então vigente de submissão ao regime jurídico único — como afinal previsto na própria Lei nº 8.112/90. Confira-se um julgado nesse sentido:

EMENTA:

ADMINISTRATIVO. CONSELHO REGIONAL DE ENGENHARIA, ARQUITETURA E AGRONOMIA. SERVIDOR. REGIME JURÍDICO ÚNICO. LEI 8.112/90, Art. 243.

1. Preliminares corretamente afastadas.

2. *Foi assegurado o regime jurídico estatutário aos servidores das autarquias em regime especial. Art. 243, Lei nº 8.112/90.*

3. Apelação provida

(TRF4, AMS nº 1999.04.01.031493-0, Terceira Turma, Relator Sérgio Renato Tejada Garcia, *DJ* 07.06.2000)

(destacamos)

Não por acaso, o E. Superior Tribunal de Justiça seguia na mesma trilha, reconhecendo o direito aplicável *na época*:

EMENTA:

PROCESSO CIVIL. CONEXÃO. CREA. AUTARQUIA ESPECIAL. SUBMISSÃO DOS SERVIDORES AO REGIME JURÍDICO ÚNICO. ATO DE DEMISSÃO. INEXISTÊNCIA DE PRÉVIO PROCESSO ADMINISTRATIVO DISCIPLINAR. AMPLA DEFESA. ILEGALIDADE.

- Reputam-se conexas duas ações quando lhes for comum o objeto ou a causa de pedir (CPC, art. 103). Não há conexão entre o pleito que trata de dispensa irregular de servidora e o processo incidente que questionou liminar concedida.

- *A jurisprudência assentada nesta Corte consolidou o entendimento de que as entidades de fiscalização do exercício profissional, como o Conselho Federal e os Regionais de Engenharia, Arquitetura e Agronomia, têm natureza jurídica de autarquias especiais, estando seus servidores submetidos ao regime jurídico único estatutário.*

- Para a demissão de servidor de cargo público impõe sejam observados requisitos formais e de conteúdo por parte da Administração, como a instauração de prévio processo administrativo em que lhe seja assegurado o exercício pleno do direito de defesa.

- Recurso especial não conhecido.

(REsp nº 141.272/PB, Rel. Ministro Vicente Leal, Sexta Turma, julgado em 17.05.2001, *DJ* 13.08.2001, p. 294, *REPDJ* 15.10.2001, p. 303, grifamos)

Além de estabelecer o *regime jurídico ÚNICO* (portanto compulsório!), a Constituição Federal de 1988 *ainda inovou em outros aspectos* na questão dos servidores públicos civis. Por exemplo, com a sua promulgação ficou consignada a exigência de concurso público para alguém se ver investido em cargo *ou emprego público*, por força do disposto no art. 37, inciso II (em cotejo com o disposto no §1º do art. 97 da Constituição de 1967):

Art. 37. A administração pública direta e indireta de qualquer dos Poderes da União, dos Estados, do Distrito Federal e dos Municípios obedecerá aos princípios de legalidade, impessoalidade, moralidade, publicidade e eficiência e, também, ao seguinte:

I – *omissis*;

II – *a investidura em* cargo ou *emprego público* depende de aprovação prévia em concurso público de provas ou de provas e títulos, de acordo com a natureza e a complexidade do cargo ou do emprego, na forma prevista em lei, ressalvadas as nomeações para cargo em comissão declarado em lei de livre nomeação e exoneração;

(destaques nossos)

Inteligentemente, contudo, e *visando a pacificar as relações jurídicas assumidas de boa-fé e já estabilizadas pelo transcurso do tempo*, os "colaboradores" em efetivo exercício, *ainda que no regime da CLT, mas com vínculo firmado há pelo menos 5 (cinco) anos, contados da data da promulgação da Constituição*, foram considerados "estáveis no serviço público". Foi o que se previu no art. 19 do ADCT:

Art. 19. Os servidores públicos civis da União, dos Estados, do Distrito Federal e dos Municípios, da administração direta, autárquica e das fundações públicas, em exercício na data da promulgação da Constituição, há pelo menos cinco anos continuados, e que não tenham sido admitidos na forma regulada no art. 37, da Constituição, são considerados estáveis no serviço público.

§1º – O tempo de serviço dos servidores referidos neste artigo será contado como título quando se submeterem a concurso para fins de efetivação, na forma da lei.

§2º – O disposto neste artigo não se aplica aos ocupantes de cargos, funções e empregos de confiança ou em comissão, nem aos que a lei declare de livre exoneração, cujo tempo de serviço não será computado para os fins do "caput" deste artigo, exceto se se tratar de servidor.

§3º – O disposto neste artigo não se aplica aos professores de nível superior, nos termos da lei.

Dessa feita, aí também se inserem os empregados das autarquias profissionais, desde que admitidos ao quadro permanente de pessoal antes de 05 de outubro de 1983. Então, para esses sujeitos já estáveis, quando da conversão dos empregos em cargos, a questão da estabilidade estaria superada.

Todavia, o tempo passou e os Conselhos Profissionais *não se deram conta da transformação jurídica ocorrida* — por força de lei e nos termos da lei (do §1º do art. 243 da Lei nº 8.112/90) — mantendo-se *materialmente fugidios de tanto* ao longo dos anos, especialmente em relação aos seus "colaboradores" ainda regidos pela CLT (*sic*), porém já estabilizados no "serviço público".

Sendo assim, ditas autarquias em regime especial não apenas prejudicaram o direito dos colaboradores albergados pela regra de transição, como também se expuseram à responsabilização, por falta de cumprimento de dever constitucional e legal de seus gestores: o de implementar *em toda a sua extensão e intensidade* o *regime jurídico único* — o *estatutário*, melhor dizendo, para aqueles e, ainda, para os novos, cuja admissão haveria de se dar à luz dos princípios da isonomia, da impessoalidade e da meritocracia; mediante concurso público para preenchimento de cargos públicos, em síntese.

Donde, pois, o presente ensaio bem poderia se ver ultimado com uma chamada acerca da "responsabilidade patrimonial extracontratual (dos Conselhos Profissionais) por ato omissivo" em relação aos prejudicados: os beneficiários da regra e os posteriormente contratados no *inadmissível* regime da CLT (até 1998). Poderia, mas não pode, porque a ordem constitucional brasileira continuou em transição, ainda que por força de tardia — e (ainda) precária — manifestação jurisdicional, como mais adiante se fará notar.

2.2.2 Da Lei nº 9.649 – de 27 de maio de 1998

Esdruxulamente, a Lei nº 9.649/98, que reorganizou a estrutura da Presidência da República e dos Ministérios, tratou dos conselhos profissionais em seu art. 58[5] e a eles atribuiu a fiscalização das profissões regulamentadas em caráter privado.

Uma vez provocado, o STF não titubeou e assim decidiu na ADIN (Med. Liminar) nº 1.717-6, consoante excerto aqui transcrito do voto do eminente Ministro Sydney Sanches, de 22.09.1999:

> Com efeito, não parece possível, a um primeiro exame, em face do ordenamento constitucional, mediante a interpretação conjugada dos artigos 005º, XIII, 022, XVI, 021, XXIV, 070, parágrafo único, 149 e 175 da C.F., a delegação, a uma entidade privada, de atividade típica de Estado, que

---

[5] Art. 58. Os serviços de fiscalização de profissões regulamentadas serão exercidos em caráter privado, por delegação do poder público, mediante autorização legislativa.
§1º A organização, a estrutura e o funcionamento dos conselhos de fiscalização de profissões regulamentadas serão disciplinados mediante decisão do plenário do conselho federal da respectiva profissão, garantindo-se que na composição deste estejam representados todos seus conselhos regionais.
§2º Os conselhos de fiscalização de profissões regulamentadas, dotados de personalidade jurídica de direito privado, não manterão com os órgãos da Administração Pública qualquer vínculo funcional ou hierárquico.
§3º Os empregados dos conselhos de fiscalização de profissões regulamentadas são regidos pela legislação trabalhista, sendo vedada qualquer forma de transposição, transferência ou deslocamento para o quadro da Administração Pública direta ou indireta.
§4º Os conselhos de fiscalização de profissões regulamentadas são autorizados a fixar, cobrar e executar as contribuições anuais devidas por pessoas físicas e jurídicas, bem como preços de serviços e multas, que constituirão receitas próprias, considerando-se título executivo extrajudicial a certidão relativa aos créditos decorrentes.
§5º O controle das atividades financeiras e administrativas dos conselhos de fiscalização de profissões regulamentadas será realizado pelos seus órgãos internos, devendo os conselhos regionais prestar contas, anualmente, ao conselho federal da respectiva profissão, e estes aos conselhos regionais.
§6º Os conselhos de fiscalização de profissões regulamentadas, por constituírem serviço público, gozam de imunidade tributária total em relação aos seus bens, rendas e serviços.
§7º Os conselhos de fiscalização de profissões regulamentadas promoverão, até 30 de junho de 1998, a adaptação de seus estatutos e regimentos ao estabelecido neste artigo.
§8º Compete à Justiça Federal a apreciação das controvérsias que envolvam os conselhos de fiscalização de profissões regulamentadas, quando no exercício dos serviços a eles delegados, conforme disposto no *caput*.
§9º O disposto neste artigo não se aplica à entidade de que trata a Lei nº 8.906, de 4 de julho de 1994.

abrange até poder de polícia, de tributar e de punir, no que tange ao exercício de atividades profissionais.
Precedente: M.S. nº 22643.

Também está presente o requisito do "periculum in mora", pois a ruptura do sistema atual e a implantação do novo, trazido pela Lei impugnada, pode acarretar graves transtornos à Administração Pública e ao próprio exercício das profissões regulamentadas, em face do ordenamento constitucional em vigor.

Ação prejudicada, quanto ao parágrafo 003º do art. 058 da Lei nº 9649, de 27.05.1998.

Medida Cautelar deferida, por maioria de votos, para suspensão da eficácia do "caput" e demais parágrafos do mesmo artigo, até o julgamento final da Ação.

Afinal, em 2003, confirmou-se o julgado, no sentido de declarar-se a inconstitucionalidade do *caput* do art. 59, bem como de seus parágrafos 1º, 2º, 4º, 5º, 6º, 7º e 8º, excepcionados os 3º e 9º (que excluiu do trato da matéria a Ordem dos Advogados do Brasil).[6]

Destaque-se que o §3º do referido dispositivo de lei apenas não restou igualmente afastado da ordem jurídica nacional porque, por ocasião do julgamento da aludida ação, o art. 39 da Constituição Federal já vigia com a redação dada pela Emenda Constitucional nº 19/98. Portanto, o regime laboral dos "colaboradores" volta a ser uma questão sujeita a enfrentamento apenas com esteio na própria emenda.

Mas a simples menção a esta curta intervenção legislativa tem sentido, porque revela, ampliando, a confusão entre o público e o privado, entre os limites de se poder entregar a uma pessoa jurídica de

---

[6] **Ementa:**
DIREITO CONSTITUCIONAL E ADMINISTRATIVO. AÇÃO DIRETA DE INCONSTITUCIONALIDADE DO ART. 58 E SEUS PARÁGRAFOS DA LEI FEDERAL Nº 9.649, DE 27.05.1998, QUE TRATAM DOS SERVIÇOS DE FISCALIZAÇÃO DE PROFISSÕES REGULAMENTADAS.
1. *Estando prejudicada a Ação, quanto ao §3º do art. 58 da Lei nº 9.649, de 27.05.1998, como já decidiu o Plenário, quando apreciou o pedido de medida cautelar*, a Ação Direta é julgada procedente, quanto ao mais, declarando-se a inconstitucionalidade do "caput" e dos §§1º, 2º, 4º, 5º, 6º, 7º e 8º do mesmo art. 58.
2. Isso porque a interpretação conjugada dos artigos 5º, XIII, 22, XVI, 21, XXIV, 70, parágrafo único, 149 e 175 da Constituição Federal, leva à conclusão, no sentido da indelegabilidade, a uma entidade privada, de atividade típica de Estado, que abrange até poder de polícia, de tributar e de punir, no que concerne ao exercício de atividades profissionais regulamentadas, como ocorre com os dispositivos impugnados.
3. Decisão unânime.
(ADI nº 1.717, Relator(a): Min. SYDNEY SANCHES, Tribunal Pleno, julgado em 07.11.2002, *DJ* 28.03.2003, p. 61).

direito privado, mesmo que com autorização ou previsão legal (sic), aquilo que, de essência, há de ser desempenhado pelo Estado ou, no máximo, por pessoa jurídica de direito público por conta de oportuna e conveniente descentralização administrativa.

2.3 Da Emenda Constitucional nº 19/98 até a decisão na ADIN nº 2.135

Em reprise, de 05.10.1988 até 03.06.1998 (com deliberado desprezo da Lei nº 9.649/98), todo e qualquer "colaborador" dos Conselhos Profissionais, independentemente da função a ser desempenhada, haveria de ser contratado sob o manto do regime funcional, estatutário, sob pena de manifesta afronta à ordem constitucional vigente. A partir de 04.06.1998 o cenário mudou e passou-se a admitir duplo regime jurídico, nos seguintes (e teratológicos) termos:

> Art. 39. A União, os Estados, o Distrito Federal e os Municípios instituirão conselho de política de administração e remuneração de pessoal, integrado por servidores designados pelos respectivos Poderes.
>
> §1º A fixação dos padrões de vencimento e dos demais componentes do sistema remuneratório observará:
>
> I – a natureza, o grau de responsabilidade e a complexidade dos cargos componentes de cada carreira;
>
> II – os requisitos para a investidura;
>
> III – as peculiaridades dos cargos.
>
> §2º *omissis*.
>
> §3º Aplica-se aos servidores ocupantes de cargo público o disposto no art. 7º, IV, VII, VIII, IX, XII, XIII, XV, XVI, XVII, XVIII, XIX, XX, XXII e XXX, podendo a lei estabelecer requisitos diferenciados de admissão quando a natureza do cargo o exigir.

Ou seja, com a novidadeira e silenciosa redação abriu-se — *em princípio* — o leque para adoção de *duplo regime profissional* (estatutário ou celetista), conforme as atribuições próprias de cada centro de competências. Em termos práticos, a referida emenda representou uma ruptura com a exigência constitucional do "Novo Estado", no sentido de que todos os servidores (inclusive os aqui denominados "colaboradores") da administração pública direta, das autarquias (profissionais, inclusive) e das fundações públicas *viessem a se submeter* (perceba-se: enquanto uma obrigação *para o futuro*, apenas) ao regime jurídico estatutário.

Todavia, e por evidente, a (írrita) inovação em nada afetaria a situação jurídica dos "colaboradores" eventualmente beneficiados com a regra de transição da Carta da República original (que lhes conferiu a estabilização, ainda que contratados sem concurso público e no regime da CLT), quanto o mais porque em relação a eles a transformação de empregos em cargos já havia se operado, *ex vi* do comando insculpido na mesma Lei Maior em sua original versão c/c o art. 243 da Lei nº 8.112/90. Ou seja, a eles sempre seria (e será) de se garantir *mínima segurança jurídica*, aplicando-se a "lei de regência de cada época".

E *nem é preciso lucubrar na passagem*, porque essa situação já foi reconhecida, definida e assegurada perante o mesmo Superior Tribunal de Justiça *e em relação a uma colaboradora* também admitida no regime celetista e sem concurso público mais de cinco anos antes da modificação do Estado Constitucional Brasileiro.

Ementa:
RECURSO ESPECIAL. ADMINISTRATIVO. FUNCIONÁRIA DO CONSELHO DE ENGENHARIA E ARQUITETURA E AGRONOMIA DO ESTADO DO PARANÁ – CREA/PR. NATUREZA JURÍDICA. AUTARQUIA FEDERAL. PESSOA JURÍDICA DE DIREITO PÚBLICO. REGIME JURÍDICO. NECESSIDADE DE COTEJO COM AS LEIS DE REGÊNCIA EM CADA PERÍODO.

1. O regime jurídico aplicável aos funcionários dos conselhos de fiscalização profissional, no âmbito federal, por força do art. 1º do Decreto-lei nº 968, de 13 de outubro de 1969, era, como regra, o celetista, até o advento da Lei nº 8.112, de 11 de novembro de 1990 que, pelo seu art. 243, regulamentando o art. 39 da Constituição Federal (redação originária), instituiu o Regime Jurídico Único, no caso, sendo escolhido o estatutário. Essa situação perdurou até o advento da Emenda Constitucional nº 19, de 04 de junho de 1998, que deu nova redação ao art. 39 da Carta Magna, extinguindo a obrigatoriedade de um regime único, passando a prevalecer a regra especial insculpida no §3º do art. 58 da Lei nº Lei nº 9.649/98 — mantido incólume pelo Supremo Tribunal Federal por ocasião do julgamento da ADIn nº 1.717/DF —, que prevê o regime celetista.

2. Na hipótese em apreço, a Recorrente foi admitida pelo Conselho Regional de Engenharia, Arquitetura e Agronomia do Estado do Paraná em 26/01/1981, contratada sob o regime celetista, tendo sido demitida em 06/12/1995, sem observância das regras estatutárias então vigentes. Desse modo, há de ser reconhecido o direito da ora Recorrente à almejada reintegração.

3. Recurso especial conhecido e provido.

(REsp nº 300.155/PR, Rel. Ministro Jorge Scartezzini, Rel. p/ Acórdão Ministra Laurita Vaz, Quinta Turma, julgado em 25.04.2006, *DJ* 04.12.2006, p. 352)

Inconteste, pois, *o reconhecimento do direito ao regime jurídico estatutário* em relação aos "colaboradores estabilizados nas autarquias profissionais": quer no que tange a direitos, quer em relação às obrigações; porém, para todos os fins de direito.

3 Efeitos da medida cautelar deferida na ADIN nº 2.135

Contudo, a referida emenda constitucional foi objeto de hercúlea impugnação por meio de Ação Direta de Inconstitucionalidade, proposta por partidos políticos (PT, PDT e PSB) já em 1999, na qual se apontou, *dentre tantas outras aberrações, o absoluto descompasso entre o seu conteúdo e o rito necessário* para a sua válida irrupção no mundo jurídico.

E o resultado de tanto — depois de, *data venia*, injustificáveis mais de nove anos de atraso contados da judicial provocação — foi dado a publicamente conhecer (apenas) em 07.03.2008, aqui com destaques:

> **Decisão**:
>
> O Tribunal, por maioria, vencidos os Senhores Ministros Nelson Jobim, Ricardo Lewandowski e Joaquim Barbosa, *deferiu parcialmente a medida cautelar* para suspender a eficácia do artigo 39, *caput*, da Constituição Federal, com a redação da Emenda Constitucional nº 19, de 04 de junho de 1998, tudo nos termos do voto do relator originário, Ministro Néri da Silveira, esclarecido, nesta assentada, que a decisão — como é próprio das medidas cautelares — terá efeitos *ex nunc*, subsistindo a legislação editada nos termos da emenda declarada suspensa.
>
> Votou a Presidente, Ministra Ellen Gracie, que lavrará o acórdão. Não participaram da votação a Senhora Ministra Cármen Lúcia e o Senhor Ministro Gilmar Mendes por sucederem, respectivamente, aos Senhores Ministros Nelson Jobim e Néri da Silveira.
>
> *Plenário, 02.08.2007.*

E em caráter ainda precário, porque pendente de confirmação.

Todavia, a ressalva como feita pelo Excelso Supremo Tribunal Federal em relação aos efeitos *ex tunc* chama a atenção, porque ao menos aparentemente visou a (apenas) destacar o seguinte: "...a subsistência, até o julgamento definitivo da ação, da validade dos atos anteriormente praticados com base em legislações eventualmente editadas durante a vigência do dispositivo ao suspenso" — como se pode extrair do integral *decisum*.

Portanto, *s.m.j.*, também a nossa Corte Constitucional prestigiou os ensinamentos de Kelsen, por conta dos quais todas as normas jurídicas buscariam *fundamento de validade* em outras de escalão hierárquico superior; faltando fundamento à de mais elevada alçada, à subalterna restaria a mesma sorte: da *nulidade*.

Demais disso, como a medida cautelar deferida se funda na patente *inconstitucionalidade formal*, há argumento bastante para se sustentar, ainda que sem o dom da clarividência, que existe forte tendência de manutenção do entendimento e, pois, de ratificação do provimento cautelar mediante o reconhecimento da inconstitucionalidade do art. 39, com a redação dada pela Emenda Constitucional nº 19/98.

E se assim se der, então haverá evidente retorno ao *status quo ante*; aquele da redação original da Carta de 1998 que, combinado com o art. 243 da Lei nº 8.112/90 e, ainda, com o art. 19 do ADCT, garante aos "colaboradores" dos conselhos profissionais, ainda quando contratados sob a égide da CLT, porém estabilizados no serviço, o direito de se verem *integralmente* submetidos ao Estatuto dos Servidores Públicos Civis da União, haja vista a conversão dos seus antigos empregos em cargos públicos.[7]

4 Direitos decorrentes do retorno ao *status quo ante*

4.1 Direito à aposentadoria no regime estatutário

Assim, além dos eventualmente contratados mediante concurso público e no regime estatutário (a partir de 05.10.1988 e até 03.06.1998; e, agora, a partir de 02.08.2007), todos os "colaboradores" dos Conselhos Profissionais "estabilizados no serviço", ainda que contratados sem concurso público, mas *porque titulares de cargo público "que são desde 1990"* (por conta dos efeitos *expressos* e *explícitos* previsto no referido estatuto), tem o direito, até mesmo, de se aposentar nessa condição, desde que preenchidos os gerais requisitos para tanto.

Destarte a todos se deve assegurar um *regime de previdência funcional, de caráter contributivo e solidário, mediante contribuição da autarquia e deles mesmos*, observando-se *critérios que preservem o equilíbrio financeiro e atuarial*, nos termos do artigo 40, da mesma Constituição Federal de 1988.

---

[7] De outra banda, o quadro de pessoal das autarquias profissionais (e exatamente por exercerem "poder de polícia" e "poder de tributar", portanto atividades típicas de Estado) jamais poderá ser validamente composto por "colaboradores"exclusivamente regidos pela CLT, reservando-se esta peculiar situação tão apenas para aqueles cujas atribuições sejam subalternas e materiais, como a de recepcionista, telefonista e afins. Para todos os outros, o regime jurídico-laboral há de ser — por conta da *intrínseca atribuição funcional* — o estatutário.

Confira-se:

Ementa:
CONSTITUCIONAL. ADMINISTRATIVO. CONSELHO REGIONAL DE ENGENHARIA, ARQUITETURA E AGRONOMIA – CREA. SERVIDORES. APLICAÇÃO DOS ARTIGOS 37, I E II, E 39 DA CF/88, DO ART. 19 DO ADCT E DA LEI N. 8.112/90. 1. A jurisprudência desta Corte assentou o seguinte entendimento: "1. O Conselho Federal de Engenharia, Arquitetura e agronomia – CONFEA, como todos os demais conselhos de fiscalização do exercício profissional, pelo direito pátrio brasileiro, é uma autarquia, que alguns autores chamam ou denominam de profissional ou corporativa. 2. Por outro lado, ao cuidar dos servidores públicos civis e, em especial, ao tratar do regime jurídico único, nem o constituinte de 1988 (CF, art. 39) nem o legislador ordinário (Lei n. 8.112/90, art. 243) fizeram qualquer distinção entre os diversos tipos ou grupos de autarquias (econômicas, previdenciárias, corporativas, etc.). 3. Logo, aplicam-se aos servidores do CONFEA, como aos dos demais conselhos de fiscalização do exercício profissional, as disposições contidas no art. 37, incisos I e II, da Constituição Federal, e no artigo 19, do Ato das Disposições Constitucionais Transitórias e, conseqüentemente, na Lei n. 8.112/90, que dispôs sobre o regime jurídico dos servidores públicos civis da União, das autarquias e das fundações públicas federais. 4. Desimportante, na hipótese, a alegação de inexistir cargo público nos conselhos de fiscalização do exercício profissional, pois o parágrafo 1, do artigo 243, da Lei nº 8.112/90, mandou transformar os empregos ocupados pelos servidores incluídos no regime instituído por essa lei, em cargos, na data de sua publicação. 5. Sem fundamento, outrossim, o argumento de que os servidores de tais conselhos não são remunerados pelos cofres públicos, eis que, sendo autarquias, como de fato o são, além de personalidade jurídica e patrimônio, possuem, também, receita própria, que pode ser cobrada coercitivamente, já que tem a mesma natureza de tributo. 6. *O art. 1º do Decreto-Lei nº 968/69, na parte em que afasta a aplicação das normas legais sobre pessoal das autarquias federais, não foi recepcionado pela Constituição Federal de 1988.* 7. O art. 58 da Lei n. 9.469, de 27/25/98 (e antecedentes medidas provisórias n. 1.549 e 1651-43, de 05/05/98, a última convertida na aludida lei) – estatuindo que "os serviços de fiscalização de profissões regulamentadas serão exercidas em caráter privado, por delegação do poder público, mediante autorização legislativa" e que os empregados dos conselhos de fiscalização de profissões regulamentadas, dotados de personalidade jurídica de direito privado, são regidos pela CLT (art. 58, parágrafo 2 e 3) — *não pode retroagir para prejudicar o direito dos impetrantes a aposentadoria, adquiridos sob a égide da legislação anterior.* 8. Precedentes deste Tribunal e do STJ. 9. Apelações providas. Segurança concedida. (AMS nº 95.01.00.101765-6/GO. TRF/1ª Região. Rel. Juiz Carlos Fernando Mathias, 2ª T. DJ de 19.11.98, pág. 124)."

2. Apelação e remessa oficial a que se nega provimento. Sentença confirmada.
3. Peças liberadas pelo Relator para publicação do acórdão em 09/11/2000.
(TRF1, AC nº 1997.01.00.033312-0/MT, Rel. Juiz Luciano Tolentino Amaral, Primeira Turma, *DJ* 11.12.2000, p. 13, destacamos)

4.1.1 A questão do custeio da aposentadoria estatutária remunerada

Por dever de lealdade, registre-se que há um problema ainda a ser resolvido e que versa sobre o custeio da aposentadoria remunerada no regime funcional.

Considerando, nesse sentido, que até hoje muito dos colaboradores ainda se encontram formalmente vinculados aos conselhos no regime celetista, então será preciso encontrar um meio de compensação para que a aposentadoria no regime a eles devido seja factível, tanto do ponto de vista jurídico como do ponto de vista econômico e/ou atuarial.

Todavia, essa é uma questão a ser enfrentada pelo Poder Judiciário, se e quando provocado a tanto, a qual, salvo melhor juízo, jamais transcenderá de eventual encontro de contas *em não mais do que cinco anos*, porque esse o lapso temporal mínimo exigido no cargo público (e de dez anos no serviço público), desde a edição da Emenda Constitucional nº 20/98 (de 15.12.1998), para que alguém possa, afinal, ver-se aposentado voluntariamente no regime funcional.[8]

---

[8] Art. 40. Aos servidores titulares de cargos efetivos da União, dos Estados, do Distrito Federal e dos Municípios, incluídas suas autarquias e fundações, é assegurado regime de previdência de caráter contributivo e solidário, mediante contribuição do respectivo ente público, dos servidores ativos e inativos e dos pensionistas, observados critérios que preservem o equilíbrio financeiro e atuarial e o disposto neste artigo.
§1º Os servidores abrangidos pelo regime de previdência de que trata este artigo serão aposentados, calculados os seus proventos a partir dos valores fixados na forma dos §§3º e 17:
I – por invalidez permanente, sendo os proventos proporcionais ao tempo de contribuição, exceto se decorrente de acidente em serviço, moléstia profissional ou doença grave, contagiosa ou incurável, na forma da lei;
II – compulsoriamente, aos setenta anos de idade, com proventos proporcionais ao tempo de contribuição;
III – voluntariamente, *desde que cumprido tempo mínimo de **dez anos de efetivo exercício no serviço público** e cinco anos no cargo efetivo em que se dará a aposentadoria*, observadas as seguintes condições:
a) sessenta anos de idade e trinta e cinco de contribuição, se homem, e cinqüenta e cinco anos de idade e trinta de contribuição, se mulher;
b) sessenta e cinco anos de idade, se homem, e sessenta anos de idade, se mulher, com proventos proporcionais ao tempo de contribuição. (Destaques nossos)

4.2 Direito à contagem em dobro de licença prêmio não gozada

Mais especialmente ainda, resta consagrado aos mesmos "enjeitados colaboradores" o direito à contagem (em dobro) do tempo de serviço prestado sob a égide trabalhista para fins aquisitivos de licença especial/prêmio, quando da posterior conversão para o regime estatutário.

Eis um bom precedente:

> **Ementa:**
> RECURSO EM MANDADO DE SEGURANÇA. ADMINISTRATIVO. SERVIDOR ESTADUAL. CONVERSÃO DO REGIME CELETISTA PARA O ESTATUTÁRIO. LEI ESTADUAL 10.219/92. LICENÇA ESPECIAL. CONTAGEM EM DOBRO PARA APOSENTADORIA, DESDE O REGIME CELETISTA.
>
> A partir do precedente do Eg. STF (RE 209.899/RN) que, em situação análoga, consagrou o direito à contagem de tempo de serviço prestado sob a égide trabalhista para fins de anuênio e licença, esta Corte passou a prestigiar tal entendimento.
>
> Assiste direito ao impetrante à pretendida contagem de tempo de serviço, tendo em conta as Leis Estaduais nºs 6.174/70 e 10.219/92.
>
> Recurso provido.
>
> (STJ, RMS nº 14.417/PR, Rel. Ministro José Arnaldo da Fonseca, Quinta Turma, julgado em 10.12.2002, *DJ* 03.02.2003, p. 321)

Sendo assim, *a efetiva implantação do regime jurídico único* (com efeitos para trás, em relação aos colaboradores nas condições especiais, já referidas) ou, alternativamente, a observância compulsória do regime jurídico único (com efeitos para frente, em relação aos contratados no âmbito dos Conselhos Profissionais a partir de 02.08.2007) *é providência que urge.*

E não apenas no que diz com os direitos exemplificativamente destacados ou com o óbvio de não demissão se não mediante o *substantial due process of law* (*ex vi* do disposto no art. 41 da CF/88 c/c o art. 132 e seguintes do estatuto),[9] [10] mas a todos os tipicamente decorrentes

---

[9] **DECISÃO:**
Trata-se de agravo contra decisão que negou processamento a recurso extraordinário interposto em face de acórdão assim ementado: "PROCESSO CIVIL. CONEXÃO. CREA. AUTARQUIA ESPECIAL. SUBMISSÃO DOS SERVIDORES AO REGIME JURÍDICO ÚNICO. ATO DE DEMISSÃO. INEXISTÊNCIA DE PRÉVIO PROCESSO ADMINISTRATIVO DISCIPLINAR. AMPLA DEFESA. ILEGALIDADE. – Reputam-se conexas duas ações quando lhes for comum o objeto ou a causa de pedir (CPC, art. 103). Não há conexão entre o pleito que trata de dispensa irregular de servidora e o processo incidente que questionou liminar

do liame funcional, ainda quando não mais vigentes, nos termos do artigo 5º, inciso XXXVI, da mesma Constituição Republicana: "a lei não prejudicará o direito adquirido, o ato jurídico perfeito e a coisa julgada".

5 Conclusão

Mercê do exposto, conclui-se que as angústias vividas na Argentina de outrora e, ainda hoje, em muitos países latino-americanos por conta do regime jurídico afeito aos seus "colaboradores" acabam por revelar uma *problemática da organização da Administração Pública* que transcende qualquer exame calçado, isoladamente, na opção política (ou legislativa) adotada.

Ou seja, as questões relatadas neste ensaio não decorrem apenas do fenômeno da *descentralização administrativa* (que aumenta e diminui quase que ao sabor do vento), nem mesmo da quase global onda de

---

concedida. – *A jurisprudência assentada nesta Corte consolidou o entendimento de que as entidades de fiscalização do exercício profissional, como o Conselho Federal e os Regionais de Engenharia, Arquitetura e Agronomia, têm natureza jurídica de autarquias especiais, estando seus servidores submetidos ao regime jurídico único estatutário.* – Para a demissão de servidor de cargo público impõe sejam observados requisitos formais e de conteúdo por parte da Administração, como a instauração de prévio processo administrativo em que lhe seja assegurado o exercício pleno do direito de defesa. – Recurso especial não conhecido." Alega-se violação ao artigo 5º, II e LV, da Carta Magna. O agravante não indicou com precisão o permissivo constitucional que autoriza o processamento do recurso extraordinário, conforme determina a regra do artigo 321 do RISTF. Incide, pois, a Súmula 284/STF. Nesse sentido, o AgRAI 351.506, 2ª T., Rel. Maurício Corrêa, DJ 19.04.02; e o AgRAI 317.530, 1ª T., Rel. Sydney Sanches, DJ 09.11.01. Assim, nego seguimento ao agravo (art. 557, *caput*, do CPC). Publique-se. Brasília, 30 de junho de 2004.
Ministro GILMAR MENDES Relator
(AI nº 439.543, Relator: Min. Gilmar Mendes, julgado em 30.06.2004, publicado em DJ 16.08.2004, p. 27, destacamos).

[10] **Ementa**:
ADMINISTRATIVO. CONSTITUCIONAL. REINTEGRAÇÃO EM CONSELHO DE FISCALIZAÇÃO PROFISSIONAL. REGIME JURÍDICO DO PESSOAL. ART. 19 DO ADCT E 39 DA CF.
1. Os Conselhos de Fiscalização Profissional são autarquias, conforme já positivou o Supremo Tribunal Federal na ADIN 1717-6/DF e no MS 22.643-9/SC.
2. Como autarquias, seu pessoal foi colhido pelo disposto no art. 19 do ADCT, que conferiu estabilidade no serviço público, a partir da promulgação da Constituição, àqueles que já exercessem suas funções nas autarquias, fundações públicas e na administração direta há cinco anos.
3. *O art. 1º do Decreto-lei 969/98, na parte em que submete o pessoal dos Conselhos de Fiscalização Profissional ao regime celetista, não foi recepcionado pela Constituição Federal, à vista do estabelecido no art. 39 das disposições permanentes, na sua redação original e no art. 19 do ADCT.*
4. Tendo o impetrante ingressado no CREA em 1970, pelo regime celetista e do FGTS, adquiriu estabilidade com a entrada em vigor da Constituição Federal, não podendo ser demitido, senão por falta grave, mediante processo administrativo.
5. Apelação provida. Segurança concedida para determinar a reintegração no serviço.
(TRF4, AMS nº 2000.71.00.011698-5, Terceira Turma, Relatora Taís Schilling Ferraz, DJ 29.05.2002, destacamos).

privatização (bem ou mal compreendida, e que parece vir perdendo força ao longo dos anos), porém da *dificuldade econômico-financeira* de atrelar ao regime estatutário — *com efeitos para o futuro, cada vez mais incerto* — o correlato regime de previdência funcional, que traz, dentre outros benefícios, o da aposentadoria *diferençada* (em muito melhor que a do "regime geral")[11] nas suas mais diversas facetas (como voluntária ou compulsória, proporcional ou integral etc.).

A *problemática contemporânea* parece, enfim, mais afeita à própria (in)capacidade material dos governos em responder às justas demandas, individuais e coletivas, numa sociedade moderna (tecnológica, global e de riscos), que reclama uma infindável derrama de recursos públicos apenas (*sic*) para garantir, dentre outros, padrões mínimos de segurança e de saúde públicas, aptos a proporcionar existência digna a sujeitos com vida cada vez mais longeva.

Nessa conjuntura é que se acentua o "ontológico drama" de garantir aos titulares de cargo público a aposentadoria no regime especial, *donde se explica, mas não se justifica* a reiterada mudança da ordem jurídica brasileira, tanto em relação às intrínsecas e gerais regras do regime (estatutário), como em face da particularizada submissão dos "colaboradores" dos conselhos profissionais ao regime jurídico-laboral *ora privado, ora público*.

O que realmente importa — *no entremeio de tudo quanto se disse* — é que a hesitação entre o Direito público e o Direito privado na organização da Administração Pública Brasileira não pode afetar, ao menos no âmbito das autarquias profissionais, a *formal* e *material* submissão de seus "colaboradores" ao Regime Jurídico Único *e Estatutário*, ainda que contratados sem concurso público, mas desde que estabilizados no serviço, porque esse um *Direito Adquirido* (desde 1990) e que apenas ainda não se verificou *in concreto* por *ilegal* e *abusiva* omissão.

Informação bibliográfica deste texto, conforme a NBR 6023:2002 da Associação Brasileira de Normas Técnicas (ABNT):

FERREIRA, Daniel. Direito público e direito privado na organização da Administração Pública Brasileira: o caso dos "colaboradores" das autarquias profissionais. *In*: SILVEIRA, Raquel Dias da; CASTRO, Rodrigo Pironti Aguirre de (Coord.). *Estudos dirigidos de gestão pública na América Latina*. Belo Horizonte: Fórum, 2011. v. 1, p. 53-70. ISBN 978-85-7700-432-4.

---

[11] Portanto, os fatores de elegibilidade, composição e manutenção dos benefícios não serão os únicos observados como diferentes num e noutro regime, tomando especial revelo os critérios de vinculação, filiação ou inscrição dos segurados que, no ambiente típico e próprio dos titulares de cargo público, faz dos "colaboradores" quase que um patrimônio propriamente estatal, assim apto a justificar um melhor regime de inativação remunerada.

Gestão Pública e a Realidade Latino-Americana

Daniel Wunder Hachem

Sumário: 1 Introdução – 2 Origens da noção de *gestão pública* – 3 Significado(s) e objetivos da *gestão pública* – 4 Correntes e perspectivas teóricas da *gestão pública*: é possível a transposição da lógica da *gestão privada* ao espaço público? – 5 A ideia de *gestão pública* é compatível com a realidade latino-americana? – 6 Conclusão: a vinculação da *gestão pública* à pauta constitucional e aos direitos fundamentais – Referências

1 Introdução

Durante as décadas de oitenta e noventa, diversos países empreenderam drásticas reformas no setor público, transformando muitas vezes de forma profunda o funcionamento das estruturas administrativas do Estado. O fenômeno, referido em alguns países como "reforma do Estado", é frequentemente denominado de *Public Management Reform*, por influência norte-americana, designando genericamente as mudanças nas estruturas e nos procedimentos administrativos pretensamente destinados a melhorar o seu funcionamento.[1]

Nesse contexto, timbrado pela necessidade de diminuição da dívida pública, redução dos custos de funcionamento do Estado e busca pela eficiência na prestação de serviços públicos, passa-se a empregar

---

[1] GUILLAUME, Henri; DUREAU, Guillaume; SILVENT, Franck. *Gestion publique*: l'état et la performance. Paris: Presses des sciences Po/Dalloz, 2002. p. 23.

com certa recorrência o termo *gestão pública*, surgido nos Estados Unidos sob a alcunha *Public Management*, como uma categoria voltada à aplicação de ferramentas da gestão empresarial no âmbito público, com vistas ao incremento da eficiência e da eficácia das políticas públicas.

No entanto, a expressão comporta uma série de significados peculiares, inexistindo um consenso teórico em relação à acepção da locução *gestão pública*, fato que suscita uma série de dúvidas em torno da sua aplicação. Qual é o sentido que se pode atribuir ao termo *gestão pública*? Trata-se da transposição automática dos métodos e instrumentos da gestão empresarial à esfera pública? Há peculiaridades que a diferenciam da gestão privada? Cuidando-se de um conceito formulado na conjuntura dos Estados Unidos, é possível aplicá-lo à realidade latino-americana?

Essas são algumas das indagações que o presente ensaio pretende problematizar, e, em certa medida, responder. Para tanto, será perfilhada a seguinte trilha: (i) inicialmente, serão identificadas as origens da noção de gestão pública, através da análise da conjuntura que deu ensejo à sua formação; (ii) em um segundo momento, tentar-se-á perquirir alguns dos possíveis significados e objetivos da *gestão pública*; (iii) em seguida, serão analisadas as principais correntes e perspectivas teóricas da *gestão pública*, investigando a possibilidade de trasladação automática dos mecanismos de gestão privada ao setor público; (iv) finalmente, será questionada e analisada a possibilidade de aplicação da noção de *gestão pública* à realidade latino-americana.

2 Origens da noção de *gestão pública*

A transformação das feições do Estado, notadamente com a passagem do Estado Liberal ao Estado Social, suscitou a necessidade de rever a forma de compreensão das atividades da Administração Pública. No modelo liberal, a concepção de Estado gravitava em torno de um aparato voltado exclusivamente à garantia da ordem pública, mediante uma posição não interventora nas relações interprivadas, em que a Administração limitava-se a agir nas exclusivas hipóteses previstas objetivamente na lei. Bastava então a análise do programa legislativo para se compreender quase que integralmente o espectro de atuação do Estado, eis que esta se restringia às situações legalmente estabelecidas.[2]

---

[2] CABRERO MENDOZA, Enrique. Estudio introductorio. *In*: BOZEMAN, Barry (Coord.). *La gestión pública*: su situación actual. México: Fondo de Cultura Económica, 2000. p. 19.

Tratava-se de uma sistemática absolutamente justificável, cujo escopo era afastar-se das práticas arbitrárias e personalistas do modelo anterior, próprias do Estado absolutista. A organização burocrática da Administração Pública surge então como forma de assegurar a previsibilidade e a calculabilidade da atividade estatal, por meio de uma estrutura impessoal e estreitamente afivelada aos procedimentos legais, fundada na especialização das funções administrativas e no estabelecimento de atribuições extremamente objetivas.[3] Esse arquétipo legal-burocrático retrata um modelo de gestão alicerçado em um aparelhamento estatal composto por diversos órgãos dispostos em uma estrutura rigidamente definida.[4]

Ocorre que no período entreguerras, mormente após a Segunda Guerra Mundial, ampliou-se a esfera de atuação dos Estados no mundo ocidental, outorgando-se à Administração a tarefa de assegurar bens jurídicos básicos à população, tais como educação, saúde e moradia. Nessa conjuntura, o atendimento às necessidades essenciais da coletividade passa a exigir uma estrutura administrativa e uma ação governamental mais ampla, isto é, apta a satisfazer as demandas sociais.[5]

Na segunda metade do século XX, os aportes tradicionais empregados para a explicação e o desenvolvimento das atividades administrativas — fundados na integral regulamentação legislativa dos procedimentos administrativos, com fulcro na teoria da burocracia weberiana — vai se tornando insuficiente para a compreensão da atuação estatal,[6] em razão da complexidade do fenômeno de alargamento na intervenção do Estado nos mais variados setores. O crescimento da máquina administrativa para corresponder às novas funções do Estado acaba por ensejar, muitas vezes, um descompasso entre os comportamentos estaticamente fixados nas normas jurídicas, e a dinamicidade que se passa a exigir da ação governamental.[7]

Opera-se então uma série de reformas administrativas, levadas a efeito nos mais diversos Estados capitalistas do globo, tendo praticamente todas elas como bandeira a consecução de uma Administração Pública

---

[3] WEBER, Max. *Ensaios de sociologia política*. Rio de Janeiro: Zahar, 1963. p. 250.
[4] SCHIER, Adriana da Costa Ricardo. Administração Pública: apontamentos sobre os modelos de gestão e tendências atuais. *In*: GUIMARÃES, Edgar (Coord.). *Cenários do direito administrativo*: estudos em homenagem ao Professor Romeu Felipe Bacellar Filho. Belo Horizonte: Fórum, 2004. p. 26.
[5] CABRERO MENDOZA, *op. cit.*, p. 19.
[6] SCHIER, *op. cit.*, p. 42.
[7] CABRERO MENDOZA, *op. cit.*, p. 20.

mais eficaz, menos custosa e que se preocupe mais com o cidadão.[8] Tais processos de modernização do aparato administrativo, em que pese suas variações e peculiaridades nos diversos países, comungam de pelo menos três traços comuns: (a) redução da dívida pública e contenção de despesas para a diminuição do custo de funcionamento do Estado; (b) melhora da qualidade dos serviços públicos e da eficácia das políticas públicas; e (c) aumento da transparência da atuação administrativa e reforço do controle democrático da gestão pública.[9]

Nada obstante a ressonante profusão provocada pela onda transformadora da década de noventa, o tema da reforma da Administração Pública não é uma novidade. Pelo contrário, cuida-se de questão que acompanhará perenemente a sua existência, constituindo um trabalho contínuo e permanente. Isso porque, em todos os momentos da história haverá a necessidade de adequação do aparato estatal às necessidades coletivas dos cidadãos, e, notadamente, à criação de melhores condições de vida que lhes permita o desenvolvimento de sua personalidade e o exercício das liberdades.[10] A grande questão que se coloca, no entanto, é em que medida cada reforma administrativa está efetivamente atenta às aspirações sociais, as quais devem constituir, inexoravelmente, o norte de qualquer transformação da máquina estatal.

De toda sorte, é esse cenário deflagrado nos fins dos anos setenta e início dos anos oitenta, eclodindo definitivamente na década de noventa, que torna propício o surgimento das chamadas *gestão* e *gerência pública*, cujo advento consiste em uma tentativa de traçar uma nova lógica à atividade do Poder Público. De acordo com Barry Bozeman, a *gestão pública* como campo de estudo tem a sua gênese nos Estados Unidos, entre as décadas de setenta e oitenta, em duas instituições muito distintas: as escolas comerciais e as escolas de políticas públicas[11] (cujas concepções, como se verá adiante, comportam consideráveis distinções). A racionalidade da *Public Management* parte do pressuposto de que um

---

[8] RODRÍGUEZ-ARANA MUÑOZ, Jaime. *Reforma administrativa y nuevas políticas públicas*. Caracas: Sherwood, 2005. p. 5.
[9] GUILLAUME, Henri; DUREAU, Guillaume; SILVENT, Franck. *Gestion publique*: l'état et la performance. Paris: Presses des sciences Po/Dalloz, 2002. p. 26-27.
[10] RODRÍGUEZ-ARANA MUÑOZ, Jaime. *El buen gobierno y la buena administración de instituciones públicas*. Madrid: Thomson Aranzadi, 2006. p. 17.
[11] BOZEMAN, Barry. Introducción: dos conceptos de gestión pública. *In*: BOZEMAN, Barry (Coord.). *La gestión pública*: su situación actual. México: Fondo de Cultura Económica, 2000. p. 37. No mesmo sentido: GUNN, Lewis. Perspectivas en gestión pública. *In*: BRUGUÉ, Quim; SUBIRATS, Joan (Org.). *Lecturas de gestión pública*. Madrid: Instituto Nacional de Administración Pública, 1996. p. 42.

bom governo "será aquele em que o conjunto de redes de dependência funcione bem; é dizer, com eficiência no exercício dos fundos públicos, com eficácia na interação com agentes e agências externos, e com legitimidade na prestação do bem ou serviço que produz".[12]

Numa das obras pioneiras acerca da temática, James Perry e Kenneth Kraemer assinalam que "o termo 'gestão pública' representa uma nova aproximação que cresceu de forma natural a partir da debilidade de outras filosofias educativas dominantes. A gestão pública é uma fusão da orientação normativa da Administração Pública tradicional e da orientação instrumental da gestão em sentido genérico".[13] A dificuldade repousa sobre os limites conceituais e significativos da fusão que deu origem a essa construção.

3 Significado(s) e objetivos da *gestão pública*

É assente na doutrina especializada o reconhecimento de que inexiste um "acordo intelectual" sobre o que vem a ser a *gestão pública*,[14] traduzindo-se em locução plurissignificativa que agasalha variadas acepções. Uma de suas ambiguidades engendra a seguinte dúvida: o termo designa apenas o campo de atividade dos responsáveis políticos e administrativos, ou, numa óptica mais técnica, a transposição de ferramentas clássicas da gestão empresarial à esfera administrativa?[15]

Em função da vagueza de sentido — e, principalmente, de consenso teórico quanto ao seu significado — da expressão *gestão pública*,[16] a tentativa de defini-la leva alguns autores, inspirados em Mason Haire, a referir-se à fábula dos cinco cegos do Hindustão, que tiveram seu caminho bloqueado por um elefante. Cada um, apalpando uma parte

---

[12] CABRERO MENDOZA, *op. cit.*, p. 23.

[13] PERRY, James L.; KRAEMER, Kenneth L. (Ed.). *Public Management*: Public and Private Perspectives. California: Mayfield Publishing Co., 1983. p. x.

[14] BRUGUÉ, Quim; SUBIRATS, Joan. Introducción. *In*: BRUGUÉ, Quim; SUBIRATS, Joan (Org.). *Lecturas de gestión pública*. Madrid: Instituto Nacional de Administración Pública, 1996. p. 10.

[15] O questionamento é levantado por GUILLAUME; DUREAU; SILVENT, *op. cit.*, p. 24.

[16] Fala-se, ainda, em "gestão dos assuntos públicos": "La expresión 'gestión de los asuntos Públicos' encierra un concepto complejo. En el sentido en que se emplea en las presentes «orientaciones», que corresponde a una definición del Banco Mundial designa el ejercicio del poder político, así como de un control en el marco de la administración de los recursos de la sociedad con miras al desarrollo económico y social" (ORGANIZACIÓN DE COOPERACIÓN Y DESARROLLO ECONÓMICO. El desarrollo participativo y la buena gestión de los asuntos públicos. *Documentos INAP*, Madrid, Instituto Nacional de Administración Pública, n. 10, p. 23, dic. 1996).

diferente do animal, descrevia o que estava vendo com interpretações muito diferentes. Como cada qual jurava que era o único conhecedor da verdadeira descrição do obstáculo com que se haviam deparado, não houve entre eles um acordo intersubjetivo sobre a sua real natureza. O mesmo se poderia dizer em relação aos teóricos e estudiosos da *gestão pública*,[17] dada a multiplicidade de significações que se atribui ao termo.[18]

Exsurge ainda a dúvida apresentada pela existência de dois termos distintos: *gestão pública* e *gerência pública*. Tal distinção revela-se como uma questão semântica, tendo como origem, conforme acima referido, o termo *Public Management* nos Estados Unidos. A locução é traduzida como *gestion publique* ou *management public* (francês), *gestión pública* ou *gerencia pública* (espanhol), *gestão pública* ou *gerência pública* (português), de sorte que os termos, grande parte das vezes, são manejados indistintamente. Há, no entanto, duas correntes diferenciadas, que serão retomadas no tópico a seguir: o chamado enfoque "P" — que surge nas escolas de políticas públicas, e é compreendido como o manejo diretivo das políticas — corresponderia ao termo *gestão pública*, ao passo que o denominado enfoque "B" — nascido com as escolas de negócios, que intenta empregar os conceitos básicos da administração de empresas na esfera pública — estaria relacionado à terminologia *gerência pública*.[19]

Em relação ao significado da noção de *gestão pública*, comparando-a com a *gestão privada*, Lewis Gunn identifica duas orientações que se entrelaçam e revelam o seu sentido: uma orientação normativa, segundo a qual a *gestão pública* incorpora uma preocupação elevada por temas como a democracia, a responsabilidade e a igualdade, valores mais relevantes no âmbito público do que no setor empresarial, e uma orientação instrumental, a qual se traduz na aceitação de que a esfera pública compartilha com o setor privado a necessidade de alcançar seus objetivos da forma mais econômica e eficaz possível, mediante planejamento estratégico, estrutura administrativa adequada, pessoal motivado, técnicas idôneas para controlar recursos financeiros, humanos, materiais, etc.[20]

---

[17] FROST-KUMPF, Lee; WECHSLER, Barton. Una metáfora arraigada en una fábula. *In*: BOZEMAN, Barry (Coord.). *La gestión pública*: su situación actual. México: Fondo de Cultura Económica, 2000. p. 56.

[18] "La confusión procede también del hecho de que el *management* o, si se quiere, las ciencias de la gestión, lejos de responder a un paradigma bien establecido, se expresa en contenidos y formas muy plurales, a veces contradictorios" (PRATS CATALÀ, Joan. Derecho y *management* en las administraciones públicas. *In*: BRUGUÉ, Quim; SUBIRATS, Joan (Org.). *Lecturas de gestión pública*. Madrid: Instituto Nacional de Adminístración Pública, 1996. p. 183).

[19] CABRERO MENDOZA, *op. cit.*, p. 23.

[20] GUNN, Lewis. Perspectivas en gestión pública. *In*: BRUGUÉ, Quim; SUBIRATS, Joan (Org.). *Lecturas de gestión pública*. Madrid: Instituto Nacional de Administración Pública, 1996. p. 43.

É possível, assim, afirmar que o objetivo primordial da *gestão pública* é compreender como as instituições públicas podem atender às atribuições que lhe são inerentes, de forma eficaz, eficiente, transparente e responsável, através de conhecimentos, ferramentas e técnicas específicas para uma gestão executiva efetiva,[21] muitas vezes extraídos da comparação com as atividades de *gestão privada*. A teoria da *gestão pública* guardaria, então, a seguinte relação com a atividade administrativa: assim como um médico que, no processo de cura de um paciente, realiza um diagnóstico, um tratamento, a observação dos efeitos do tratamento e, conforme o resultado, o encerramento do tratamento ou o início de um novo diagnóstico, o administrador público identifica os aspectos relevantes da situação enfrentada, fixa um modelo de relação de causa e efeito, estabelece um rol de atuações apropriadas para encarar o problema e as aplica.[22]

Vale observar que a noção de *gestão pública* ostenta, para significativa parcela da doutrina que sustenta essa nova tendência, a pretensão de substituir a própria ideia de "administração pública". Tradicionalmente, era esta última expressão a utilizada para refletir o âmbito de conhecimento e investigação que tem por objeto a análise das instituições públicas e a sua estrutura de funcionamento. No entanto, nessa onda deflagrada a partir dos anos setenta, proliferam-se estudos que, muito embora se preocupassem com as Administrações Públicas (dimensão estática), enfatizam muito mais os seus programas de atuação (dimensão dinâmica), englobando seus aspectos políticos e técnicos: o enfoque das chamadas *políticas públicas*.[23]

Poder-se-ia dizer, nessa linha, que a escola da "ciência da administração" possuía maior interesse no âmbito mais administrativo da dicotomia "política-administração", ao passo que a escola das "políticas públicas" dirige seu foco de análise aos aspectos mais políticos da ação governamental. O âmbito de atuação dos chamados "gestores públicos" — agentes dotados de poder de decisão, imbuídos de um alto grau de responsabilidade em relação às políticas que gestionam — ficaria na fronteira entre a política e a administração pública.[24] Tal

---

[21] PERRY; KRAEMER (Ed.), *op. cit.*, p. xi.
[22] PERRY, James L. La teoría de la gestión pública: ¿Qué és?: ¿Qué debería ser?. *In*: BOZEMAN, Barry (Coord.). *La gestión pública*: su situación actual. México: Fondo de Cultura Económica, 2000. p. 54.
[23] BRUGUÉ, Quim; SUBIRATS, Joan. Introducción. *In*: BRUGUÉ, Quim; SUBIRATS, Joan (Org.). *Lecturas de gestión pública*. Madrid: Instituto Nacional de Administración Pública, 1996. p. 9.
[24] BRUGUÉ; SUBIRATS, *op. cit.*, p. 9-10.

terreno fronteiriço demandaria um campo de estudo autônomo, apto a responder às dificuldades e desafios inerentes a essa atividade.

Cumpre, diante de tais ilações, apresentar a reflexão acerca das possíveis distinções entre *administrar* e *gestionar*, segundo as perspectivas desses autores. Administrar, no sentido clássico, seria a atividade caracterizada pelo exercício de autoridade em uma estrutura organizativa hierarquizada, formada por funcionários neutros e anônimos, em uma lógica burocrática weberiana, consistente em um conjunto de atos mecânicos exclusivamente técnicos, desligados de uma dimensão política, aptos a realizar tarefas absolutamente objetivas.[25]

Gestionar, por sua vez, consubstanciaria atividade diversa, marcada pela capacidade de promover uma inovação sistemática do saber, dele retirando o máximo rendimento na sua aplicação à produção. Significa empregar o conhecimento como instrumento para facilitar uma melhora contínua, influindo sobre um sistema complexo, que abandona a forma piramidal das tradicionais hierarquias para transformar-se em uma "rede composta por atores e organizações múltiplas".[26] A gestão, em outras palavras, poderia ser explicada como a forma de atuação próxima do mundo da política, pautada na definição prévia de objetivos, na autonomia para a tomada de decisões, na liberdade para a resolução dos problemas e na maior possibilidade de escolha entre diversas alternativas.[27]

Dentro desse contexto, timbrado pela busca de métodos voltados ao alcance da eficiência e da eficácia da atuação pública, fala-se na França de um "sistema de gestão do desempenho" (*système de gestion de la performance*), fundado em valores como produtividade, responsabilidade, transparência e obrigação de prestar contas.[28]

As funções de tal sistema compreenderiam, dentre outras: (i) a explicitação dos objetivos das políticas públicas empreendidas pela Administração e a identificação das estruturas administrativas responsáveis pela sua realização; (ii) a definição de padrões de desempenho a serem cumpridos, que reflitam um compromisso com a concretização desses objetivos e com os meios e recursos a eles destinados; (iii) a medida dos resultados obtidos e seu *reporting*; (iv) a concessão de benefícios aos funcionários em troca de seus compromissos com os

---

[25] BRUGUÉ; SUBIRATS, *op. cit.*, p. 10-13.
[26] BRUGUÉ; SUBIRATS, *op. cit.*
[27] BRUGUÉ; SUBIRATS, *op. cit.*, p. 14.
[28] GUILLAUME; DUREAU; SILVENT, *op. cit.*, p. 224.

resultados (contratos de desempenho); (v) a utilização dos dados de desempenho nas decisões de alocação de recursos, e a elaboração de orçamentos voltados aos resultados; (vi) mecanismos de auditoria e avaliação das atividades, e controle *a posteriori* das estruturas administrativas.[29]

Os autores que defendem a aplicação desse modelo à Administração Pública identificam ao menos duas ordens de críticas que se costuma endereçar a tal racionalidade. Uma, de cunho ideológico, segundo a qual esse sistema consiste no último baluarte do pensamento liberal, uma vez que a transposição de instrumentos próprios da gestão privada ao setor público teria por objetivo questionar a eficácia e a eficiência dos serviços públicos. A outra seria a impossibilidade de se medir os resultados e os custos da ação pública.[30]

A doutrina inclinada à adoção do "sistema de gestão do desempenho" (*système de gestion de la performance*) — como é caso de Henri Guillaume, Guillaume Dureau e Franck Silvent — nega procedência a tais censuras, afirmando serem incontestáveis os avanços levados a efeito pela reforma administrativa operada nos diversos países europeus, tais como a profunda transformação das responsabilidades dos gestores públicos, a transparência nas atividades públicas e o controle democrático exercido pelos cidadãos, a difusão de uma cultura gerencial a todos os escalões da administração e o melhor alinhamento das políticas públicas.[31]

Há inclusive quem sustente que a racionalização da *gestão pública* (e a participação dos cidadãos nessa atividade) como método de exercício do poder político constitui o novo critério de legitimação da Administração Pública. Isto é: se nos quadros do Estado de Direito a Administração Pública legitimava-se inicialmente pela *fonte* do seu poder (*puissance publique*), conforme sustentavam Barthélémy e Laferrière, e num segundo momento pela *finalidade* do seu poder (*service public*), na esteira de Duguit e Jèze, contemporaneamente a legitimidade da atuação administrativa teria como fonte os *métodos* de exercício do poder: a *gestão pública*, devendo cada vez mais legitimar-se pelos métodos por ela empregados.[32]

---

[29] GUILLAUME; DUREAU; SILVENT, *op. cit.*, p. 20.
[30] GUILLAUME; DUREAU; SILVENT, *op. cit.*, p. 21.
[31] GUILLAUME; DUREAU; SILVENT, *op. cit.*
[32] LAUFER, Romain; BURLAUD, Alain. *Dirección pública*: gestión y legitimidad. Trad. José Luis Marcos Martín. Madrid: Instituto Nacional de Administración Pública, 1989. p. 49.

A noção de *gestão pública* não se apresentaria unicamente como um simples ornamento tecnocrático da tradicional legitimidade das instituições públicas, mas sim como um novo fator de legitimidade da atuação estatal representado por valores como eficácia e eficiência,[33] já reconhecidos nos diversos ordenamentos constitucionais hodiernos.[34]

A Administração Pública vê-se, então, obrigada a demonstrar que a forma por meio da qual administra os seus fundos é racional. Em outras palavras, deve a Administração indicar que, de um lado, estabelece metas explícitas a serem cumpridas, através de um planejamento, e, de outro, que é capaz de organizar racionalmente os meios utilizados para alcançar essas metas.[35] A adequação do planejamento orçamentário e a sua fiscalização, através de instrumentos como a Lei de Responsabilidade Fiscal,[36] por exemplo, são maneiras de se exigir da Administração uma *gestão pública* mais eficiente.

A relevância da temática avulta, portanto, ao se reconhecer que a legitimação da Administração Pública contemporânea dependerá da sua capacidade de satisfazer as novas demandas sociais, o que conduz à inevitável priorização da adequada e efetiva prestação de bens e serviços aos cidadãos, vinculada ao respeito à legalidade e ao serviço objetivo ao interesse público.[37]

4 Correntes e perspectivas teóricas da *gestão pública*: é possível a transposição da lógica da *gestão privada* ao espaço público?

Além de não haver um consenso doutrinário sobre o seu significado, a doutrina especializada na temática da *gestão pública* reconhece o déficit teórico da matéria, que se reflete na ausência de matizes teóricos

---

[33] Sobre o princípio constitucional da eficiência administrativa no direito brasileiro, ver, por todos: GABARDO, Emerson. *Princípio constitucional da eficiência administrativa*. São Paulo: Dialética, 2002.
[34] PRATS CATALÀ, Joan. Derecho y *management* en las administraciones públicas. In: BRUGUÉ, Quim; SUBIRATS, Joan (Org.). *Lecturas de gestión pública*. Madrid: Instituto Nacional de Administración Pública, 1996. p. 183.
[35] LAUFER; BURLAUD, op. cit., p. 50.
[36] Sobre a Lei de Responsabilidade Fiscal no Brasil, ver CASTRO, Rodrigo Pironti Aguirre de (Coord.). *Lei de responsabilidade fiscal*: ensaios em comemoração aos 10 anos da Lei Complementar nº 101/00. Belo Horizonte: Fórum, 2010.
[37] RODRÍGUEZ-ARANA MUÑOZ, Jaime. *Reforma administrativa y nuevas políticas públicas*. Caracas: Sherwood, 2005. p. 5.

consolidados para a disciplina.[38] Não é, portanto, uma disciplina academicamente concretizada, pois carece de um corpo teórico sólido e bem definido.[39] Afirma-se que as carências teóricas justificam-se pela natureza da sua origem, cuja dinamicidade e celeridade levou à necessidade de se desenvolver na prática as nuances da *gestão pública*, através de análises de experiências de gestão e estudos de casos, relegando-se a um segundo plano a elaboração de conceitos e categorias para a interpretação dessa realidade.

Identifica-se na seara da *gestão pública*, nesse sentido, um campo do conhecimento mais intuitivo, empírico e descritivo do que efetivamente científico, de modo que os estudos a ele relacionados caracterizam-se pela ausência de sistematização e reduzida investigação teórica.[40] Parece, contudo, que de nada adianta a construção de excelentes teorias sobre *gestão pública* e boa administração, se elas não forem bem aplicadas. Como ressalta Jaime Rodríguez-Arana Muñoz, a melhor teoria sobre essa matéria é um bom governante em ação; de resto, são apenas abstrações, que só terão alguma utilidade se os dirigentes das instituições públicas, ao aplicá-las, o façam com vistas aos cidadãos que elas devem atender.[41]

De qualquer modo, ainda que inexista uma sistematização consolidada e unívoca apta a revelar uma teoria da *gestão pública*, pode-se ao menos identificar algumas correntes e perspectivas teóricas que merecem ser explicitadas, para uma adequada compreensão da temática.

Barry Bozeman registra o desenvolvimento originário de duas concepções de *gestão pública*, oriundas de perspectivas contemporâneas, porém distintas e rivais: a versão da *escola das políticas públicas* (enfoque P) e a versão da *escola comercial* (enfoque B).[42]

Segundo o autor, as *escolas de comércio* nos anos setenta deixaram de ser escolas de administração de empresas para serem escolas de gestão, sob a justificativa de conferir maior enfoque às estratégias e políticas empresariais, em oposição ao prisma anterior, dirigido primordialmente à mecânica e aos processos de administração interna. Logo após, as *escolas de política e administração pública* passaram a seguir tendências

---

[38] Nesse sentido: CABRERO MENDOZA, *op. cit.*, p. 25; BRUGUÉ; SUBIRATS, *op. cit.*, p. 17; BOZEMAN, *op. cit.*, p. 37.
[39] BRUGUÉ; SUBIRATS, *op. cit.*, p. 17.
[40] CABRERO MENDOZA, *op. cit.*, p. 25.
[41] RODRÍGUEZ-ARANA MUÑOZ, Jaime. *El buen gobierno y la buena administración de instituciones públicas*. Madrid: Thomson Aranzadi, 2006. p. 11.
[42] BOZEMAN, *op. cit.*, p. 37-38.

semelhantes, com maior atenção à estratégia e às políticas de governo. Tratava-se de corresponder às demandas daquele período, que exigiam uma abordagem da administração pública voltada para a política e para a economia.[43]

Passa-se então, nas *escolas de políticas públicas* (enfoque P), a falar em *gestão pública*, enfocando-se a chamada "gestão das políticas de alto nível" — tendo como objeto não mais a administração cotidiana dos negócios públicos, mas principalmente a função do administrador nas políticas de alto nível. Por sua vez, o enfoque B — produto das reflexões originadas pelas *escolas de comércio* — baseia-se na premissa de que os métodos de gestão podem ser aplicados com poucas distinções nas esferas pública ou privada, sem acentuar as diferenças próprias de cada uma dessas searas.[44]

Reside aí uma questão de fundo, que reclama atenção e análise pormenorizada: é possível (ou desejável) a transposição da racionalidade da gestão privada à *gestão pública*? Há diferenças substanciais entre ambas ou é possível se falar simplesmente em *gestão*, como categoria genérica aplicável às duas esferas, pública e privada? Existem peculiaridades que marcam cada uma delas, e, em caso afirmativo, quais são elas?

Conforme a corrente adotada, a resposta a tais indagações irá variar, de sorte que se pode identificar um espectro de posicionamentos distintos, que vai desde a afirmação de que só há a ideia de gestão genérica, sendo a *gestão pública* apenas uma forma menos eficiente de gestão empresarial, até o reconhecimento de uma especificidade autêntica da *gestão pública*, que a diferencia radicalmente da gestão privada.[45]

Essa escala de diferentes posições é sistematizada de forma clara por Lewis Gunn, no ensaio intitulado *Perspectivas en gestión pública*, em seis entendimentos distintos, a saber: (a) a administração pública é única; (b) a *gestão pública* e a empresarial se parecem, ainda que em aspectos poucos importantes; (c) a *gestão pública* representa um paradigma integrador das noções de administração pública e gestão empresarial; (d) existe divergência entre a *gestão pública* e a empresarial; (e) a gestão é um termo genérico; (f) a *gestão pública* não é nada mais do que uma forma pouco eficiente de gestão empresarial.[46]

---

[43] BOZEMAN, *op. cit.*, p. 38.
[44] BOZEMAN, *idem*, p. 39-40.
[45] BRUGUÉ; SUBIRATS, *op. cit.*, p. 15.
[46] GUNN, Lewis. Perspectivas en gestión pública. In: BRUGUÉ, Quim; SUBIRATS, Joan (Org.). *Lecturas de gestión pública*. Madrid: Instituto Nacional de Administración Pública, 1996. p. 46.

Como se vê, existe uma ilusão, presente "na cabeça de alguns políticos e administradores que seguem impropriamente crendo que o *management* é um repertório de técnicas de gestão perfeitamente intercabiáveis entre a empresa e as Administrações Públicas".[47] Todavia, em que pesem as posições divergentes, parece evidente a impossibilidade de se transpor automaticamente mecanismos de gestão privada à Administração Pública, visto que ambos os universos repousam sobre lógicas diferentes.

Se uma empresa privada atua sob a racionalidade do contrato, da autonomia privada, do acordo de vontades, a Administração Pública, diferentemente, atua afivelada aos ditames legais, oferecendo muitas vezes prestações sem contrapartida, ao passo que, ao mesmo tempo, impõe obrigações unilaterais.[48] Enquanto a empresa privada objetiva o lucro, a Administração Pública tem por dever inescusável o atendimento do interesse público e das necessidades sociais. Logo, a posição que ora se defende é a de que assiste razão àqueles que asseveram a especificidade de *gestão pública*, a qual se distingue radicalmente da lógica própria da gestão empresarial, por uma vasta gama de motivos, a seguir explicitados.

Quim Brugué e Joan Subirats assinalam que impende reconhecer a existência de uma gestão genuinamente pública, visto que o setor público ostenta problemas específicos, como a ineficiência, gastos excessivos, reduzida capacidade de resposta organizativa. Entretanto, destacam que, para a compreensão da crise enfrentada pelo setor público, mais relevante do que tais disfuncionalidades é compreender a perda de valores e objetivos da esfera pública, bem como a crise do próprio conceito de "público".[49]

Outros autores, como John Stewart e Stewart Ranson, enumeram o seguinte rol de aspectos distintivos da gestão nas searas público e privada: (i) gestão estratégica; (ii) o *marketing* e os clientes; (iii) o processo orçamentário; (iv) pressões, protestos e demandas públicas; (v) o processo político,[50] apenas para citar alguns dos caracteres diferenciadores, específicos de um ou outro setor.

A *gestão pública*, a toda evidência, peculiariza-se de forma inobjetável, uma vez que diferentemente da gestão privada ela incorpora a expressão

---

[47] PRATS CATALÀ, Joan. Derecho y *management* en las administraciones públicas. *In*: BRUGUÉ, Quim; SUBIRATS, Joan (Org.). *Lecturas de gestión pública*. Madrid: Instituto Nacional de Administración Pública, 1996. p. 184.

[48] MULLER, Pierre. *Les politiques publiques*. 8ª éd. Paris: PUF, 2009. p. 20.

[49] BRUGUÉ; SUBIRATS, *op. cit.*, p. 15.

[50] STEWART, John; RANSON, Stewart. La gestión en el ámbito público. *In*: BRUGUÉ, Quim; SUBIRATS, Joan (Org.). *Lecturas de gestión pública*. Madrid: Instituto Nacional de Administración Pública, 1996. p. 60-63.

de valores que não são meramente instrumentais, voltados ao lucro, mas sim de valores políticos e sociais que estão subjacentes à atividade do Estado. O administrador público — distintamente do gestor privado — não se reduz apenas ao dever de buscar cumprir da melhor forma as suas atividades: a ele incumbe, ainda, a árdua missão de conciliar uma série de interesses sociais antagônicos[51] que devem ser levados em conta na sua atuação, o que muitas vezes pode implicar um necessário afastamento da escolha mais vantajosa economicamente.

É evidente, por outro lado, que a Administração Pública deve preocupar-se com os meios utilizados, prezando pela racionalidade dos recursos públicos. No entanto, a complexidade da *gestão pública* consiste justamente nesse dever de, simultaneamente, ser instrumental (atentar-se à redução de gastos, à racionalização na alocação de recursos, à escolha dos meios mais eficientes) e orientar-se a partir dos valores sociais, conciliando posições individuais muitas vezes divergentes.[52] Deve haver, pois, a preocupação com os instrumentos, desde que eles sejam aptos a harmonizar as notas entoadas pelos diversos valores sociais. O que se espera dos dirigentes das instituições públicas é que eles saibam reger a orquestra de modo que a música por ela tocada soe de maneira harmônica.[53]

A aplicação cega das ferramentas de gestão empresarial no âmbito público não configura apenas um anacronismo, dadas as especificidades próprias do espaço público, como também provoca um "empobrecimento da gestão pública".[54] Isso não significa, logicamente, que a gestão no âmbito público não possa apreender alguns elementos da gestão privada que lhe sejam úteis. O que nesta oportunidade se afirma é a impossibilidade de transferir um modelo de gestão, vale dizer, os seus objetivos, condições de exercício e atividades próprias do setor privado.[55]

Sendo assim, pode-se inferir que se trata de uma "ilusão infundada"[56] a ideia de que o *management* empresarial privado possa ser transposto mecanicamente às Administrações Públicas.

---

[51] BRUGUÉ; SUBIRATS, *op. cit.*, p. 15.
[52] BRUGUÉ; SUBIRATS, *op. cit.*
[53] RODRÍGUEZ-ARANA MUÑOZ, Jaime. *El buen gobierno y la buena administración de instituciones públicas*. Madrid: Thomson Aranzadi, 2006. p. 10.
[54] BRUGUÉ; SUBIRATS, *op. cit.*, p. 16.
[55] STEWART, John; RANSON, Stewart. La gestión en el ámbito público. In: BRUGUÉ, Quim; SUBIRATS, Joan (Org.). *Lecturas de gestión pública*. Madrid: Instituto Nacional de Administración Pública, 1996. p. 59.
[56] PRATS CATALÀ, Joan. Derecho y *management* en las administraciones públicas. In: BRUGUÉ, Quim; SUBIRATS, Joan (Org.). *Lecturas de gestión pública*. Madrid: Instituto Nacional de Administración Pública, 1996. p. 184.

5 A ideia de *gestão pública* é compatível com a realidade latino-americana?

Observadas as origens, significados e correntes de pensamento da *gestão pública*, propõe-se a seguinte reflexão: é possível compatibilizar a ideia de *gestão pública* com a realidade latino-americana?

Um primeiro aspecto a ser considerado é o seguinte: o fato de a *Public Management* ter sido criada e desenvolvida em solo estadunidense faz com que todos os seus aspectos estejam permeados por traços característicos da realidade norte-americana. Essa lógica, como não poderia deixar de ser, acaba por determinar a conotação dos conceitos utilizados pela disciplina da *gestão pública*, o seu conteúdo intrínseco, os seus objetivos e pressupostos em relação à ação governamental, bem como os referenciais gerais que delineiam a noção de *gestão pública*.[57]

Essa corrente, conforme bem adverte Enrique Cabrero Mendoza, irrompe no contexto de um país com economia de bem-estar (EUA), no qual muito embora haja setores da população alijados do mínimo necessário oferecido ao resto da sociedade, seu nível de vida "não é comparável com o da maioria dos países latino-americanos em situação de crise econômica permanente ou recorrente, onde a maior parte dos grupos sociais não desfrutam dos níveis mínimos de bem estar e entre eles há alguns que sequer alcançam cobrir os mínimos de subsistência".[58]

Se em ambos os contextos faz-se igualmente necessária a preocupação com a eficiência da Administração Pública, não se pode afirmar que o enfoque e as ferramentas empregadas para o incremento da eficácia governamental devam ser os mesmos. Isso porque, como é óbvio, nos Estados Unidos essa discussão chega num momento em que já se atingiu um mínimo de atendimento dos serviços básicos às necessidades da população, um sistema profissionalizado de servidores públicos e um amplo conjunto de centros de pesquisa dedicados à atuação governamental. Na América Latina, por outro lado, consiste apenas em um primeiro passo, ou, em outras palavras: "Não se trata de um ponto de chegada, trata-se de um ponto de partida".[59]

Sendo assim, a preocupação com a eficiência na oferta de serviços básicos é extremamente válida, levando-se em conta a carência de recursos públicos. Todavia, *mais relevante que a eficiência é a efetiva*

---

[57] CABRERO MENDOZA, Enrique. Estudio introductorio. *In*: BOZEMAN, Barry (Coord.). *La gestión pública*: su situación actual. México: Fondo de Cultura Económica, 2000. p. 29.
[58] CABRERO MENDOZA, *ibidem*.
[59] CABRERO MENDOZA, *op. cit.*, p. 30.

garantia da prestação desses serviços por parte do Estado. Nota-se, assim, que os problemas relacionados à gestão pública no âmbito dos países latino-americanos são outros: consistem em questões prévias, anteriores às preocupações que assolam realidades como a norte-americana. Nesses países, a *gestão pública* deve ocupar-se de dificuldades como a profissionalização da função pública,[60] a existência de infraestrutura administrativa mínima necessária para dar início aos processos de modernização dos serviços, as formas possíveis de fazer os agentes públicos cumprirem a lei para se evitar a corrupção e o abuso de poder,[61] dentre tantos outros.

Ademais, verifica-se na América Latina outra problemática: a *gestão pública* não se relaciona apenas a um melhor desempenho de governo, mas também à própria governabilidade das nações. A grave escassez de recursos públicos para a satisfação das necessidades sociais e para o exercício da democracia leva à exigência de se encarar a *gestão pública* não somente como um conjunto de mecanismos voltados ao bom desempenho das funções públicas, mas também como uma mola propulsora de procedimentos que promovam uma interlocução entre governo e cidadão, fomentando uma cultura democrática. Impõe-se, então, a urgência (e a dificuldade) de se gerar eficácia, eficiência e legitimidade concomitantemente.[62] Surgem assim questões como as seguintes: "O que é mais importante: alocar com eficiência o gasto de um programa social ou sacrificar eficiência buscando que os grupos beneficiários participem diretamente da alocação do gasto, ainda quando isso importe ineficiências no trajeto?" ou, em outro giro verbal: "O que é prioritário: o alcance da eficiência ou gerar uma cultura de participação democrática?".[63]

À luz de tais considerações, a conclusão a que se pode chegar é a seguinte: ainda que haja uma multiplicidade de compreensões acerca do que significa a noção de *gestão pública*, não será qualquer uma delas que poderá ser aplicada aos Estados da América Latina. Isso porque, as concepções mais voltadas ao manejo dos instrumentais próprios da

---

[60] Sobre o tema, ver: BACELLAR FILHO, Romeu Felipe. Profissionalização da função pública: a experiência brasileira. In: *La profesionalización de la función pública en Iberoamérica*. Madrid: Instituto Nacional de Administración Pública, 2002. p. 91-102 e FERRARI, Regina Maria Macedo Nery. A profissionalização da função pública e as exigências da eficiência administrativa. *A&C – Revista de Direito Administrativo & Constitucional*, Belo Horizonte, ano 3, n. 12, p. 115-127, abr./jun. 2003.

[61] CABRERO MENDOZA, *op. cit.*, p. 30.

[62] A propósito, conferir: GABARDO, Emerson. *Eficiência e legitimidade do Estado*. São Paulo: Manole, 2003.

[63] CABRERO MENDOZA, *ibidem*, p. 33.

gestão empresarial na esfera pública, embora detenham a preferência estadunidense, colidem com a realidade latino-americana, onde a preocupação com a eficiência deve vestir uma roupagem diversa. Só se pode falar em *gestão pública* em países subdesenvolvidos ou em desenvolvimento, se esta for compreendida como uma noção específica do âmbito público, na qual não pode nem deve incidir o modelo gerencial próprio das empresas privadas, cujos objetivos são inegavelmente diversos, conforme explanado no tópico anterior.

Nesses países, a reforma da Administração Pública e a elaboração de métodos e técnicas de *gestão pública* devem dirigir-se com absoluta prioridade à satisfação das necessidades básicas da população e de seus direitos fundamentais de todas as gerações, ainda que isso implique em singrar por caminhos mais custosos ou menos econômicos. E mais: a *gestão pública*, nessas realidades, deve contar com a participação popular, sem a qual não será possível identificar quais as reais demandas e anseios da sociedade.

Nessa linha, Jaime Rodríguez-Arana Muñoz assinala, com absoluta propriedade, que os modelos políticos e administrativos devem construir-se sob a ótica do cidadão e em função de suas necessidades coletivas, já que ele é a razão de ser da própria existência da Administração Pública.[64]

Em tal conjuntura, o marco jurídico-constitucional reveste-se de inequívoca importância no que tange à *gestão pública*. Esta deve ter como base o ordenamento jurídico, em cujo conjunto normativo se revela o interesse da sociedade, de modo que o direito positivo passa a consistir "uma condição essencial para a democratização, a boa gestão dos assuntos públicos e o respeito aos direitos humanos".[65] A *gestão pública* não pode — em hipótese alguma, mas notadamente em países como os latino-americanos — afastar-se das normas jurídicas[66] que vinculam

---

[64] RODRÍGUEZ-ARANA MUÑOZ, Jaime. *Reforma administrativa y nuevas políticas públicas*. Caracas: Sherwood, 2005. p. 5.

[65] ORGANIZACIÓN DE COOPERACIÓN Y DESARROLLO ECONÓMICO. El desarrollo participativo y la buena gestión de los asuntos públicos. *Documentos INAP*, Madrid, Instituto Nacional de Administración Pública, n. 10, p. 24, dic. 1996.

[66] A relação entre Direito e *gestão pública* é patente. Há autores que chegam a afirmar, inclusive, que "*se pode afirmar com toda a certeza que o mundo da gestão pública é moldado, até certo ponto, pelos tribunais*", como, por exemplo, nos casos de decisões judiciais que determinam a responsabilidade civil ou administrativa dos agentes públicos, gerando mudanças nos procedimentos administrativos para evitar condenações futuras. Tantos outros exemplos poderiam ser dados, como os julgados que impõem gastos ao Poder Público, ensejando reflexos no orçamento, ou que determinam a observância das garantias processuais inerentes ao devido processo legal. Assim, o direito poderia ser reconhecido muitas vezes como "*a água em que nadam os administradores públicos*" (O'LEARY, Rosemary; STAUSSMAN, Jeffrey F. El impacto de los tribunales sobre la gestión pública. *In*: BOZEMAN, Barry (Coord.). *La gestión pública*: su situación actual. México: Fondo de Cultura Económica, 2000. p. 259-260).

a atuação da Administração Pública, especialmente as disposições constitucionais.

O planejamento estratégico de toda e qualquer atividade estatal deve tomar como ponto de partida a pauta estabelecida no tecido constitucional, que deve constituir o seu pressuposto de atuação. Nele, conforme bem destaca Angela Cassia Costaldello, "devem ser consideradas as reais necessidades das quais a sociedade carece — cujo atendimento e processo executório deve se perfazer a curto, a médio e a longo prazo —, os valores por ela manifestados, a par do atendimento dos ditames constitucionais, detentores ou não de percentuais, mas de cumprimento obrigatório".[67]

Sendo assim, respondendo à pergunta que intitula o presente tópico, pode-se falar em *gestão pública* na realidade latino-americana, desde que se adote uma perspectiva voltada à satisfação do interesse público, e atenta às peculiaridades desses países, que demandam a prestação de serviços básicos à população e mecanismos de participação popular na Administração Pública. É justamente sob esse prisma que se deve compreender o sentido da *gestão pública* na América Latina: partindo-se da premissa de que os direitos humanos e fundamentais constituem as linhas diretivas da atuação do Poder Público, tornando-se assim ingredientes essenciais no planejamento da ação governamental e administrativa.[68]

A definição de um marco constitucional da Administração Pública, responsável por traçar os programas de ação prioritária do Estado com fins à realização dos direitos humanos e fundamentais, constitui uma expressiva tendência nos países da América Latina. É o caso do Brasil,[69] da Argentina,[70] do Uruguai,[71] da Nicarágua,[72] da Colômbia,[73]

---

[67] COSTALDELLO, Angela Cassia. Aportes para um ideário brasileiro de gestão pública: a função do controle externo. *A&C – Revista de Direito Administrativo & Constitucional*, Belo Horizonte, ano 10, n. 40, p. 17, abr./jun. 2010.

[68] RODRÍGUEZ-ARANA MUÑOZ, Jaime. *El buen gobierno y la buena administración de instituciones públicas*. Madrid: Thomson Aranzadi, 2006. p. 13.

[69] BACELLAR FILHO, Romeu Felipe. Marco constitucional do direito administrativo no Brasil. *Revista Iberoamericana de Derecho Público y Administrativo*, San José, n. 7, p. 35-46, 2007.

[70] SALOMONI, Jorge Luis. El marco constitucional del derecho administrativo argentino. *Revista Iberoamericana de Derecho Público y Administrativo*, San José, n. 7, p. 47-57, 2007.

[71] BRITO, Mariano R. Estudio de las relaciones entre el derecho administrativo y el derecho constitucional en Uruguay. *A&C – Revista de Direito Administrativo & Constitucional*, Belo Horizonte, ano 7, n. 29, p. 113-126, jul./set. 2007; DELPIAZZO, Carlos E. Marco constitucional del derecho administrativo uruguayo. *A&C – Revista de Direito Administrativo & Constitucional*, Belo Horizonte, ano 7, n. 29, p. 37-54, jul./set. 2007.

[72] NAVARRO, Karlos. Las bases constitucionales del derecho administrativo en Nicaragua. *Revista Iberoamericana de Derecho Público y Administrativo*, San José, n. 7, p. 178-192, 2007.

[73] SANTOFIMIO GAMBOA, Jaime Orlando. Fundamentos constitucionales del derecho administrativo colombiano. *Revista Iberoamericana de Derecho Público y Administrativo*, San José, n. 7, p. 74-101, 2007.

da Bolívia,[74] da Guatemala,[75] do Equador,[76] da Venezuela,[77] apenas para citar alguns.

Será possível, conforme o marco teórico e normativo adotado, conciliar a ideia de reforma administrativa e *gestão pública* com o bem-estar geral. Basta não esquecer que o foco de toda e qualquer reforma administrativa deve ser a pessoa humana e os seus direitos fundamentais, e não qualquer outra espécie de interesse.[78] Para tanto, é necessário assegurar que o aparato estatal, de um lado, adapte-se a uma realidade econômica que exige redução de gastos (frise-se: apenas os voluptuários), reformas estruturais e racionalização da gestão em prol da eficiência do setor público, e, de outro, principalmente, responda às expectativas populares sem renunciar aos avanços prestacionais do Estado Social,[79] atendendo a realização dos direitos fundamentais definidos na pauta constitucional.

A formulação dos planos de gestão deve tomar como premissa a ideia de que "as metas constitucionais serão prioritárias",[80] uma vez que uma boa administração deve estar radicalmente comprometida com a melhora das condições de vida das pessoas, o que implica invariavelmente levar em conta a vida concreta da população, especialmente através do emprego de mecanismos que possibilitem a participação popular na Administração Pública.[81]

Desse modo, a eficiência, em que pese constitua um princípio informador da atuação administrativa na contemporaneidade, deve

---

[74] SERRATE PAZ, José Mario. Marco constitucional del derecho administrativo en Bolivia. *Revista Iberoamericana de Derecho Público y Administrativo*, San José, n. 7, p. 112-122, 2007.

[75] CALDERÓN MORALES, Hugo Haroldo. El derecho constitucional y el derecho administrativo en Guatemala. *Revista Iberoamericana de Derecho Público y Administrativo*, San José, n. 7, p. 296-320, 2007.

[76] ROBALINO ORELLANA, Javier. El marco constitucional del derecho administrativo en el Ecuador. *Revista Iberoamericana de Derecho Público y Administrativo*, San José, n. 7, p. 250-263, 2007.

[77] BREWER-CARÍAS, Allan R. Marco constitucional del derecho administrativo en Venezuela. *A&C – Revista de Direito Administrativo & Constitucional*, Belo Horizonte, ano 8, n. 31, p. 26-68, jan./mar. 2008.

[78] RODRÍGUEZ-ARANA MUÑOZ, *op. cit.*, p. 23.

[79] RODRÍGUEZ-ARANA MUÑOZ, Jaime. *Reforma administrativa y nuevas políticas públicas*. Caracas: Sherwood, 2005. p. 7.

[80] COSTALDELLO, Angela Cassia. Aportes para um ideário brasileiro de gestão pública: a função do controle externo. *A&C – Revista de Direito Administrativo & Constitucional*, Belo Horizonte, ano 10, n. 40, p. 18, abr./jun. 2010.

[81] RODRÍGUEZ-ARANA MUÑOZ, Jaime. *El buen gobierno y la buena administración de instituciones públicas*. Madrid: Thomson Aranzadi, 2006. p. 14.

necessariamente estar atada à satisfação do interesse público, uma vez que, se fosse convertida em critério único da ação administrativa, poderia implicar na confusão entre os fins e meios.[82] Faz-se necessário, pois, conjugar a ideia de eficiência administrativa com os demais valores constitucionais, para que se lhe possa atribuir um sentido adequado a um Estado Social e Democrático de Direito.

6 Conclusão: a vinculação da *gestão pública* à pauta constitucional e aos direitos fundamentais

Das considerações anteriormente expendidas, podem-se depreender algumas notas conclusivas. Dentro do vasto espectro de significações que se pode atribuir à noção de *gestão pública*, parece inequívoca a impossibilidade de se aceitar a aplicação automática do ferramental próprio da gestão empresarial privada no âmbito da Administração Pública. Conforme se pôde salientar, a lógica inerente ao setor privado, voltada ao lucro e a interesses estritamente individuais, não coaduna com a racionalidade pública, alicerçada no dever de consecução do interesse público e na satisfação das necessidades sociais. Os objetivos, as condições, os problemas e os valores que permeiam ambas as esferas — pública e privada — são distintos, de sorte que não se pode admitir a incidência de um modelo idêntico nas duas searas.

Ainda que se admita a necessidade de repensar a forma de atuação da Administração Pública, para que esta se adapte à dinamicidade da realidade contemporânea e às novas demandas sociais, os matizes da *gestão pública* devem ser construídos levando-se em conta as peculiaridades que são inerentes a esse setor, jamais olvidando a principal função da administração das instituições públicas: a melhora das condições de vida dos cidadãos.[83] Assim, qualquer preocupação com a racionalização dos gastos estatais, com a eficiência no emprego dos recursos públicos e com a redução dos custos deve ceder espaço à realização das pautas prioritárias definidas na Constituição, cujo cerne consiste no catálogo de direitos fundamentais assegurados aos cidadãos.

Por isso, é inadmissível pretender-se manejar nos países da América Latina a mesma racionalidade que preside a conjuntura dos

---

[82] RODRÍGUEZ-ARANA MUÑOZ, Jaime. *Reforma administrativa y nuevas políticas públicas.* Caracas: Sherwood, 2005. p. 6.

[83] RODRÍGUEZ-ARANA MUÑOZ, Jaime. *El buen gobierno y la buena administración de instituciones públicas.* Madrid: Thomson Aranzadi, 2006. p. 11.

Estados Unidos, marcada por uma realidade radicalmente distinta no que diz respeito ao atendimento das necessidades básicas dos cidadãos. Em Estados como os latino-americanos, em que larga parcela da população ainda está alijada da garantia de condições mínimas de existência digna, a preocupação com a eficiência da Administração Pública deve ser diferenciada. Nesses países, a ideia de *gestão pública* eficiente deve estar comprometida com a eficácia das políticas públicas e serviços públicos voltados à realização dos direitos fundamentais sociais dos cidadãos — tais como educação, saúde e moradia — e ao incremento da participação popular na Administração Pública — permitindo-se com isso a identificação das reais aspirações da comunidade.

Antes de se pensar em redução de custos, a preocupação da *gestão pública* na realidade latino-americana deve estar vinculada à democracia e aos programas de ação governamental constitucionalmente estabelecidos. A pauta constitucional deve ter realização prioritária, relegando-se a um segundo plano o afã pela diminuição das despesas relativas ao funcionamento do Estado. É claro que a eficiência e a economicidade no emprego dos fundos públicos deve ser uma constante, até mesmo em face da escassez de recursos, que devem ser bem aproveitados, mas tais preocupações hão de estar em harmonia com os demais valores democráticos plasmados no texto constitucional.

O cidadão deve figurar no centro das atividades administrativas, de modo que todos os mecanismos manejados no exercício da *gestão pública* devem ser idôneos ao alcance das soluções mais aptas a atender as necessidades basilares da população. É nesse sentido que se pode falar em *gestão pública* no contexto latino-americano.

Referências

BACELLAR FILHO, Romeu Felipe. Marco constitucional do direito administrativo no Brasil. *Revista Iberoamericana de Derecho Público y Administrativo*, San José, n. 7, p. 35-46, 2007.

BACELLAR FILHO, Romeu Felipe. Profissionalização da função pública: a experiência brasileira. In: *La profesionalización de la función pública en Iberoamérica*. Madrid: Instituto Nacional de Administración Pública, 2002.

BOZEMAN, Barry (Coord.). *La gestión pública*: su situación actual. México: Fondo de Cultura Económica, 2000.

BOZEMAN, Barry. Introducción: dos conceptos de gestión pública. In: BOZEMAN, Barry (Coord.). *La gestión pública*: su situación actual. México: Fondo de Cultura Económica, 2000.

BREWER-CARÍAS, Allan R. Marco constitucional del derecho administrativo en Venezuela. *A&C – Revista de Direito Administrativo & Constitucional*, Belo Horizonte, ano 8, n. 31, p. 26-68, jan./mar. 2008.

BRITO, Mariano R. Estudio de las relaciones entre el derecho administrativo y el derecho constitucional en Uruguay. *A&C – Revista de Direito Administrativo & Constitucional*, Belo Horizonte, ano 7, n. 29, p. 113-126, jul./set. 2007.

BRUGUÉ, Quim; SUBIRATS, Joan (Org.). *Lecturas de gestión pública*. Madrid: Instituto Nacional de Administración Pública, 1996.

BRUGUÉ, Quim; SUBIRATS, Joan. Introducción. In: BRUGUÉ, Quim; SUBIRATS, Joan (Org.). *Lecturas de gestión pública*. Madrid: Instituto Nacional de Administración Pública, 1996.

CABRERO MENDOZA, Enrique. Estudio introductorio. In: BOZEMAN, Barry (Coord.). *La gestión pública*: su situación actual. México: Fondo de Cultura Económica, 2000.

CALDERÓN MORALES, Hugo Haroldo. El derecho constitucional y el derecho administrativo en Guatemala. *Revista Iberoamericana de Derecho Público y Administrativo*, San José, n. 7, p. 296-320, 2007.

CASTRO, Rodrigo Pironti Aguirre de (Coord.). *Lei de responsabilidade fiscal*: ensaios em comemoração aos 10 anos da Lei Complementar nº 101/00. Belo Horizonte: Fórum, 2010.

COSTALDELLO, Angela Cassia. Aportes para um ideário brasileiro de gestão pública: a função do controle externo. *A&C – Revista de Direito Administrativo & Constitucional*, Belo Horizonte, ano 10, n. 40, abr./jun. 2010.

DELPIAZZO, Carlos E. Marco constitucional del derecho administrativo uruguayo. *A&C – Revista de Direito Administrativo & Constitucional*, Belo Horizonte, ano 7, n. 29, p. 37-54, jul./set. 2007.

FERRARI, Regina Maria Macedo Nery. A profissionalização da função pública e as exigências da eficiência administrativa. *A&C – Revista de Direito Administrativo & Constitucional*, Belo Horizonte, ano 3, n. 12, p. 115-127, abr./jun. 2003.

FROST-KUMPF, Lee; WECHSLER, Barton. Una metáfora arraigada en una fábula. In: BOZEMAN, Barry (Coord.). *La gestión pública*: su situación actual. México: Fondo de Cultura Económica, 2000.

GABARDO, Emerson. *Eficiência e legitimidade do Estado*. São Paulo: Manole, 2003.

GABARDO, Emerson. *Princípio constitucional da eficiência administrativa*. São Paulo: Dialética, 2002.

GUILLAUME, Henri; DUREAU, Guillaume; SILVENT, Franck. *Gestion publique*: l'état et la performance. Paris: Presses des sciences Po/Dalloz, 2002.

GUNN, Lewis. Perspectivas en gestión pública. In: BRUGUÉ, Quim; SUBIRATS, Joan (Org.). *Lecturas de gestión pública*. Madrid: Instituto Nacional de Administración Pública, 1996.

LAUFER, Romain; BURLAUD, Alain. *Dirección pública*: gestión y legitimidad. Trad. José Luis Marcos Martín. Madrid: Instituto Nacional de Administración Pública, 1989.

MULLER, Pierre. *Les politiques publiques*. 8ᵉ éd. Paris: PUF, 2009.

NAVARRO, Karlos. Las bases constitucionales del derecho administrativo en Nicaragua. *Revista Iberoamericana de Derecho Público y Administrativo*, San José, n. 7, p. 178-192, 2007.

O'LEARY, Rosemary; STAUSSMAN, Jeffrey F. El impacto de los tribunales sobre la gestión pública. *In*: BOZEMAN, Barry (Coord.). *La gestión pública*: su situación actual. México: Fondo de Cultura Económica, 2000.

ORGANIZACIÓN DE COOPERACIÓN Y DESARROLLO ECONÓMICO. El desarrollo participativo y la buena gestión de los asuntos públicos. *Documentos INAP*, Madrid, Instituto Nacional de Administración Pública, n. 10, dic. 1996.

PERRY, James L. La teoría de la gestión pública: ¿Qué és?: ¿Qué debería ser?. *In*: BOZEMAN, Barry (Coord.). *La gestión pública*: su situación actual. México: Fondo de Cultura Económica, 2000.

PERRY, James L.; KRAEMER, Kenneth L. (Ed.). *Public Management*: Public and Private Perspectives. California: Mayfield Publishing Co., 1983.

PRATS CATALÀ, Joan. Derecho y *management* en las administraciones públicas. *In*: BRUGUÉ, Quim; SUBIRATS, Joan (Org.). *Lecturas de gestión pública*. Madrid: Instituto Nacional de Administración Pública, 1996.

ROBALINO ORELLANA, Javier. El marco constitucional del derecho administrativo en el Ecuador. *Revista Iberoamericana de Derecho Público y Administrativo*, San José, n. 7, p. 250-263, 2007.

RODRÍGUEZ-ARANA MUÑOZ, Jaime. *El buen gobierno y la buena administración de instituciones públicas*. Madrid: Thomson Aranzadi, 2006.

RODRÍGUEZ-ARANA MUÑOZ, Jaime. *Reforma administrativa y nuevas políticas públicas*. Caracas: Sherwood, 2005.

SALOMONI, Jorge Luis. El marco constitucional del derecho administrativo argentino. *Revista Iberoamericana de Derecho Público y Administrativo*, San José, n. 7, p. 47-57, 2007.

SANTOFIMIO GAMBOA, Jaime Orlando. Fundamentos constitucionales del derecho administrativo colombiano. *Revista Iberoamericana de Derecho Público y Administrativo*, San José, n. 7, p. 74-101, 2007.

SCHIER, Adriana da Costa Ricardo. Administração Pública: apontamentos sobre os modelos de gestão e tendências atuais. *In*: GUIMARÃES, Edgar (Coord.). *Cenários do direito administrativo*: estudos em homenagem ao Professor Romeu Felipe Bacellar Filho. Belo Horizonte: Fórum, 2004.

SERRATE PAZ, José Mario. Marco constitucional del derecho administrativo en Bolivia. *Revista Iberoamericana de Derecho Público y Administrativo*, San José, n. 7, p. 112-122, 2007.

STEWART, John; RANSON, Stewart. La gestión en el ámbito público. *In*: BRUGUÉ, Quim; SUBIRATS, Joan (Org.). *Lecturas de gestión pública*. Madrid: Instituto Nacional de Administración Pública, 1996.

WEBER, Max. *Ensaios de sociologia política*. Rio de Janeiro: Zahar, 1963.

Informação bibliográfica deste texto, conforme a NBR 6023:2002 da Associação Brasileira de Normas Técnicas (ABNT):

HACHEM, Daniel Wunder. Gestão pública e a realidade latino-americana. *In*: SILVEIRA, Raquel Dias da; CASTRO, Rodrigo Pironti Aguirre de (Coord.). *Estudos dirigidos de gestão pública na América Latina*. Belo Horizonte: Fórum, 2011. v. 1, p. 71-94. ISBN 978-85-7700-432-4.

A Razoável Duração do Processo como Pressuposto da Gestão Pública Eficiente: a Tensão Dialética entre o Cumprimento das Finalidades Essenciais e a Dimensão Temporal do Processo Administrativo

Daniel Müller Martins

I

É indiscutível o movimento de constitucionalização do Direito administrativo e a relevância transcendental dos princípios constitucionais na regência da função correspondente, embora não se deva confundir legalidade e constitucionalidade.

Como ensina Jesús González Pérez, com remissão à lição de Fernando Sainz Moreno, "la cobertura legal previa condiciona ab initiio la legalidade de la actuación administrativa, pero no agota, en modo alguno, la regulación íntegra de esa actuación".[1] A legalidade deve subsistir, mas não como fundamento exclusivo da atuação administrativa. A interpretação da legalidade depende da sua inserção conjuntural no sistema constitucional. Abandona-se, sim, aquilo que Gustavo

---

[1] *El principio general de la buena fe en el derecho administrativo.* 4. ed. rev. actual. y ampl. Madrid: Thomson-Civitas, 2004. p. 47.

Zagrebelski denomina de "iuspostivismo decimonónico" e que qualifica como "puro y simple resíduo histórico". Na atualidade, a legalidade atua enquanto princípio constitucional e condicionamento inicial do agir administrativo submetido à função unificadora da Constituição.[2]

A legalidade subsiste, mas não esgota os fundamentos de legitimidade da atuação administrativa. Sob as luzes de um Estado Democrático, a função administrativa relaciona-se intimamente com o exercício da ponderação proporcional de valores constitucionalmente protegidos. Em termos funcionais, vive-se um Estado de ponderação.[3]

E não há como ser diferente, especialmente diante da impossibilidade de sustentação de um modelo formal de legitimação da função administrativa. Ou seja, um modelo de legitimação em decorrência exclusiva da legalidade, a partir da mera execução da lei enquanto produto da função legislativa pelos representantes democráticos do povo.[4]

De qualquer modo, sob um enfoque preponderantemente democrático, a sujeição da gestão pública ao regime jurídico que lhe é próprio reclama uma condição fundamental: o exercício procedimentalizado das competências que constituem a função administrativa.[5]

---

[2] *El derecho dúctil*: ley, derechos, justicia, p. 41.

[3] Filiamo-nos ao pensamento de Gustavo Binenbojm quando bem descreve a ponderação indispensável em um Estado Democrático de Direito: "a ponderação pode ser compreendida como um método destinado a estabelecer relações de prevalência relativa entre elementos que se entrelaçam, a partir de critérios formais e materiais postos ou pressupostos pelo sistema jurídico. Ponderam-se, assim, bens, princípios, finalidades ou interesses, conforme elementos que se encontrem em jogo numa dada situação. A ponderação encontra-se presente no discurso jurídico desde a matriz constitucional, espraia-se pela etapa de concretização legislativa, chegando ao seu grau de maior concretude decisória nas atividades administrativa e judicial. A circunstância de o Estado democrático de direito contemplar juridicamente uma vasta miríade de bens, princípios, finalidades e interesses cria a necessidade de incontáveis juízos de ponderação, como forma de proporcionar uma acomodação otimizada entre eles, de acordo com as circunstâncias fáticas e normativas de determinada situação. Daí afirmar-se que o Estado democrático de direito, em sua dinâmica de funcionamento, deve ser entendido como um Estado de ponderação" (*Uma teoria do direito administrativo*: direitos fundamentais, democracia e constitucionalização. Rio de Janeiro: Renovar, 2006. p. 109-110).

[4] Ampliar em Julio Ponce Solé, *Dever de buena administración y derecho al procedimiento administrativo debido*: las bases constitucionales del procedimiento administrativo y del ejercicio de la discrecionalidad. Valladolid: Lex Nova, 2001. p. 119 *et seq*. O autor bem demonstra os contornos daquilo que denomina "crisis de la legitimación por via de la legalidad".

[5] BOBBIO, Norberto. *O futuro da democracia*: uma defesa das regras do jogo. 2. ed. Rio de Janeiro: Paz e Terra, 1986. p. 18: "afirmo preliminarmente que o único modo de se chegar a um acordo quando se fala de democracia, entendida como contraproposta a todas as formas de governo autocrático, é o de considerá-la caracterizada por um conjunto de regras (primárias ou fundamentais) que estabelece quem está autorizado a tomar as decisões coletivas e com quais procedimentos" (*apud* SUNDFELD, Carlos Ari. *Fundamentos de direito público*. São Paulo: Malheiros, 1992. p. 91).

A relação entre função, sob enfoque dinâmico, e procedimento[6] é inegável. O exercício de qualquer função pública no contexto de um sistema democrático, fundado na soberania popular, exige formalização como condição de garantia sob dúplice feição: a uma, à satisfação dos interesses tutelados pelo próprio exercente da função; a duas, à garantia dos direitos dos cidadãos.

A procedimentalização da função administrativa, pois, apresenta-se como condição necessária à sua legitimação. Como bem acentua Roberto Dromi, "el Estado de derecho no solo requiere de la solemnidad declarativa constitucional, sino también de la implementación constitutiva legal-procesal". E sintetiza: "(...) el procedimiento administrativo es la herramienta más idónea como reaseguro contra los desbordes del obrar de la Administración".[7]

II

À luz da leitura constitucionalizada do regime jurídico da gestão pública, a positivação normativa do princípio da eficiência veio a concretizar uma ideia de evidente obviedade: a gestão pública deve ser eficiente; se ineficiente, inviável imaginá-la como legítima.

É inobjetável que o princípio da eficiência possui matriz em disposições normativas semelhantes no Direito comparado, em especial nos ordenamentos jurídicos espanhol, italiano e português. Na Espanha, há previsão do princípio da eficácia e do dever de "buena administración".

---

[6] Neste ensaio serão utilizados os termos "processo" e "procedimento" sem maior rigor de distinção. É necessário registrar, no entanto, que compreendemos o procedimento administrativo como uma sucessão legalmente condicionada de atos administrativos relativamente autônomos, encadeados mediante relação de causalidade e instrumentalmente ordenados à concretização da função administrativa. Embora o conceito tenha natureza predominantemente formal, a compreensão não se faz exógena e extrínseca ao conteúdo. A compreensão das formas deve se dar conforme o conteúdo da função. O procedimento deve ser concebido, então, numa perspectiva formal-funcional. Quanto ao processo administrativo, entendemos que a relação entre processo e procedimento implica em relação de inclusão, mas não de identificação plena. Uma relação continente-conteúdo. Entendemos o processo administrativo como a síntese entre procedimento e relação jurídica administrativa sob enfoque dinâmico. O processo administrativo contém o procedimento, mas nele não se esgota. O processo administrativo contém a relação jurídica administrativa, mas nela não se limita. O processo administrativo é uma instituição jurídica de perfil próprio e deve ser compreendido como conduto jurídico da relação jurídica administrativa mediante a sucessão legalmente condicionada de atos e fatos administrativos relativamente autônomos, encadeados por relação de causalidade e instrumentalmente ordenados à concretização participativa da função administrativa. A posição adotada encontra correspondência em Egon Bockmann Moreira, *Processo administrativo*: princípios constitucionais e a lei 9.784/1999. 2. ed. São Paulo: Malheiros, 2003. p. 49, e por Ricardo Marcondes Martins, O conceito científico de processo administrativo. *Revista de Direito Administrativo – RDA*, v. 235, p. 349, jan./mar. 2004.

[7] *Derecho administrativo*. 10. ed. Ciudad Argentina, 2004. p. 1165.

Na Itália, há previsão constitucional do princípio do "buon andamento" da Administração Pública. Em Portugal, não há previsão constitucional explícita textualmente referente à eficiência. Porém, há o denominado princípio da desburocratização, também encartado ao lado da eficiência no Código de Procedimento Administrativo (Decreto-Lei nº 6/96, artigo 10º: "a Administração Pública deve ser estruturada de modo a aproximar os serviços das populações e de forma não burocratizada, a fim de assegurar a celeridade, a economia e a eficiência das suas decisões").[8]

Em nosso regime jurídico, salta aos olhos a impossibilidade de atribuir à eficiência uma superioridade axiológica em relação aos demais princípios correlatos à Administração Pública. Como não há precedência axiológica entre os princípios, um dos requisitos do atendimento da eficiência é justamente a observância conjunta dos demais. Vale dizer, as ideias que permeiam a exigência constitucional de eficiência não admitem a máxima segundo a qual os fins justificam os meios.[9]

No que diz respeito à identificação do conteúdo normativo mínimo e essencial do princípio da eficiência, não obstante as dificuldades inerentes à amplitude permissiva da sua compreensão sob diferentes acepções, parece-nos que se deve compreendê-la, a uma, como a realização eficaz de fins predefinidos; a duas, como modo de realização ótima dos fins da Administração; a três, como exigência de celeridade em que deve se pautar a Administração; e, a quatro, eficiência como exigência de economia. O conceito de eficiência, então, deve ser compreendido como um superconceito marcado pela nota da pluridimensionalidade.[10]

---

[8] Egon Bockmann Moreira procede minuciosa análise da doutrina estrangeira a respeito dos referidos princípios com a finalidade de ilustrar a inspiração do Poder Constituinte derivado brasileiro na inclusão do princípio da eficiência (*Processo administrativo*: princípios constitucionais e a lei 9.784/1999. 2. ed. São Paulo: Malheiros, 2003. p. 164-175). Para o estudo aprofundado da questão, no Direito português ampliar em João Carlos Simões Gonçalves Loureiro, *O procedimento administrativo entre a eficiência e a garantia dos particulares*: algumas considerações. Coimbra: Coimbra Ed., 1995; no Direito espanhol ampliar em Luciano Parejo Alfonso, A. Jiménez-Blanco e L. Ortega Álvarez, *Manual de derecho administrativo*. 4. ed. Barcelona: Ariel Derecho, 1996. v. 1, e em Juli Ponce Solé, *Dever de buena administración y derecho al procedimiento administrativo debido*: las bases constitucionales del procedimiento administrativo y del ejercicio de la discrecionalidad. Valladolid: Lex Nova, 2001; no Direito italiano, ampliar em Sabino Cassese, *Instituzione di diritto amministrativo*. 2ª ed. Giuffrè, 2006.

[9] Nesse sendo é a lição de Maria Sylvia Zanella Di Pietro, para quem "(...) a eficiência é princípio que se soma aos demais princípios impostos à Administração, não podendo sobrepor-se a nenhum deles, especialmente ao da legalidade, sob pena de sérios riscos á segurança jurídica e ao próprio Estado de Direito" (*Direito administrativo*. 19. ed. p. 99).

[10] Neste sentido são as lições de João Carlos Simões Gonçalves Loureiro que, embora talhadas à luz do Direito português, amoldam-se com perfeição ao nosso ordenamento jurídico (*O procedimento administrativo entre a eficiência e a garantia dos particulares*: algumas considerações, p. 131-133).

Para além de pluridimensional, a eficiência na gestão pública verte-se em dúplice aplicação. A primeira, estática, correspondente à organização administrativa e a segunda, dinâmica, relacionada à atividade administrativa, sendo certo que em ambas se pode identificar uma íntima conexão com a processualidade administrativa.[11]

De fato. A atividade administrativa processualizada eficiente deve atender de modo equilibrado às exigências de celeridade, simplicidade, transparência e participação.[12] O que, por óbvio, depende tanto da estrutura estática que dá suporte ao exercício da função quanto ao seu desenrolar dinâmico.

A natureza instrumental do processo administrativo, enquanto o conduto jurídico da relação jurídico-administrativa mediante a sucessão legalmente condicionada de atos e fatos administrativos relativamente autônomos, encadeados por relação de causalidade e instrumentalmente ordenados à concretização participativa da função administrativa, deve servir à efetivação do princípio da eficiência.

Não há eficiência em processo administrativo que não prime pela concretização participativa da função correspondente. Obviamente, para viabilizar a participação, é preciso algum tempo. A duração do processo deve ser compatível com o direito de participação para que se mostre eficiente. De igual modo, não há eficiência se o processo administrativo mostra-se extremamente formalista, com o que não restará viabilizada a efetiva participação dos interessados e a celeridade possível. Não há eficiência, enfim, se não há transparência e garantia de direitos no seio do processo.

---

[11] Essa dúplice vertente, estática e dinâmica, é proposta por Emerson Gabardo, *Princípio constitucional da eficiência administrativa*, 2002.

[12] O atendimento equilibrado às exigências de simplificação, celeridade, participação e garantia tem sido preocupação recente da doutrina especializada europeia, como demonstram os trabalhos reunidos na obra *Il procedimento amministrativo in Europa. Atti del Convegno di Milano*, a cura di Maria Alessandra Sandulli, Giuffrè, 2000, a saber: Klaus Stern, Procedimento amministrativo e tutela giurisdizionale in Germania: separazione e intersezione, Patrick J. Birkinshaw, Come semplificare le procedure amministrative rendendole più aperte, transparenti e accessibili: il caso del Regno Unito, Giorgio Cugurra, La semplificazione nei procedimenti di planificazione urbanistica, Giandomenico Falcon, Semplificazione, garanzie, certezza: modelli di compozione degli interessi, Jacques Ziller, Procedimento amministrativo in Francia: fra semplificazione e partecipazione, Gregorio Arena, Il potere di semplificazione, Vincenzo Caputi Jambrenghi, Il procedimento amministrativo tra semplificazione e garanzie: la "semplificazione codificata", Rosario Ferrara, Procedimento amministrativo, semplificazione e realizzazione del risultato: dalla "libertà dall'amministrazione" alla libertà dell'amministrazione?, Carlo Emanuele Gallo, La semplificazione della disciplina del commercio ed il commercio elettronico, Ignazio Maria Marino, Cenni su alcuni profili giuridici della semplificazione amministrativa, con particolare riferimento all'ordinamento locale, e Jaqueline Morand-Deviller, Transparenza, partecipazione e semplificazione nel procedimento amministrativo francese.

O princípio da eficiência, portanto, possui larga e íntima relação com a análise temporal da atividade administrativa processualizada. Como encarece João Carlos Simões Gonçalves Loureiro, o princípio da eficiência deve servir a "(...) encontrar um ponto óptimo de 'formalização' procedimental" compatível com o "carácter plurifuncional" do processo administrativo e a necessária proteção da esfera jurídica dos particulares, em especial porque conclui, com absoluta razão, que "(...) a eficiência e a garantia jurídica dos particulares, enquanto princípios ordenadores do moderno Estado de Direito, não podem, em termos globais, encontrar-se numa relação disjuntiva (ou/ou)".[13]

A eficiência deve servir, enfim, como valioso instrumento de garantia de direitos aos particulares e da consecução dos fins pela Administração, a partir da harmonia necessária entre os seus diferentes núcleos que devem ser tomados de forma conjuntiva, sem privilégios ou discriminações.[14]

III

A partir da Emenda Constitucional nº 45, de 8 de dezembro de 2004, foi inserido no rol dos direitos fundamentais a garantia à razoável duração do processo, no âmbito judicial e administrativo, bem como aos meios que garantam a celeridade de sua tramitação — artigo 5º, LXXVIII.

A grande novidade introduzida pelo Constituinte derivado diz respeito à expressa extensão da garantia também ao âmbito administrativo.[15] Vale dizer, portanto, que a consagração constitucional da

---

[13] *O procedimento administrativo...*, p. 144.

[14] Nesse sentido, valiosa é a lição de Vera Scarpinella Bueno: "a realização de um procedimento justo integra, portanto, ainda que não exaustivamente: a) uma dimensão de participação; b) uma dimensão de informação (publicidade e transparência); c) uma dimensão de fundamentação (motivação); d) uma dimensão de eficiência (celeridade e racionalização); e e) uma dimensão de imparcialidade. (...) O ambiente criado pelo procedimento administrativo é o ideal para realizar o necessário equilíbrio entre a necessidade de celeridade, economicidade e cumprimento de metas por um lado e, por outro, realizar justiça social nas decisões administrativas que interferem na órbita dos direitos e garantias individuais dos cidadãos. O procedimento administrativo mostra-se, então, o meio apto para equilibrar os ideais de modernização administrativa e de proteção dos cidadãos" (As leis de procedimento administrativo: uma leitura operacional do princípio constitucional da eficiência. *In*: SUNDFELD, Carlos Ari; ANDRÉS MUÑOZ, Guillermo (Coord.). *As leis de processo administrativo*: Lei Federal 9.784/99 e Lei Paulista 10.177/98. São Paulo: Malheiros, 2000. p. 362-363).

[15] Interessante notar que nos próprios instrumentos internacionais de proteção dos direitos humanos já mencionados não existia previsão específica e explícita para a aplicação do

garantia fundamental dirige-se indistintamente ao plano processual judicial e administrativo, sem que, com isso, ignorem-se as devidas cautelas distintivas entre as duas modalidades processuais.

A norma garantista em questão, inserida no rol de direitos e garantias fundamentais, diz respeito a um "direito fundamental integrado ao conceito normativo do devido processo legal",[16] como acertadamente acentua Silvio Luís Ferreira da Rocha. O direito à razoável duração do processo constitui-se em direito subjetivo de todos aqueles que integram uma relação jurídica processual, administrativa ou judicial, do que resulta a legitimidade para exigir a prestação processual em linhas conformes a Constituição.

Enquanto princípio que condiciona o exercício da gestão pública e a correspondente relação jurídica com os cidadãos, a garantia da razoável duração dos processos administrativos possui força normativa deontológica, ou seja, dispõe a respeito de valores que devem ser preservados e sobre finalidades que devem ser alcançadas, impondo-se a adoção de condutas direcionadas à sua promoção.

É possível afirmar que a garantia à razoável duração do processo traduz uma norma principiológica dirigida à proteção direta da esfera jurídica dos particulares, porque a eles constitui direito subjetivo (eficácia positiva e negativa), mas também dirige-se aos Poderes constituídos, Legislativo, Executivo e Judiciário, no exercício das suas funções típicas e atípicas (eficácia interpretativa e vedativa do retrocesso).

Além disso, impõe-se reconhecer que a norma introduzida pela EC nº 45/2004 produz efeitos sobre as definições legais temporais já preexistentes, servindo-lhes de fundamento de compatibilidade material, com o que é possível cogitar da não recepção de normas infraconstitucionais incompatíveis com a nova disposição Constitucional, sem prejuízo da utilização, sempre que possível, da interpretação conforme e da declaração parcial de nulidade sem redução de texto.

Sem prejuízo do que foi exposto, não se pode negar a procedência da observação crítica de Sergio Ferraz, quando acentua as dificuldades

---

direito ao prazo razoável à relação entre cidadão e Administração. No entanto, a Carta de Direitos Fundamentais da União Europeia, proclamada em 7 de dezembro de 2000, em seu artigo 41, item 1, estatui o direito a uma boa administração, explicitando que "todas as pessoas têm direito a que os seus assuntos sejam tratados pelas instituições e órgãos da União de forma imparcial, equitativa e num prazo razoável".

[16] Duração razoável dos processos judiciais e administrativos. *Interesse Público*, v. 8, n. 39, p. 77, set./out. 2006.

próprias da "adoção de critérios que possibilitem a fixação apriorística do que seja prazo razoável", especialmente porque, à toda evidência, a expressão "duração razoável" revela conceito vago, impreciso, plurissignificativo ou indeterminado, marcado pela existência de zonas de certeza positiva e negativa, bem como zona de incerteza ou penumbra.

Não obstante a evidência de que a apreciação da razoável duração depende de circunstâncias próprias de cada caso concreto, faz-se imprescindível a definição de pautas objetivas de certeza positiva e negativa, restando à área de incerteza, efetivamente, a análise a partir de parâmetros casuísticos.

A dimensão temporal realçada a partir da EC nº 45/2004 tem íntima relação com a gestão pública que deve se dar mediante o exercício procedimentalizado de competências administrativas. Em suma, não há como conceber a função administrativa de modo desconectado da sua compreensão temporal, especialmente sob enfoque dinâmico. Na feliz síntese de Sergio Ferraz e Adilson de Abreu Dallari, "o tempo é uma dimensão inseparável do processo".[17]

As ideias de sucessão de atos e fatos administrativos e encadeamento causal lógica e necessariamente remetem à compreensão temporal. Nessa senda, há quem saliente a indispensabilidade de tratar da relação entre os tempos e o processo, e não o tempo e o processo, singularmente, pois há inequivocamente uma pluralidade de momentos em que se desenvolve a sucessão encadeada.[18] Nessa compreensão plural, é possível reconhecer, então, nos tempos implicados na processualidade administrativa, um fator de organização essencial ao desempenho da função administrativa.

Mais uma vez, a síntese de Sergio Ferraz é primorosa: "há mesmo certa tensão dialética entre os dois termos (vocábulos): o tempo razoável possibilita a plena realização de todos os princípios processuais; o exíguo a dificulta; o excessivo a frustra e frustra o próprio processo. Celeridade e precipitação se espreitam, reciprocamente. No reverso da moeda, a morosidade esfacela a respeitabilidade do processo, quando não o próprio direito ou interesse nele em jogo".[19]

---

[17] *Processo administrativo*: princípios constitucionais e a lei 9.784/1999, p. 294.
[18] Ampliar em Marco Lipari, I tempi del procedimento amministrativo. *In: Tempo, Spazio e Certezza Dell'Azione Amministrativa*. Atti del XLVIII Convegno di Studi di Scienza dell'Amministrazione. Milano: Giuffrè, 2003. p. 69 *et seq.*
[19] Processo administrativo: prazos e preclusões. *In*: SUNDFELD, Carlos Ari; ANDRÉS MUÑOZ, Guillermo (Coord.). *As leis de processo administrativo*: Lei Federal 9.784/99 e Lei Paulista 10.177/98. São Paulo: Malheiros, 2000. p. 294.

A harmonização necessária tem uma razão fundamental. A inafastável garantia à duração razoável, entre nós com roupagem de direito constitucional fundamental, reclama a equilibrada satisfação das finalidades essenciais da processualidade administrativa, sem perder de vista a dimensão participativa, a transparência e a celeridade possível.

Ocorre que essa tensão dialética natural entre a exigência de duração razoável e o cumprimento das finalidades essenciais do processo administrativo, em especial garantir o direito à participação, dar visibilidade e viabilidade de controle, dar previsibilidade à atividade administrativa, incrementar qualitativamente as decisões e outorgar legitimidade à composição de interesses plurais, tem como elemento de gravame a própria estrutura dos processos administrativos e a obscuridade de algumas regras procedimentais.

Como bem adverte Osvaldo Alfredo Gozaíni, "la primera trinchera contra el retardo injustificado es el proceso mismo".[20] Ou seja, a ordenação teleologicamente predeterminada dos atos que compõem a sequência procedimental, mediante a estruturação racional do processo administrativo, mostra-se como *conditio sine qua non* para a superação bem-sucedida dessa tensão dialética efetivamente presente e tormentosa.

À toda evidência, a estrutura de um processo administrativo ampliativo de direitos não pode corresponder àquela revista para um processo restritivo de direitos. Cada modalidade processual administrativa reclama uma estruturação ordenada, de forma lógica e razoável, com o que se mostra possível harmonizar conjuntivamente a satisfação das finalidades essenciais e a garantia de direitos, em especial o direito à duração razoável. Não há como admitir validamente em nosso ordenamento jurídico a consideração disjuntiva entre a realização teleológica essencial do processo administrativo e a efetivação da sua dimensão temporal, em especialmente a partir da exigência Constitucional encartada no artigo 5º, inciso LXXVIII. Impõe-se a conjunção, afastando-se qualquer possibilidade de interpretação a partir de critérios disjuntivos.

Nesse sentido, o dever constitucional da duração razoável dos processos administrativos deve servir como linha mestra nas definições estruturais, em especial naquelas endoprocessuais que dizem respeito ao tempo de realização de cada ato da cadeia procedimental.

---

[20] *Derecho procesal constitucional*: el debido proceso. Buenos Aires: Rubinzal-Culzoni, 2006. p. 579.

IV

Na relação entre o tempo e o Direito há uma interação dialética constante na medida em que o Direito institui a feição do tempo para ele relevante e o tempo, por sua vez, serve à interpretação e aplicação do Direito. Fala-se, então, no tempo jurídico.

O tempo jurídico opera e é operado em diversas frentes. Os seus efeitos devem estar amoldados às exigências fundamentais contidas na Constituição e na regulamentação infraconstitucional, sob o pálio da estrutura de um Estado Democrático de Direito. Como salienta Julio Cesar Costa da Silveira, "(...) o tempo, ao efeito de sua face de relação, deverá estar imantado pelas características, pelas peculiaridades e pelas possibilidades imanentes à esfera de regulação em que deverá estar reconhecido, assumindo, só após tal adequação, a feição de um dos mecanismos com capacidade de estruturação necessária à pacificação de cada caso concreto".[21]

O tempo jurídico não se identifica com o tempo cronológico, este fenômeno físico que se desenvolve de modo irrefreável, enquanto que o tempo jurídico se sujeita a cortes de descontinuidade. E também não se identifica com o tempo subjetivo enquanto experiência psíquica cambiável de cidadão para cidadão, porque à perspectiva jurídica se impõe a objetivação possível e, mesmo sem descuidar das peculiaridades próprias de cada caso concreto, dela resulta uma compreensão limitada do fenômeno temporal.

Portanto, o tempo enquanto objeto de operação pelo Direito experimenta cortes de descontinuidade, seja através da fixação de prazos, termos *a quo* e *ad quem*, seja através da suspensão ou interrupção do seu curso, seja mediante a imposição de aplicação normativa retroativa, o que se dá sempre através de mediação normativa Constitucional ou infraconstitucional.

Por outro lado, o tempo opera enquanto fato jurídico que condiciona a compreensão e aplicação de diversos institutos jurídicos. O transcurso do tempo jurídico tem o condão de promover a constituição de realidades diversas daquelas vivenciadas pelas percepções próprias do cotidiano, sob perspectiva temporal não jurídica.

A razoável duração do processo administrativo, sem que se cogite de qualquer ascendência ou precedência axiológica, revela um pressuposto da gestão pública eficiente na consecução dos seus fins.

---

[21] *Da prescrição administrativa e o princípio da segurança jurídica*: significado e sentido. Tese (Doutorado) – Universidade Federal do Paraná, Curitiba, 2005. f. 15.

Para tanto, faz-se preciso acomodar a tensão dialética entre o cumprimento das finalidades essenciais e a dimensão temporal do processo administrativo como condição necessária à eficiência.

A escorreita compreensão das finalidades essenciais do processo administrativo, sob as luzes do sistema de jurisdição una em que vivemos, apresenta-se como condição de indiscutível relevância para a tutela efetiva das distintas posições jurídicas que compõem a relação processual.

Como bem salienta Cármen Lúcia Antunes Rocha, "a história do processo retrata a própria história do homem em sua luta pela democratização da relação do poder e com o poder". Mas, se de um lado "o processo é (...) uma garantia da Democracia realizável pelo Direito, segundo o Direito e para uma efetiva justiciabilidade", por outro lado é pertinente a advertência segundo a qual "o processo pode instrumentalizar a antidemocracia".[22]

É preciso, pois, que a compreensão das finalidades essenciais do processo administrativo, sob perspectiva instrumental, deva bem servir à leitura democrática da relação jurídica subjacente, seja a partir da posição jurídica da Administração, seja da posição jurídica do particular direta ou indiretamente envolvido.

A síntese do elemento teleológico do processo administrativo no bojo da gestão pública é bem retratada na dicção contida na Lei nº 9.784/99, qual seja, a proteção dos direitos dos administrados e ao melhor cumprimento dos fins da Administração.

Na vertente teleológica de garantia jurídica dos administrados, é possível explicitar o direito à participação, a previsibilidade da atividade administrativa e a visibilidade e viabilidade de controle. Na vertente que diz respeito aos fins da Administração, pode-se revelar o incremento qualitativo das decisões e a legitimidade da composição dialética de interesses plurais pertinentes ao interesse público.[23]

A consecução legítima e eficiente dessas finalidades, porém, pressupõe a conformação da atividade administrativa ao dever fundamental de respeito à duração razoável, sendo lícito e desejável o amplo controle

---

[22] Princípios constitucionais do processo administrativo no direito brasileiro. *Revista Trimestral de Direito Público*, n. 17, p. 5-6, 1997.
[23] Sobre as finalidades essenciais do processo administrativo em sua dúplice vertente, conferir ensaio completo do autor em *Aspectos jurídico-temporais do processo administrativo*: uma leitura à luz da garantia constitucional à duração razoável. Orientador: Prof. Doutor Silvio Luís Ferreira da Rocha. 2007. Dissertação (Mestrado) – Pontifícia Universidade Católica de São Paulo, São Paulo, 2007. f. 92 *et seq.* No prelo.

com vistas à identificação de eventuais desvios, dos prejuízos deles decorrentes e na responsabilização objetiva de quem de direito.

É preciso esclarecer, porém, que eventuais deficiências estruturais, orgânicas e pessoais da Administração Pública não servem como fator de escusa para o descumprimento do dever constitucional de assegurar a duração razoável do processo administrativo. O malferimento a esse direito fundamental independe de culpa da autoridade administrativa e não pode ser justificado através da invocação do acúmulo de processos ou carência infraestrutural. Pelo contrário, portanto, a constatação dessas deficiências serve justamente a corroborar a violação ao direito à razoável duração do processo, eis que sequer o mínimo essencial em termos estruturais resta posto à disposição dos cidadãos.

A previsibilidade normativa de consequências jurídicas decorrentes do desrespeito à duração razoável, seja ela definida pelas frações temporais ditadas pelo legislador ordinário, seja no reconhecimento da sua aplicabilidade imediata a partir do plano Constitucional, é medida indispensável para que se atribua maior valor à determinação de pautas de solução *ex ante*, em sobreposição à análise *ex post fato*.

De qualquer modo, a inobservância da duração razoável na gestão pública pode e deve implicar na responsabilidade patrimonial do Estado, em decorrência de danos materiais e morais eventualmente experimentados pelo cidadão, sendo possível cogitar, também, da responsabilização funcional da autoridade competente pela condução do processo administrativo e que dele descuidou na observância do dever Constitucional e legal.

No âmbito da gestão pública, enfim, impõe-se a atenção constante de todos os atores, sejam eles públicos ou particulares, para que não haja desvio temporal capaz de implicar na ineficiência que conduz à ilegitimidade da atuação administrativa.

Referências

ALFREDO GOZAÍNI, Osvaldo. *Derecho procesal constitucional*: el debido proceso. Buenos Aires: Rubinzal-Culzoni, 2006.

BINENBOJM, Gustavo. *Uma teoria do direito administrativo*: direitos fundamentais, democracia e constitucionalização. Rio de Janeiro: Renovar, 2006.

BOBBIO, Norberto. *Teoria do ordenamento jurídico*. 4. ed. Brasília: Edunb; Ed. UnB, 1994.

BUENO, Vera Scarpinella. As leis de procedimento administrativo: uma leitura operacional do princípio constitucional da eficiência. *In*: SUNDFELD, Carlos Ari; ANDRÉS MUÑOZ, Guillermo (Coord.). *As leis de processo administrativo*: Lei Federal 9.784/99 e Lei Paulista 10.177/98. São Paulo: Malheiros, 2000.

DI PIETRO, Maria Sylvia Zanella. *Direito administrativo*. 19. ed. São Paulo: Atlas, 2006.

FERRAZ, Sergio. Processo administrativo e Constituição de 1988. *Revista Trimestral de Direito Público*, v. 1, p. 84-87, 1993.

FERRAZ, Sergio; DALLARI, Adílson Abreu. *Processo administrativo*. São Paulo: Malheiros, 2001.

FIGUEIREDO, Lúcia Valle. Princípios constitucionais do processo. *Revista Trimestral de Direito Público*, v. 1, p. 118-126, 1993.

GABARDO, Emerson. *Princípio constitucional da eficiência administrativa*. São Paulo: Dialética, 2002.

GARCÍA DE ENTERRÍA, Eduardo; FERNÁNDEZ, Tomás-Ramón. *Curso de derecho administrativo*. 7. ed. Madrid: Civitas, 1995. t. I.

GARCÍA DE ENTERRÍA, Eduardo; FERNÁNDEZ, Tomás-Ramón. *Curso de derecho administrativo*. 7. ed. Madrid: Civitas, 1995. t. II.

GONZÁLEZ PÉREZ, Jesús. *El principio general de la buena fe en el derecho administrativo*. 4. ed. rev. actual. y ampl. Madrid: Thomson-Civitas, 2004.

LIPARI, Marco. I tempi del procedimento amministrativo. *In: Tempo, Spazio e Certezza Dell'Azione Amministrativa*. Atti del XLVIII Convegno di Studi di Scienza dell'Amministrazione. Milano: Giuffrè Editore, 2003.

LOUREIRO, João Carlos Simões Gonçalves. *O procedimento administrativo entre a eficiência e a garantia dos particulares*: algumas considerações. Coimbra: Coimbra Ed., 1995.

MARTINS, Daniel Müller. *Aspectos jurídico-temporais do processo administrativo*: uma leitura à luz da garantia constitucional à duração razoável. Orientador: Prof. Doutor Sílvio Luís Ferreira da Rocha. 2007. Dissertação (Mestrado) – Pontifícia Universidade Católica de São Paulo, São Paulo, 2007. No prelo.

MARTINS, Ricardo Marcondes. O conceito científico de processo administrativo. *Revista de Direito Administrativo – RDA*, v. 235, p. 321-381, jan./mar. 2004.

MOREIRA, Egon Bockmann. *Processo administrativo*: princípios constitucionais e a lei 9.784/1999. 2. ed. São Paulo: Malheiros, 2003.

PAREJO ALFONSO, Luciano; JIMÉNEZ-BLANCO, A.; ORTEGA ÁLVAREZ, L. *Manual de derecho administrativo*. 4. ed. Barcelona: Ariel Derecho, 1996. v. 1.

PONCE SOLÉ, Julio. *Dever de buena administración y derecho al procedimiento administrativo debido*: las bases constitucionales del procedimiento administrativo y del ejercicio de la discrecionalidad. Valladolid: Lex Nova, 2001.

ROCHA, Cármen Lúcia Antunes. Princípios constitucionais do processo administrativo no direito brasileiro. *Revista Trimestral de Direito Público*, n. 17, p. 5-33, 1997.

ROCHA, Silvio Luís Ferreira da. Duração razoável dos processos judiciais e administrativos. *Interesse Público*, v. 8, n. 39, p. 73-80, set./out. 2006.

SUNDFELD, Carlos Ari. A importância do procedimento administrativo. *Revista de Direito Público*, v. 20, n. 84, p. 64-74, out./dez. 1987.

SUNDFELD, Carlos Ari; ANDRÉS MUÑOZ, Guillermo (Coord.). *As leis de processo administrativo*: Lei Federal 9.784/99 e Lei Paulista 10.177/98. São Paulo: Malheiros, 2000.

ZAGREBELSKI, Gustavo. *El derecho dúctil*: ley, derechos, justicia. Trad. Marina Gascón. Madrid: Editorial Trotta, 1997.

Informação bibliográfica deste texto, conforme a NBR 6023:2002 da Associação Brasileira de Normas Técnicas (ABNT):

MARTINS, Daniel Müller. A razoável duração do processo como pressuposto da gestão pública eficiente: a tensão dialética entre o cumprimento das finalidades essenciais e a dimensão temporal do processo administrativo. *In*: SILVEIRA, Raquel Dias da; CASTRO, Rodrigo Pironti Aguirre de (Coord.). *Estudos dirigidos de gestão pública na América Latina*. Belo Horizonte: Fórum, 2011. v. 1, p. 95-108. ISBN 978-85-7700-432-4.

Os Princípios da Subsidiariedade e da Universalização do Serviço Público como Fundamentos da Prestação de Serviço Público por meio de PPP: Realidade Brasileira

Eduardo Ramos Caron Tesserolli
Rodrigo Pironti Aguirre de Castro

Sumário: 1 Crise do Estado e o princípio da subsidiariedade – **1.1** A evolução do Estado e o princípio da subsidiariedade – **1.2** O modelo de gestão pública gerencial e o princípio da subsidiariedade – **1.3** Princípio da subsidiariedade e da universalização do serviço público como fundamento da delegação do serviço a particular por meio de PPP

1 Crise do Estado e o princípio da subsidiariedade

1.1 A evolução do Estado e o princípio da subsidiariedade

A evolução do Estado Liberal ao Estado de Bem-Estar Social culminou com o aumento da intervenção estatal no domínio econômico e com o agigantamento da máquina pública. Com o advento do Estado Democrático de Direito por meio da promulgação da Constituição de 1988 surgiu uma alternativa à correção das ineficiências na prestação do serviço público, mais como fundamento à atividade descentralizadora do que medida prática a proporcionar a realização dos direitos fundamentais previstos na Carta Magna.

Raquel Melo Urbano de Carvalho afirma que o Estado Liberal voltou-se mais para a limitação do poder para favorecer as liberdades do indivíduo, em um "sentido omissivo", do que para o agir administrativo do Estado, "em sentido comissivo", e segue afirmando que a "doutrina do liberalismo tinha como intenção conter, pelo direito, o Estado, um mal necessário a ser conservado dentro dos limites mais restritos possíveis, dentre os quais se destacam o princípio da abstenção estatal, a ideia básica da não ingerência, a noção de Estado Mínimo e a máxima *laissez faire, laissez passer*".[1]

Como era atribuição do Estado conceder ampla liberdade negocial aos particulares, restou ao seu encargo as seguintes atividades: "segurança, tributação, relações exteriores, construção e preservação de estradas, pontes, canais, portos, etc.".[2]

No entanto, ao agir assim o Estado Liberal proporcionou a manutenção do desequilíbrio social presente no absolutismo, pois, com a grande concentração do capital nas mãos da burguesia, criaram-se enormes monopólios e grupos econômicos empresariais que solaparam a livre concorrência, e agravaram a insatisfação da classe proletária explorada pelos burgueses ameaçada pela substituição da mão de obra humana por máquinas.

Nesse sentido, resume Augustín Gordillo:

> en los estados desarrolados, se observa una mutación doble frente la administración de antaño: en el siglo XIX ésta respondía a un régimen autoritario en el orden político, liberal en el orden económico, mientras que luego en el mundo desarrollado, en la primera mitad del presente siglo, estos dos postulados se habían en cierto modo, invertido: el liberalismo se había introducido en el orden político y la autoridad en el orden económico.[3]

Diante disso, o Estado se viu obrigado a intervir com mais energia, assumindo o controle da economia e a execução de serviços públicos, atividades comerciais e industriais, bem como prestar assistência social às minorias excluídas.

Assim, o Estado passou a tomar feição de gestor "democrático" de atividades empresariais e de prestador de serviços, tangenciando e

---

[1] CARVALHO, Raquel Melo Urbano de. *Curso de direito administrativo*: parte geral, intervenção do Estado e estrutura da administração. 2. ed. rev. atual. e ampl. Salvador: JusPodivm, 2009. p. 814.

[2] *Idem.*

[3] GORDILLO. *Tratado de derecho administrativo*. 3 ed. p. ii-10.

adentrando limites anteriormente estabelecidos apenas para a iniciativa privada, bem como organizou sua máquina para que por meio de atividades comerciais e industriais pudesse realizar satisfatoriamente o escopo por ele proposto.

Não haveria melhor forma de delimitar a extensão da importância da democracia no Estado de Bem-Estar Social, senão pelas palavras sábias de Romeu Felipe Bacellar Filho:

> A democracia consiste, acima e antes de tudo, no oposto da autocracia. Trata-se de sistema político sem um poder personalizado, porque o poder não é propriedade de ninguém. E por esta razão, ninguém pode se autoproclamar governante ou atribuir a si um poder irrevogável (desta forma as pessoas que concedem o poder estariam dele abdicando). Os dirigentes devem resultar de uma designação livre e irrestrita daqueles que devem ser dirigidos. Acaso ocorra perversão ou falsificação neste momento, a democracia "morre no parto".[4]

Vale dizer, enquanto no Estado Liberal o objetivo central é a segurança dos indivíduos, e a justiça social não constitui ponto relevante de preocupação estatal, no Estado de Bem-Estar Social, a justiça e a participação política dos cidadãos é ponto fundamental e valor predominante, junto às quais deve se agregar a manutenção da ordem que somente é possível desde que atendidas as condições mínimas de existência.

Um dos principais sinais dessa alteração é a inclusão de capítulo específico sobre a ordem social e econômica, nas constituições editadas após o início da Primeira Guerra Mundial (1914-1918), como na Constituição Mexicana de 1917.

Isso causou a transição do monopólio privado para o estatal diante da conturbação causada pelas grandes empresas que controlavam a economia, monopolizando a produção dos bens de consumo, a partir da década de 1860, mudando-se, portanto, o perfil de competição para realizações de acordos e associações, resultando na constatação da "ineficiência liberal". Decorreu disso a mudança do modelo de capitalismo de mercado, primado pela liberdade, para uma espécie de "dirigismo privado", assumindo relevante importância as questões sociais e o crescimento do poder proletário, o que, mais tarde, fomentou o surgimento do "Estado Providência".[5]

---

[4] BACELLAR FILHO, Romeu Felipe. *Processo administrativo disciplinar*. São Paulo: Max Limonad, p. 128.
[5] GABARDO, Emerson. *Eficiência e legitimidade do Estado*. Barueri: Manole, 2003. p. 119. Ou, como preferimos, Estado de Bem-Estar Social.

Para corrigir as desigualdades surgidas no modelo precedente, o Estado passou a gerir atividades antes exploradas por empresas privadas e a prestar os serviços públicos, como já se afirmou acima, para poder realizar o objetivo a que se propôs: o atendimento do interesse coletivo.

O objetivo do Estado de Bem-Estar Social que se iniciava era reduzir as desigualdades materiais a um patamar tolerável e, ao mesmo tempo, criar um ambiente propício ao desenvolvimento do indivíduo, incentivar o exercício da criatividade e oportunizar o trabalho. Nesta fase, o Estado passa a agir como agente econômico, para dar corpo ao desenvolvimento da economia, substituindo a iniciativa privada na realização de atividades reputadas essenciais ao crescimento.[6] Acertadamente afirma Odete Medauar que existe "*Estado social* quando se verifica uma generalização dos instrumentos e das ações públicas de segurança e bem-estar social".[7]

A expansão da gama de serviços prestados pelo Estado acarretou, em certa medida, no incentivo ao desenvolvimento nacional, pois propiciou a criação de cargos e empregos públicos e na expansão do campo de abrangência dos direitos tutelados pela prestação dos serviços públicos, incluído o desenvolvimento econômico individual com matiz de justiça social distributiva.

Por outro lado, como bem anotou Jorge Luis Salomoni, com base nos ensinamentos de Gaspar Ariño Ortiz, o crescimento demasiado do Estado gerou incapacidade para satisfazer o interesse público; os serviços públicos ineficientes interromperam o desenvolvimento individual, "y el ciudadano es hoy un ciudadano cautivo cuya via y hacienda ha entregado a um monstruo que devora a sus hijos", referindo-se ao Estado como o monstro, obviamente.[8]

Claramente, no decorrer deste período, ficou estabelecida uma dicotomia entre Estado e sociedade, cuja ideia era a de que onde estava presente o Estado, não poderia participar a sociedade, e vice-versa; era o modelo clássico unitário da administração. Atualmente, Administração Pública é constituída de forma pluralista, com a participação da sociedade na administração estatal,[9] fatores que propiciaram o absorção

---

[6] SUNDFELD, Carlos Ari. *Fundamentos de direito público*. 4. ed. 7. tir. São Paulo: Malheiros, 2006. p. 55.

[7] MEDAUAR, Odete. *Direito administrativo moderno*. 13. ed. rev. e atual. São Paulo: Revista dos Tribunais, 2009. p. 29, destaque original.

[8] SALOMONI, Jorge Luis. *Teoria general de los servicios públicos*. 1. reimp. Buenos Aires: Ad-Hoc, 2004. p. 328.

[9] MOREIRA, Vital. *Administração autónoma e associações públicas*. 1. reimp. Coimbra: Coimbra Ed., 2003. p. 23-24. Segundo o autor, o "Estado era o espaço da autoridade, da unidade, do império do interesse geral; a sociedade era o espaço da liberdade, da diversidade, da luta pelos interesses particulares. Entre estes dois mundos não poderia haver mistura" (*Ibidem*, p. 24).

do princípio da subsidiariedade como orientador da atividade administrativa.

Simultaneamente à ampliação estatal no modelo de bem-estar social se dilatou, também, a participação (social) popular nas atividades administrativas, a qual conduziu à diferenciação entre "administração pública estadual" e "autoadministração social" originada na imbricação entre público e privado, criando-se, assim, um modelo tricotômico de administração, chamado por Vital Moreira de "zona pública não estadual".[10]

A evolução dos modelos de Estado Liberal para o de Bem-Estar Social foi influenciada pela doutrina social da Igreja Católica que trouxe ao mundo a concepção do princípio da subsidiariedade como o conhecemos hoje, o qual orientou a transformação da sociedade liberal para a social.[11]

Por meio da Encíclica *Rerum Novarum*, do Papa Leão XII, de 1891, que, segundo Silvia Faber Torres, firmou-se o marco inicial de um movimento de transformação e de reforma da sociedade, o qual destacou a Igreja como promotora da justiça social. No entanto, a Encíclica leoniana não consignava expressamente o princípio da subsidiariedade, mas, como defendia o direito à propriedade privada em face do frenesi socialista e o obreiro contra a exploração econômica, imputa-se como aquela que primeiro ventilou o fundamento maior da subsidiariedade: a dignidade da pessoa humana.[12]

Passados quarenta anos da edição daquela Carta papal, o Papa Pio XI promulgou a Encíclica *Quadragesimo Anno*, que, em seu bojo, trouxe a fórmula exata do princípio da subsidiariedade como o conhecemos hoje:

---

[10] *Ibidem*, p. 25.

[11] Adotamos a advertência de Silvia Faber Torres quanto ao posicionamento da Igreja ao oferecer o fundamento da subsidiariedade: "Inicialmente, cabe salientar que a Igreja não pretendia sustentar a doção de um regime político ou econômico determinado, senão que procurava, em meio à confusão de idéias que caracterizou o final do século XIX, difundir princípios diretivos da ordem econômica e social fundados na justiça social. O Estado, na concepção cristã, tem como função precípua o bem comum, que, definido como o 'conjunto de condições sociais que permitam aos cidadãos o desenvolvimento expedito e pleno de sua própria perfeição', implica, em uma palavra, proteger a dignidade da pessoa humana e facilitar a cada homem o cumprimento de seus próprios deveres. Assim sendo, a Igreja aceita como legítimas todas as formas possíveis de governo, desde que atendam, porém, a realização do bem comum como lei universal da organização política" (TORRES, Silvia Faber. *O princípio da subsidiariedade no direito público contemporâneo*. Rio de Janeiro: Renovar, 2001. p. 26-27).

[12] TORRES, *op. cit.*, p. 25.

Verdade é, e a história o demonstra abundantemente, que, devido à mudança de condições, só as grandes sociedades podem hoje levar a efeito o que antes podiam até mesmo as pequenas; permanece contudo imutável aquele solene princípio da filosofia social: assim como é injusto subtrair aos indivíduos o que eles podem efectuar com a própria iniciativa e indústria, para o confiar à colectividade, do mesmo modo passar para uma sociedade maior e mais elevada o que sociedades menores e inferiores podiam conseguir, é uma injustiça, um grave dano e perturbação da boa ordem social. O fim natural da sociedade e da sua acção é coadjuvar os seus membros, não destruí-los nem absorvê-los.[13]

No parágrafo seguinte, o texto faz menção expressa ao "princípio da função supletiva", ou, subsidiária, o que faz da Encíclica a primeira a mencionar expressamente o princípio.[14] As Encíclicas seguintes, denominadas como *Mater et Magistra*, do Papa João XXIII, promulgada em 1961, *Pacem in Terris*, também do Papa João XXIII, promulgada em 1963, *Centesimo Anno*, do Papa João Paulo II, promulgada em 1991, referem-se expressamente ao princípio da subsidiariedade para reforçar a teoria social da Igreja Católica no decurso do tempo.

Este princípio tem como substrato material a regionalização do exercício das funções essenciais à realização do bem-comum. Dessa forma, o Estado atua quando é materialmente essencial, de forma subsidiária ao cidadão, aquele que detém a competência legal para agir oficiosamente.

Maria Sylvia Zanella Di Pietro cita o art. 3º B do Tratado da União Europeia como exemplo contemporâneo da aplicação do princípio da subsidiariedade. O texto do dispositivo merece ser colacionado para ilustrar: "A comunidade age nos limites das competências que lhe são conferidas e dos fins que lhe são assinalados pelo presente. Nas matérias que não são de sua exclusiva competência, intervém, conforme o princípio da subsidiariedade, somente se e na medida em que os objetivos das ações previstas não podem ser suficientemente realizados pelos Estados-membros".[15]

Inserido na base conceptual do Estado Democrático e Social de Direito, o princípio da subsidiariedade carrega a atuação estatal

---

[13] Texto da Encíclica *Quadragesimo Anno*. Disponível em: <http://www.vatican.va/holy_father/pius_xi/encyclicals/documents/hf_p-xi_enc_19310515_quadragesimo-anno_po.html>.

[14] No mesmo sentido: TORRES, *op. cit.*, p. 30-31.

[15] DI PIETRO, Maria Sylvia Zanella. *Parcerias na Administração Pública*: concessão, permissão, terceirização, parceria público-privada e outras formas. 5. ed. 2. reimpressão. São Paulo: Atlas, 2006. p. 34.

com o objetivo de realização dos direitos fundamentais, atuando especificamente em atividades essencialmente públicas, e, por outro lado, estimulando, promovendo, a participação popular, a todos os setores da sociedade, na elaboração das decisões públicas e o controle popular dos atos governamentais; por isso, pode-se falar em sociedade pluralista. As políticas públicas, da mesma forma, deverão ser planejadas, discutidas e executadas com a participação social, afirmando-se a busca pela liberdade e igualdade em sentido pleno.

1.2 O modelo de gestão pública gerencial e o princípio da subsidiariedade

O princípio da subsidiariedade ou, como ensina Juarez Freitas, "princípio da intervenção estatal promotora do núcleo essencial dos direitos fundamentais", disciplina a atuação estatal para concentrar esforços para as "indeclináveis tarefas contemporâneas, notadamente as regulatórias e redutoras de assimetrias", valendo-se da outorga da prestação de serviços públicos a entes da Administração indireta (autarquias, sociedades de economia mista etc.) ou a particulares, nunca implicando em transferência da titularidade acerca dos mesmos, restando-lhe a função regulatória da execução do serviço.[16]

O autor ainda destaca que se trata do princípio da intervenção essencial, nem mínima, nem máxima, dedicando-se o Estado às suas atividades primordiais: fiscalização, incentivo e planejamento, face ao aludido no art. 174 da Constituição da República.[17]

Tais mudanças acarretaram no surgimento de uma nova forma de intervenção estatal na fiscalização e na regulação dos delegatários particulares prestadores de serviços públicos, e ressalta a característica principal do Estado contemporâneo: a atuação regulatória efetiva acerca da execução de delegações de serviços públicos a particulares com fito de realizar o bem-estar social.

Tal característica aponta para o redimensionamento da concepção de Administração Pública, pois demonstra que esta entende melhor ter o particular como parceiro a apenas tê-lo como administrado mero receptor de suas prestações obrigacionais.

---

[16] FREITAS, Juarez. *O controle dos atos administrativos e os princípios fundamentais*. 3. ed. rev. e ampl. São Paulo: Malheiros, 2004. p. 80-82.
[17] *Idem*.

Dessa forma, parece clara a evolução sofrida pela Administração Pública, após o Estado de Bem-Estar Social agregar em sua concepção o princípio democrático, da subsidiariedade e regulador, concentrando sua atuação na realização das funções de fomento, polícia e gestão, e o resultado disso é a constatação de que a pessoa humana está centralizada no ordenamento social.

Conforme lição de Maria Sylvia Zanella Di Pietro, a decorrência da ideia de centralidade da pessoa humana é exsurgir duas vertentes para o princípio da subsidiariedade: (i) em sentido vertical, quando se tratar de relações governos locais e central, e (ii) em sentido horizontal, quando se tratar de relações entre grupo sociais e entre público e privado. Equivale dizer que as decisões que visam um interesse comum devem ser adotadas pela autoridade local, por ser vizinha ao cidadão; o governo central atua subsidiariamente quando aqueles não conseguirem agir por conta.[18]

Por isso, a subsidiariedade pode atuar como limite à atuação do poder público ou como impulso à ação subsidiária daquele em atenção à necessidade das coletividades mais fracas.[19]

A subsidiariedade pode ser uma alternativa para os Estados que nunca lograram concretizar o Bem-Estar Social, e tampouco aceitariam regredir aos princípios do liberalismo do século XIX. Raquel Melo Urbano de Carvalho afirma que:

> o Estado Subsidiário mantém intacta a opção de cidadania social, que não se limita à liberdade de participação política pela sociedade, mas implica zelo estatal pelos direitos individuais, políticos e sociais dos integrantes da comunidade. Torna-se instrumento adequado para correção do déficit democrático, mediante investimentos sociais, de modo a preparar o indivíduo a tornar-se co-responsável pelos negócios públicos.[20]

Reconhecendo-se que o princípio da subsidiariedade traz novos elementos, cuja leitura não pode ser realizada nos moldes do pragmatismo neoliberal que enxerga apenas a privatização das funções públicas, conforme lição de Raquel Melo Urbano de Carvalho, forçoso reconhecer que o Estado de Bem-Estar Social evoluiu para outro modelo: o Estado Subsidiário que alia todas as características enumeradas *supra* para atender o interesse público de maneira eficiente.

---

[18] DI PIETRO, *op. cit.*, p. 35. No mesmo sentido: TORRES, *op. cit.*, p. 97-100.
[19] *Idem.*
[20] CARVALHO, *op. cit.*, p. 218.

Com esse entendimento objetiva-se a Reforma do Estado, que se iniciou, no Brasil, após a evidenciação da crise do Estado, a partir da segunda metade da década de 1980. O *Plano Diretor da Reforma do Aparelho do Estado* define tal crise como:

> (1) uma crise fiscal, caracterizada pela crescente perda do crédito por parte do Estado e pela poupança pública que se torna negativa; (2) o esgotamento da estratégia estatizante de intervenção do Estado, a qual se reveste de várias formas: o Estado do bem-estar social nos países desenvolvidos, a estratégia de substituição de importações no terceiro mundo, e o estatismo nos países comunistas; e (3) a superação da forma de administrar o Estado, isto é, a superação da administração pública burocrática.[21]

Conforme o documento *supra*, a reforma do Estado significa a transferência, ao setor privado, das atividades que podem ser controladas pelo mercado, processo esse chamado de publicização.[22]

Com tal intento, pretende a reforma do Estado a transição do modelo de Administração Pública burocrática, engessada e não eficiente — mesmo que configurada por uma burocracia incipiente e mal implementada —, para outra "gerencial, flexível e eficiente", com olhos voltados para o cidadão.[23]

A burocracia moderna não tinha referenciais já experimentados por outros modelos no talante à promoção da cultura e práticas sociais, o que a levou a uma invencível crise de legitimação perante as demandas dos cidadãos. "Assim é que, em pouco tempo, a burocracia se tornou um fardo ao Estado Intervencionista".[24]

Nesse embalo da crise enfrentada pela burocracia, a influência da administração privada (de empresas) começa a incidir sobre a administração pública, principalmente no que se refere à descentralização e à flexibilização administrativas, após a Segunda Guerra Mundial. Pondera Luiz Carlos Bresser Pereira que, no entanto, a onda de reforma somente ganha força a partir dos anos 70, quando se iniciou a crise do Estado, culminando, simultaneamente, com a crise da burocracia.[25]

---

[21] BRASIL. Plano diretor da reforma do aparelho do Estado. Brasília: Presidência da República/ Câmara da Reforma do Estado, 1995. p. 10-11.

[22] *Ibidem*, p. 12-13.

[23] *Ibidem*, p. 16.

[24] GABARDO, Emerson. *Princípio constitucional da eficiência administrativa*. São Paulo: Dialética, 2002. p. 44.

[25] PEREIRA, Luiz Carlos Bresser. Da Administração Pública burocrática à gerencial. *Revista do Serviço Público*, Brasília, v. 47, n. 1, p. 6, jan./abr. 1996.

Ao se adotar a eficiência e a flexibilização na gestão estatal se propõe uma nova administração pública, a qual pretende a descentralização política e administrativa, "transferindo recursos para níveis regionais e locais e dotando de autonomia decisória administradores responsáveis em suas respectivas regiões", "(...) com poucos níveis hierárquicos, pautada na confiança limitada e com controle de resultados, retirando da Administração Pública o sentido auto-referencial e voltando-a ao atendimento das necessidades do cidadão".[26]

Na década de 1980 tomou forma a grande revolução na gestão pública em direção a uma administração pública gerencial. Os delineamentos deste novo modelo de gestão pública, segundo Luiz Carlos Bresser Pereira, são: (i) descentralização política, deslocando recursos e tarefas para regiões e localidades; (ii) descentralização administrativa, transformando administradores públicos em espécie de gerentes autônomos; (iii) organizações com hierarquia reduzida, substituindo-se a piramidal; (iv) pressuposição da confiança moderada, em contraposição à desconfiança total; (v) controle por resultados, *a posteriori*, ao controle prévio dos meios pelos procedimentos; e (vi) administração pública voltada ao atendimento do cidadão, ao invés da autorreferência.[27]

Segundo afirma Emerson Gabardo:

> A definição de objetivos se dá justamente em função da divisão setorial, além da adoção de metas globais que são *a descentralização (fundada no princípio da subsidiariedade)*, o aumento da efetividade do governo na implantação de políticas públicas (princípio da eficiência) e a imposição de limites à ação estatal nas funções que não lhe forem próprias (reservam-se os serviços ditos não-exclusivos para a propriedade pública não-estatal e a produção de bens e serviços ao mercado para a iniciativa privada).[28]

O *Plano Diretor da Reforma do Aparelho do Estado* consigna que o modelo de administração pública gerencial constitui um avanço e, ao mesmo tempo, um rompimento com o modelo burocrático. Segundo esse documento, aquela está apoiada nesta, "embora flexibilizando alguns de seus princípios fundamentais, como a admissão segundo rígidos critérios de mérito, a existência de um sistema estruturado

---

[26] CASTRO, Rodrigo Pironti Aguirre de. *Sistema de controle interno*: uma perspectiva do modelo de gestão pública gerencial. 2. ed. rev. e ampl. Belo Horizonte: Fórum, 2008. p. 73.

[27] PEREIRA, *op. cit.*, p. 6. No mesmo sentido: BRASIL, *op. cit.*, p. 16.

[28] GABARDO, Emerson. *Interesse público e subsidiariedade*: o Estado e a sociedade civil para além do bem e do mal. Belo Horizonte: Fórum, 2009. p. 112, destaque nosso.

e universal de remuneração, as carreiras, a avaliação constante de desempenho, o treinamento sistemático". A diferença fundamental é a forma de controle que passou a debruçar esforços sobre os resultados, e não mais nos processos.[29]

Adilson Abreu Dallari afirma, ao corroborar a exposição *supra*, que "no modelo gerencial essa desconfiança básica é substituída por uma confiança nos agentes; deles serão cobrados os resultados, para a obtenção dos quais são abrandados os controles de processo, são estimuladas as delegações de competências, as parcerias com a iniciativa privada e a adoção da consensualidade, pois o foco está no cidadão, destinatário das ações administrativas".[30]

Maria Sylvia Zanella Di Pietro — ao tratar do princípio da subsidiariedade[31] —, apresenta duas vertentes: um sentido vertical,[32] representando as relações entre o Governo central e os entes territoriais locais; e um sentido horizontal, que compreenderia tanto as relações entre os grupos sociais, como as relações entre os entes públicos e os entes privados.[33]

A pretensão do modelo gerencial de gestão pública é trazer as relações entre poder público e iniciativa privada para um plano horizontal, fundamentado no princípio da subsidiariedade.

A denominação "gerencial" foi uma opção dos reformadores brasileiros. Emerson Gabardo afirma que surgiram três movimentos de insurgência à burocracia: o gerencialismo, a Escola da *Public Choice* e a teoria do "principal-agente". Apesar de diferentes, todas têm em comum não adotarem a legitimação fundamentada aprioristicamente.[34]

---

[29] *Idem*.

[30] DALLARI, Adilson Abreu. *Aspectos jurídicos da licitação*. 7. ed. atual. 2. tir. São Paulo: Saraiva, 2007. p. 41.

[31] "Nas palavras de Franco Frattini (1997, p. 62-63) o princípio da subsidiariedade se vê como lógica dedução da afirmada centralidade da pessoa humana no âmbito do ordenamento social. Toda atividade — sustenta-se — tem como escopo o de ajudar os componentes do corpo social a desenvolver a ordem social, por conseguinte, deve ser encarada pelo 'princípio da função subsidiária' (*subsidiarii officii principium*): indivíduo, família e instituições coexistem em uma sobreposição, em círculos concêntricos de diversos níveis de direitos e deveres cuja ordem de funcionamento é regulada pelo princípio da subsidiariedade. E como Estado e sociedade são uma 'conseqüência da evolução das exigências do indivíduo', os mesmos só devem vir em socorro quando ele não possa realizar-se por si, com as próprias forças" (DI PIETRO. *Parcerias na Administração Pública*: concessão, permissão, franquia, terceirização e outras formas, p. 26).

[32] Sentido do princípio da subsidiariedade empregado no artigo 5º do Tratado da União Europeia, redação originalmente proposta pelo Tratado de Maastritch (artigo 3º – B), e ratificada pelo Tratado de Amsterdam.

[33] DI PIETRO, Maria Sylvia Zanella. *Parcerias na Administração Pública*: concessão, permissão, franquia, terceirização e outras formas. São Paulo: Atlas, p. 29-33.

[34] GABARDO, *Princípios...*, p. 44-45.

A Escola da *Public Choice* chegou ao seu ápice entre as décadas de 1970 e 1980, e tem seu termo inicial com os conceitos de utilidade e maximização. Na teoria, a *Public Choice* preconiza o incremento econômico no setor público através de investimento do setor privado (mercado); ação egoística dos indivíduos que buscam, racionalmente, sua satisfação pessoal; agentes públicos que agem para tirar proveito, aumentando seu círculo de poder para garantirem seus cargos; agentes políticos visam apenas seus interesses; atingimento do bem comum pela "maximização de interesses, no qual da inter-relação de egoísmos, 'o resultado final é o bem comum'".[35]

Quanto ao paradigma do "agente-principal", este busca as relações de sujeição entre o "agente", instrumento da implementação da ação, e o "principal", beneficiado com a realização de seus interesses. Em "ambas, prevalece a ideologia neoliberal, mas o seu grau de comprometimento é diferenciado, devendo ser considerado, inclusive, que nenhuma teoria realizou-se de forma pura".[36]

No que toca aos serviços públicos, tem grande importância a vinculação do paradigma gerencial ao princípio da subsidiariedade, no sentido retratado por José Alfredo Oliveira Baracho, "de atuação em caráter suplementar do Estado em face da sociedade. Ou seja, consiste em uma noção que reside no espaço intermediário entre o Estado Providência e o Estado Liberal".[37]

Emerson Gabardo e Raquel Melo Urbano de Carvalho, sustentados na lição de Juan Martín Gonzáles Moras, ensinam que o princípio da subsidiariedade não tem um conceito definido, pois, sob o ponto de vista do autor, pode ser um "critério direcionador" da dicotomia público-privado e legitimador da intervenção do Estado no domínio econômico privado, ou ainda, segundo doutrina neoliberal, quer dizer a retirada do Estado do âmbito econômico se utilizando a privatização.[38]

Por outro lado, a autora afirma que a subsidiariedade representa o que é submetido em caráter secundário a outro principal, em segundo plano, e se utiliza a figura da argumentação jurídica subsidiária.[39]

---

[35] *Ibidem*, p. 45-46.
[36] *Ibidem*, p. 46.
[37] BARACHO, José Alfredo de Oliveira. *O princípio da subsidiariedade*: conceito e evolução. Belo Horizonte: Movimento Editorial da Faculdade de Direito da UFMG, 1995. p. 133. *Apud Ibidem*, p. 52.
[38] *Ibidem*, p. 53 e CARVALHO, *op. cit.*, p. 216.
[39] GABARDO, *Princípios...*, p. 53.

O princípio da subsidiariedade, segundo esta autora, surgiu em contraposição ao liberalismo clássico — mínima intervenção do Estado na ordem econômica e direitos individuais garantidos pela estrita legalidade — e ao socialismo centralizador — ampliação da atuação estatal nos domínios econômico e social — como característica política europeia contemporânea.

Nota-se que o princípio é aplicado como critério de distribuição horizontal de competências, entre o privado e o público, na Comunidade Europeia, e se tornou referência ao constituinte e ao legislador para editarem normas de distribuição de competências. Em suma, o princípio da subsidiariedade privilegia a competência do ente mais próximo do cidadão, sendo que a de ordem imediatamente superior atua, apenas, em caso de insucesso da primeira.[40]

O surgimento desse princípio foi incorporado à gestão pública recentemente, com a criação da Comunidade Europeia, fase neoliberal do Estado (de Bem-Estar Social). A subsidiariedade acentua a dicotomia entre público e privado, definindo quais são as competências de cada integrante da comunidade, o que impende ser analisado sob a perspectiva da noção de suplementação relacionado com o incentivo à ação individual em função do interesse geral.

A concepção neoliberal do princípio não compreende a diferença entre a noção acima e a mera redução do aparelho estatal, privatizações e ações sociais e o "Estado Subsidiário" exige estudo meticuloso do grau de intervenção de sua atuação nas áreas sentidas de desenvolvimento, como educação e saúde. Nessa perspectiva se insere a capacitação e qualificação da comunidade para gerenciar eficientemente as carências sentidas pelos cidadãos.[41]

---

[40] CARVALHO, op. cit., p. 217.
[41] Emerson Gabardo diverge do entendimento exposto neste trabalho. Para ilustrar o pensamento do autor, colacionamos trecho de seu novo trabalho, cuja leitura é indispensável aos estudiosos dos rumos do Estado: "Por certo que, juridicamente, o Estado possui papel primordial nesta empreitada cujo dever é a felicidade e cujo fundamento é o interesse público (e não a subsidiariedade); o que não inibe de forma alguma a sua obrigação de cada vez mais reconhecer e garantir a participação democrática da sociedade civil, tanto na esfera política em geral quanto na propriamente administrativa. Esta participação não deve ser priorizada na prestação de serviços e sim nas diferentes esferas de decisão e controle, inclusive relativas ao próprio sistema federativo e suas distintas instâncias de controle. Nestes termos é que deixa de ser possível a aceitação de que o sistema de descentralização administrativa brasileiro pauta-se pela subsidiariedade, e nem mesmo que poderia se legitimar por um modelo de Estado gerencial-liberal; pelo contrário, concorda-se com Bercovici que o 'Federalismo Corporativo' tipicamente brasileiro relaciona-se estreitamente com o Estado social intervencionista" (GABARDO, Interesse..., p. 120-121).
Entretanto, defendemos que a noção de princípio da subsidiariedade, surgido no seio da doutrina social da Igreja Católica, tem sua natureza fundada na felicidade e na dignidade

Não obstante, a privatização da prestação dos serviços públicos foi incentivada na fase subsidiária, ou neoliberal, do Estado, que significa outorgar a particular apenas execução da prestação de serviços públicos e a titularidade do serviço permanece com a Administração Pública.

1.3 Princípio da subsidiariedade e da universalização do serviço público como fundamento da delegação do serviço a particular por meio de PPP

Os princípios da subsidiariedade e da universalidade do serviço público não estão explícitos na Constituição Federal, mas isto não desnatura suas características de informadores do regime jurídico administrativo sob o qual é desenvolvida a atividade de prestação de serviços públicos, seja diretamente pelo Estado ou indiretamente por particulares.

Princípio, por sua vez, pode ser conceituado como "mandamento nuclear de um sistema", que lhe serve de alicerce e influi sobre as normas que serão compreendidas com base no seu critério de preceito fundamental.[42]

Portanto, pode se afirmar que é um princípio ético porque está fundado no princípio da dignidade da pessoa humana, não se confundindo com normas.[43]

A natureza do princípio da subsidiariedade[44] pode ser analisada sob o foco econômico, social, ético, político ou filosófico adotado por quem o estuda e, ainda, conforme as funções desempenhadas pelo mesmo. Desta forma, poderá ser concebido como "princípio de ética-política, de organização social, de direito natural — e, portanto, jurídico —, de estrutura e gradação da sociedade, diretivo da ordem econômica e, finalmente, como princípio de divisão de competência".[45]

---

da pessoa humana, conforme exposto na Encíclica Quadragesimo Anno e, por isso, entendemos que as críticas ao princípio se tornam infundadas porque possibilita ao Estado atender de forma ótima aos anseios da coletividade.

[42] BANDEIRA DE MELLO, Celso Antônio. *Curso de direito administrativo*. 27. ed. São Paulo: Malheiros, 2010. p. 53. O conceito do mestre, em sua integralidade, não pode faltar à colação: "mandamento nuclear de um sistema, verdadeiro alicerce dele, disposição fundamental que se irradia sobre diferentes normas, compondo-lhes o espírito e servindo de critério para exata compreensão e inteligência delas, exatamente porque define a lógica e a racionalidade do sistema normativo, conferindo-lhe a tônica que lhe dá sentido harmônico".

[43] TORRES, *op. cit.*, p. 94.

[44] O presente estudo pretende firmar a subsidiariedade como o princípio que rege essencialmente a relação entre Estado, os grupos sociais e os indivíduos. Para aprofundar o tema, conferir: TORRES, *op. cit.*, p. 65-92.

[45] *Ibidem*, p. 93.

Daqui em diante, trabalhar-se-á a subsidiariedade como princípio de divisão de competência analisado sob a perspectiva horizontal, a qual implica designar aos grupos sociais suas próprias missões e ao Estado tantas quantas necessárias. Ela define as relações entre o Estado e os variados grupos nele compreendidos sob uma visão de cooperação entre estes. Assim, pode-se concluir que o princípio sob análise "tem um nítido caráter jurídico, ainda que nem sempre positivado nos ordenamentos".[46]

Não obstante a força axiológica da subsidiariedade, esta se trata de um princípio de aplicação flexível, pois, ainda que a sua natureza seja entendida universalmente, as suas consequências serão diferentes dependendo do contexto no qual será inserido, buscando sempre a "harmonia entre a liberdade autônoma e uma ordem social justa, através de um equilíbrio pelo qual se evitem os excessos da ingerência e as lacunas da não ingerência estatais".[47]

Sob o influxo da exaltação da subsidiariedade como princípio conformador/informativo do regime jurídico administrativo exsurge a noção de que, por meio de sua aplicação, oportunizará o acesso à generalidade do público aos serviços públicos prestados por particulares que conhecem intrinsecamente quais são os interesses públicos que deverão ser realizados.

A garantia de acesso indistintamente a todos os cidadãos é retratada, no âmbito jurídico, pelo princípio da universalidade material do serviço público que segundo Paulo Roberto Ferreira Motta é "o princípio nuclear do serviço público", e continua, ponderando que "se o Estado possui o dever inescusável de promover a prestação do serviço público, este, somente, pode ser tido como cumprido, se todos os cidadãos, que se enquadrarem nos dispositivos legais, forem alcançados pelo mesmo".[48]

---

[46] *Ibidem*, p. 97-99. A autora informa a existência de outra perspectiva, a vertical, a qual consiste na divisão de competência *interna corporis* ao Estado, concedendo-se aos entes políticos menores preferência para a concretização dos interesses locais; aos entes intermediários, competência para os interesses regionais; e ao ente central a realização de todas as demandas não atendidas pelos menores, mas a que interessa ao presente artigo é a horizontal, a qual será explorada adiante. *Idem*.

[47] *Ibidem*, p. 119.

[48] MOTTA, Paulo Roberto Ferreira. *Regulação e universalização dos serviços públicos*: análise crítica da regulação da energia elétrica e das telecomunicações. Belo Horizonte: Fórum, 2009. p. 150. Paulo Roberto Ferreira Motta afirma que a universalização dos serviços públicos à generalidade do público "é a materialização da supremacia do interesse público, pois, do contrário, estaríamos diante de outros interesses, até mesmo assimétricos ou indiferentes ao interesse público primário" (*Idem*), referindo-se, claramente, à distinção realizada na Itália, idealizada por Renato Alessi. Entre nós, Celso Antônio Bandeira de Mello a adotou e a expõe eficientemente em seu *Curso de direito administrativo*. Cf. BANDEIRA DE MELLO, Celso Antônio. *Curso de direito administrativo*. 27. ed. São Paulo: Malheiros, 2010. p. 58-69.

No mesmo sentido, extrai-se do art. 170, *caput*, da Constituição da República que a ordem econômica "tem por fim assegurar a todos existência digna". A Ordem Econômica da Constituição de 1988 regulamenta a realização de atividade econômica tanto pelo Estado (serviço público) quanto por particulares (atividade econômica em sentido estrito), ou seja, a universalização proporciona o objetivo maior do serviço público.[49]

Sendo assim, conclui-se que a delegação da prestação do serviço público por meio do instituto das Parcerias Público-Privadas é forma de atuação indireta (subsidiária) dos particulares nas atividades reputadas como tal, cuja titularidade é do Estado e, apenas, a execução é delegada ao particular.

Assim, não significa que o Estado será suprimido do âmbito econômico, mas que a consecução de suas responsabilidades deverão ser reformuladas com fundamento no princípio da subsidiariedade. Desta forma, a "prestação do serviço, (...), deve ser transferida para a iniciativa privada, sejam empresas de fins econômicos, sejam organizações não governamentais sem tais finalidades ou, ainda, qualquer organização social que possa satisfazer necessidades gerais independentemente do Estado". Mas, o serviço será assumido pelo Estado caso a sociedade não se desincumba do ônus que lhe é proposto.[50]

Informação bibliográfica deste texto, conforme a NBR 6023:2002 da Associação Brasileira de Normas Técnicas (ABNT):

TESSEROLLI, Eduardo Ramos Caron; CASTRO, Rodrigo Pironti Aguirre de. Os princípios da subsidiariedade e da universalização do serviço público como fundamentos da prestação de serviço público por meio de PPP: realidade brasileira. *In*: SILVEIRA, Raquel Dias da; CASTRO, Rodrigo Pironti Aguirre de (Coord.). *Estudos dirigidos de gestão pública na América Latina*. Belo Horizonte: Fórum, 2011. v. 1, p. 109-124. ISBN 978-85-7700-432-4.

---

[49] *Ibidem*, p. 151-152. Eros Roberto Grau faz a distinção entre serviço público e atividade econômica em sentido estrito, sendo que são espécies do gênero atividade econômica em sentido amplo, em sua obra *A ordem econômica na Constituição de 1988*. Cf. GRAU, Eros Roberto. *A ordem econômica na Constituição de 1988*. 10. ed. São Paulo: Malheiros, 2005.
[50] TORRES, *op. cit.*, p. 173-174.

O GERENCIALISMO ENTRE EFICIÊNCIA E CORRUPÇÃO: BREVES REFLEXÕES SOBRE OS PERCALÇOS DO DESENVOLVIMENTO

Emerson Gabardo
Luciano Elias Reis

Sumário: **1** Introdução – **2** A ética como premissa na atuação pública – **3** A eficiência no modelo gerencial – **4** A corrupção e os seus efeitos – **5** Posicionamento normativo transnacional da corrupção – **6** Conclusão – Referências

1 Introdução

Na década de 1990, a esperança de melhorias da atuação estatal gerou uma ansiedade para a adoção do modelo gerencial, como um meio de escape dos vícios burocráticos enraizados na estrutura da Administração Pública brasileira. Para o alcance desta expectativa, a burocracia tradicional foi tomada como a verdadeira vilã e como principal contraponto ao sucesso do gerencialismo. Sabe-se, no entanto, que não é assim.[1] Os problemas do estamento burocrático, notadamente em relação aos dois pontos chave "ética" e "eficiência", estão além de propostas conjunturais que se prendam a tais ou quais mecanismos de

---

[1] A denúncia das falácias do gerencialismo foi realizada desde o início da sua publicização no Brasil. Particularmente, parecem bastante atuais as considerações feitas em trabalho anterior, às quais é possível fazer uma remissão com espantosa atualidade. Parte do presente texto foi extraído de considerações anteriores que, aparentemente, ainda requerem atenção. Cf. GABARDO, Emerson. *Princípio constitucional da eficiência administrativa*. São Paulo: Dialética, 2002. p. 23 *et seq.*

gestão.² Trata-se de um problema arraigado na esfera das mentalidades e típico do patrimonialismo, que é uma questão muito mais cultural do que econômica ou simplesmente administrativa.³ O erro fundamental dos "planos gerenciais" foi concentrar-se na culpabilidade do sistema antecedente, esquecendo-se de adotar medidas consistentes que fomentassem uma alteração nos padrões de comportamentos sociais. E um dos motivos para esta "miopia" do gerencialismo foi justamente a crença ingênua de que a "sociedade civil" seria por natureza mais ética e eficiente que o Estado na condução das questões coletivas.⁴

Como qualquer proposta que tem um "quê" milagroso, ela de forma muito rápida foi confrontada pelo "Princípio da Realidade", ou seja, demonstrou-se incapaz de resolver os problemas denunciados de forma mais eficiente que o modelo antecessor. Sua utilização restringiu-se, portanto, ao espectro da denúncia. E neste ponto, talvez, tenha que ser reconhecido o mérito do gerencialismo em provocar melhorias no desgastado instrumental típico da burocracia brasileira (ainda que sem tocar de forma estrutural seus pressupostos fundamentais).

O difícil, portanto, é encontrar o equilíbrio, a fim de não ampliar de forma inadequada o conjunto normativo e institucional (com a conhecida consequência de favorecer a tendência de burocratização orgânica exagerada), nem reduzi-la ao ponto de propiciar o descontrole, favorecendo, assim, a também comum utilização da liberdade em benefício exclusivo dos interesses pessoais dos agentes públicos. Sobre o assunto, resume com clareza André Borges:

> Diante desse contexto, a única resposta que os ideólogos conservadores podem oferecer é a criação de novos e mais complexos sistemas de controle, dada a suposição da inevitabilidade do comportamento egoísta. Conforme esta perspectiva, a tendência é bureau empilhar-se sobre

---

² Aliás, esta constatação (e relacionando-a com o sistema social e cultural) não retrata qualquer novidade. No plano internacional é reconhecido o excelente trabalho de Michel Crozier na análise do problema Francês (padrão para o ocidente); no Brasil, basta uma breve incursão nos trabalhos de Raymundo Faoro e Victor Nunes Leal. Cf. CROZIER, Michel. *O fenômeno burocrático*. Tradução de Juan A. Gili Sobrino. Brasília: Ed. UnB, 1981; FAORO, Raymundo. *Os donos do poder*: formação do patronato político brasileiro. 3. ed. São Paulo: Globo, 2001; LEAL, Victor Nunes. *Coronelismo, enxada e voto*. 3. ed. Rio de Janeiro: Nova Fronteira, 1997. *Passim.*

³ Sobre a análise dos problemas do patrimonialismo como deturpador do modelo burocrático no Brasil (a partir de um foco na questão das mentalidades) remete-se ao trabalho anterior: GABARDO, Emerson. *Eficiência e legitimidade do Estado*. Barueri, SP: Manole, 2003. *Passim.*

⁴ Uma acirrada crítica a esta ingênua crença na sociedade civil como panaceia da realização do interesse público (muitas vezes sustentada teoricamente pelo princípio da subsidiariedade) foi realizada em texto recente: GABARDO, Emerson. *Interesse público e subsidiariedade*: o Estado e a sociedade civil para além do bem e do mal. Belo Horizonte: Fórum, 2009. *Passim.*

bureau, com a criação de regras cada vez mais detalhadas e complexas capazes de fechar todas as brechas ao *rent seeking*, ou, em outra ponta, a privatização radical das atividades do Estado, também implicando a criação de novas instâncias burocráticas de regulação dos prestadores privados de serviços. Mas essa resposta é falha, precisamente por não reconhecer que a racionalização da responsabilidade pessoal trazida pelas regras do direito formal e pela difusão da ética utilitarista não oferece solução per se para os problemas morais da modernidade. A escolha entre seguir a lei ou burlá-la depende não dos incentivos e punições associadas a esta escolha, mas também do exercício da autonomia moral dos indivíduos. Em outros termos, não basta apenas que existam normas; é preciso que haja uma construção valorativa capaz de reforçar seu cumprimento.[5]

2 A ética como premissa na atuação pública

Segundo Volnei Ivo Carlin, a primeira função do vocábulo *ethica* deu-se como adjetivo e geral na apreciação do comportamento humano, sendo que tão só posteriormente apareceu como doutrina dos costumes, o que *per si* reflete o comportamento moral e o comportamento jurídico.[6] Destarte, a palavra "ética" tem uma quantidade expressiva de conotações distintas, por vezes, radicalmente opostas, o que faz do próprio instrumento de análise um controverso objeto de reflexão.[7] Sendo assim, torna-se importante uma prévia definição compreensiva do *ethos* a ser focalizado. A ideia presente é buscar, dentro do vasto universo ontológico ético, uma noção simplificada, para não dizer simplista, que apenas sirva de mecanismo de análise do objeto de estudo, sem maiores pretensões discursivas.

O sujeito moderno teve sua mentalidade ética construída a partir do ideário religioso, mais propriamente, relativo à moral católica, cujos preceitos tiveram seu apogeu normativo no período medieval. Todavia, alternativas se impuseram a partir da ruptura moderna, e a ética pôde ser pensada em termos transteológicos, como, aliás, já ocorria na tradição clássica de reflexão filosófica.[8] Segundo Jean-François Chanlat,

---

[5] BORGES, André. Ética burocrática, mercado e ideologia administrativa: contradições da resposta conservadora à "crise de carácter" do Estado. *Dados – Revista de Ciências Sociais*, Rio de Janeiro, v. 42, n. 1, 2000.
[6] CARLIN, Volnei Ivo. *Deontologia jurídica*: ética e justiça. Florianópolis: Obra Jurídica, 1996. p. 33.
[7] NOVAES, Adauto. Cenários. *In*: NOVAES, Adauto (Org.). *Ética*. São Paulo: Companhia das Letras, 1992. p. 7.
[8] Uma visão interessante da ética clássica pode ser encontrada em NOVAES, *op. cit.*, p. 7 *et seq*.

O objetivo da ética seria "interrogar as regras de conduta constitutivas da moral".[9] E, na medida em que a moral[10] contemporaneamente é uma noção com as mais variadas referências, pode-se falar que a ética está em todas as ações humanas (melhor dizendo, inter-relações), em decorrência do exercício de sua liberdade. Liberdade esta que passa a ter seu exercício regulado por princípios e valores previamente concebidos, que são inerentes a relações de confiança. Segundo o autor, nesta perspectiva, a ética teria como exigência fundamental a presença de princípios ligados a valores. Assevera, ainda, que haveria também a possibilidade, equivocada, de uma conotação da ética como significante da deontologia,[11] que seria referente a meras regras de conduta prática.

A partir destas breves considerações, a questão que se impõe é saber se uma destas ações cujo exercício é passível de ser regulado eticamente é a ação política. Os campos moral e político são tradicionalmente separados, movendo-se dentro de sistemas de representação distintos. Fato é que a contraposição entre ações políticas e morais possui longos antecedentes históricos. De acordo com Norberto Bobbio, "considera-se que diferem entre si com base no diferente princípio ou critério de justificação e de avaliação das respectivas ações, tendo por conseqüência que aquilo que é obrigatório na moral nem sempre é lícito na política, e aquilo que é lícito na política nem sempre é lícito na moral".[12] Chanlat recorda que, na acepção kantiana, a gestão e a ética são antinômicas. "A ética pertencendo ao domínio dos fins e tendo os homens como fins em si, e a gestão, pertencendo ao domínio dos meios e considerando os humanos como recursos". E, ainda, salienta-se que a teleologia ética é direcionada por regras principiológicas e não pelo cumprimento de metas ou obtenção de resultados. Melhor que fins, dever-se-ia, então,

---

[9] CHANLAT, Jean-François. *Ciências sociais e management*: reconciliando o econômico com o social. Tradução de Ofélia de Lanna Sette Tôrres. São Paulo: Atlas, 2000. p. 75.

[10] Lembra-se das palavras de Dwight Cerqueira Ronzani que descreve que: "A moral em sua acepção mais comum é, simultaneamente, a experiência vivencial em que nossa consciência experimenta a distinção entre o bem e o mal, como também a reflexão filosófica gerada a partir dessa experiência. A moral pode ser tida à guisa de um valor, que ao se debruçar sobre aquela experiência concreta, refletida filosoficamente e projetada no comportamento humano, usa-se nominar como ética" (RONZANI, Dwight Cerqueira. Corrupção, improbidade administrativa e Poder Público no Brasil. *Revista da Faculdade de Direito de Campos*, v. 8, n. 10, p. 74, jun. 2007).

[11] Sobre o assunto, Volnei Ivo Carlin aduz que "...a deontologia opera no campo da norma profissional, enquanto a ética está vinculada ao valor e à identidade profissional, portanto, uma noção mais ampla do que aquela" (CARLIN, *op. cit.*, p. 34).

[12] BOBBIO, Norberto. *Teoria geral da política*: a filosofia política e as lições dos clássicos. Coletânea organizada por Michelangelo Bovero. Tradução de Daniela Beccaccia Versiani. Rio de Janeiro: Campus, 2000. p. 173.

falar em "finalidades", ou "deveres de conduta", incompatíveis com uma visão pragmática, neste sentido, fundamentalmente cética.[13]

Entretanto, Chanlat propõe que a separação entre ética e política (esta focalizada como meio de gestão) apresenta inúmeros problemas, na medida em que não é impossível serem reconhecidos fundamentos éticos em relação à ação política, aglutinando-se as noções.[14] Bobbio reconhece esta crítica, todavia, verifica a dificuldade de que, na prática, seja possível a política ser conduzida por critérios morais. E este é o pensamento de uma variedade de outros pensadores.[15]

Mais acertado é privilegiar o otimismo de Chanlat, considerando-se que a política não pode se reduzir a ações independentes de uma ética claramente determinante da gestão do Estado e condicionante de suas funções. A política, assim como a gestão em geral, não implica necessariamente, como comumente é entendida, em ações cujo fundamento é exclusivamente determinado pelos resultados que conquistam. Da mesma forma, a ética também pode implicar, na sua acepção abrangente, uma abstenção da recorrência a princípios (visão deontológica). Todavia, por certo que é muito mais difícil sustentar a possibilidade de uma ética de resultados do que uma política de princípios.

No mesmo sentido de aliar a ética e a política, Newton Bignotto comenta sobre a ótica maquiavelina. Para Maquiavel, segundo o suscitado autor, a ética e política "são faces de uma mesma realidade que não podem ser separadas, ainda que no nosso desejo resgate a ciência dos valores das brumas da contingência e do acaso nas quais a política está imersa".[16]

Max Weber firmou posição no sentido de harmonizar a política com a ética. A ética absoluta não questiona as consequências, não podendo o político filiar-se a ela. Jamais o político pode fazer concessões ao princípio de que os fins justificam os meios. No universo da *polis*, muitas vezes, ser ético significa "estar com a razão", o que é um grave equívoco. Cabe ao político ter consciência dos paradoxos da vida pública, que ensejam uma necessidade de ponderação entre a ética da convicção

---

[13] CHANLAT. *Ciências sociais e management...*, p. 76.

[14] Justifica o autor: "...o universo da gestão se interessa cada vez mais pela ética. No momento em que as sociedades se fragmentam, em que as ameaças sobre nossa preservação ambiental tornam-se claras e estamos em crescente mercantilização dos homens e das coisas, é, de fato, mais que tempo de reintroduzir em certo número de questões morais" (CHANLAT. *Ciências sociais e management...*, p. 76).

[15] BOBBIO. *Teoria geral da política*: a filosofia política e as lições dos clássicos, p. 180.

[16] BIGNOTTO, Newton. As fronteiras da ética: Maquiavel. *In*: NOVAIS, Adauto (Org.). *Ética*. São Paulo: Companhia das Letras, 1992. p. 123.

e a ética da responsabilidade; considerando-se que a ética da convicção é diferente da ética da irresponsabilidade e que a ética da responsabilidade é diferente do oportunismo sem princípios.[17]

Tomando a divisão weberiana exclusivamente como um ponto de partida teórico, sem dela apropriar-se como instrumento de trabalho, é possível ponderar que o real problema a ser analisado não é a contraditoriedade entre ética e política (que inexiste), mas sim entre uma atuação política conduzida por princípios (em valores *a priori* considerados e vinculantes, mas não necessariamente absolutos) e outra fundada agora não na responsabilidade, mas nos resultados (na sua maior ou menor utilidade). Historicamente, esta tensão fez-se presente nas sucessões históricas entre liberalismo e intervencionismo.

Particularmente na atualidade, renova-se esta problemática, na medida em que se observa a exacerbação de uma prática de controle das mentalidades eminentemente pragmática, em oposição a uma postura principiológica característica da modernidade. Característica esta que pode ser verificada em Estados do ocidente com diferentes realidades,[18] mas que é particularmente alarmante nos países em desenvolvimento. O senso comum pragmático que se alastra orienta-se pela experiência, pelas estatísticas, pelos resultados, pelos fatos; em geral, como se pudessem ser abstraídos de uma forma unívoca. Embora não parta necessariamente dos casos particulares, desprende-se dos *a priori*, como categorias, princípios e suposições. O valor de uma ação não é abstraído de seus fundamentos, mas das vantagens que pode acarretar.

Tendo respaldo nesta mentalidade, acentua-se um fenômeno duplo no qual os governos arrogam-se da prerrogativa de decidir

---

[17] WEBER, Max. *Ensaios de sociologia*. Tradução de Waltensir Dutra. Rio de Janeiro: Zahar, 1963. p. 142. A distinção entre ética da convicção e ética da responsabilidade é notória na ciência política, todavia, vale a pena uma breve rememoração. A primeira refere-se à adoção de um fundamento principiológico absoluto, ou seja, de uma pureza intransigente e subjetiva decorrente de um idealismo permeado pela "moral do tudo ou nada"; é irracional ou racional por valor, portanto, não se interessa pelas consequências externas. A segunda, de natureza racional, adota um fundamento prático, intersubjetivo e realista, cuja moral é condicionada pelos meios e resultados, na medida em que são ponderadas as consequências dos atos. Sobre o assunto, conferir: FREUND, Julien. *Sociologia de Max Weber*. Tradução de Luís Cláudio de Castro e Costa. 5. ed. Rio de Janeiro: Forense, 2000. p. 26.

[18] É o caso, por exemplo, da realidade europeia, cuja manifestação mais marcante da exacerbação da mentalidade pragmático-utilitarista pode ser verificada na sua política de imigração. Como bem descreve o pesquisador do *Centre Nationale de La Récherche Scientifique*, Alain Morice: "La coyuntura ideológica actual revela una vez más el carácter profundamente oportunista, es decir, utilitarista y pragmático, de las políticas de inmigración en la historia de algunos países europeos" (MORICE, Alain. Eterno retorno del utilitarismo. *Le Monde Diplomatique*, ano II, n. 24, p. 22, jun. 2001).

sobre o justo e o injusto (ou seja, acreditam que têm razão e, portanto, possuem justificativa ética), bem como os juízes passam a adotar uma visão economicista em suas decisões. Já "os que mandam" mostram que é justo para os governados exclusivamente o que lhes convém, instituindo regras de conduta pautadas pelo resultado prático que possuam (em regra imediatista) e os que delas se afastam são castigados não somente como violadores da lei, mas da justiça. O Estado é regido por um estranho princípio de justiça: o interesse do governo.[19] José Luis Orozco chegou a cunhar uma apropriada denominação "o Estado pragmático", mediante a tecitura de uma percuciente crítica ao sistema de resolução de interesses, tipicamente liberal e corporativo do século XX (capitaneado pela ética norte-americana, como exemplo maior de sua eficiência econômico-administrativa).[20]

Interessante observar que esta tendência agrega-se a uma postura neoliberal, o que é plenamente justificável e coerente, haja vista que a axiologia principiológica tem uma relação íntima com uma postura intervencionista do Estado.[21] E neste ponto é que repousa a necessidade de flexibilização jurídica, pois, como bem ressaltado por Sérgio Cadermatori, o moderno Estado constitucional protege diversos princípios ético-políticos em seus estatutos fundamentais.[22] Segundo Vera Karam de Chueiri, "o pragmatismo assume, assim, uma atitude cética frente às instituições jurídicas, negando-lhes o poder de justificação".[23] A partir desta compreensão de Estado de Direito, como protetor incondicional dos Direitos Fundamentais, cabe discutir até que ponto é possível admitir que os detentores das funções primordiais do Estado adotem posturas pragmáticas e pseudo-éticas, a fim de justificar suas atitudes, se estas apresentam-se incompatíveis com o sistema principiológico consagrado constitucionalmente (de inafastável caráter intervencionista).

---

[19] Sobre o assunto, ver: MAMEDE, Gladston. *Semiologia do direito*: tópicos para um debate referenciado pela animalidade e pela cultura. 2. ed. Porto Alegre: Síntese, 2000. p. 23.

[20] OROZCO, José Luis. *El estado pragmático*. México, D.F.: UNAM, 1996. *Passim*.

[21] Cumpre destacar que nem todas as teorias neoliberais são utilitaristas ou pragmáticas, como é o caso de John Rawls e Robert Nozick. Sobre o assunto, conferir: SEN, Amartya Kumar. *Desenvolvimento como liberdade*. Tradução de Laura Teixeira Motta. São Paulo: Companhia das Letras, 2000. p. 84, 85.

[22] CADERMATORI, Sérgio. *Estado de direito e legitimidade*: uma abordagem garantista. Porto Alegre: Livraria do Advogado, 1999. p. 78.

[23] CHUEIRI, Vera Karam. *Filosofia do direito e modernidade*: Dworkin e a possibilidade de um discurso instituinte de direitos. Curitiba: JM, 1995. p. 119.

3 A eficiência no modelo gerencial

A deturpação decorrente da formação de um "estamento burocrático", completamente afastado do modelo burocrático, propiciou o nascimento de um preconceito em relação ao próprio modelo; o preconceito tornou-se resistência; a resistência tornou-se crítica; a crítica, mera negação. Sendo assim, ao invés de medidas tendentes a realinhar o regime a fim de aproximá-lo do ideal, tornou-se corrente a busca por desburocratização. Por este motivo é que o termo, de expressão da racionalidade impessoal característica do Estado Moderno, acabou por conotar um sistema lento, precário, inflexível e dispendioso; em suma: ineficiente.

Dessa forma, quanto mais o Estado crescia, aumentando a necessária estrutura organizacional a ele inerente, mais a chamada "burocracia" em sentido pejorativo expandia-se, provocando reações proporcionais ao seu crescimento. Devido à força histórica do tradicionalismo e presença marcante do liberalismo no século XIX, a burocracia não conseguiu sustentação suficiente na esfera das mentalidades. Afinal, séculos de legítima apropriação privada da esfera pública não se desfazem com algumas décadas de transformação paradigmática. Principalmente quando, na prática, a burocracia não consegue realizar-se.

Ao contrário do intervencionismo, que tem parentesco (ainda que longínquo) com o Antigo Regime, a burocracia moderna apresentou-se como uma novidade que não tinha referenciais consistentes na esfera da cultura e das práticas sociais, para que pudesse ter respaldo no campo da legitimidade. Assim é que, em pouco tempo, a burocracia tornou-se um fardo ao Estado Intervencionista. Pelo que é claramente justificável, embora equivocada em seus pressupostos, a tendência de abandono do modelo em detrimento da crença em sua transformação. Surge, neste vácuo, a proposta de um novo modelo: o gerencial.

Na síntese de Cecília V. de Aragão, o modelo ideal gerencial é pautado pelos seguintes caracteres: 1. Orientação para clientes e resultados; 2. Flexibilidade; 3. Competitividade administrada; 4. Descentralização; 5. Atuação do Estado e não sua ausência completa (como no neoliberalismo puro); 6. Adoção de técnicas de administração privada com vistas à eficientização do sistema; 7. Estruturas horizontalizadas; 8. Instituição das agências reguladoras independentes; e 9. Relações administrativas firmadas por contrato de gestão.[24] Assim, o gerencialismo

---

[24] ARAGÃO, Cecília Vescovi de. Burocracia, eficiência e modelos de gestão pública: um ensaio. *Revista do Serviço Público*, Brasília, ano 48, n. 3, p. 117, set./dez. 1997.

puro, também chamado de "neotaylorismo", impõe a busca incessante de produtividade.

Já Luiz Carlos Bresser Pereira identifica três "orientações" para a Administração Pública Gerencial: a técnica, a econômica e a política. A "Técnica", é caracterizada pela: 1. Passagem do controle de procedimentos para o controle de resultados; 2. Tentativa de redução do custo do serviço público; 3. Máxima preocupação com o controle financeiro; 4. Grande relevância conferida à avaliação de desempenho dos funcionários; 5. Disposição ao cumprimento de metas; 6. Ampliação da autonomia de gestão; e 7. Avaliação das performances. A "Econômica" é pautada pela: 1. Alocação de um "controle por competição administrada"; 2. Criação dos "quase-mercados"; 3. Administração por contrato; 4. Gestão pela qualidade total. E a "Política", refere-se à existência de controle social e à consideração do cidadão como um cliente.[25]

A partir destas teorizações, "a questão da fuga de normas e procedimentos (perspectiva microrganizacional) aparece como uma reação à burocracia tradicional weberiana", rumo à administração por objetivos.[26] Segundo Luciano Parejo Alfonso, os princípios metodológicos básicos do sistema de gestão por objetivos são: a) identificação e priorização de necessidades e definição de objetivos encaminhados à sua satisfação; b) determinação do plano de atuação preciso para cumprir com os objetivos, ou seja, da estratégia; c) estabelecimento dos programas, com alocação de recursos e determinação de responsabilidades; d) execução das atividades e tarefas previstas nos programas; e) desenho de um esquema de fiscalização e controle do cumprimento dos programas e de avaliação dos resultados em relação aos objetivos estabelecidos; e f) estabelecimento de um sistema de incentivo ao adequado desenvolvimento dos programas.[27]

As três correntes teóricas básicas de reação ao sistema burocrático (*public choice*, teoria do agente-principal e gerencialismo propriamente dito) podem ser designadas, genericamente, como pertencentes à "racionalidade gerencial", cuja legitimação é eminentemente pragmática. Os resultados, os objetivos conquistados, as finalidades, são tomados

---

[25] PEREIRA, Luiz Carlos Bresser. *Reforma do Estado para a cidadania*: a reforma gerencial brasileira na perspectiva internacional, p. 115 *et seq.*
[26] ARAGÃO. *Burocracia, eficiência e modelos de gestão pública...*, p. 118.
[27] PAREJO ALFONSO, Luciano. *Eficacia y administración*: tres estudios. Madrid: Instituto Nacional de Administración Pública, 1995. p. 117.

não como princípios, mas como realidade fática, somente apreensível empiricamente, nos casos concretos. E é nesta forma de apreensão que estes elementos se tornam, para o novo modelo, o fundamento de legitimidade.[28] A racionalidade gerencial, embora não prescinda dos procedimentos, os despretigia, pois um ato não será legítimo se não for considerado eficiente, ou seja, se o fim não for satisfatório. Os meios passam para o segundo plano como fator de legitimidade e os pressupostos abstratos são olhados com grande desconfiança.

Segundo Bresser Pereira, "uma boa razão para explicar porque há transformações no estado de espírito ideológico predominante é o crescente predomínio da abordagem pragmática".[29] Ao contrário do regime burocrático, o gerencialismo tem muito mais facilidade para encontrar respaldo no campo ideológico das mentalidades. A sua raiz liberal propicia-lhe maior fluidez cultural. E é justamente este aspecto que lhe fornece a possibilidade de contraditar uma ampla tradição jurídica que redundou na elaboração do regime jurídico-administrativo. Regime este que, além de possuir grande consistência doutrinária, foi ascendido à categoria constitucional. Aliás, justamente este *status* é o mais contestado pelo novo mecanismo de legitimação.

Um regime jurídico inflexível constitucionalmente não parece ser adequado à organização e à atividade administrativas que tenham como objetivo a "qualidade total". Quanto menos regulação constitucional, mais espaço será criado para uma nova elaboração legislativa de índole gerencial. Normalização esta que é precária, porque assim se pretende ser. A postura pragmática privilegia a autonomia do indivíduo, mesmo no tocante aos negócios públicos. Bresser Pereira não perde oportunidade de exaltar que a visão gerencial abandona a "desconfiança no indivíduo", característica da burocracia. "Com a Reforma Gerencial, o administrador público deve adquirir não toda, mas uma grande parte da autonomia de que goza o administrador privado".[30]

---

[28] Dentro desta ótica, propõe Diogo de F. Moreira Neto: "...vai perdendo sentido científico e prático acreditar-se na maior ou menor eficiência de modelos abstratos de ação política na ordem econômica, sem levar-se em consideração que em qualquer decisão imperativa que venha a ser adotada há que se considerar duplamente: o conhecimento empírico e a concordância ou divergência da opção com a vontade real das pessoas envolvidas" (MOREIRA NETO, Diogo de Figueiredo. Reinstitucionalização da ordem econômica no processo de globalização. *Revista de Direito Administrativo*, Rio de Janeiro, n. 204, p. 139, abr./jun. 1996).

[29] PEREIRA, Luiz Carlos Bresser. *Crise econômica e reforma do Estado no Brasil*: para uma nova interpretação da América Latina, p. 72.

[30] PEREIRA, Luiz Carlos Bresser. *Reforma do Estado para a cidadania*: a reforma gerencial brasileira na perspectiva internacional, p. 126.

O paradoxo no neoliberalismo gerencialista é que, quanto mais afirma confiar na autonomia do indivíduo, mais ressalta a sua incapacidade de mudar o mundo. A utopia, o romance, a idealização, são vistos como fugas da realidade e, portanto, negadores da verdade. É claríssima, neste aspecto, a influência da cultura ascética britânica na construção do modelo gerencial. Não foi sem motivo que o regime mais radical tenha se manifestado concretamente na Inglaterra e em seus *dominions*.[31] Renato Janine Ribeiro caracteriza de modo ímpar a mentalidade anglo-saxã: "as coisas são como são".[32]

Como afirma Jean-François Lyotard, a real finalidade deste sistema, aquilo que o faz autoprogramar-se como "uma máquina inteligente", é a "otimização da relação global entre os seus *input* e *output*, ou seja, o seu desempenho".[33] A partir desta racionalidade, torna-se perfeitamente aceitável o Estado Liberal, no qual "os impostos, para manterem sua legitimidade, devem parecer humildes: ao invés de serem a expressão e a medida de uma solidariedade política, eles devem se apresentar como a simples contrapartida das prestações de 'serviços coletivos' que o Estado fornece sobre um solo".[34]

Dado importante desta nova mentalidade é o desprestígio, ou tentativa de fuga, do regime jurídico de Direito Público. Cada vez mais se valoriza o interesse privado, critica-se a desigualdade entre a Administração e o indivíduo, são buscadas relações jurídicas horizontais, e a legalidade é tomada como um obstáculo à liberdade (que é o valor supremo da pós-modernidade). Isso tudo em tese, pois na prática, o regime de Direito Público (e o próprio Direito Administrativo como ciência) acaba por ser em geral incrementado (para frustração daqueles que propugnam pelo seu "enxugamento gerencial").

---

[31] "O Governo Thatcher não adotou a Reforma Gerencial por razões ideológicas, mas pragmáticas. Thatcher, como qualquer político competente, nesse momento estava fazendo acordos ao invés de ser dogmática" (PEREIRA, Luiz Carlos Bresser. *Reforma do Estado para a cidadania...*, p. 124).

[32] "A postura anglo-saxã resulta, com freqüência demais, banal: as coisas são como são, *human beings being what they are*...; sérios e intransponíveis limites se colocam à ação, e ao próprio conhecimento, que vezes em excesso nada pode além de assinalar o que é imutável e inexplicável: como se nos deparasse sempre um fundo de não-sentido, geralmente exposto com humor mas em algumas ocasiões com a dolorosa percepção de que o homem é um ser opaco a si mesmo" (RIBEIRO, Renato Janine. *A última razão dos reis*: ensaios sobre filosofia e política. São Paulo: Companhia das Letras, 1993. p. 109).

[33] LYOTARD, Jean-François. *A condição pós-moderna*. Tradução de Ricardo Corrêa Barbosa. 6. ed. Rio de Janeiro: José Olympio, 2000. p. 21.

[34] GUÉHENNO, Jean-Marie. *O fim da democracia*: um ensaio profundo e visionário sobre o próximo milênio. Tradução de Howard Maurice Johnson e Aaury Temporal. 2. ed. Rio de Janeiro: Bertrand Brasil, 1999. p. 22.

Para a proposta gerencial, as características básicas do regime administrativo devem ser flexibilizadas rumo à autonomia da vontade (em detrimento do típico exercício da função administrativa), ao informalismo e à preservação da intimidade individual.[35] Conforme Sylvie Trosa, no novo regime "o interesse geral não existe *a priori*, no limbo, mas se constrói através de uma atividade de escuta, de negociação e de tomada de posição (que pode ser através de um consenso, um acordo, uma recusa)". O gerencialismo por resultados pode ser denominado de "modelo-síntese", pois significa a realização de um "ajuste pragmático entre as normas e as situações para melhor atingir os objetivos".[36]

O aparente sucesso de algumas técnicas de administração gerencial na iniciativa privada é tomado como justificativa para a mudança. Assim é que começaram a ser adotados os "programas de qualidade total" dentro da Administração Pública. Manuel Villoria Mendieta descreve como os três princípios básicos da *Total Quality Management*: a busca da completa satisfação do cliente, a contínua melhoria dos produtos e serviços, e a eficiente implicação da totalidade da força de trabalho no processo.[37] Segundo o autor, a grande estratégia norteadora dos programas de qualidade total foi o "Método Deming", que, por sua vez, constituiu-se a partir de algumas influências teóricas claras, como: 1. O pragmatismo conceitualista, que foi teoria filosófica da moda nos Estados Unidos na década de 1930; 2. A teoria geral dos sistemas; e 3. As teorias estatísticas de Shewhart.[38] A principal tática do gerenciamento para a qualidade total é a "motivação", a fim de que os agentes façam bom uso da ampliação de sua autonomia, seja no campo privado ou público. Como modelo teórico, a tática da motivação funda-se basicamente na partilha de ganhos de produtividade. Nos Estados Unidos, esta é a principal forma de recompensa por desempenho.[39]

---

[35] A análise foi realizada a partir da distinção tópica entre Direito Administrativo e Direito Privado encontrada em: SUNDFELD, Carlos Ari. *Fundamentos de direito público*. 4. ed. São Paulo: Malheiros, 2001. p. 105.

[36] TROSA, Sylvie. *Gestão pública por resultados*: quando o Estado se compromete. Tradução de Maria Luíza de Carvalho. Rio de Janeiro: Revan, 2001. p. 55.

[37] Para tanto, são adotados dez valores fundamentais: 1. Autoridade do cliente; 2. Comprometimento da liderança; 3. Completude de participação; 4. Recompensa pela qualidade; 5. Redução da duração dos processos; 6. Prevenção de erros ao invés de sua correção; 7. Gestão baseada em dados confiáveis; 8. Visão estratégica; 9. Desenvolvimento da cooperação interna e externa; 10. Consciência da responsabilidade perante a sociedade. Cf. VILLORIA MENDIETA, Manuel. *La modernización de la administración como instrumento al servicio de la democracia*. Madrid: Instituto Nacional de Administración Pública, 1996. p. 171.

[38] VILLORIA MENDIETA. *La modernización de la administración como instrumento al servicio de la democracia*, p. 171.

[39] Sobre o assunto e as questões referentes à recompensa financeira por desempenho nos EUA, ver: GRAHAM JUNIOR, Cole Blease; HAYS, Steven W. *Para administrar a organização pública*. Tradução de Britta Lemos de Freitas. Rio de Janeiro: Jorge Zahar, 1994. p. 142 *et seq*.

Apesar destes traços pertinentes ao novo modelo, insta destacar que na Administração Pública brasileira tal prática restringe-se à promoção retórica do orgulho profissional, à dissimulação da hierarquia pela reputação de maior responsabilidade e à distribuição de alguns prêmios honorários.[40] Situação esta eticamente discutível e administrativamente ineficiente. Sidney Nilton de Oliveira assevera que "a gestão pela qualidade é um sistema de trabalho cooperativo, com decisões descentralizadas e delegação de responsabilidade". Mas como bem ressalta o autor, "essa autonomia não atinge o âmbito econômico e político da organização", restringindo-se à mera execução de tarefas.[41]

Não pode deixar de ser registrada a existência de um *locus* diferenciado dentro do paradigma gerencialista, devido ao seu caráter não especificamente pragmatista: as "normas de conduta para a vida pública", que congregam de forma bastante interessante os ideais de eficiência e ética pública num mesmo conjunto principiológico. A partir do relatório de Lord Nolan, apresentado ao Parlamento Britânico pelo Primeiro-Ministro, em maio de 1995, foram dispostos parâmetros de comportamento ético para servidores públicos e políticos denominados de "os sete princípios da vida pública", que se destinam com especial destaque aos órgãos que os britânicos denominam de "quangos" (órgãos públicos não vinculados a ministérios, podendo ser executivos, consultivos ou até mesmo judiciais).

Embora, no conteúdo, sejam intimamente ligados ao regime burocrático, estes *standards*, na forma como concebidos, permanecem como um instrumental do gerencialismo, ainda que de forma desprestigiada (devido à prevalência pragmatista). Em síntese meramente ilustrativa, os sete princípios seriam: "Interesse Público (Os ocupantes de cargos públicos deverão tomar decisões baseadas unicamente no interesse público. Não deverão decidir com o objetivo de obter benefícios financeiros ou materiais para si, sua família ou seus amigos); Integridade (Os ocupantes de cargos públicos não deverão colocar-se em situação de obrigação financeira ou de outra ordem para com indivíduos ou organizações externas que possam influenciá-los no cumprimento de seus deveres oficiais); Objetividade (No desempenho das atividades públicas, inclusive nomeações, concessão de contratos ou recomendação de pessoas para recompensas e benefícios, os ocupantes de cargos públicos deverão decidir apenas com base no mérito); '*Accountability*'

---

[40] Sobre o assunto, ver: TROSA. *Gestão pública por resultados...*, p. 279 et seq.
[41] OLIVEIRA, Sidney Nilton de. As estratégias de gerenciamento do trabalho nas organizações modernas. *História – Questões & Debates*, Curitiba, n. 29, p. 86, ago./dez. 1998.

(Os ocupantes de cargos públicos são responsáveis perante o público por suas decisões e ações, e devem submeter-se a qualquer fiscalização apropriada ao seu cargo); Transparência (Os ocupantes de cargos púbicos devem conferir a suas decisões e ações a maior transparência possível. Eles devem justificar suas decisões e restringir o acesso à informação somente se o interesse maior do público assim o exigir); Honestidade (Os ocupantes de cargos públicos têm o dever de declarar quaisquer interesses particulares que tenham relação com seus deveres públicos e de tomar medidas para resolver quaisquer conflitos que possam surgir de forma a proteger o interesse público); Liderança (Os ocupantes de cargos públicos devem promover e apoiar estes princípios através da liderança e do exemplo)".[42]

Infelizmente, no ideário brasileiro, o Plano idealizado por Luiz Carlos Bresser Pereira (e cujas propostas reverberam até hoje nas discussões sobre a gestão pública no Brasil) tem influência direta dos aspectos mais marcantes da mentalidade pragmatista, cuja prática confere muito mais ênfase à privatização do que à "boa conduta pública". Aliás, a sua teoria do social-liberalismo tem assumidamente esta feição, na medida em que o próprio autor propõe equivalência entre as denominações "pragmática" e "social-liberal".[43] "Para que serve? Quanto custa? Que valor agrega? Estas são as três perguntas fundamentais propostas por Derek Rayner, mentor da *efficienty unit*, e largamente valorizadas pelo "social-liberalismo".[44]

4 A corrupção e os seus efeitos

A corrupção tem sido tema corrente no mundo,[45] tanto que reuniões e convenções normativas foram proferidas nas últimas décadas

---

[42] NOLAN, Lord. *Normas de conduta para a vida pública*: primeiro relatório da comissão sobre normas de conduta para a vida pública da Câmara dos Comuns do Reino Unido. Tradução de Isabel Taveira, Istvan Vajda, Patrícia Zimbres, Theresa Catarina e Vanira Taveira. Brasília: ENAP, 1997. p. 25.

[43] Segundo o autor, são grandes os desafios, "demandando uma nova interpretação para a crise da América Latina — a interpretação da crise do Estado — e a definição de uma nova estratégia de crescimento — algo que eu tenho chamado de estratégia pragmática ou social-democrática, mas que poderia também ser chamada de estratégia social-liberal" (PEREIRA, Luiz Carlos Bresser. *Crise econômica e reforma do Estado no Brasil*: para uma nova interpretação da América Latina, p. 31).

[44] PEREIRA, Luiz Carlos Bresser. *Reforma do Estado para a cidadania*: a reforma gerencial brasileira na perspectiva internacional, p. 53.

[45] No presente abordar-se-á a corrupção sob o viés estatal, não adentrando sobre possíveis corrupções no mercado privado ou tão somente envolvendo agentes e recursos privados — cuja manifestação e consequência também podem ter implicações públicas.

na tentativa de minorar, e quiçá anular, a corrupção existente na atuação estatal.[46] Isto porque uma verdadeira endemia de atos corruptos foi efetuada, bem como exteriorizada por intermédio dos veículos de comunicação na sociedade mundial nas últimas décadas, principalmente após a década de 90 com o avanço dos meios digitais de comunicação.[47]

Todavia, ainda que comumente seja palavra aduzida por todas as pessoas em rodas de conversas e discursos, mormente quando se fala em atuação de agentes políticos, a palavra corrupção não possui um significado estanque. Larissa Ramina destaca que a corrupção demanda um conceito multidimensional. Não se pode verificar tão somente a corrupção sob o viés econômico ou político, isto porque ela pode ser visualizada e estudada sob várias perspectivas, tais como "a social, da ciência política, da teoria econômica e organizacional, ou sob a perspectiva da lei criminal, civil ou administrativa".[48] Já para Sergio Ferraz, corrupção enquadra-se como "a conduta, por ação ou omissão, abusiva, com vistas à deturpação do exercício de competências públicas, no intuito de auferir ganho privado: aquisição de poder ou de vantagens econômicas". Inclusive, sobre o pressuposto nefasto para as instituições públicas, o autor destaca que o ato de corromper configura-se como a "mais deletéria e erosiva conduta que pode ocorrer".[49]

Entretanto, inexistem condutas devidamente delineadas e que se enquadram como exaustivas quanto aos atos corruptos passíveis de ocorrerem. As práticas mais comuns são aquelas indicadas pela Organização das Nações Unidas, quais sejam: suborno; fraude, outros pagamentos ilícitos, compra e comprometimento de valores, abuso de poder e quebra de confiança, apropriação indevida de recursos públicos e conflitos de interesses.[50]

---

[46] Um excelente resumo sobre as tendências internacionais a respeito do controle da corrupção pode ser obtido com o texto de Augsto D. Martínez. Cf. DURÁN MARTÍNEZ, Augusto. Corrupción: mecanismos sociales y jurídicos para su control. *In*: DURÁN MARTÍNEZ, Augusto. *Estudios de derecho público*. Montevideo: Do autor, 2002. v. 2, p. 89 *et seq*.

[47] Sobre uma análise histórica acerca da corrupção, ver: RAMINA, Larissa L. O. *Ação internacional contra a corrupção*. Curitiba: Juruá, 2003. p. 26-27. Para a leitura de uma análise histórica brasileira da corrupção de acordo com os antecedentes da cultura portuguesa à época da colonização, *vide*: RONZANI. Corrupção, improbidade administrativa e Poder Público no Brasil. *Revista da Faculdade de Direito de Campos*, p. 62 *et seq*.

[48] RAMINA. *Ação internacional contra a corrupção*, p. 25.

[49] FERRAZ, Sergio. Corrupção: algumas reflexões. *Biblioteca Digital Revista de Direito Público da Economia – RDPE*, Belo Horizonte, ano 7, n. 26, abr./jun. 2009. Disponível em: <http://www.editoraforum.com.br/bid/bidConteudoShow.aspx?idConteudo=57715>. Acesso em: 3 fev. 2010.

[50] Tais práticas são enunciadas e explicadas por Larissa Ramina. Cf. RAMINA. *Ação internacional contra a corrupção*, p. 30-35.

Acerca das factíveis causas por este descompasso ético por parte dos agentes públicos, o Banco Mundial descreve que é um "sintoma da disfunção institucional, que prospera onde as medidas econômicas são ditadas inadequadamente, os níveis de educação são baixos, a sociedade civil é subdesenvolvida e a responsabilidade das instituições públicas é fraca".[51] Os efeitos da corrupção sobre a atuação estatal e a sociedade são verdadeiramente sentidos por todos nós. Habitualmente fala-se em novos meios de controle de recursos públicos, processos judiciais visando combater evasivos atos corruptos, etc.[52] Nesta senda, os efeitos ocasionados não são mensurados tão somente em efeitos pecuniários ou de condutas a serem suportadas pelo Estado. Também se verifica que da corrupção decorrem efeitos abstratos e imensuráveis.

Luigi Ferrajoli aponta que a crise da legalidade está associada à falta de valor vinculante às regras pelos titulares dos poderes públicos. O autor destaca que "se expressa en la ausencia o en la ineficacia de los controles, y, por tanto, en la variada y llamativa fenomenología de la ilegalidad del poder".[53] A falta da razão jurídica e do valor da legalidade encontra guarida no Estado Paralelo existente, desraigado de sistema normativo legal e institucional, e sim por códigos de comportamentos próprios, os quais são geridos por burocracias dos partidos e por *lobbies* dos negócios.[54] Por todo este ideário, infere-se que a corrupção pode culminar em verdadeira infensa à democracia e ao desenvolvimento de uma sociedade, inclusive com a deturpação dos valores sociais e da falta de legitimidade estatal em seus comandos frente aos seus comandados incrédulos. A propugnada redução da quantidade de normas, meta tão relevante ao modelo gerencial, não parece ser um meio eficaz de solução dos problemas nesta seara.

Justamente por subverter o Estado Democrático de Direito, bem como abalar substancialmente a fidúcia creditada pelo povo ao Estado, a corrupção é encarada como um mal que deve ser ferozmente

---

[51] RAMINA. *Ação internacional contra a corrupção*, p. 30.

[52] Insta lembrar que ante estas diversas facetas malévolas ocasionadas pela corrupção, diversos princípios foram ressaltados para a boa governança (termo ultimamente usado em larga escala): abertura, participação, responsabilização, eficácia e coerência. Cf. COMISSÃO DAS COMUNIDADES EUROPÉIAS. *Governança Européia*: um livro branco. Bruxelas, 25.7.2001 – COM(2001).

[53] FARRAJOLI, Luigi. *Derechos e garantías*: la ley del más débil. 6. ed. Madrid: Editorial Trotta, 1999. p. 15.

[54] O autor menciona que na Itália a degradação se dá também no *status* das normas constitucionais ao relatar os abusos de poder cometidos pelo Presidente da República. Cf. FERRAJOLI. *Derechos e garantias*: la ley del mas débil, p. 15-16.

expurgado da gestão dos Estados modernos, independentemente do modelo administrativo adotado. Ademais, os recursos públicos esvaídos por atos corruptos comprometem não só a legitimidade política, mas também impedem o desenvolvimento e os investimentos, na maioria das vezes já arquitetados com escassos recursos públicos provenientes de enormes impulsões fiscais aos contribuintes, impreteríveis aos anseios da sociedade.

Segundo Newton Bignotto, Maquiavel, bem como os antigos, encaravam a corrupção como um marco para os limites do político. Inclusive, segundo o autor, "de um corpo político corrompido não se pode esperar mais nada, suas leis são incapazes de tolher a violência privada, o Estado deixa de representar os interesses públicos, os cidadãos visam apenas ao próprio bem, sem se preocupar com os destinos da cidade".[55]

5 Posicionamento normativo transnacional da corrupção

O Brasil, infelizmente, sempre consta na dianteira de índices de corrupção na esfera pública. Por outro lado, resta claro que esta não é uma realidade sua exclusiva. Ademais, o país está passando por um evidente estágio de aprimoramento nos mecanismos de controle (acompanhados, sem dúvida, por uma mudança de postura cultural). A imbricação destes elementos (político, econômico e cultural) tem-se mostrado imprescindível.

Mas o fato é que, na atualidade, a própria definição de quais seriam as fronteiras políticas, econômicas e culturais dota-se de uma complexidade inexistente até meados da década de 1990. O processo de globalização e a evolução incrivelmente rápida dos meios de contato intersubjetivo à distância implicam uma atuação não mais restrita ao âmbito estatal em temas como ética e eficiência, no relacionamento entre Estado e sociedade civil (e mais que isso, no relacionamento institucional e corporativo em geral).[56]

---

[55] BIGNOTTO. As fronteiras da ética: Maquiavel, p. 124.
[56] Ainda que possam existir movimentos contrários. Na Europa, Antonello Tarzia ressalta que este processo centrífugo não contradiz a tendência de progressiva eliminação dos controles de característica impeditiva-repressiva, de modo a manter na autonomia local a responsabilidade pelo controle. Sobre o assunto, e mais particularmente a importante atuação dos Tribunais de Contas nesta serara, ver: TARZIA, Antonello. *Corti dei conti e controllo esterno sulla'attività económico-finanziaria delle autonomie negli stati regionali*. Padova: CEDAM, 2008. p. XV.

Tomando-se como finalidade o desenvolvimento é preciso tornar mais consistentes e realistas os mecanismos de controle; e, no geral, isso implicará uma superação das fronteiras do Estado-nação no tocante à padronização de procedimentos, conceitos e institutos. Neste contexto, Isaac Augusto Damsky descreve *global governance* como uma distinta forma de conformação da relação entre ética administrativa e eficiência do Poder Público. Ou seja:

> el nuevo âmbito de determinación de los intereses transformará los mecanismos por los quales se ejerce el control. De esta manera las nuevas estructuras de poder presentaran uma compleja mezcla de componentes y elementos jurídicos nacionales, sectoriales, internacionales y supranacionales, mutando la actual estructura administrativa sobre la qual se estructuro el control vigente y determinando que una porción creciente de la cinculación del poder quede exenta de control.[57]

Pelo nefasto panorama mundial aludido, a Organização dos Estados Americanos (OEA) firmou a Convenção Interamericana contra a Corrupção, em 29 de março de 1996,[58] em Caracas, Venezuela, na qual ficou estabelecido que um dos propósitos fundamentais do texto normativo é promover e fortalecer a incrementação, por cada um dos Estados Partes, dos mecanismos necessários para prevenir, detectar, punir e erradicar a corrupção; e promover, facilitar e regular a cooperação entre os Estados Partes a fim de assegurar a eficácia das medidas e ações adotadas para prevenir, detectar, punir e erradicar a corrupção no exercício das funções públicas, bem como os atos de corrupção especificamente vinculados a seu exercício (art. 2º). Uma questão interessante da Convenção é a desnecessidade de prejuízo patrimonial ao Estado para aferir a conduta corruptível como tipificada e sujeita às normas ali estipuladas.

No mesmo sentido, em dezembro de 2003, na Cidade do México, foi ajustada pela Organização das Nações Unidas a Convenção contra a Corrupção,[59] a qual foi devidamente ratificada e promulgada pelo Brasil.[60] A finalidade da referida Convenção, segundo seu artigo 1º é: a)

---

[57] DAMSKY, Isaac Augusto. El control em la internacionalización. *In*: CISNEROS FARÍAS, Germán; FERNÁNDES RUIZ, Jorge; LÓPES OLVERA, Miguel Alejandro (Coord.). *Control de la administración pública*. México, D. F.: UNAM, 2007. p. 171-172.

[58] No Brasil, esta convenção foi aprovada pelo Decreto Legislativo nº 152, de 25 de junho de 2002 e promulgada pelo Decreto Presidencial nº 4.410, de 7 de outubro de 2002.

[59] Esta é a Convenção Internacional mais extensa que versa sobre corrupção, contando com 71 artigos.

[60] No Brasil, a Convenção da ONU contra Corrupção foi ratificada pelo Decreto Legislativo nº 348, de 18 de maio de 2005, e promulgada pelo Decreto Presidencial nº 5.687, de 31 de janeiro de 2006.

Promover e fortalecer as medidas para prevenir e combater mais eficaz e eficientemente a corrupção; b) Promover, facilitar e apoiar a cooperação internacional e a assistência técnica na prevenção e na luta contra a corrupção, incluída a recuperação de ativos; c) Promover a integridade, a obrigação de render contas e a devida gestão dos assuntos e dos bens públicos. Segundo o art. 5º da Convenção, os Estados deverão refletir e respeitar os princípios do Estado de Direito, bem como promover e manter políticas coordenadas e eficazes contra a corrupção, a devida gestão dos assuntos e bens públicos, a integridade, a transparência e a obrigação de render contas.

Além destes dois textos normativos atinentes ao combate à corrupção, o Brasil é signatário também da Convenção da Organização para a Cooperação e o Desenvolvimento Econômicos (OCDE) e do Acordo de Cooperação Índia, Brasil e África do Sul (IBAS), o qual também versa sobre a cooperação entre os citados países e da ética e combate à corrupção. Objetivos estes intimamente ligados ao desenvolvimento sócio ambiental como instrumento de uma sensível melhoria na qualidade de vida coletiva da contemporaneidade.

6 Conclusão

O desenvolvimento exige ética e eficiência na atuação administrativa do Estado. E estes dois elementos implicam a existência de um sólido arcabouço normativo. O regime jurídico administrativo pautado pela Constituição Federal de 1988 não se furtou a oferecer tal conjunto no plano do "dever ser". Todavia, o problema reside na implementação e efetividade dos seus dispositivos. Como já se esperava, a simples alteração do modelo de gestão (do burocrático pelo gerencial — nos casos em que se realizou) não propiciou qualquer mudança substancial para melhor em termos de combate aos vícios do estamento patrimonialista típico da estruturação estatal brasileira.

Pelos argumentos expendidos nos itens anteriores, conclui-se que é absolutamente ilógico asseverar que se pode afastar os preceitos do regime jurídico administrativo porque os mesmos "atrapalham" a satisfação do interesse público.[61] Certamente que a eficiência da Administração Pública não pode ser idêntica à da Administração Privada, pois se diferenciam quanto ao sujeito, à finalidade, ao meio e ao controle.[62]

---

[61] FRANÇA, Vladimir da Rocha. Eficiência administrativa na Constituição Federal. *Revista de Direito Administrativo*, Rio de Janeiro, n. 220, p. 168, abr./jun. 2000.
[62] PAREJO ALFONSO. *Eficacia y administración*: tres estudios, p. 118.

Entretanto, no plano do ser, compartilham de problemas inerente ao "ser humano", cujo pertencimento cultural condiciona suas ações e hábitos, sejam públicos ou privados.

O problema não está na racionalidade procedimental da burocracia, e sim na sua autonomização e deturpação. Recorda-se do comentário de Maurício Antonio Ribeiro Lopes, no sentido de que não adianta ser prescrito pelo Direito o dever de eficiência da Administração, "se persistir a miserável remuneração de grande contingente de seus membros, se as injunções políticas, o nepotismo desavergonhado e a entrega de funções do alto escalão a pessoas inescrupulosas ou de manifesta incompetência não tiver um paradeiro".[63]

As condições institucionais para o desenvolvimento sócio ambiental passam, portanto, pela melhoria contínua dos sistemas de controle das atividades do Estado (tanto materiais quanto formais). Conforme escreve Rodrigo Pironti Aguirre de Castro:

> Partindo da interpretação constitucional de que o Estado deve caminhar no sentido da realização dos direitos fundamentais, seja pela ação positiva, negativa, absteísta ou restritiva de seus órgãos, passamos à análise do novo enfoque do controle da Administração Pública, que impõe ao Estado o dever de respeitar não só o texto normativo, mas sim o de realizar o interesse público.
>
> Diante da referida responsabilidade do Estado, necessário fazer-se a adoção de sistemas que dêem condições ao Administrador do conhecimento da vontade e da real necessidade da coletividade.[64]

Referências

ARAGÃO, Cecília Vescovi de. Burocracia, eficiência e modelos de gestão pública: um ensaio. *Revista do Serviço Público*, Brasília, ano 48, n. 3, set./dez. 1997.

BIGNOTTO, Newton. As fronteiras da ética: Maquiavel. *In*: NOVAIS, Adauto (Org.). *Ética*. São Paulo: Companhia das Letras, 1992.

BOBBIO, Norberto. *Teoria geral da política*: a filosofia política e as lições dos clássicos. Coletânea organizada por Michelangelo Bovero. Tradução de Daniela Beccaccia Versiani. Rio de Janeiro: Campus, 2000.

---

[63] LOPES, Maurício Antônio Ribeiro. *Comentários à reforma administrativa*. São Paulo: Revista dos Tribunais, 1998. p. 108.
[64] CASTRO, Rodrigo Pironti Aguirre de. *Sistema de controle interno*: uma perspectiva do modelo de gestão pública gerencial. Belo Horizonte: Fórum, 2007. p. 96.

BORGES, André. Ética, burocrática, mercado e ideologia administrativa: contradições da resposta conservadora à "crise de carácter" do Estado. *Dados – Revista de Ciências Sociais*, Rio de Janeiro, v. 42, n. 1, 2000.

CADERMATORI, Sérgio. *Estado de direito e legitimidade*: uma abordagem garantista. Porto Alegre: Livraria do Advogado, 1999.

CARLIN, Volnei Ivo. *Deontologia jurídica*: ética e justiça. Florianópolis: Obra Jurídica, 1996.

CASTRO, Rodrigo Pironti Aguirre de. *Sistema de controle interno*: uma perspectiva do modelo de gestão pública gerencial. Belo Horizonte: Fórum, 2007.

COMISSÃO DAS COMUNIDADES EUROPÉIAS. *Governança Européia*: um livro branco. Bruxelas, 25.7.2001 – COM(2001).

CROZIER, Michel. *O fenômeno burocrático*. Tradução de Juan A. Gili Sobrino. Brasília: Ed. UnB, 1981.

CHANLAT, Jean-François. *Ciências sociais e management*: reconciliando o econômico com o social. Tradução de Ofélia de Lanna Sette Tôrres. São Paulo: Atlas, 2000.

CHUEIRI, Vera Karam. *Filosofia do direito e modernidade*: Dworkin e a possibilidade de um discurso instituinte de direitos. Curitiba: JM, 1995.

DAMSKY, Isaac Augusto. El control em la internacionalización. In: CISNEROS FARÍAS, Germán; FERNÁNDES RUIZ, Jorge; LÓPES OLVERA, Miguel Alejandro (Coord.). *Control de la administración pública*. México, D. F.: UNAM, 2007.

DURÁN MARTÍNEZ, Augusto. Corrupción: mecanismos sociales y jurídicos para su control. In: DURÁN MARTÍNEZ, Augusto. *Estudios de derecho público*. Montevideo: Do autor, 2002. v. 2.

FAORO, Raymundo. *Os donos do poder*: formação do patronato político brasileiro. 3. ed. São Paulo: Globo, 2001.

FARRAJOLI, Luigi. *Derechos e garantías*: la ley del más débil. 6. ed. Madrid: Editorial Trotta, 1999.

FERRAZ, Sergio. Corrupção: algumas reflexões. *Biblioteca Digital Revista de Direito Público da Economia – RDPE*, Belo Horizonte, ano 7, n. 26, abr./jun. 2009. Disponível em: <http://www.editoraforum.com.br/bid/bidConteudoShow. aspx?idConteudo=57715>. Acesso em: 3 fev. 2010.

FRANÇA, Vladimir da Rocha. Eficiência administrativa na Constituição Federal. *Revista de Direito Administrativo*, Rio de Janeiro, n. 220, abr./jun. 2000.

FREUND, Julien. *Sociologia de Max Weber*. Tradução de Luís Cláudio de Castro e Costa. 5. ed. Rio de Janeiro: Forense, 2000.

GABARDO, Emerson. *Eficiência e legitimidade do Estado*. Barueri, SP: Manole, 2003.

GABARDO, Emerson. *Interesse público e subsidiariedade*: o Estado e a sociedade civil para além do bem e do mal. Belo Horizonte: Fórum, 2009.

GABARDO, Emerson. *Princípio constitucional da eficiência administrativa*. São Paulo: Dialética, 2002.

GRAHAM JUNIOR, Cole Blease; HAYS, Steven W. *Para administrar a organização pública*. Tradução de Britta Lemos de Freitas. Rio de Janeiro: Jorge Zahar, 1994.

GUÉHENNO, Jean-Marie. *O fim da democracia*: um ensaio profundo e visionário sobre o próximo milênio. Tradução de Howard Maurice Johnson e Amaury Temporal. 2. ed. Rio de Janeiro: Bertrand Brasil, 1999.

LEAL, Victor Nunes. *Coronelismo, enxada e voto*. 3. ed. Rio de Janeiro: Nova Fronteira, 1997.

LOPES, Maurício Antônio Ribeiro. *Comentários à reforma administrativa*. São Paulo: Revista dos Tribunais, 1998.

LYOTARD, Jean-François. *A condição pós-moderna*. Tradução de Ricardo Corrêa Barbosa. 6. ed. Rio de Janeiro: José Olympio, 2000.

MAMEDE, Gladston. *Semiologia do direito*: tópicos para um debate referenciado pela animalidade e pela cultura. 2. ed. Porto Alegre: Síntese, 2000.

MENDIETA, Manuel Villoria. *La modernización de la administración como instrumento al servicio de la democracia*. Madrid: Instituto Nacional de Administración Pública, 1996.

MOREIRA NETO, Diogo de Figueiredo. Reinstitucionalização da ordem econômica no processo de globalização. *Revista de Direito Administrativo*, Rio de Janeiro, n. 204, abr./jun. 1996.

MORICE, Alain. Eterno retorno del utilitarismo. *Le Monde Diplomatique*, ano II, n. 24, jun. 2001.

NOLAN, Lord. *Normas de conduta para a vida pública*: primeiro relatório da comissão sobre normas de conduta para a vida pública da Câmara dos Comuns do Reino Unido. Tradução de Isabel Taveira, Istvan Vajda, Patrícia Zimbres, Theresa Catarina e Vanira Taveira. Brasília: ENAP, 1997.

NOVAES, Adauto. Cenários. *In*: NOVAES, Adauto (Org.). *Ética*. São Paulo: Companhia das Letras, 1992.

OLIVEIRA, Sidney Nilton de. As estratégias de gerenciamento do trabalho nas organizações modernas. *História – Questões & Debates*, Curitiba, n. 29, ago./dez. 1998.

OROZCO, José Luis. *El estado pragmático*. México, D.F.: UNAM, 1996.

PAREJO ALFONSO, Luciano. *Eficacia y administración*: tres estudios. Madrid: Instituto Nacional de Administración Pública, 1995.

RAMINA, Larissa L. O. *Ação internacional contra a corrupção*. Curitiba: Juruá, 2003.

RIBEIRO, Renato Janine. *A última razão dos reis*: ensaios sobre filosofia e política. São Paulo: Companhia das Letras, 1993.

RONZANI, Dwight Cerqueira. Corrupção, improbidade administrativa e Poder Público no Brasil. *Revista da Faculdade de Direito de Campos*, v. 8, n. 10, p. 57-89, jun. 2007.

SEN, Amartya Kumar. *Desenvolvimento como liberdade*. Tradução de Laura Teixeira Motta. São Paulo: Companhia das Letras, 2000.

SUNDFELD, Carlos Ari. *Fundamentos de direito público*. 4. ed. São Paulo: Malheiros, 2001.

TARZIA, Antonello. *Corti dei conti e controllo esterno sulla'attività economico-finanziaria delle autonomie negli stati regionali*. Padova: CEDAM, 2008.

TROSA, Sylvie. *Gestão pública por resultados*: quando o Estado se compromete. Tradução de Maria Luíza de Carvalho. Rio de Janeiro: Revan, 2001.

WEBER, Max. *Ensaios de sociologia*. Tradução de Waltensir Dutra. Rio de Janeiro: Zahar, 1963.

Informação bibliográfica deste texto, conforme a NBR 6023:2002 da Associação Brasileira de Normas Técnicas (ABNT):

GABARDO, Emerson; REIS, Luciano Elias. O gerencialismo entre eficiência e corrupção: breves reflexões sobre os percalços do desenvolvimento. *In*: SILVEIRA, Raquel Dias da; CASTRO, Rodrigo Pironti Aguirre de (Coord.). *Estudos dirigidos de gestão pública na América Latina*. Belo Horizonte: Fórum, 2011. v. 1, p. 125-147. ISBN 978-85-7700-432-4.

ACERCA DE LA INTERPRETACIÓN RESTRICTIVA DE CONCESIONES Y LICENCIAS EN EL DERECHO ADMINISTRATIVO ARGENTINO[*]

Héctor Huici

Sumario: **I**. Introducción – **II**. El origen de la doctrina citada – **II.1** Los hechos del caso – **II.2** El Fallo – **III**. Aplicación de la doctrina en nuestro país – **III.1** Santamaría Antonio c. Gobierno de la Provincia de Santa Fe – **III. 2** Compañía Swift de La Plata c. el Gobierno de la Nación – **III.3** Fisco Nacional c. Compañía Dock Sud de Buenos Aires Limitada – **IV**. Alcance y valoración crítica de la doctrina

I. Introducción

Una de las citas jurisprudenciales más invocadas al momento de resolverse disputas entre concedente o reguladores y concesionarios, o entre estos últimos y usuarios, es la que establece el criterio de interpretación restrictivo de las concesiones, criterio que ha sido extendido también a las licencias.

Esta jurisprudencia aparece por primera vez citada en el caso "Santamaría, Antonio c. Gobierno de la provincia de Santa Fe"[1] Más tarde se ve reiterada en la causa "Compañía Swift de La Plata c. el

---

[*] Este trabajo fue publicado originalmente bajo el título *"Acerca de la Interpretación Restrictiva de Concesiones y Licencias"* en el libro homenaje al Profesor Doctor Julio Rodolfo Comadira, Editorial Ad Hoc, Buenos Aires, 2009.
[1] Fallos 105:27.

Gobierno de la Nación"[2] en la que ya aparecerá redactada de la forma en que ha sido repetida hasta el presente y con cita de su fuente. Allí, la Corte en el considerando 11 sostuvo que:

> En efecto, es una regla consagrada por el derecho administrativo en materia de franquicias a una corporación como en toda concesión de privilegios por el estado a personas o individuos, en caso de duda la interpretación debe ser en contra de los concesionarios, porque la presunción más aproximada a la verdad es la de que el estado ha acordado sólo lo que en términos expresos resulta de ello. Vacilar acerca de la extensión del privilegio es estar resuelto y toda resolución que emane de una duda debe ser en contra de la concesión. "Cooley's Constitucional Limitations", páginas 565 y 566, Séptima edición. Y la Corte Suprema de los Estados Unidos ha expresado reiteradamente, en ese mismo sentido, lo siguiente: la regla de interpretación más segura en esta clase de casos es la de que aquella es en contra de la corporación. Toda razonable duda debe ser resuelta en forma adversa. Nada debe tomarse como concedido sino cuando es dado en términos equívocos o por una implicancia igualmente clara. La afirmativa necesita ser demostrada, el silencio es negación y la duda es fatal para el derecho del concesionario. 97 U.S. 659.

La Corte vuelve a mencionar en el caso "Fisco Nacional c. Compañía Dock Sud de Buenos Aires Limitada"[3] este concepto, aunque como veremos más adelante se trata simplemente de un *obiter*. A partir de la década del '90 con ligeras variantes esta cita aparece entre otros en: "Telintar S.A. y otros c. Comisión Nacional de Telecomunicaciones",[4] "Impsat S.A. c. Ministerio de Economía y Obras y Servicios Públicos";[5] "Sideco Americana c. Municipalidad de Bs. As.";[6] "Vicente Robles SAMCICIF c. Estado Nacional";[7] "Sociedad Aeronáutica San Fernando S.R.L. y otros c. Poder Ejecutivo Nacional";[8] "Central Térmica Güemes S.A. c. Ente Nacional Regulador de la Electricidad";[9] "Ángel Estrada y Cía. c. Secretaría de Energía y Puertos";[10] entre otros.

---

[2] Fallos 149:219, 224. En la reproducción de algún fallo se omitió el "1" de 149 y por efecto de la repetición mecánica y sin consultar las fuentes, algún autor la reiteró, sin reparar en que el caso de Fallos 49:224 no tiene punto de contacto con la cuestión.

[3] Fallos 155:12

[4] Cámara Nacional Contencioso Administrativo Federal ("CNACAF"), Sala IV, diciembre 27 de 1994, La Ley Tomo 1995 A, 220.

[5] CNACAF, Sala IV, diciembre 23 de 1996, La Ley 1998-A, 246.

[6] Cámara Nacional de Apelaciones en lo Civil, Sala F, 16 de marzo de 1996, ED 169-487.

[7] Fallos 316:382.

[8] Fallos 323:337.

[9] CNACAF, sala IV, diciembre 5 de 2002, La Ley 2003-D, 1013.

[10] Jurisprudencia Argentina, 2005-III, Edición especial dedicada al caso Ángel Estrada. Ver dictamen del Procurador General.

El propósito del presente trabajo es describir las circunstancias que dieron origen a dicha jurisprudencia en EE.UU., su aplicación por nuestra Corte, las circunstancias que rodearon los casos locales en que se aplicó inicialmente, y efectuar un análisis crítico de su utilidad y validez.

II. El origen de la doctrina citada

Como en muchos otros antecedentes jurisprudenciales del derecho argentino, son los fallos de la Corte Suprema de los Estados Unidos los que le han servido de fuente. En el caso, se trata de la causa "Fertilizing Company v. Hyde Park", fallada en octubre de 1878.

II.1 Los hechos del caso

En marzo de 1867 una ley de la Legislatura de Illinois autorizó a Northwestern Fertilizing Company ("Fertilizing Co.")[11] a establecer y mantener en el condado de Cook, en cualquier lugar del sur de la línea divisoria entre los lotes municipales 37 y 38 instalaciones químicas y de otro tipo, con el propósito de manufacturar y convertir animales muertos y otros restos de animales en fertilizante agrícola y en otros productos químicos y a establecer y mantener depósitos en la ciudad de Chicago con el propósito de recibir y transportar, desde y hacia dicha ciudad, restos de reses y animales muertos que pudiera comprar o poseer o que le fueran enviados por las autoridades de la ciudad u otras personas.

La compañía se instaló dentro de los límites designados en una zona que era casi deshabitada pero que luego paso a formar parte de la ciudad de Hyde Park.

En marzo de 1869 la Legislatura del Estado de Illinois le otorgó a la ciudad de Hyde Park mayores poderes de policía y de gobierno local, entre ellos, el de definir y combatir cualquier molestia que fuera o pudiera ser peligrosa para la salud pública, siempre que el poder de policía en materia sanitaria conferido por esa ley no debería ser ejercido en contra de la Fertilizing Co., en esa ciudad, hasta pasados dos años de la sanción de la ley.

---

[11] Era habitual en aquella época que la creación de una sociedad comercial fuera autorizada por una ley local. Hoy día esa función en general la ejerce el Secretario de Estado estadual por delegación de la legislatura. Ver Black's Law, West Publishing Co., St. Paul, 1991, voz "Charter".

En noviembre de 1872 las autoridades locales adoptaron una ordenanza que prohibía el transporte a través de la ciudad de restos de animales, penándose la infracción con una multa.

En enero de 1873 varios empleados del ferrocarril que transportaban restos de ganado a través de la ciudad hacia la planta de Fertilizing Co., fueron arrestados bajo el cargo de haber violado la ordenanza.

La Corte Suprema del Estado de Illinois confirmó la decisión de la Cámara de Apelaciones correspondiente al condado de Cook que había rechazado la pretensión de la compañía de que no se aplicara la ordenanza.

La compañía acudió a la Corte Suprema Federal. Su principal argumento era que la ordenanza violaba la cláusula contractual de la Constitución de los Estados Unidos[12] ya que el poder de policía de los Estados no podía ejercerse en contra de la ley que aprobaba los estatutos de constitución de la compañía.

II.2 El Fallo

La sentencia confirma el fallo de la Corte Suprema de Illinois por siete votos contra uno.[13] El Juez Miller concurre, Strong disiente y Field no participa en el caso.

---

[12] Art. 1, Sección 10. "Ningún Estado...aprobará...leyes ex post facto o leyes que menoscaben las obligaciones que derivan de los contratos...". Durante los primeros decenios de vida de la Constitución de los Estados Unidos la cláusula contractual fue uno de los principales límites al poder de regulación económica. El principal propósito de la cláusula contractual era limitar el poder de los estados de dictar leyes afectando los contratos entre particulares. Tenía como propósito principal evitar el dictado de leyes que beneficiaran a los deudores ya sea posponiendo pagos, declarando moratorias sobre deudas o autorizando pagos en cuotas o en especie. Sin embargo, las primeras ocasiones de interpretar esta cláusula se dieron en contratos que involucraban al sector público antes que contratos entre particulares. Así en los casos "Fletchet v. Peck, 6 Cranch (10 US) 87 (1810) se declaró inválida una ley de la legislatura de Georgia que anuló un otorgamiento de tierras —posteriormente vendidas— bajo el argumento de la existencia de sobornos. En el caso "Dartmouth College v. Woodward", 4 Wheat (17 US) 518 (1819) también rechazó la pretensión del Estado de New Hampshire de desconocer los derechos otorgados a los Directores en el acta de constitución del colegio. La Corte sin embargo tempranamente impidió una interpretación amplia de esta cláusula para el otorgamiento de privilegios por parte de los estados. En "Providence Bank vs. Billings", 4 Pet (29 US) 521 (1830) por ejemplo, el Juez Marshall rechazó la existencia de una cláusula de inmunidad impositiva implícita en el estatuto de un banco. El Juez Taney, sucesor de Marshall rápidamente desarrolló esta interpretación en el más conocido caso "Charles River Bridge" en 1837 (36 US 420). En él se sostuvo que este estatuto de incorporación de una compañía para operar un puente con peaje no le prohibía al Estado autorizar la construcción de un puente competidor libre de peaje. Allí sostuvo que "Cualquier duda en los términos del contrato debe operar en contra de los emprendedores y a favor del público". Ver Sullivan, Kathleen M. & Gunther, Gerald, *Constitutional Law*, Fourteenth Edition, Foundation Press, New York, 2001, págs. 498-499.

[13] Desde 1869 la Corte de EE UU se componía de nueve miembros.

El juez, Swayne, cuyo voto es el de la mayoría, luego de relatar los hechos y pruebas del caso plantea la cuestión en estos términos: "El apelante sostiene que sus estatutos la protegen del cumplimiento de la ordenanza cuestionada, ya que el estatuto es un contrato con el significado de la cláusula contractual de la Constitución de los Estados Unidos, si ello es así o no, es la cuestión a considerar".[14]

Sostiene inmediatamente después que "la regla de interpretación en este tipo de casos es que cualquier duda razonable se debe resolver en contra de la compañía, nada debe ser considerado como concedido sino es en términos inequívocos o por una implicancia igualmente clara. La afirmativa necesita ser demostrada, el silencio es negación y la duda es fatal para el reclamo. Esta doctrina es vital para el bienestar público y es axiomática en la jurisprudencia de esta corte".[15]

Queda planteado así, prácticamente en el primer párrafo de los fundamentos del voto de la mayoría, la doctrina que años después citaría nuestra Corte.

Cita luego el caso "Providence Bank v. Billings & Pitman"[16] para concluir que existe en este caso el mismo silencio en los estatutos respecto responsabilidad por molestias que el que existía sobre los impuestos en el precedente mencionado. No podía una excepción ser reclamada más en un caso que en otro y el precedente era igualmente categórico para ambos casos.

Un dato que consideró de relevancia la mayoría es que sólo tres días antes de que el estatuto de la compañía fuera aprobado por la legislatura estatal se había señalado en la carta orgánica de la ciudad que el poder de policía de ésta no alcanzaba a aquellos negocios que eran objeto de los estatutos en consideración. Así se pregunta, "por qué si la intención era que la concesión fuera inviolable, no fue también establecida en los estatutos de la compañía así como en la carta de la ciudad." En este caso —a criterio del magistrado— no cabría duda que la restricción sería irrepudiable mientras que en otro podría ser

---

[14] Todas las traducciones son propias.
[15] Cita varios precedentes de la Corte ("Rector of Christ Church v. The County of Philadelphia", "Tucker v. Ferguson" y "West Wisconsin Railroad v. Board of Supervisors"), en los que la propiedad había sido exceptuada temporalmente de obligaciones tributarias, pese a lo cual ciertos impuestos fueron aplicados antes de que expirara el plazo fijado. La Corte sostuvo que se trataba de una liberalidad del estado y que no existía un contrato.
[16] 4 Pet (29 US) 515 (1830). El estatuto que aprobaba la constitución del banco guardaba silencio en materia de impuestos. Ante una ley local que se los impuso, el banco se resistió a pagarlos invocando el caso McCulloch vs. Maryland ("El poder de gravar implica el poder de destruir"). La Corte niega la existencia de una inmunidad impositiva ante el silencio del estatuto.

revocada en cualquier momento. En la revisión hecha en 1869 de la ley orgánica de la ciudad, esta exención fue limitada a dos años. Esto era equivalente a una declaración de que una vez transcurrido ese plazo los plenos poderes de la ciudad serían aplicables en toda la extensión que se encontrara necesaria.

Considera el Juez Swayne que el poder de policía pertenecía a los estados cuando la Constitución Federal fue adoptada, ni entonces ni ahora han renunciado a él. Este se extiende enteramente a la propiedad y los negocios dentro de la jurisdicción local y se basa en el principio fundamental de que nadie puede utilizarlos de forma de causar un daño a otros.[17]

Finalmente sostuvo que "la fábrica podía ser mudada al sur de la línea originalmente establecida y que los restos que trataba fueran transportados por otro ferrocarril que no tuviera objeciones legales. En ese sentido la compañía era enteramente libre de elegir esa ubicación. El estatuto era una licencia suficiente hasta que fuera revocada pero no podía ser visto como un contrato garantizando que en la localidad originalmente elegida habría una exención por cincuenta años del ejercicio del poder de Policía del Estado no importa cuan serio pudiera ser en el futuro el daño ocasionado a la localidad vecina. Los propietarios no tenían ese derecho antes de que se produjera la constitución de la compañía y creemos que la ley que aprueba su estatuto no se lo ha dado".

El Juez Miller concurre con el voto anterior pero no coincide con los fundamentos. Sostiene que esa Corte ha decidido reiteradamente que un Estado puede por contrato negociar su poder tributario y luego ese contrato no puede ser desconocido, con mucha más razón puede celebrar un contrato para que por un tiempo determinado se auto limite en el ejercicio de poder de policía.

---

[17] "Que existía un daño de carácter flagrante como lo determinó el Tribunal Inferior, no es controvertido. No podemos dudar que el Poder de Policía del estado era aplicable y adecuado para proveer un remedio efectivo. Ese poder pertenecía a los estados cuando la constitución federal fue adoptada. No fue renunciado y todos lo poseen ahora. Se extiende a toda propiedad de negocio dentro de la jurisdicción local. Ambos están sujetos a él en todos los casos que corresponde. Descansa en el principio fundamental de que cada uno debe hacer uso de su propiedad de modo tal de no causar un daño al otro. Regular y eliminar los daños es una de sus funciones ordinarias. Los casos juzgados en que su ejercicio involucraba franquicias otorgadas a sociedades son numerosos." A continuación cita los siguientes casos "Coates v. The Mayor and Aldermen of the City of New York" (7 Cow NY 585); "Brady v. Wicks" (3 Barb NY 157); "Beer Company v. The Commonwealth"; "Beer Company v. Massachussets".

Si el beneficio de la comunidad requiriera en el futuro que se destruyan los derechos de la compañía bajo ese contrato, entonces la comunidad entera debería pagar por ello expropiándolos por razones de interés público.

Coincide con el juez Swayne en que estos contratos deben estar claramente redactados y que los poderes de la legislatura pueden ser sólo limitados por términos expresos del contrato o por lo que está necesariamente implícito en ellos.

A su criterio, la compañía tiene dos derechos correlativos con relación a los residuos de los mataderos de Chicago. Uno es tener dentro de los límites de la ciudad depósitos para recibirlos y el otro el de transportarlos a un lugar en el Condado de Cook al sur de la línea que divide los lotes municipales 37 y 38. La legislatura del estado no está limitada por contrato a localizar dichos depósitos dentro de la ciudad donde la salud de los habitantes lo requiera. Otro tanto sucede respecto del derecho a establecer la planta de tratamiento.

Ante el argumento que sostiene que el único ferrocarril a través del cual la compañía puede realizar el transporte pasa por la ciudad de Hyde Park y que la ordenanza es fatal para el uso del camino, señala que el Estado no contrató con la compañía que podía transportar los restos por ese ferrocarril y menos por ese camino.

En síntesis, en opinión del Juez Miller, dentro de los límites designados originalmente existe un amplio espacio en el cual la compañía puede ejercer los derechos que le fueron otorgados por contrato sin violar las ordenanzas de Hyde Park. Su poder de regulación por razones de higiene y salud es consecuentemente válido y no infringe el contrato. En otras palabras, el contrato no otorgaba a la compañía los derechos que esta invocaba.

En juez Strong disiente. En primer lugar señala que había que tener en cuenta el contexto en el que la compañía fue autorizada a operar. Fundamentalmente indica que la actividad de los mataderos y características geográficas de la ciudad de Chicago hacían necesario que los restos provenientes de esta industria fueran transportados fuera de ciudad, hacia un lugar donde no perjudicaran a la población o al menos perjudicaran a un número muy bajo de personas.[18]

Reputa de naturaleza contractual al estatuto de constitución de la compañía y que no existía el alegado daño desde el punto de vista

---

[18] En este sentido, señala que la localidad elegida era una zona de pantanos escasamente poblada y lo seguía siendo al momento de decidirse el caso.

jurídico porque él había sido autorizado por la Legislatura para aliviar a una gran comunidad de un perjuicio aún mayor.

Admite en su máxima extensión aquellas reglas según las cuales los estatutos de las sociedades privadas deben ser interpretados en contra de ellas y "que nada debe ser entendido como concedido si no lo es en términos expresos o implícitamente claros, pero esta regla de interpretación tiene que ser consistente con otra igualmente establecida, que es que los estatutos deben recibir una razonable interpretación en función de los propósitos con los que ellos fueron establecidos. Toda facultad otorgada debe incluir necesariamente aquello que es indispensable para que pueda ser ejercida."

Así, considera que por su contrato con el Estado, la compañía recibió los siguientes tres derechos: (i) a establecer y mantener en el condado de Cook al sur de la línea divisoria entre los lotes municipales 37 y 38 establecimientos para convertir restos de animales en fertilizantes; (ii) a establecer depósitos para recibir y transportar esa materia desde Chicago y (iii) a transportar esa materia de los depósitos a su planta en el condado de Hyde Park. Luego de admitir que el estatuto no designaba expresamente el lugar en el que se podía instalar la compañía, sostiene que una vez que ella se ha instalado y ha hecho fuertes inversiones para ello no es legítimo imponerle su desplazamiento. De lo contrario, si esto fuera admitido en una ocasión, podría serlo en otras, de modo tal que finalmente ninguno de sus derechos pueda ser ejercido.[19]

Asimismo, con cita a Cooley, sostiene que el poder de policía tiene ciertos límites, en especial cuando se ejerce contra personas jurídicas privadas: "El ejercicio del poder de policía en estos casos debe ser así: las regulaciones deben referirse al confort, seguridad o bienestar de la sociedad; ellas no deben estar en conflicto con ninguna de las provisiones del estatuto y no pueden bajo la pretensión de la regulación privar a la compañía de cualquiera de sus derechos esenciales y privilegios que la Carta les otorga. En suma, debe tratarse de un efectivo ejercicio del poder de policía y no modificaciones a los estatutos en detrimento de las franquicias otorgadas a la corporación".[20]

Finalmente sostiene que la decisión deniega el poder de la Legislatura para establecer durante períodos limitados de tiempo lo que de otra manera sería considerado una acción perjudicial. Ella permite a una Legislatura posterior privar sin compensación derechos que una

---

[19] Así, por ejemplo, podría válidamente determinar que el transporte de la materia sea hecho en vagones cerrados u otras medidas similares.

[20] Cooley, Constitutional Limitations. 577, citado por el juez Strong.

anterior ha otorgado y por el cual se han hecho inversiones y, en el caso, convierte en imposible la remoción de Chicago de los desperdicios de los mataderos, ya que la ordenanza podría ser imitada por cualquier municipalidad vecina.

Como se ve tampoco para la disidencia había duda sobre los derechos otorgados.

Los tres votos coinciden en la interpretación restrictiva de los derechos otorgados a las personas jurídicas[21] pero al mismo tiempo no manifiestan duda sobre la inexistencia o existencia, según el caso, de los derechos otorgados.[22]

La aplicación del principio debería haber llevado a que, en orden lógico, primero se tratara de discernir si existía alguna duda o no en cuanto a lo concedido y luego, si la hubiera, aplicar el criterio señalado para resolver el caso. Sin embargo la mayoría recorre el camino inverso y finalmente no necesita acudir al criterio interpretativo pues a su entender no había duda sobre los derechos otorgados.

III. Aplicación de la doctrina en nuestro país

III.1 Santamaría Antonio c. Gobierno de la Provincia de Santa Fe

Como se señaló, este es el primer caso en el que se hace alusión al criterio de interpretación en cuestión. La actora cuestionaba el pago de un derecho aplicado por la Municipalidad de Rosario y una multa invocando la existencia de una exención impositiva a perpetuidad para

---

[21] Este hecho es juzgado como muy relevante por el Juez Swayne quien sostiene que las personas jurídicas sólo pueden hacer aquello expresamente permitido por sus estatutos, mientras que las personas físicas sólo tienen vedado hacer aquello que la ley no prohíbe.

[22] De los hechos expuestos surge que el caso guardaba una similitud notable con nuestro conocido *leading case* "Saladeristas de Barracas". Como se recuerda, nuestra Corte resuelve el caso con fundamento en el legítimo ejercicio del poder de policía de salubridad e higiene señalando en particular "Que las autorizaciones en virtud de las cuales se forman los establecimientos de industria, no tienen el carácter de una ley que ligue al poder administrativo, *ni el carácter de un contrato civil que obligue al Estado para con los industriales*, se sigue que estos no pueden oponer al Estado estas autorizaciones como un título que le da el derecho de mantener su establecimiento a despecho de los peligros y los inconvenientes que puedan presentar, o el derecho de ser indemnizados cuando la autoridad administrativa para poner fin a estos peligros, los manda cesar, o modificar las condiciones de su explotación" (el subrayado me pertenece). A tenor de este considerando cabe preguntarse si se hubiera arribado a una solución diferente en caso de existir un contrato o si hubieran —aún así— primado otras consideraciones del fallo, vinculadas a la salubridad. Lo cierto es que, finalmente, una ley de 1875 permitió la continuidad de los establecimientos (Ver un relato de la evolución de la contaminación en el Riachuelo en La Nación del 21 de junio de 2005).

la producción de gas hidrógeno. La provincia sostuvo sin embargo, que tal exención no existía y que solamente se trataba de un privilegio temporario de 20 años que ya había caducado. La Corte rechazó la demanda.[23] En lo que interesa sostuvo:

> Que para la interpretación de un contrato, cuando sus términos no sean bastantes explícitos, como sucede en este caso, para inquirirle cuál ha sido la voluntad de las partes, debe ella deducirse del contexto general del documento, como sus diversas disposiciones o actos de las partes contratantes, según es doctrina consagrada por las leyes, como por los diversos fallos de esta Corte (art. del art. 218 del Código de Comercio (tomo VIII, página 343 y tomo XXIV, página 56).
>
> Que, por otra parte, tratándose de privilegios, siempre odiosos y en especial de aquellos cuyo uso pueda afectar intereses o derechos de otros, deben estos privilegios recibir una interpretación restrictiva, en el sentido de no estorbar el derecho de terceros emanados de la Constitución Nacional (art. 14) a ejercer esa misma industria, como también el de no privar a los poderes públicos de su facultad de hacer nuevas concesiones administrativas, o de legislar con fines análogos. (arts. 14 y 17; tomo X, pág. 427)

Como se ve, en primer lugar, acude a un criterio de interpretación que encuentra su fundamento en la buena fe y la conducta de las partes. Cuando se refiere a la interpretación restrictiva lo hace en el contexto de privilegios, criterio que es pacífico en esta materia, pues supone una excepción a un régimen general.

III.2 Compañía Swift de La Plata c. el Gobierno de la Nación

Como ya se indicó, este caso transcribe lo sostenido por el Juez Swayne en el caso "Northwestern Fertilizing Co. v. Hyde Park". Sin embargo, el mismo fallo tiene otras cuestiones de interés y vinculadas a esa cita que luego han sido soslayadas. Allí también se sostuvo:

> Que la interpretación de la concesión debe obtenerse haciendo concurrir a la solución todas las cláusulas que se encuentren vinculadas entre sí y salvando en lo posible las deficiencias de expresión siempre frecuentes en actos de esta naturaleza. No es dudoso que los artículos 1º y 2º

---

[23] En un caso anterior entre las mismas partes (Fallos 54:564) se había sostenido que los impuestos percibidos antes de la fecha de expiración de la franquicia (20 años) debían ser restituidos a la empresa con los intereses correspondientes.

definen lo que constituye el objeto de la concesión: establecer una fábrica congeladora de carnes en el terreno ocupado por los Sres. Sabala y Cía. en el gran dock del puerto de La Plata. El fin de la concesión constituido en el artículo 1º, no por el establecimiento de una fábrica congeladora de carne para lo cual sólo se necesita un permiso, sino por el uso del terreno de propiedad de la provincia, situado dentro de la zona del puerto de La Plata. Y esa autorización para usar del terreno de propiedad del Gobierno de la provincia según el derecho conferido por el artículo 2º de cargar en los muelles que ocupan todos los productos de dicha fábrica. Esos dos artículos contienen los derechos que la concesión otorga.

Como se puede apreciar aquí también existe una invocación a agotar en primer lugar otros criterios de interpretación antes de acudir al de la "duda en contra del concesionario". Más importante aún resulta que lo debatido, y a lo que eventualmente se aplica el principio citado, es al objeto de la concesión y no a cualquier cláusula de ella. Tampoco parece haber duda para la Corte sobre lo concedido. Finalmente cabe señalar que el conflicto se originaba a partir de una cláusula destinada a establecer las obligaciones del concesionario a partir de la cual éste sostenía que ella también se refería a lo concedido.[24]

III.3 Fisco Nacional c. Compañía Dock Sud de Buenos Aires Limitada

Por la ley Nº 2.346 del 19 de octubre de 1888 se había concedido a los señores Paul Angul y Compañía (la empresa Dock Sud es su

---

[24] Como derecho por el uso del terreno, muelles y guinches con la correspondiente fuerza motriz, la empresa entregará diariamente al Fisco de la provincia por intermedio de la oficina de recaudación del puerto, 5 centavos moneda nacional por cada animal lanar, 10 por cada porcino y 20 centavos de igual moneda por cada vacuno que sacrifique en el establecimiento (artículo 6º).
La Corte entiende que "Esta facultad de acuerdo con los artículos 1º y 2º comprende, desde luego, el uso del terreno y el uso de los muelles correspondientes al mismo. Pero, este artículo 6º enumera también el "uso de los guinches" con la correspondiente fuerza motriz. Y no obstante aparecer estos vocablos por primera vez en las cláusulas de la concesión debe, sin embargo, pensarse que su concepto se haya sobreentendido en alguno de los dos artículos que anteriormente han definido el objeto de la misma. No se concebiría en efecto, que en el artículo destinado a enumerar las cargas pecuniarias de la compañía se volviera sobre el alcance ya definido de la concesión para ampliarlo con algún derecho no enumerado en su momento. Lógica y jurídicamente aquellas deben corresponder exactamente a los privilegios otorgados." (considerando 5º).
La Corte entiende que el uso legítimo por el concesionario sólo corresponde en la hipótesis a descargarse los productos de la fábrica ya que en ninguna hipótesis los introducidos del exterior podrían revestir tal carácter. La enumeración del artículo 6º en cuanto al uso de los guinches como lo relativo a los muelles, debe, ser interpretado con la limitación emergente del artículo 2º (es decir, sólo para cargar).

sucesora) el derecho de excavar y de explotar por su cuenta un canal de navegación partiendo del antepuerto del Riachuelo hacia el este hasta las inmediaciones de una estación ferroviaria. En contraprestación le confería como título compensatorio la mitad de los derechos que se cobren en el canal y la totalidad de los de muelle, almacenaje y eslingaje.[25]

El Fisco Nacional sostiene que en función de ese artículo no está obligado a entregar a Dock Sud la mitad de los derechos de puerto, pues lo que él percibe en relación a los barcos que entran en aquél no se cobran en el canal materia de la concesión, sino en la entrada del puerto de absoluto dominio del Estado y que le corresponde la mitad de los derechos de "permanencia" porque es un impuesto de puerto que el Estado cobra de todas las embarcaciones que están fondeadas dentro de la jurisdicción portuaria. El Dock Sud entiende a su turno, interpretando el mismo precepto, que le corresponde el 50% de los derechos que el puerto de la Nación cobra para sí y niega a ésta toda participación en el derecho de permanencia a título de ser parte integrante del derecho de muelle que la concesión le atribuye en su totalidad.

La Corte interpreta que la habilitación posterior del puerto de Buenos Aires —que hacía necesario un mayor dragado del canal de acceso— no alteraba el derecho del Dock y que los derechos de entrada al puerto que corresponden para los buques que en lugar de permanecer en el puerto de Buenos Aires operen en el Dock y que por consiguiente la empresa cobre, pertenecen por mitad al gobierno y por mitad a ella.[26]

Reconoce la sentencia que "...la regla más segura en materia de interpretación de concesiones es la de que toda duda debe ser resuelta en sentido adverso al concesionario, porque nada debe tomarse como concedido sino cuando es dado en términos inequívocos o por una implicancia igualmente clara..." pero, al mismo tiempo "...que la solución alcanzada no deja resquicio a la duda y es además la que consulta en mayor grado la equidad y la justicia..."

Respecto del derecho de permanencia la Corte entendió que éste no era un desmembramiento del de muelle y que el Dock no podía pretenderlo, pues su derecho no podía ir más allá de lo que la concesión define y enumera. De ninguna de sus cláusulas resulta directamente ni

---

[25] El artículo 8 decía: "los derechos de puerto que se cobren en el canal corresponden por mitad al gobierno y a los concesionarios. Los de muelle, almacenaje y eslingaje pertenecen a la empresa. Las tarifas serán fijadas por la empresa con intervención del P.E., pero en ningún caso serán menores que las que se cobren en el muelle y depósitos del Estado en el puerto de la capital."

[26] Los derechos no se cobraban "en el" canal —se los abonaba en el puerto— sino por su uso, y atracar en el puerto era la razón de uso del canal. Ver Fallos 155:12, 37.

por necesaria implicancia la limitación para el concedente de crear, en virtud de sus facultades impositivas, nuevos tributos desmembrados de los ya existentes siempre que al hacerlo no se disminuyan los expresamente garantizados al concesionario.[27] En efecto, sostiene a continuación:

> Debe observarse, además, que tratándose de la construcción de una obra pública que requería el levantamiento de los capitales necesarios para llevarla a término, ni el concesionario ni el gobierno, éste, al autorizarla y, aquél, al aceptarla han podido creer que las entradas llamadas a procurar el rendimiento y amortización de tales capitales habrían de quedar supeditadas a los cambios y fluctuaciones de la legislación que en el futuro se fuera dictando. Desde luego porque sin ninguna base concreta, ningún cálculo por el costo y producido de la obra era factible y además porque no es de presumir que el concedente se reservase la facultad de alterar y de hasta suprimir mediante sus facultades administrativas o indirectamente mediante otras leyes, los derechos acordados en el acto de la concesión, sin ninguna indemnización. El éxito del sistema de concesiones como instrumento para promover el bienestar general, mediante la colaboración de los capitales privados, finca cabalmente en el estricto y leal cumplimiento de las obligaciones convenidas.

IV. Alcance y valoración crítica de la doctrina

De los casos citados, se pueden extraer una serie de conclusiones, a saber:

En todos los casos se trataba de discernir el objeto de lo concedido y no de interpretar cualquier cláusula de un contrato. Por ello considero errado invocar esta cláusula ante cualquier contradicción o duda que surja en el curso de la vida de un contrato de un concesionario o licenciatario de servicios públicos.

En este sentido, el voto del Dr. Moliné O'Connor en el caso "Robles" plantea —a mi modo de ver— adecuadamente la cuestión:

> Que, a esta altura, también resulta necesario advertir que no se presenta en la especie el supuesto de duda acerca del alcance de lo que se debe tomar como concedido a favor del concesionario y menos aún que la interpretación que corresponda en materia de franquicias o privilegios. Como ya se ha visto, se trata, en rigor, de dilucidar —frente a una incon-

---

[27] En el caso, el Dock no sólo seguía percibiendo el derecho de muelle sino también la mitad del de permanencia, lo que representaba para él una nueva utilidad derivada de la actividad legislativa del gobierno. El derecho de permanencia era concebido como un derecho de puerto por la ley 3756 (era el impuesto que debían abonar los barcos dentro del puerto por ese simple hecho y con toda prescindencia del uso de los muelles).

ciliable contradicción— cuál es la norma que debe regir el destino final de determinados bienes amparados, como principio, también en materia de concesiones, por la inviolabilidad de la propiedad. (Fallos 201:432, 204:626- La Ley 38-452, 43-436)

En todos los casos hubo coincidencia de que en caso de dudas respecto de lo concedido debía interpretarse en contra del concesionario. Sin embargo, al mismo tiempo, para los distintos tribunales intervinientes no existían dudas acerca de los derechos otorgados.

Ello así, el criterio se presenta como de utilidad práctica limitada y parece haber sido mencionado en algunos casos "a mayor abundamiento". Sea como fuere, él exige agotar antes otras pautas de interpretación para, si subsiste la duda respecto de lo concedido, acudir entonces a él.

Ello está avalado por la tarea interpretativa de los tribunales intervinientes, los que en todos los casos señalaron la necesidad de aplicar otros criterios de interpretación, incluso para salvar defectos de redacción de las cláusulas en cuestión.

Ello encuentra su razón de ser en otros principios, al menos de igual jerarquía al aquí analizado, como el de la buena fe y sus particulares derivaciones. Así, expresó la Corte Suprema de Justicia de la Nación que "todo contrato —sea cual fuere su naturaleza— debe celebrarse, interpretarse y ejecutarse de buena fe de acuerdo a lo que las partes entendieron o pudieran entender, obrando con cuidado y previsión, principios aplicables al ámbito de los contratos regidos por el derecho público".[28]

---

[28] Fallos 311:376 y 316:212. En este sentido, no puede dejar de ponderarse que si se tiene conocimiento de contradicciones o dudas ciertas en cuanto a la interpretación de cláusulas de una licitación, un deber de diligencia impone efectuar la consulta correspondiente (arg. Art. 902 C. Civ) bajo pena de no poder invocar luego su propia torpeza (arg. Art. 929 c. Civ). Tal la doctrina de Fallos 316:382 y casos allí citados. Ello tampoco puede llegar al absurdo de convertir al oferente en un adivino que para evitar este riesgo deba imaginar en la etapa de selección del prestador la mayor cantidad de hipótesis de dudas e interpretaciones posibles a que den lugar las cláusulas del pliego, contrato y demás normas aplicables, para obtener una aclaración que evite que sea sorprendido en el futuro con una interpretación automática en su contra. Asimismo, no es menos cierto que idéntico deber pesa en cabeza del organismo licitante si él advierte dudas u oscuridades en el texto. Debe recordarse siempre que se ha afirmado expresamente que este principio [buena fe] impide al Estado actuar como si el contrato se tratare de un mero negocio lucrativo del que debe obtener la mayor cantidad de ganancias legítimas en perjuicio del contratista. (CNACAF, Sala IV, "Incofer S.A. c/ Ferrocarriles Argentinos", fallo del 26/8/1986). Respecto de la aplicación del principio de la buena fe en derecho administrativo señala Gordillo que "se vulnera este principio jurídico si el órgano que desempeña el ejercicio de una potestad pública use ésta de mala fe utilizando artimañas —por acción u omisión, incluso el silencio— para llevar a

Así se ha sostenido que "una derivación del principio de la buena fe de acuerdo a las sentencias de los tribunales argentinos dice que la interpretación de expresiones dudosas en el contrato debe formularse en contra de quien las ha redactado por resultar contrario a un hombre honrado lucrar a costa de términos imprecisos."[29]

Tal es también la conclusión aplicable en materia de contratos de adhesión, característica de la cual participan los contratos administrativos. En efecto, señala Gordillo como una nota característica de los contratos administrativos la ausencia de libertad contractual de las partes, lo que lo lleva a calificar al contrato administrativo como un típico contrato de adhesión.[30]

Así lo ha sostenido la jurisprudencia de la Corte Suprema de la Argentina que en el caso "Dulcamara" dijo que: "El procedimiento que regla la manifestación de la voluntad contractual administrativa, es la adhesión del cocontratante a cláusulas prefijadas por el Estado. La fusión de voluntades se opera sin discusión porque el oferente debe aceptar las cláusulas contractuales preparadas y redactadas por el licitante."[31]

El origen remoto de la jurisprudencia en el derecho de EE UU está en el silencio respecto de exenciones tributarias o en el carácter de liberalidad y no de contrato de tal exención. En el caso Santamarina no se consideró que las exenciones tributarias fueran simples liberalidades, sino que el plazo por el que habían sido otorgadas había caducado.

En los antecedentes locales se había concedido un privilegio. En el caso de privilegios para determinar el carácter restrictivo de los mismos no es necesario acudir a la doctrina de "Northwestrn Fertilizing co v. Hyde Park" sino al criterio específico que considera a estos de interpretación restrictiva en tanto suponen excepciones a reglas generales.[32]

En síntesis, de trata de un criterio de interpretación que — pese a su prolífica difusión en épocas recientes— tiene una utilidad

---

engaño o error a un particular..." Gordillo, "Tratado ...", ob. cit., pág. X-XXXIV. Por su parte, la Procuración del Tesoro ha sostenido desde antiguo que "el Estado Nacional, persona ética por excelencia debe actuar no sólo en el orden jurídico sino también en consideración a la equidad y a los principios que lo informan" (dictamen del 17 de abril de 1986).

[29] Cámara Nacional Civil, Sala G, fallo del 28/10/1981, El Derecho, T. 99, pág. 726, sumario 29.
[30] Gordillo, Agustín, "Tratado de Derecho Administrativo", T I, Fundación de Derecho Administrativo, Buenos Aires, 1998, pág. XI-XXXVI.
[31] Fallos 313: 376, voto concurrente del Dr. Fayt, considerando 11.
[32] Fallos 315:2530; 311:1249.

relativa por su carácter residual, ya que exige agotar otras pautas de interpretación —entre ellas el de la buena fe, principio rector en materia de interpretación contractual— y acotada, si luego de ello subsisten dudas, a la determinación del objeto de lo concedido.[33]

Informação bibliográfica deste texto, conforme a NBR 6023:2002 da Associação Brasileira de Normas Técnicas (ABNT):

HUICI, Héctor. Acerca de la interpretación restrictiva de concesiones y licencias en el derecho administrativo argentino. In: SILVEIRA, Raquel Dias da; CASTRO, Rodrigo Pironti Aguirre de (Coord.). *Estudos dirigidos de gestão pública na América Latina*. Belo Horizonte: Fórum, 2011. v. 1, p. 149-164. ISBN 978-85-7700-432-4.

---

[33] En este sentido, y más allá del acierto o no de la decisión, el caso "Telintar" sirve de ejemplo pues se debatía en torno de los servicios incluidos dentro de la exclusividad otorgada a la empresa o sea, el objeto de su licencia. Sin perjuicio de ello la solución podía fundarse directamente en el carácter restrictivo de los monopolios. En otro casos, por ejemplo "Robles" o "Estrada", claramente no estaba en discusión el objeto de lo concedido.

Inércia Inconstitucional Causadora de Danos Iníquos: Responsabilidade Civil Proporcional do Estado

Juarez Freitas

Sumário: 1 Introdução – **2** Desproporcionalidade e a omissão inconstitucional do Estado-Administração – **3** Conclusões

1 Introdução

Urge, para que não persista o quadro grave de omissivismo inconstitucional, nas relações administrativas, desfazer o acumpliciamento patológico com ações e omissões causadoras de danos especiais, anômalos e juridicamente iníquos.

Nesse contexto, indispensável, sem esquecer as providências fiscais e macroeconômicas complementares, ousada e destemida releitura da responsabilidade civil do Estado, por ações e omissões desproporcionais, numa ligação direta com o dever de forçar o Estado a assumir os novos desafios estratégicos da gestão pública contemporânea. Ligação apta a, no limite, induzir que o Estado-Administração aplique a Constituição *em tempo útil e de ofício*, cumprindo zelozamente os deveres indeclináveis por ela estatuídos. Deveres precípuos de universalizar educação e reeducação, saúde física e mental, segurança, saneamento, habitação regular, ambiente limpo e sustentável, alimentação adequada e todos os demais deveres correlacionados ao direito fundamental à boa administração pública.

Cumpre fazê-lo para que se instaure, entre nós, a guarda ampliada e efetiva da constitucionalidade,[1] a ser produzida *também* pela própria Administração Pública. Certo: em sua época, representou avanço pretender que administrar seria aplicar a lei de ofício, sem rendição a subjetivismos.[2] Absorvido isso, importa agora dar passo adiante e sustentar que *administrar é aplicar a Constituição em tempo útil e de ofício*. O que não exclui a legalidade, mas insere o compromisso de garantir eficácia à rede complexa de princípios e direitos fundamentais, entre os quais o princípio da responsabilidade.

Dessa maneira, o Estado-Administração brasileiro precisa, sem evasiva protelatória, prontamente compensar e, de preferência, *evitar* (com prevenção e precaução) *os danos oriundos de toda e qualquer atuação administrativa desproporcional por excesso ou inoperância*, no atendimento, constitucionalmente imperativo, dos direitos fundamentais de todas as dimensões.

É o momento, pois, de repensar a responsabilidade civil do Estado Constitucional, em sintonia com *o primado dos direitos fundamentais*, notadamente educação e saúde. *O Estado existe para os direitos, não o contrário*. Existe para salvar, não para ofender ou prejudicar. *Existe para prevenir, não para chegar tarde*. Existe para a impessoalidade, não para os caprichos das dominações emotivistas. Existe para promover o desenvolvimento humano, não para cultuar o crescimento hiperconsumista, a qualquer preço. Existe para a *consciência cidadã*, não para enganar os consumidores vulneráveis das políticas públicas.

As considerações subsequentes somente cobram pleno significado se encartadas nesse horizonte finalístico e constitucionalmente transformador, no qual se abandonam os grilhões do patrimonialismo indefensável. Não se trata, porém, de considerar ingenuamente que as indenizações ou compensações resolvem tudo, já que o crucial é criar a atmosfera *antecipatória* da sustentável responsabilidade (pública e particular) perante os direitos fundamentais, de sorte que os danos causados por ação ou omissão não aconteçam ou definitivamente deixem de ocorrer. Em síntese, *a meta prioritária é a de evitar os custos diretos e colaterais dos sofrimentos provocados por ações e omissões estatais injustas.*

---

[1] Para aprofundar os argumentos em favor da guarda ampliada da Constituição, *vide* meu artigo "O controle de constitucionalidade pelo Estado-Administração". *A&C – Revista de Direito Administrativo & Constitucional*, Belo Horizonte, ano 10, n. 40, p. 217-238, abr./jun. 2010. *Vide*, sobretudo, o meu livro *O controle dos atos administrativos e os princípios fundamentais*. 4. ed. São Paulo: Malheiros, 2009.

[2] *Vide* a contribuição de Miguel Seabra Fagundes *In*: *O controle dos atos administrativos pelo Poder Judiciário*. Rio de Janeiro: Forense, 1957. p. 17.

2 Desproporcionalidade e a omissão inconstitucional do Estado-Administração

Redimensionada, a responsabilidade civil do Estado passa a ser entendida no consórcio indissolúvel com a proporcionalidade que veda, ao mesmo tempo, ações e omissões antijurídicas.

Impende observar, com grande reserva, a reserva do possível, dado que, a rigor, quando configurado o nexo de causalidade, apresenta-se descabida e inadequada qualquer invocação de impossibilidade. Nessa medida, proveitoso consolidar séria, audaciosa e madura reinterpretação da responsabilidade civil do Estado, acolhendo a relação, na margem,[3] entre proporcionalidade, prevenção e responsabilidade, no exame seguro e criterioso da imputação do nexo causal.

Com o fito de sensibilizar para a ótica preconizada, eis, desde logo, assertivas que servem para desacomodar criticamente, assim como para sinalizar indícios de possível avanço paradigmático, no rumo complexo da conjugação tópico-sistemática da proporcionalidade, da equidade e da responsabilidade extracontratual do Estado, do qual finalmente se espera suficiência na solicitude:[4]

(a) configura-se lesiva omissão inconstitucional — causadora de incontroverso dano juridicamente iníquo — o descumprimento do dever de matrícula de criança em creche pública, tendo em conta a aplicabilidade direta e imediata do direito fundamental à educação,[5] correlacionado intimamente ao direito fundamental à boa administração;

(b) ao Poder Público cumpre conferir "absoluta prioridade" ao que a Carta designa como tal,[6] motivo pelo qual não se admite invocar a discricionariedade administrativa ou a reserva do

---

[3] Sobre decisões na margem, *vide* Paul Krugman e Robin Wells *In*: *Introdução à economia*. Rio de Janeiro: Campus, 2007. p. 139-154.

[4] *Vide*, sobre a solicitude requerida, Sérgio Buarque de Holanda *In*: *Raízes do Brasil*. Rio de Janeiro: José Olympio, 1987. p. 131.

[5] *Vide* RExt-AgR nº 410.715/SP, Rel. Min. Celso de Mello, no sentido de reputar esta uma "inaceitável omissão governamental."

[6] Uma dada alteridade textual não pode ser simplesmente suprimida, sob pena de demasiada imposição subjetivista do intérprete. *Vide*, a propósito, o art. 227, da CF, ao exigir determinada priorização que se completa, é claro, na fundamentada e modulada hierarquização axiológica como tarefa decisiva do aplicador: "É dever da família, da sociedade e do Estado assegurar à criança, ao adolescente e ao jovem, com absoluta prioridade, o direito à vida, à saúde, à alimentação, à educação, ao lazer, à profissionalização, à cultura, à dignidade, ao respeito, à liberdade e à convivência familiar e comunitária, além de colocá-los a salvo de toda forma de negligência, discriminação, exploração, violência, crueldade e opressão."

possível para deixar de implementar, por exemplo, programas de atendimento às crianças[7] vítimas de abusos sexuais;

(c) resulta mais do que configurado o nexo de causalidade entre a inércia inconstitucional e o evento danoso, na circunstância explícita da negligência estatal de vigilância do apenado que, após reiteradas fugas, prejudica criminosamente a terceiro;[8]

(d) configura-se o nexo de causalidade entre o óbito por dengue hemorrágica e a nítida (no caso) omissão dos agentes públicos, nessa qualidade, que poderiam tê-lo evitado e não o fizeram, ou seja, não tomaram providências acautelatórias que se impunham e que eram insofismavelmente viáveis;[9]

(e) desponta robusto o nexo de causalidade entre a morosidade imotivada do Estado-Administração, ao retardar apreciação de pedido[10] e o dano iníquo ao postulante;

(f) a omissão injustificável do policiamento ostensivo, em "locais notoriamente passíveis de práticas criminosas violentas", pode vir a compor, em determinadas circunstâncias específicas, a rede de causalidade do dano iníquo;[11]

(g) se o Estado inerte contribuiu para danos ambientais causados à unidade de conservação, por falta da prevenção devida, isto é, por omissão do exercício regular do poder de polícia ambiental, responde solidariamente, sem prejuízo de buscar o ressarcimento do causador "direto".[12]

---

[7] *Vide*, sobre o afastamento da invocação da reserva do possível, RExt nº 482.611/SC, Rel. Min. Celso de Mello.

[8] *Vide*, a respeito da responsabilidade objetiva do Estado por omissão, RExt nº 573.595, AgR/RS, Rel. Min. Eros Grau.

[9] *Vide* REsp nº 1.133.257/RJ, Rel. Min. Luiz Fux.

[10] *Vide* REsp nº 1.052.461/MS, Rel. Min. Teori Zavascki.

[11] *Vide* STA, Rel. Min. Celso de Mello: "(...) Na espécie, o agravante, que teria ficado tetraplégico em decorrência de assalto ocorrido em via pública, ajuizara a ação indenizatória, em que objetiva a responsabilização do Estado de Pernambuco pelo custo decorrente da referida cirurgia, 'que devolverá ao autor a condição de respirar sem a dependência do respirador mecânico'. Entendeu-se que restaria configurada uma grave omissão, permanente e reiterada, por parte do Estado de Pernambuco, por intermédio de suas corporações militares, notadamente por parte da polícia militar, em prestar o adequado serviço de policiamento ostensivo, nos locais notoriamente passíveis de práticas criminosas violentas, o que também ocorreria em diversos outros Estados da Federação. Em razão disso, o cidadão teria o direito de exigir do Estado, o qual não poderia se demitir das consequências que resultariam do cumprimento do seu dever constitucional de prover segurança pública, a contraprestação da falta desse serviço. Ressaltou-se que situações configuradoras de falta de serviço podem acarretar a responsabilidade civil objetiva do Poder Público, considerado o dever de prestação pelo Estado, a necessária existência de causa e efeito, ou seja, a omissão administrativa e o dano sofrido pela vítima, e que, no caso, estariam presentes todos os elementos que compõem a estrutura dessa responsabilidade."

[12] *Vide* Resp nº 1.071.641-SP, Rel. Min. Herman Benjamin.

Pois bem: para sustentar asserções desse calibre, de maneira consistente e sem endossar o paternalismo temerário do Estado segurador universal, a responsabilidade extracontratual do Estado precisa ser reequacionada à luz forte do primado eficacial do direito fundamental à boa administração e[13] da correspondente ultrapassagem da cultura de dominação neocolonial das vontades particularistas, pouco ou nada propensas a acolher o objetivismo da proba impessoalidade e o ativismo da equidade e da eficiência, na gestão pública.

Desse modo, a responsabilidade civil do Estado merece ser compreendida como *o dever das pessoas jurídicas de direito público e de direito privado prestadoras de serviço público* lato sensu *de indenizar ou compensar, independentemente de considerações sobre culpa ou dolo, os danos materiais ou imateriais, individuais ou transindividuais, causados desproporcionalmente a terceiros pelos seus agentes, nessa qualidade, por ação ou omissão.*[14]

O primado consequente do direito fundamental à boa administração pública demanda assimilar, vez por todas, o princípio da proporcionalidade como proibição de excesso e simultânea vedação de inércia ou de inoperância.

Justamente em sintonia com a perspectiva vinculante da equidade, impõe-se o combate incessante e infatigável contra o culto irracional do *status quo* omissivista. Nessa linha, o Estado Democrático será responsabilizável objetivamente não apenas pela conduta comissiva, mas pela omissão causadora de danos desproporcionais e iníquos. Naturalmente, admitidas as excludentes do nexo causal, a saber: (a) a culpa exclusiva da vítima (excludente total), (b) a culpa concorrente (excludente parcial), (c) o ato ou fato de terceiro (excludente, no

---

[13] *Vide* capítulo sobre responsabilidade em meu livro *Discricionariedade administrativa e o direito fundamental à boa Administração Pública*. 2. ed. São Paulo: Malheiros, 2009.

[14] *Vide*, por ser caráter emblemático, Rext nº 495.740-AgR, Rel. Min. Celso de Mello: "A jurisprudência dos Tribunais em geral tem reconhecido a responsabilidade civil objetiva do poder público nas hipóteses em que o *eventus damni* ocorra em hospitais públicos (ou mantidos pelo Estado), ou derive de tratamento médico inadequado, ministrado por funcionário público, ou, então, resulte de conduta positiva (ação) ou negativa (omissão) imputável a servidor público com atuação na área médica. Servidora pública gestante, que, no desempenho de suas atividades laborais, foi exposta à contaminação pelo citomegalovírus, em decorrência de suas funções, que consistiam, essencialmente, no transporte de material potencialmente infecto-contagioso (sangue e urina de recém-nascidos). Filho recém-nascido acometido da 'Síndrome de West', apresentando um quadro de paralisia cerebral, cegueira, tetraplegia, epilepsia e malformação encefálica, decorrente de infecção por citomegalovírus contraída por sua mãe, durante o período de gestação, no exercício de suas atribuições no berçário de hospital público. Configuração de todos os pressupostos primários determinadores do reconhecimento da responsabilidade civil objetiva do poder público, o que faz emergir o dever de indenização pelo dano pessoal e/ou patrimonial sofrido."

geral das vezes, porque há casos de responsabilidade civil do Estado decorrente diretamente de imposição legal, nada obstante o dano ter sido produzido por terceiros),[15] (d) a força maior (irresistível) ou o caso fortuito (desde que não atribuível a razões internas) e (e) a impossibilidade motivada de cumprimento do dever (como assinalado, não basta a simples alegação da reserva do possível).[16]

Ora, se a responsabilidade civil do Estado pode ser traduzida como obrigação de reparar ou compensar, independentemente de culpa ou dolo do agente, os danos materiais e imateriais, individuais ou coletivos, causados a terceiros (não necessariamente usuários de serviços públicos),[17] por ação ou omissão desproporcional, não faz mais sentido conceber regimes distintos para condutas omissivas e comissivas.

Bem entendida, a responsabilidade objetiva do Estado é uma. Convém esclarecer que, ao se afirmar tal unidade, não se quer significar, à diferença de outros enfoques, a presunção de culpabilidade das pessoas jurídicas de direito público e de direito privado prestadoras de serviços públicos. Não. Numa leitura teleológica do sistema constitucional, o que se afirma é a presunção do nexo de causalidade, eis que viáveis as mencionadas excludentes, tanto em relação às condutas comissivas como no atinente às omissivas.

Tal presunção de causalidade nasce diretamente da Constituição e do seu reconhecimento da vulnerabilidade presumida das possíveis vítimas. Quer dizer, da teoria do risco administrativo, com a presunção do nexo causal. Desse modo, o particular, a suposta vítima, é que se presume veraz na afirmação do nexo. A presunção de legitimidade,

---

[15] *Vide*, a propósito, a Lei nº 10.744/2003 (assunção, pela União, de responsabilidades civis perante terceiros no caso de atentados terroristas, atos de guerra ou eventos correlatos, contra aeronaves de matrícula brasileira operadas por empresas brasileiras de transporte aéreo público, excluídas as empresas de táxi aéreo).

[16] *Vide* Resp nº 1.051.023, Rel. Min. Teori Zavascki: "art. 37 §6º da Constituição, dispositivo auto-aplicável, não sujeito a intermediação legislativa ou administrativa para assegurar o correspondente direito subjetivo à indenização. Não cabe invocar, para afastar tal responsabilidade, o princípio da reserva do possível ou a insuficiência de recursos. Ocorrendo o dano e estabelecido o seu nexo causal com a atuação da Administração ou dos seus agentes, nasce a responsabilidade civil do Estado, caso em que os recursos financeiros para a satisfação do dever de indenizar, objeto da condenação, serão providos na forma do art. 100 da Constituição".

[17] *Vide* RExt nº 591.874, Rel. Min. Ricardo Lewandowski: " A responsabilidade civil das pessoas jurídicas de direito privado prestadoras de serviço público é objetiva relativamente a terceiros usuários, e não usuários do serviço, segundo decorre do art. 37, §6º, da CF. A inequívoca presença do nexo de causalidade entre o ato administrativo e o dano causado ao terceiro não usuário do serviço público é condição suficiente para estabelecer a responsabilidade objetiva da pessoa jurídica de direito privado."

nessa situação, tem de vir em defesa das vítimas potenciais de condutas desproporcionais do Poder Público ou dos seus delegados, não militando a favor do Estado, como sói acontecer noutras províncias do Direito Administrativo.

Segundo tal raciocínio, as condutas comissivas e omissivas, uma vez presente o liame causal, serão *sempre antijurídicas em sentido sistêmico*, ainda quando "lícitas" em sentido estrito, isto é, consideradas apenas as condutas dos agentes. E o serão, justamente por violarem direitos fundamentais, ainda nos casos de execução equivocada de lei ou de aplicação da lei de inconstitucionalidade supervenientemente declarada.

Ao que tudo indica, pois, não há nada de substancial, em nosso sistema, que justifique tratamento radicalmente distinto entre ações e omissões. Ambas as condutas podem afetar direitos fundamentais, já que a responsabilidade reclama o proporcional cumprimento dos deveres relacionados à tutela direta e imediata da totalidade dos direitos fundamentais. Entendido, nessas bases, o nexo causal, não se constata motivo plausível para a vítima ter de provar a culpa ou o dolo dos agentes públicos por omissão prestacional. À vítima incumbe apenas alegar a antijuridicidade, ora pelo cometimento de excessos, ora pela não menos nociva inatividade. Numa hipótese e noutra, desde que ocorrida a violação, cristaliza-se o dano compensável ou indenizável.[18] Ao passo que o agente[19] somente será responsabilizável subjetivamente[20] (nos casos de culpa ou dolo), na ação regressiva ou na antecipação dela, via denunciação da lide,[21] desde que esta não prejudique a celeridade processual.

---

[18] Sobre as características do dano indenizável, *vide* Jean Rivero In: *Direito administrativo*. Coimbra: Almedina, 1981. p. 314-315. A respeito da natureza pecuniária do ressarcimento, *vide* Renato Alessi In: *Sistema istituzionale di diritto amministrativo*. Milano: Dott. A. Giuffrè, 1960. A respeito, ainda, de dano indenizável, convém meditar sobre os enunciados formulados por Yussef Cahali In: *Responsabilidade civil do Estado*. 3. ed. São Paulo: Revista dos Tribunais, 2007. p. 46-63. Note-se que, no primeiro enunciado, embora aluda à noção de falha de serviço, enfatiza a deficiência como causa e, no último, já explicita aspecto relevante do princípio da proporcionalidade.

[19] Sobre as pessoas suscetíveis de serem consideradas agentes, *vide* Celso Antônio Bandeira de Mello In: *Curso de direito administrativo*. 27. ed. São Paulo: Malheiros, 2010. p. 1008.

[20] *Vide* RExt nº 32.904, Rel. Min. Carlos Britto, ao defender garantia "em prol do servidor estatal, que somente responde administrativa e civilmente perante a pessoa jurídica a cujo quadro funcional se vincular".

[21] Inafastável o dever de promover (presente culpa ou dolo) a regressiva. Na órbita federal, *vide* a Lei nº 4.619/65. Em contrapartida, inconstitucional qualquer tentativa de responsabilização objetiva do agente público, em sentido amplo. Em sentido algo diverso, confira-se a posição de Marçal Justen Filho In: *Curso de direito administrativo*. 6. ed. Belo Horizonte: Fórum, 2010. p. 1225.

Dito em outros termos: quando reorientada e retemperada pela diretriz constitucional da proporcionalidade, a teoria do risco administrativo[22] revela-se sóbria, efetiva e eficaz, avessa a atalhos heurísticos perigosos[23] e superadora da concepção tradicional de causalidade.

Tal visão da responsabilidade não ignora efeitos cumulativos, nem riscos consideráveis. Não foge deles, numa paralisia pusilânime. Reconhece que, *no presente estágio evolutivo, o risco maior é o da omissão que pouco ou nada faz, fingindo fazer o máximo possível*. Trata-se, portanto, de posição assumidamente progressista, que empurra o Estado para além das fronteiras da "zona de conforto". Está endereçada a ativar os princípios maiores da Carta, que dormem em berços nada esplêndidos. Não se trata, por outras palavras, de ativismo subjetivista e egoico, mas do *ativismo da Constituição e dos seus objetivos fundamentais*.

Constatação inescapável: o princípio constitucional da proporcionalidade determina que o Estado não aja com demasia, tampouco de modo inoperante, na consecução dos objetivos fundamentais da República (CF, art. 3º). Desproporções — para mais ou para menos — caracterizam violações ao aludido princípio e, portanto, inconstitucionalidade.

Para ilustrar, se a Administração Pública não respeitar a duração razoável do processo administrativo ou tardar em excesso para marcar consulta médica ou oferecer leito hospitalar, quebrará a proporcionalidade e resultará aquém do cumprimento basilar dos deveres constitucionalmente estabelecidos.

A antijuridicidade redundará em manifesta quebra da constitucionalidade na reprovável, sob todos os aspectos, inobservância, por inércia, dos deveres diretamente estatuídos pela Lei Fundamental. Trata-se da *arbitrariedade por omissão*. De maneira que, do nexo causal direto (primeiro requisito) entre ação ou omissão de agente público (segundo requisito) e o dano juridicamente iníquo (terceiro requisito), dimanam o dever reparatório ou compensatório, incumbido o ônus da prova da não formação do nexo causal ao Poder Público ou a seus delegados.

Forçoso notar que o princípio da proporcionalidade não estatui simples adequação meio-fim. Para ser exato, a ofensa à proporcionalidade ocorre, com frequência, quando, na presença de valores legítimos

---

[22] Há significativas distinções entre responsabilidade extracontratual e contratual, no campo do Direito Administrativo. O presente estudo versa apenas sobre a responsabilidade extracontratual.

[23] *Vide* Daniel Kahneman, Paul Slovic e Amos Tversky (Ed.) *In*: *Judgment under Uncertainty*: Heuristics and Biases. Cambridge: Cambridge University Press, 1982.

a sopesar, o agente público dá prioridade (ou deixa de dar prioridade) a um em detrimento abusivo dos outros. O vício ocorre, assim, na instauração do sacrifício iníquo.

Nesse passo evolutivo,[24] convém grifar que se se erradicar nuclearmente um direito fundamental (para além de sua normal relativização), aí se consubstanciará conduta danosa. Vale dizer, *o agente público está obrigado a sacrificar o mínimo para defender o máximo dos direitos fundamentais e a realizar o máximo dos direitos fundamentais com o mínimo de ônus para a sociedade*.[25] Essa fórmula precisa revela-se esclarecedora em sede de responsabilidade *lato sensu* do Poder Público, ao menos se se quiser o Estado garantidor da proteção ativa do núcleo intangível dos direitos fundamentais.

Tome-se, por sua atualidade, o direito fundamental a medicamento de uso contínuo. Nessa hipótese, o carente possui direito invocável contra o Poder Público, em face da aplicação imediata dos direitos à saúde e à vida. O omissivista descumprimento ou o cumprimento tardio do dever de fornecer o remédio, ao acarretar a morte do paciente ou o agravamento de seu estado, será idôneo a ensejar o dever indenizatório. Mas o mais relevante consiste em *evitar o dano* e responsabilizar, antes da sua ocorrência, quem deixar de cumprir as vinculações constitucionais a propósito da execução orçamentária. Tal omissão não pode mais permanecer insindicável ou varrida para debaixo das argumentações passivistas.

Como quer que seja, os avanços doutrinários e o trabalho jurisprudencial contribuíram para aperfeiçoar e, acima de tudo, tornar correntes os instrumentos e ferrramentas conceituais prestimosos à noção de que o Poder Público está obrigado a sacrificar o mínimo para alcançar o máximo eficacial dos direitos fundamentais. Mas é preciso adicionar: *o Poder Público tem de se abster adequadamente e apenas o necessário, sem praticar a omissão causadora de dano iníquo*. Quer dizer, existem abstenções lícitas e positivas, contudo há abstenções que são antijurídicas e interditadas: as omissões desproporcionais. Tal distinção precisa ser feita, com maior nitidez e esmero, sobretudo na prática do controle dos atos, contratos e procedimentos administrativos.

Nesse aspecto, não é exagero afirmar que a evolução do princípio da proporcionalidade encontra-se apenas esboçada. Em matéria de responsabilidade do Estado por omissão, há longo périplo a percorrer.

---

[24] Para abordagem aprofundada do tema, *vide* Juarez Freitas In: *A interpretação sistemática do direito*. 5. ed. São Paulo: Malheiros, 2010.

[25] *Vide*, sobre tal noção de proporcionalidade, o meu livro *O controle dos atos administrativos e os princípios fundamentais*. 4. ed. São Paulo: Malheiros, 2009.

Falta, sem dúvida, extrair consequências, em termos de causalidade, da proibição da inércia ou da inoperância. Sob a pressão e a insegurança derivadas do flagrante e continuado déficit prestacional, em áreas nevrálgicas, a aplicação do princípio, nesse ângulo, requer o redesenho do foco, designadamente para concretizar os emergentes princípios da prevenção e da precaução.

De passagem, mister fixar os critérios clássicos que permitem, de maneira mais ou menos segura, aferir a responsabilidade extracontratual. Nesse sentido, há, pelo menos, três subprincípios consagrados de cuja confluência depende a aprovação, ou não, no conhecido teste da proporcionalidade:[26] o subprincípio da adequação entre meios e fins, o subprincípio da necessidade e o subprincípio da proporcionalidade em sentido estrito.

Importa, com ênfase, cobrar melhor aplicação desse teste, indistintamente e de maneira intensa e extensa, no controle proporcional das condutas omissivas e comissivas das pessoas jurídicas de direito público e de direito privado prestadoras de serviço público.

Mas, ao se tratar especificamente da omissão, cumpre acrescentar as devidas adaptações. Eis as questões pertinentes, no exame de cada caso, para ver se houve a omissão danosa e desproporcional:

(a) a abstenção estatal foi adequada ou se verificou omissão que negligenciou os meios eficientes e equitativos para a obtenção eficaz dos fins e objetivos constitucionais?

(b) a abstenção estatal foi necessária ou se tratou de omissão que impôs sacrifícios iníquos e inaceitáveis na distribuição dos encargos?

(c) no *trade-off* entre eficiência e equidade, o custo-benefício da abstenção foi justificável ou se tratou de omissão de consequências racionalmente injustificáveis?

A partir desse tríplice teste adaptado às peculiaridades omissão, viável evoluir para o enunciado de quatro máximas que relacionam expressamente responsabilidade e proporcionalidade, quais sejam:

(I) Será juridicamente iníquo e indenizável o dano causado pelo Estado quando a sua causa for, parcial ou totalmente, imputável a agentes seus, nessa qualidade, em função de condutas desproporcionais (para mais ou para menos).

---

[26] A reprovação no teste tríplice da proporcionalidade acarreta o dever de indenizar. Sobre outro teste (NESS test), recomendável conferir *Relating to Responsibility*. Editado por Peter Cane e John Gardner. Oxford: Hart Publishing, 2001. Para uma reflexão mais recente sobre o tema em relação à negligência, confira-se Joseph Raz In: *Responsibility and Negligence Standard*. Oxford: Legal Studies, Research Paper 29/2009.

(II) A indenização será proporcional à configuração do nexo de causalidade, total ou parcialmente.

(III) O princípio da responsabilidade extracontratual objetiva e proporcional do Estado coíbe a arbitrariedade estatal omissiva ou comissiva, mas admite excludentes:[27] a presunção não é a da culpabilidade, mas do nexo de causalidade.

(IV) O omissivismo é causa de dano juridicamente iníquo, pois o princípio constitucional da proporcionalidade veda excesso e inoperância, inclusive em sede prestacional, isto é, na implementação de políticas públicas e na concretização do direito fundamental à boa administração pública.

Assimiladas tais máximas, concernentes à responsabilidade por omissão, vê-se que as razões de Estado já não podem suplantar as razões sérias da Constituição.[28] Verdade: o nexo causal haverá de ser direto: não se perfectibiliza o dano juridicamente anômalo se a vítima houver dado causa, nem na hipótese de força maior (irresistível por definição, diversamente do caso fortuito, que pode resultar de causa interna), tampouco por fato de terceiro alheio à prestação do serviço público.[29] E não se estabelece o nexo se inviável o cumprimento do dever, embora se deva ter a recomendada parcimônia extrema com a reserva do possível.

Desse modo, o dano juridicamente injusto, que prejudica direito ou interesse legítimo (individual ou transindividual), caracteriza-se por ser: (i) certo, (ii) especial (não eventual), ainda que reflexo e (iii) discrepante dos parâmetros do normalmente aceitável. Numa palavra: desproporcional.

Nessa associação umbilical entre proporcionalidade e responsabilidade, transcende-se, em profundidade, o vetusto e rígido corte dicotômico entre atos lícitos e ilícitos. No próprio Código Civil, aliás, não é correto asseverar que haja apenas responsabilidade por atos ilícitos. Trata-se ali de regra que comporta exceção.[30] De qualquer sorte, para os fins da responsabilização estatal, regida pelo Direito Constitucional Administrativo, importa sobrepassar a dicotomia, por uma razão

---

[27] *Vide* as várias posições a respeito, na obra que organizei, intitulada *Responsabilidade civil do Estado*. São Paulo: Malheiros, 2006.

[28] No ponto, assiste razão a Bruce Ackerman *In: A nova separação dos poderes*. Rio de Janeiro: Lumen Juris, 2009. p. 75: "Uma Constituição séria para o Estado moderno deve tomar medidas contundentes para assegurar que as pretensões burocráticas atinentes à técnica não sejam simples mitos legitimadores (...)".

[29] Aparente exceção encontra-se na citada Lei nº 10.744/2003. Bem observadas as coisas, trata-se mais de assunção do que propriamente de dano injusto causado pelo Estado.

[30] *Vide*, por exemplo, a hipótese prevista no art. 188 do Código Civil.

superlativa: inegável que a apuração das condutas públicas (comissivas e omissivas), presa à lógica subjetivista, não se justifica em face do alargamento das funções contemporâneas do Estado como assegurador eficacial dos direitos fundamentais e, ainda, em virtude da imediata vinculação constitucional. Categoria que ultrapassa, com sobras e vantagens, a licitude no sentido estrito de outrora.

Da noção de responsabilidade proporcional, assim contemplada, defluem as seguintes principais observações:

(a) O dever de proporção faz com que a vítima, em razão da sua presumida vulnerabilidade (por força da Constituição, art. 37, parágrafo 6º), não tenha o ônus de provar a culpa ou o dolo do agente. Suficiente que nada exclua, no curso do processo, a formação do nexo causal direto entre a ação ou a inatividade e o evento danoso. Contudo, a responsabilidade extracontratual objetiva não é entendida como imputação cega do dever indenizatório. Tal entendimento mostrar-se-ia conducente ao destempero do risco absoluto. Ao revés, acolhe-se a presunção *juris tantum* da existência do nexo de causalidade, resguardadas as excludentes.

(b) Na sistemática brasileira, não se vai ao ponto de preconizar a indenização por danos alheios à Administração, sequer na hipótese de danos nucleares (CF, art. 21, XXIII, "c"), porque se admitem, também aqui, algumas das excludentes.

(c) Importante ressaltar que a opção do constituinte originário no atinente à responsabilidade objetiva foi reforçada pela legislação infraconstitucional (sobretudo pela Lei nº 8.987/95), sem que se embaralhem, no regime jurídico, as atividades delegadas com as propriamente privadas.

(d) Crítico efetuar o contraste do comando constitucional (art. 37, parágrafo 6º) com os arts. 43, 186 e 927, do Código Civil, em face da necessária releitura da teoria do risco administrativo, distinta de teorias como a do risco-proveito:[31] consoante a intelecção nuançada pelo princípio da proporcionalidade, sempre que se formar, sem interrupção, o nexo causal entre a conduta (omissiva ou comissiva) dos agentes públicos, nessa qualidade, e o dano injusto causado a terceiros (dano desproporcional), haverá o dever de indenizar, distribuído o

---

[31] Sobre o tema, *vide* Eugênio Facchini. Da responsabilidade civil no novo código. *In*: SARLET, Ingo Wolfgang (Org.). *O novo Código Civil e a Constituição*. Porto Alegre: Livraria do Advogado, 2003. p. 151-198.

ônus da prova no que concerne à excludente (parcial ou total) ao Estado ou, conforme o caso, aos delegados da execução indireta dos serviços públicos.[32]

(e) Mister grifar que, sem lançar mão do conceito de "culpa anônima" (não individualizável) em sede de responsabilidade pelas condutas omissivas do Poder Público, a falta do cumprimento dos deveres (ou o desidioso cumprimento) gera o dever de indenizar ou de compensar. Definitivamente, a omissão é causadora de dano anômalo e injusto. Desaconselhável enquadrá-la como simples condição para o evento danoso, tampouco concebê-la como mera situação favorável à ocorrência de prejuízo. *A omissão carrega, por assim dizer, o frustrado princípio ativo do dever estatal não cumprido.*[33] Bem por isso, é de se afastar a indagação adstrita à noção de omissão "voluntária", negligência ou imprudência, nos termos do Código Civil, art. 927, *caput*. Tudo porque, à semelhança do que sucede com as condutas comissivas, *a responsabilidade extracontratual do Estado por omissão haverá de ser proporcional*, com a mencionada inversão do ônus da prova, que não se confunde com a simples presunção de culpa do Poder Público.[34]

Assentados esses pontos, mostra-se oportuno de consolidar os argumentos que corroboram as assertivas favoráveis à responsabilidade proporcional do Estado, tanto por ações como por omissões.

Em primeiro plano, pelo articulado, não descende do art. 37, parágrafo 6º, da CF, nenhuma rigidez dicotômica no regime da responsabilidade do Estado, no tocante às condutas omissivas ou comissivas dos agentes públicos *lato sensu*, mormente ao se acolher, como

---

[32] Observa René Chapus *In*: *Droit administratif general*. 13. ed. Paris: Monthchrestien, 1999. t. I, p. 1193: "La responsabilité de la personne à qui réparation est demandée ne peut être engagée que si le fait qu'on lui impute a été cause ('diretcte', insistent les arrêts) du préjudice". Em nosso sistema, adota-se a teoria do dano direto e "imediato", sem endossar a teoria da equivalência das causas. O "imediato", entretanto, não quer dizer recente, pois o que importa apurar é a produção, ainda que concantenada ao longo do tempo ou cumulativa, do dano juridicamente iníquo.

[33] Plausível cogitar de conduta comissiva por omissão. No entanto, apenas com reserva, seria viável a distinção entre inatividade formal e material. Sobre o tema, *vide* Marcos Gómez Puente *In*: *La inactividad de la administración*. Madrid: Aranzadi Editorial, 2002.

[34] JUSTEN FILHO, *op. cit.*, p. 1212, defende a presunção de culpabilidade derivada da existência de um dever de diligência especial Em nosso enfoque, defende-se mais propriamente a presunção da existência do nexo causal, tanto nas ações como nas omissões, subordinada às excludentes, com inversão do ônus da prova. O resultado é semelhante, com a diferença de que se mantém, em intelecção tópico-sistemática, o caráter subjetivo da responsabilidade do agente, isto é, sem objetivação da culpa.

preconizado, a noção de causalidade que não reduz a omissão à mera *conditio*, já que a inércia é entendida como possível elemento integrante da série causal de eventos danosos.

Em seguida, sopesadamente e na margem, não se cogita defender a culpa presumida, mas a inversão do ônus da prova do nexo de causalidade, toda vez que se discutir o dano injusto causado por uma conduta omissiva ou comissiva, sem prejuízo das excludentes. Ao Poder Público, como visto, dada a vulnerabilidade da vítima (presumida constitucionalmente), cabe o encargo de mostrar a falta de sequência da cadeia causal, oportunidade que não simplesmente põe entre parênteses, senão que afasta a inaceitável responsabilização sem nexo.

Reitere-se que a Constituição Federal, no art. 5º, parágrafo 1º, exige aplicabilidade direta e imediata dos direitos fundamentais (inclusive os sociais, relacionados a serviços públicos), donde segue a imprescindibilidade de uma teoria da responsabilidade civil do Estado ajustada à ampliação eficacial dos direitos fundamentais. Nesses moldes, a sugerida técnica de responsabilização proporcional desponta como a mais recomendável, notadamente ao se observar que o Poder Público oscila impunemente entre dois vícios recorrentes: a negação ostensiva da eficácia dos direitos fundamentais e a sua afirmação claudicante ou insuficiente. Desproporcional, em ambos os casos.

De fato e de direito, o Estado não pode chegar tarde. Eis, a propósito, duríssima lição das chuvas no Rio, em 2010. Mortes facilmente evitáveis. Omissão causadora de danos injustos. Até autoridades reconheceram que uma das causas residia na liberada ocupação territorial irregular. Acrescentem-se os erros de drenagem, de planejamento, ao lado do manifesto descumprimento do dever de remoção das pessoas que remanescem nas encostas e noutras áreas críticas já mapeadas. Criaturas que subestimaram os riscos, seja por otimismo ingênuo e irrealista, seja por estarem gravemente embaraçadas na escolha racional e consciente. Numa palavra: desamparadas.

O certo é que o Poder Público, em situações dessa natureza, tem a obrigação de alcançar uma alternativa razoável, notadamente às crianças, aos jovens, aos adolescentes e aos idosos, com a aludida prioridade absoluta. Com efeito, o princípio constitucional da prevenção,[35] em Direito Administrativo, mais até do que o da precaução, determina, sem mora ou sofisma acomodatício, o cumprimento diligente, eficiente

---

[35] Sobre os princípios constitucionais da prevenção e da precaução em Direito Administrativo, vide Juarez Freitas *In*: *O controle dos atos administrativos e os princípios fundamentais*. 4. ed. São Paulo: Malheiros, 2009. Cap. 1.

e eficaz dos deveres de impedir o nexo causal de danos perfeitamente previsíveis, sob pena de responsabilização objetiva do Estado. Embora vedada a inoperância, em todo o território, as omissões não cessam. O que dizer das políticas públicas de proteção aos idosos? E dos deveres de segurança, com a falta evidente e inescusável do policiamento ostensivo, em áreas críticas? E a qualidade do processo de desenvolvimento cognitivo e volitivo chamado educação e reeducação?

Não se trata de clamar pelo populismo onírico, mas de combater racionalmente a inércia desproporcional e a omissão inconstitucional disseminada. Inércia ultrajante que faz terríveis determinadas dificuldades, as quais, se atacadas no início, seriam até de singela resolução administrativa.

Tome-se, ainda, o paradigmático caso da tutela integral das crianças e dos adolescentes. Determinado município, como reconheceu o Supremo Tribunal, na decisão citada no início desse estudo, não pode invocar a discricionariedade administrativa ou a reserva do possível para não manter um programa de atendimento das crianças vítimas de abusos sexuais. No entanto, com lastro numa visão anacrônica, não faltou autoridade que sustentasse exatamente o oposto, em pleno século XXI. Leitura desavisada do Direito Administrativo, mas reveladora da cultura omissivista. Não por acaso, a mesma cultura que adiou a inadiável abolição da escravatura, apesar da barbárie que representava.

Impositivo compreender, sem temeridade, que o mais significativo controle, em nosso meio, é o que combate a omissão, aquele mal que muitos praticam dissimuladamente. Às vezes, fingindo impotência. A responsabilidade fiscal, sim, é relevante e indescartável, contudo acima dela está a responsabilidade ética e constitucional. O resto é omissão.

Afinal, em país que arrecada mais de um terço do PIB em tributos, não se mostra sério o argumento da falta de recursos para o descumprimento do essencial. Não há desculpa para o passivismo complacente, submisso, servil ou obscurantista. Passou da hora de acolher, com todos os consectários, o direito fundamental à boa administração pública, cogente o bastante para reorientar a gestão pública brasileira, no intuito de fazê-la menos burocrática, mais parceira da sociedade. Menos evasiva, mais assertiva e lúcida. Menos campeã das inconstitucionalidades (por ação e por omissão), mais responsável na guarda efetiva e prática dos direitos fundamentais.

Nesse contexto, desponta novo paradigma no campo hermenêutico sobre a responsabilidade estatal por omissão. Claro que subsistem decisões que persistem no escrutínio limitado demais da responsabilidade do Estado por inércia administrativa. Todavia, avança a consciência de que, perante a omissão do Poder Público, o proporcional é reputar irrelevante a consideração sobre culpa ou dolo (exceto em relação ao agente), pois inadiável conferir seriedade aos deveres fundamentais do Estado.

Ressurge, então, renovada e robustecida, a teoria da responsabilidade extracontratual do Estado. No prisma proporcional, o Estado brasileiro ostenta o dever de zelar pela aplicabilidade direta e imediata dos direitos fundamentais, indenizável toda e qualquer omissão inconstitucional que afetar o âmago dos direitos fundamentais. *A Constituição, rigorosamente compreendida, não admite inércia injustificável, sob pena de responsabilização*, inclusive por falta das impostergáveis medidas preventivas.

De modo resumido, eis o princípio da prevenção, nos seus elementos centrais: (a) alta e intensa probabilidade (certeza) de dano especial e anômalo; (b) atribuição e possibilidade de o Poder Público evitar tal dano e (c) o Estado com o ônus de produzir a prova da excludente do nexo de causalidade. Presentes os pressupostos, antevê-se, com segurança, o resultado maléfico e, correspondentemente, nos limites das atribuições legais, resulta nítida a obrigação de o Estado tomar as medidas necessárias e adequadas, interruptivas da rede causal, de molde a impedir o dano antevisto. Decididamente, não configuradas as excludentes, forma-se o liame causal, em função da antijuridicidade provocada pela quebra desproporcional do dever de prevenção.

Em suma, *Estado que não previne é o Estado de omissão inconstitucional e iníqua*. Afinal, em vez de adversário hostil à afirmação dos direitos fundamentais, exige-se que o Estado atue como responsável agente garantidor e cumpridor dos objetivos fundamentais da República. Não é quimera, tampouco pedir demais.

3 Conclusões

Tudo considerado, a teoria do risco administrativo ressurge profundamente enriquecida pela articulação com o princípio da proporcionalidade, seja como vedação de excessos, seja como vedação de omissões.

Conclui-se, em largos traços, que:
(I) O Estado brasileiro deve ser responsabilizado por toda e qualquer quebra nuclear da proporcionalidade, via ação ou omissão. Assim, as condutas comissivas ou omissivas, uma vez presente o nexo causal com evento danoso e certo, serão sempre antijurídicas e contrárias à Constituição.

(II) Nessa perspectiva, viável reiterar que está vedada a invocação da discricionariedade administrativa ou da reserva do possível para, por exemplo, deixar de implementar (omissão arbitrária) programas municipais de atendimento às crianças vítimas de abusos sexuais ou para deixar de tomar providências acautelatórias, em tempo útil, contra epidemias. Como visto, é também dever remover as famílias das áreas de risco, sob pena de omissão arbitrária. Além disso, para retomar ilustração inicial, está inequivocamente configurado o nexo de causalidade entre a inércia estatal de vigilância e o dano causado por apenado que, após reiteradas fugas, comete crime bárbaro. Força, pois, cogitar de responsabilidade proporcional do Estado por ações e omissões, a quem incumbe a prova de eventuais excludentes.

(III) Necessário, ao tratar da responsabilidade extracontratual do Estado, apagar o passivismo regalista, de ordem a evoluir para uma perfomance estatal que honre os objetivos fundamentais da República, máxime o da salvaguarda eficaz e intertemporal dos direitos fundamentais. *O Estado deve aplicar o direito fundamental à boa administração pública, em tempo útil e de ofício.*

(IV) Uma vez reconhecida a antijuridicidade constitucional gerada por ação ou omissão desproporcional, acima de considerações sobre a licitude estrita de outrora, *incentiva-se a tempestiva prevenção e, se cabível, a precaução justificada.* Não se admite o velho e neocolonial Estado arbitrário dos excessos e das insuficiências farisaicas, isto é, descumpridor dos seus deveres fundamentais. Quer-se, por todas as razões, cobrar o *afastamento definitivo da inércia administrativa inconstitucional causadora de danos juridicamentes iníquos, individuais e transindividuais,* afastados os vícios tenebrosos da irresponsabilidade aliada do francamente inadmissível patrimonialismo omissivista. Vai daí a urgência do redensenho progressista, firme e fundamentado da responsabilidade civil do Estado. Eis um compromisso resultante, antes de tudo, da incontornável releitura da *responsabilidade, ao mesmo tempo, jurídica e ética.*

Informação bibliográfica deste texto, conforme a NBR 6023:2002 da Associação Brasileira de Normas Técnicas (ABNT):

FREITAS, Juarez. Inércia inconstitucional causadora de danos iníquos: responsabilidade civil proporcional do Estado. *In*: SILVEIRA, Raquel Dias da; CASTRO, Rodrigo Pironti Aguirre de (Coord.). *Estudos dirigidos de gestão pública na América Latina*. Belo Horizonte: Fórum, 2011. v. 1, p. 165-181. ISBN 978-85-7700-432-4.

Gestão de Riscos na Prestação de Serviços Públicos: a Experiência Mineira na Implementação das Parcerias Público-Privadas

Licurgo Mourão
Gélzio Viana Filho

Pessoas racionais decidem na margem.
(N. Gregory Mankiw)

Sumário: 1 Introdução – 2 A reforma do Estado e as PPPs – 3 As leis das PPPs e o modelo adotado em Minas Gerais – 4 O projeto do complexo penitenciário de Minas Gerais – 5 Arranjos e garantias – 6 O tratamento jurídico-contábil dos riscos e garantias nos contratos de PPP – 7 O controle das Parceiras Público-Privadas – 8 Considerações finais – Referências

1 Introdução

As Parcerias Público-Privadas (PPPs) vêm sendo implementadas em nosso País no momento em que o setor público brasileiro se depara com uma questão básica da economia, qual seja, a impossibilidade de realizar investimentos em infraestrutura, dada a escassez de recursos financeiros.

Grande parte das receitas públicas é destinada ao pagamento de despesas de custeio da máquina estatal, em especial a folha de pagamentos e os serviços de terceiros, além de outros gastos determinados pela Constituição Federal em áreas consideradas prioritárias como segurança, previdência, saúde e educação, entre outras. Sobram aos entes públicos poucos recursos para investimentos em infraestrutura, assim consideradas como despesas de capital. Em regra, as despesas correntes com custeio e pessoal, embora tenham observado forte expansão, estão sob controle, ao se considerar os parâmetros definidos pela Lei de Responsabilidade Fiscal (LRF). No entanto, a necessidade de deslocar um volume significativo de recursos para o pagamento dos encargos da dívida (interna e externa) e para a obtenção de superávits primários impede os entes federados de realizar maiores investimentos necessários em suas respectivas esferas de atuação.

Em sua essência, as PPPs representam contratos administrativos de concessão de obras ou serviços públicos que poderão ser firmados com os órgãos da administração pública direta, os fundos especiais, as autarquias, fundações públicas, empresas públicas, sociedades de economia mista e demais entidades controladas direta ou indiretamente pela União, Estados, Distrito Federal e Municípios, nos termos da Lei nº 11.079, de 30 de dezembro de 2004. As PPPs compreendem infraestruturas desenvolvidas e implementadas pelo parceiro privado, sendo ofertados os serviços desses complexos ao Poder Público e à sociedade, mediante remuneração. Ou seja, em uma imprópria comparação, apenas para fins didáticos, as PPPs funcionam como uma espécie de *leasing* no qual, ao final do contrato, a infraestrutura criada é transferida ao Estado.

Para alguns críticos, as PPPs representam uma nova fórmula redentora, apresentada pelas elites políticas e empresariais brasileiras, cujos sócios privados participam com pelo menos 30% de recursos próprios, previstos em projetos aprovados por um comitê gestor, enquanto o governo contribui com parcela majoritária de 70%, a título de ressarcimento do investimento feito pelo parceiro privado. Nesse caso, as PPPs podem ser comparadas a um "negócio sem riscos", em que o governo correria todos os riscos, sendo que ao setor privado caberia o resultado positivo. Em geral, os críticos utilizam o exemplo português, no que se refere à concessão de rodovias naquele país, para sustentarem essas teses, assim considerando o malogro daquela experiência.

A utilização das PPPs, no caso brasileiro, justifica-se na medida em que a história recente do endividamento interno e externo do País ainda nos traz forte aversão a essa forma de financiamento, aliado ao fato de que o aumento da carga tributária, definitivamente, também traria fortes implicações políticas quanto ao seu já elevado patamar. Além do mais, o arrocho fiscal e o cumprimento das metas fiscais com o FMI têm impedido o incremento necessário dos investimentos públicos a cada ano.

Os órgãos de controle externo da administração pública, entre eles o Tribunal de Contas da União, preveem questionamentos de agentes privados contra o fundo garantidor de obras públicas, criado pela legislação das Parcerias Público-Privadas (PPPs), uma vez que demandas judiciais poderão ser manejadas por empresas que tenham créditos a receber da União. É que, embora importante para reduzir o risco para os agentes privados, conforme o entendimento de alguns juristas de escol, ocorrerá a quebra da isonomia quanto à oportunidade de recebimentos dos créditos devidos. Com o estabelecimento do fundo garantidor, estabelece-se também um "credor VIP", com o fundo, distinto dos demais credores, cujo destino é a *via crucis* dos precatórios. Entretanto, sem o instrumento de garantia criado pela lei, não haveria certeza de pagamento em prazos razoáveis, desestimulando a atração de investimentos privados.

Outro aspecto polêmico é que para a implantação do novo modelo há enorme dificuldade metodológica para se estabelecer critérios de aferição de performance dos agentes privados, cabendo às agências reguladoras e aos Tribunais de Contas estarem preparados para analisar e controlar a operacionalização das PPPs. Hodiernamente, em regra, encontram-se desaparelhados, pois ainda não existe uma cultura regulatória estabelecida de forma perene e eficaz, sujeita que está aos humores das forças políticas então em evidência.

Nesse contexto, reforça-se a atualidade do estudo do chamado Estado Regulador, uma vez que a gestão temerária de recursos públicos, sem o domínio das ferramentas e conceitos introduzidos pelo novo Direito Administrativo — impactado pelo florescer do princípio constitucional da eficiência administrativa —, impõe sérios prejuízos ao erário, concitando-nos ao desenvolvimento de mecanismos que permitam entender e melhor aplicar esta novel exigência legal, face a princípios constitucionais proeminentes.

2 A reforma do Estado e as PPPs

Definir com exatidão o que é o liberalismo não constitui tarefa das mais fáceis. Não à toa que, no início do verbete "liberalismo" constante do Dicionário de Política, organizado dentre outros pelo filósofo italiano e estudioso do liberalismo Norberto Bobbio e publicado pela Universidade de Brasília, Nicola Matteucci assevera:

> I. UMA DEFINIÇÃO DIFÍCIL. – A definição de Liberalismo como fenômeno histórico oferece dificuldades específicas, a menos que queiramos cair numa história paralela dos diversos Liberalismos (G. De Ruggiero, M. Cranston) ou descobrir um liberalismo "ecumênico" (T. P. Neill), que não têm muito a ver com a história.[1]

A história do liberalismo está intimamente ligada à história da democracia e, nesse sentido, é difícil discernir comumente sobre o que existe de liberal e o que existe de democrático nas atuais democracias liberais. A este respeito, observa Prats I Catalá:

> [...] todos os novos instrumentos conceituais e princípios incorporados pelo Direito Administrativo continuam cativos da advocacia, funcionalizados à revisão judicial de atos administrativos e empenhados mais do que nunca no projeto antidiscricionário, donde se percebe a fidelidade aos padrões de legitimidade ainda do Estado liberal, de controle das arbitrariedades e abusos de poder, indiferente às novas funções assumidas desde o advento do Estado Social de Direito.[2]

Por sua vez, analisando o neoliberalismo como um aspecto intimamente ligado ao fenômeno da globalização, Paul Singer observa, de forma correta, que aquele:

> [...] não tem muito de "neo". Ele é o velho liberalismo, como seus próprios porta-vozes mais importantes, FRIEDMAN e outros, acentuam. Eles não gostam de ser chamados de neoliberais e se consideram, como de fato o são, herdeiros e porta-vozes do mesmo liberalismo formulado pelos clássicos da Economia Política, como Adam Smith, Ricardo e tantos outros. Essas ideias nunca desapareceram, por inteiro, do panorama, mas ficaram extremamente enfraquecidas na época da grande crise dos anos 30 e depois da II Guerra Mundial.[3]

---

[1] BOBBIO, Norberto; MATTEUCCI; Nicolla; PASQUINO, Gianfranco (Org.). *Dicionário de política*. Tradução de Carmen C. Varriale. 11. ed. Brasília: Ed. UnB, 1998. p. 686.

[2] PRATS I CATALÁ, Joan. Direito e gerenciamento nas administrações públicas. *Revista do Serviço Público*, Brasília, ano 47, v. 120, n. 2, p. 27-28, maio/ago. 1996 apud BENTO, Leonardo Valles. *Governança e governabilidade na reforma do Estado*: entre eficiência e democratização. Barueri, SP: Manole, 2003. p. 145.

[3] SINGER, Paul. O papel do Estado e as políticas neoliberais. *In*: GADELHA, Regina Maria A. Fonseca (Org.). *Globalização, metropolização e políticas neoliberais*. São Paulo: Educ, 1997. p. 124-125.

O Estado brasileiro vivenciou, após a crise que se manifestou, de forma mais evidente, a partir da década de 80, um movimento reformista em razão das inflexões de fatores políticos, fiscais e administrativos que pressionavam por uma nova forma de atuação estatal que escoimasse de suas práticas a atuação ainda clientelista. Registre-se que a Constituição de 1988 contribuiu de forma decisiva para este modelo, em razão do estabelecimento de uma administração voltada para critérios rígidos, centralizadores e hierárquicos, com o intuito de suprir as deficiências do antigo modelo.

Entretanto, a despeito do resultado que se esperava, foram criados privilégios que evidenciaram aspectos negativos atinentes ao corporativismo e ao patrimonialismo, impactados, entre outros, pela estabilidade absoluta dos servidores públicos, inclusive a financeira, e, por outro lado, pela diminuição da autonomia da administração indireta. Em razão disso, surgiu o entendimento segundo o qual a descentralização administrativa e o advento da democracia seriam as causas da atuação pública carente de eficiência.

De fato, a reforma do Estado Brasileiro, visando a minorar os efeitos entendidos danosos advindos do processo constituinte de 1988, materializou-se com a edição da Emenda Constitucional nº 19, de 04 de junho de 1998, a qual visava à implantação do modelo gerencial na administração pública. Assim sendo, permitiu a referida emenda alçar ao *status* constitucional um princípio ínsito à administração pública consentânea com os anseios maiores da sociedade, qual seja, o princípio da eficiência.

Uma das maneiras estabelecidas para alcançar tal desiderato foi aquela prevista no art. 37, §8º, da Carta Magna, acrescentado pela Emenda Constitucional nº 19, de 4 de junho de 1998, operacionalizando o princípio da eficiência da atividade pública, através do contrato de gestão, *in verbis*:

> §8º – A autonomia gerencial, orçamentária e financeira dos órgãos e entidades da administração direta e indireta poderá ser ampliada mediante contrato, a ser firmado entre seus administradores e o poder público, que tenha por objeto a fixação de metas de desempenho para o órgão ou entidade, cabendo à lei dispor sobre:
>
> I – o prazo de duração do contrato;
>
> II – os controles e critérios de avaliação de desempenho, direitos, e obrigações e responsabilidade dos dirigentes;
>
> III – a remuneração do pessoal.

Também na esteira da operacionalização do novel princípio, agora com *status* constitucional, inicia-se a hodierna aplicação do modelo gerencial que privilegia a independência e autonomia na gestão, alinhado ao interesse público, sem se prender aos entraves burocráticos, o que se constata também com a promulgação das Leis nºs 9.637, de 15.05.98, e 9.649, de 26.05.98, que regulamentam e qualificam respectivamente as Organizações Sociais e Agências Executivas.

O condutor da última reforma da Administração Pública brasileira é a concepção segundo a qual ao Estado cabe promover o desenvolvimento e as atividades econômicos e, da mesma forma, regulá-los por meio dos poderes administrativos, atuando o setor privado sob o controle incidente do Estado e, até mesmo, sofrendo os efeitos de sua concorrência.

Como se sabe, um dos impactos mais polêmicos decorrentes da implantação do modelo gerencial de administração pública foi a quebra de monopólios em áreas nas quais historicamente o Estado atuava em regime de exclusividade, com quedas crescentes de produtividade e, por outro lado, a ocorrência de despesas de custeio cada vez mais em montantes elevados. Sendo assim, adotou-se a estratégia de diversificar a prestação de serviços públicos antes a cargo das entidades estatais, além daqueles serviços tradicionalmente designados como não exclusivos do Estado, tais como os referentes à educação, saúde, pesquisas tecnológicas e científicas.

Também resultado dessa mudança de paradigmas está o surgimento de novas formas organizacionais, dotadas de um controle realizado pela sociedade e também pelo Poder Estatal, cujo desiderato é potencializar a eficiência dos serviços públicos.

Há de se ressaltar que as bases para a moderna administração pública brasileira encontram seus fundamentos na teoria do *managerialism*, inicialmente adotada pela Inglaterra e pelos EUA, no sentido da eficiência governamental e corte de custos, como forma de superação do modelo burocrático Weberiano. Nesse sentido, a burocracia, antes estabelecida como fundamento teórico visando à profissionalização da administração, passou a servir, não raro, como meio de atendimento e de interesses de grupos capitalistas e políticos dominantes, que a utilizavam de acordo com suas necessidades momentâneas, impactado ainda pelos crescentes déficits públicos, pelo aumento exponencial do conhecimento de casos de corrupção, a promover a deterioração da qualidade na prestação dos serviços pelo Estado.

O fenômeno da globalização também precipitou a necessidade de mudanças do modelo administrativo,[4] em razão da necessidade de novos e crescentes ganhos de produtividade, advindos do contingenciamento da capacidade de investimento do Estado. Sendo assim, a redefinição do papel estatal se constituiu no principal item da agenda modernizadora dos países ocidentais e orientais, em um fenômeno que ficou conhecido como *business style*, a exemplo de mudanças antes empreendidas em diversos outros países do mundo que estimularam a implantação da reforma administrativa, em contraponto ao modelo burocrático, inspirado na gestão privada.

A denominada administração gerencial, portanto estabelece paradigmas para uma atuação mais eficiente do Estado, visando ao alcance de resultados mais qualitativos para o cidadão, propiciando uma maior equalização entre os recursos colocados à disposição da Administração Pública e os serviços por ela prestados.

Claro que um novo paradigma, a jogar luzes sobre práticas arraigadas e, muitas vezes, obscurantistas, não é estabelecido sem que venha a sofrer fortes resistências e ferrenhas contestações que objetivam muito mais desqualificar as intenções que norteiam a proposta que discutir a essência e viabilidade das novas práticas nelas contidas. Nesse sentido, já nos alertava Bresser Pereira quanto às resistências enfrentadas quando da implantação de novos paradigmas, conforme já afirmamos,[5] *verbis*:

> O fortalecimento do Estado e das suas instituições encontra fortes resistências em razão de se buscar lançar luzes sobre sentimentos e comportamentos arraigados que grassam no serviço público. Nesse sentido, encontram-se mudanças que viabilizaram a reforma administrativa e a implantação de um modelo evoluído em relação modelo ao burocrático. Eis o testemunho de Luiz Carlos Bresser-Pereira,[6] *verbis*: Eu já tinha algumas poucas ideias da nova administração pública (que eu chamaria um pouco adiante de "gerencial") através da leitura do livro de Osborne e Gaebler, Reinventando o Governo. Mas precisava conhecer muito mais

---

[4] WEBER, Max. *Parlamento e governo na Alemanha reordenada*: crítica política da burocracia e da natureza dos partidos. Petrópolis: Vozes, 1993. p. 41-70.

[5] MOURÃO, Licurgo; ELIAS, Gustavo Terra; FERREIRA, Diogo Ribeiro. A imprescindibilidade da assinatura eletrônica, da assinatura mecânica e da certificação digital para a Administração Pública Brasileira. *Fórum de Contratação e Gestão Pública – FCGP*, Belo Horizonte, ano 8, v. 95, p. 37-45, nov. 2009. Disponível em: <http://www.ediforum.com.br/sist/conteudo/lista_conteudo.asp?FIDT_CONTEUDO=63697>. Acesso em: 20 dez. 2009.

[6] BRESSER-PEREIRA, Luiz Carlos. *Do Estado patrimonial ao gerencial*. p. 22-23. Disponível em: <http://www.gp.usp.br/files/gespub_estado.pdf>. Acesso em: 22 set. 2009.

a respeito. Para isto viajei para a Inglaterra logo no início do governo e comecei a tomar conhecimento da bibliografia que recentemente havia se desenvolvido, principalmente naquele país, a respeito do assunto, sob o título geral de Nova Gestão Pública. O resultado foi elaborar, ainda no primeiro semestre de 1995, o Plano Diretor da Reforma do Aparelho do Estado e a emenda constitucional da reforma administrativa, tomando como base as experiências recentes em países da OCDE, principalmente o Reino Unido, onde se implantava a segunda grande reforma administrativa da história do capitalismo: depois da reforma burocrática do século passado, a reforma gerencial do final deste século. As novas ideias estavam em plena formação; surgia no Reino Unido uma nova disciplina, a *new public management*, que, embora influenciada por ideias neoliberais, de fato não podia ser confundida com as ideias da direita; muitos países social-democratas estavam na Europa envolvidos no processo de reforma e de implantação de novas práticas administrativas. O Brasil tinha a oportunidade de participar desse grande movimento de reforma, e constituir-se no primeiro país em desenvolvimento a fazê-lo. Quando as ideias foram inicialmente apresentadas, em janeiro de 1995, a resistência a elas foi muito grande. Tratei, entretanto, de enfrentar essa resistência da forma mais direta e aberta possível, usando a mídia como instrumento de comunicação. O tema era novo e complexo para a opinião pública, e a imprensa tinha dificuldades em dar ao debate uma visão completa e fidedigna. Não obstante, a imprensa serviu como um maravilhoso instrumento para o debate das ideias. Minha estratégia principal era a de atacar a administração pública burocrática, ao mesmo tempo que defendia as carreiras de Estado e o fortalecimento da capacidade gerencial do Estado. Dessa forma confundia meus críticos, que afirmavam que eu agia contra os administradores públicos ou burocratas, quando eu procurava fortalecê-los, torná-los mais autônomos e responsáveis. Em pouco tempo, um tema que não estava na agenda do país assumiu o caráter de um grande debate nacional. Os apoios políticos e intelectuais não tardaram, e afinal quando a reforma constitucional foi promulgada, em abril de 1998, formara-se um quase-consenso sobre a importância para o país da reforma, agora fortemente apoiada pela opinião pública, pelas elites formadoras de opinião, e em particular pelos administradores públicos. (grifos nossos)

Nesse sentido, a crítica de André Borges de Carvalho[7] conclui que todas as alterações normativas e na prática administrativa em busca de uma maior eficiência estatal advindas do denominado modelo gerencial seriam para seguir as prescrições do Banco Mundial, aludidas no relatório *World Development Report* de 1997.

---

[7] CARVALHO, André Borges de. As vicissitudes da reforma gerencial no Brasil: uma abordagem analítica. *Revista Jurídica Administração Municipal*, Salvador, ano IV, n. 2, p. 8, fev. 1999.

Entretanto, não se pode olvidar que as bases sob as quais se fundam as práticas gerenciais voltadas para a administração pública vêm se desenvolvendo ao redor do mundo, em busca de agregar aos pressupostos vetustos da atuação estatal, fulcrados nos postulados da honestidade, lisura e impessoalidade, as prescrições atinentes a uma administração mais heterorreferente que estabelece para si metas e resultados para promover um crescente incremento na qualidade na eficiência e na efetividade da prestação de serviços públicos, orientada à satisfação do cidadão, em vez de as suas próprias necessidades.

Sendo assim, a flexibilização de procedimentos, a autonomia gerencial, a gestão por metas e a utilização de mecanismos de mercado passam a fazer parte das práticas administrativas estatais mais orientadas a resultados, suplantando aquela administração burocratizada, centralizada e rígida, na qual a hierarquia, baseada em poderes definidos *ex ante* por um estatuto, configura-se, como define Flávio Goulart,[8] numa *ad hocracia*, na qual as competências e seus respectivos poderes são estipulados, remanejados e extintos segundo as tarefas a serem desempenhadas e conforme a natureza do problema a resolver.

As tensões para a implantação do novo modelo, notadamente no Estado de Minas Gerais, também se fizeram presentes, mesmo diante da necessidade de restabelecer o processo de desenvolvimento econômico por meio das PPPs. De fato, as mudanças de paradigmas envolvem uma ferrenha oposição até a implementação completa do modelo e sua aceitação, conforme já anotamos ao analisarmos as lições advindas da implementação do choque de gestão no Estado de Minas Gerais, capitaneada por Antonio Anastasia, *verbis*:

> O ideal de um aparato público funcionando com plena eficiência, apresentando resultados positivos e, por consequência, sendo reconhecido como adequado pela respectiva comunidade é a meta de todo administrador bem intencionado. [...] Todavia, entre a intenção e a realidade existe um grande espaço, onde se inserem frustrações e fracassos. Assim, qualquer iniciativa orquestrada de reforma da Administração Pública deve sopesar, de forma muito objetiva, todos os elementos que se vinculam ao que se propõe, sob pena de mais uma desilusão, somando-se à série histórica de reformas institucionais não exitosas tentadas em nosso país. [...] Ao conceber o programa de Governo, o ora Governador do Estado, então candidato, contou com o concurso

---

[8] GOULART, Flávio A. de Andrade; CUNHA, Rosani Evangelista da. Da burocracia à *ad hocracia*. *Revista do Serviço Público*, Brasília, ano 50, n. 3, p. 57-72, jul./set. 1999 apud BENTO, Leonardo Valles. *Governança e governabilidade na reforma do Estado*: entre eficiência e democratização. Barueri, SP: Manole, 2003. p. 145.

de um grupo de técnicos de diversas áreas do conhecimento e com vasta experiência no trato da coisa pública, sob nossa coordenação. Das reuniões deste grupo com o então candidato percebeu-se, em todos os segmentos, que havia um sério problema de gestão na Administração Pública, ou seja, não somente enfrentávamos uma crise fiscal, como também *a forma de funcionamento do Estado estava obsoleta e bolorenta, sem condição de responder às necessidades da população, em todos os setores relevantes. Destarte, percebeu-se que de nada valeria recuperar a capacidade de investimento do Poder Público se não se modificasse o seu* modus operandi, *sob pena de continuarmos com indicadores deficientes nas políticas públicas estaduais.*[9] (grifos nossos)

Claro que a atual fase do Estado brasileiro caracterizada pelo equilíbrio fiscal e pela estabilidade das contas públicas deverá potencializar a participação dos segmentos produtivos na economia real, notadamente ante a vultosa previsão de inversões e investimentos em equipamentos de infraestrutura em razão dos eventos esportivos de escala mundial a serem realizados no país nos anos de 2014 e 2016, cabendo às autoridades públicas garantir a estabilidade das regulações e o sucesso dessas parcerias, por meio da desburocratização dos processos e do estabelecimento de garantias seguras, seja do ponto de vista jurídico, seja do ponto de vista de sua capacidade de solvência, evitando-se tanto quanto possível dissensos quando da avaliação e fiscalização dos contratos eventualmente firmados.

Verifica-se, sobretudo, a importância da promoção de estudos acerca da doutrina administrativista brasileira sobre essas novas formas de parcerias, em razão de seus desdobramentos jurídicos, contábeis, econômicos e políticos nas finanças públicas, proporcionando mecanismos de avaliação das PPPs a serem conferidos aos cidadãos mantenedores.

3 As leis das PPPs e o modelo adotado em Minas Gerais

A Lei nº 11.079/04 que institui as PPPs inicialmente foi alardeada como a panaceia frente à falta de recursos públicos para investimentos

---

[9] VILHENA, Renata et al. *O choque de gestão em Minas Gerais*: políticas da gestão pública para o desenvolvimento. Belo Horizonte: Ed. UFMG, 2006 *apud* MOURÃO, Licurgo; ELIAS, Gustavo Terra; FERREIRA, Diogo Ribeiro. A imprescindibilidade da assinatura eletrônica, da assinatura mecânica e da certificação digital para a Administração Pública Brasileira. *Fórum de Contratação e Gestão Pública – FCGP*, Belo Horizonte, ano 8, n. 95, p. 37-45, nov. 2009. Disponível em: <http://www.editora.com.br/sist/conteudo/lista_conteudo.asp?FIDT_CONTEUDO=63697>. Acesso em: 20 dez. 2009.

em obras de infraestrutura, como a construção de rodovias, portos, ferrovias e presídios. Entretanto, imediatamente à sua edição, uma profusão de artigos e obras de juristas de escol apontavam graves falhas de formulação e, até mesmo, o flagrante conflito ante a princípios constitucionais proeminentes, notadamente quanto à repartição de riscos entre o Poder Público e o parceiro privado.

Um dos pontos mais criticados da então novel lei dizia respeito ao incentivo à viabilização de investimentos conjuntos do setor produtivo e dos governos através da garantia, por parte do parceiro estatal, de um retorno mínimo para empreendimentos que provavelmente não atraíam o interesse da iniciativa privada, tornando o negócio, segundo seus críticos, em um regime de capitalismo sem risco.

Entre os pontos que mais suscitaram críticas por parte de juristas de escol está aquele que inova a prioridade quanto ao pagamento de obras e serviços tocados mediante parcerias — a chamada cláusula de precedência, por muitos tida como flagrantemente inconstitucional, muito pelo fato de tal previsão normativa ter sido defendida pelos fundos de pensão e pelas empreiteiras, potenciais parceiros nas PPPs. De fato, não economiza adjetivos o jurista Kiyoshi Harada, *verbis*:

> [...] Enquanto credores por decisões judiciais transitadas em julgado ficam desprotegidos e desamparados, morrendo aos milhares na fila de precatórios judiciais, os futuros e eventuais credores por PPPs são garantidos com a bagatela de R$6 bilhões. Por isso, essa medida legislativa é antiética e imoral, faltando-lhe o necessário respaldo da legitimidade, que transcende a esfera da mera legalidade.
>
> [...] É absolutamente inconstitucional o inciso I do art. 8º da Lei nº 11.079/04, que permite a vinculação de receitas públicas para garantia das obrigações pecuniárias genéricas contraídas pelo Poder Público perante os particulares. Isso é uma verdadeira inversão da ordem pública, que afronta os princípios da moralidade e da impessoalidade, insertos no art. 37 da CF, de observância impositiva na forma do seu art. 100, *caput*. Ironicamente, este art. 8º atenta, como vimos, contra o art. 167, IV, da CF, que ele próprio manda observar em seu inciso I, *in fine*.[10]

Diante das vicissitudes da norma das PPPs, fato concreto é que a modelagem jurídica proposta não logrou o êxito inicial que nela se depositava, uma vez que tinha sido considerada inicialmente como uma espécie de "última esperança" de serem realizados no Brasil os investimentos em infraestrutura necessários ao seu crescimento. São

---

[10] GASPARINI, Diogenes *et al*. *Parcerias público-privadas*. São Paulo: MP Ed., 2006. p. 212, 218.

portanto incipientes na União, Estados e Municípios os investimentos financiados por meio dessa modelagem jurídica, ante os obstáculos tidos por intransponíveis. Nesse sentido, mais uma vez, é a lição de Kiyoshi Harada, *verbis*:

> Enfim, a participação da União, das autarquias e das fundações públicas nesse FGP, ou a utilização de fundos especiais que deveriam ter sido extintos, contraria em bloco os dispositivos constitucionais pertinentes à Administração Pública e à matéria financeira.
>
> Atenta contra os princípios da razoabilidade, da proporcionalidade, da moralidade e da publicidade (art. 37 da CF); dribla o art. 165, §9º, II, da CF e o art. 36 do ADCT; infringe o art. 167, IV, da CF; contraria o princípio da quantificação dos créditos orçamentários, inserto no art. 167, VII; violenta o princípio da fixação prévia das despesas, previsto no art. 167, II. Ademais, esvazia, em parte, o conteúdo dos arts. 70 e 71 da CF, que cometem ao Congresso Nacional a importantíssima missão de fiscalizar e controlar os gastos públicos, ferindo de morte o princípio da legitimidade que deve presidir o controle sob o prisma da legalidade e da economicidade da execução orçamentária e financeira.[11]

Em razão da forma de registro adotada na legislação, há também uma forte preocupação quanto à geração de despesas de longo prazo, com a criação de risco potencial ao equilíbrio fiscal ao longo dos exercícios. De modo a minorar estes efeitos, foi estabelecido um limite global de despesas previstas com a contratação de PPPs pela União, calculado sobre sua receita corrente líquida. Segundo o art. 22 da Lei nº 11.079/04, a União ficará impedida de celebrar futuras PPPs quando a soma das despesas de caráter continuado derivadas do conjunto das parcerias já contratadas por ela tiver excedido, no ano anterior, a 1% (um por cento) da receita corrente líquida do exercício. Também ficará impedida de contratar novas PPPs se as despesas federais anuais vigentes delas decorrentes excederem, nos 10 (dez) anos subsequentes, a 1% (um por cento) da receita corrente líquida projetada para os respectivos exercícios.

Mesmo com todos os cuidados que cercam a implementação das PPPs, para que não haja a implementação desregrada dessas parcerias a lei cria uma série de vedações, dentre as quais são proibidos: a) a contratação de valores inferiores a 20 milhões; b) a contratação por prazo inferior a cinco anos; c) a contratação que tenha por objeto único o fornecimento de mão de obra, fornecimento e instalação de equipamentos, ou execução de obra pública.

---

[11] GASPARINI, *op. cit.*, p. 222.

A despeito desses pretensos cuidados, não nos parece suficiente a modelagem legal de modo a minorar as críticas acerca do instituto. Nesse sentido, de modo contundente, conclui Kiyoshi Harada, *verbis*:

> As PPPs, como reguladas na lei sob comento, atentam contra o princípio da livre iniciativa e, ao mesmo tempo, permitem o desmonte da administração pública, estabelecendo uma perigosa simbiose entre os interesses público e privado, criando um terreno fértil à proliferação de práticas corruptivas.
>
> Ambos os incisos legais examinados (I e II do art. 8.o. da Lei n.o. 11.079/04) são manifestamente inconstitucionais. Violam, em bloco, os princípios da administração pública insertos no art. 37 da CF, bem como os princípios de Direito Financeiro apontados.[12]

Por outro lado, apesar das dificuldades legais expostas, o fato é que, em Minas Gerais, as PPPs também se tornaram alternativas à recuperação da capacidade de investimento do Estado, tanto que Minas Gerais atualmente vem sendo considerada o grande laboratório nacional quanto à modelagem das PPPs, em face da profusão de projetos que preveem essa forma de financiamento.

Em Minas Gerais, a Lei nº 14.868, de 16.12.03, estabeleceu as diretrizes e a metodologia para o desenvolvimento dessa nova forma de contratação estatal, ao estabelecer o Programa estadual de PPPs, congregando, como não poderia deixar de ser, os esforços públicos e privados.

Assim sendo, foram inseridas na estrutura pública mineira duas novas unidades, quais sejam: o Conselho Gestor de PPP (CGPPP), órgão colegiado presidido pelo Governador, e a Unidade Operacional de Coordenação de PPP (Unidade PPP), no âmbito da Secretaria de Estado de Desenvolvimento Econômico (SEDE), cujas competências estão regulamentadas nos Decretos nºs 43.702 e 44.757, de 16.12.03 e 17.3.08, respectivamente.

Inovação ainda da legislação estadual mineira foi a instituição do Plano de PPP, de responsabilidade anual do Chefe do Poder Executivo, tendo por finalidade reunir todos os projetos de Parcerias Público-Privadas selecionados pelo CGPPP. Ainda, estabelece o art. 3º da Lei nº 14.868/03, que "as ações de governo relativas ao Programa de PPP serão estabelecidas no Plano Estadual de Parcerias Público-Privadas, a ser elaborado nos termos do art. 7º desta Lei". Dessa forma, o art. 7º disciplinou o Plano de PPP, cuja aprovação depende da realização prévia de consulta pública.

---

[12] GASPARINI, *op. cit.*, p. 222.

Por fim, o art. 9º estabelece caber ao CGPPP, sem prejuízo do acompanhamento da execução de cada projeto, executar permanentemente avaliação geral do Plano Estadual de Parcerias Público-Privadas.

Fica evidente que, antes mesmo de contar com os benefícios a serem gerados pelas PPPs, Minas teve que desenvolver todo um arcabouço para possibilitar o controle e a avaliação dessas parcerias. Isso significa que, ao serem avaliadas as relações de custo-benefício das PPPs, é necessário também levar em conta os dispêndios que esses aparatos criados geram para assegurar a efetividade das parcerias.

Ao longo da vigência da lei, iniciou o Estado de Minas Gerais a execução de seis projetos,[13] quais sejam: Complexo de Penitenciárias de Minas Gerais, MG 050, Campus BH da Universidade Estadual de Minas Gerais (UEMG), Lotes Rodoviários, Unidade de Atendimento Integrado (UAI) e Aeroporto Regional da Zona da Mata. Em razão do montante alocado e dos reflexos imediatos na qualidade de vida da população, destacou-se para efeitos de uma análise mais detida, o Complexo de Penitenciárias de Minas Gerais, projeto inovador entre os entes federativos, que quiçá tornar-se-á *standard* para todos os projetos que venham a ser implementados posteriormente, visando a equacionar o problema da falência do sistema prisional brasileiro.

4 O projeto do complexo penitenciário de Minas Gerais

Inspirada no modelo britânico *Design-Build-Operate-Transfer* (DBOT), através do qual a empresa vencedora da licitação cria o projeto arquitetônico, constrói a infraestrutura e operacionaliza o complexo carcerário, a PPP do sistema prisional mineiro, com a previsão para 3.040 vagas carcerárias, é considerada um projeto inovador no Brasil, sendo referência para outros estados brasileiros.

Na PPP do sistema prisional o vencedor do certame será responsável pela gestão administrativa do complexo, além de ocupar-se com os projetos de ressocialização do encarcerado, desenvolvendo atividades diferenciadas e criando ambiente adequado à reintegração dos presos à sociedade, através de cursos profissionalizantes, bem como atividades educativas, artísticas e culturais.

O Poder Público, por sua vez, arcará com a remuneração do investimento feito pela sociedade de propósito específico (SPE) e continuará responsável pelas regras disciplinares, segurança externa

---

[13] MINAS GERAIS. Unidade de Parcerias Público-Privadas. *PPP em Minas*. Disponível em: <http://www.ppp.mg.gov.br/pppemminas>. Acesso em: 20 jun. 2010.

dos prédios e muralhas, além do transporte de sentenciados e do acompanhamento da gestão do complexo, uma vez que essa missão constitucional do Estado não poderá ser transferida ao particular. Além disso, o Poder Executivo acompanhará a execução das penas, junto com o Poder Judiciário, Ministério Público e Defensoria Pública.

Verifica-se que nesse modelo de PPP o Estado permanece com certas atribuições que lhe são típicas, tendo em vista que não podem ser delegadas ao parceiro privado, além de outras atribuições e riscos que lhe são imputados contratualmente.

Na lição de Benjamin Zymler e Guilherme de La Roque, a forma de repartição dos riscos é relevante para o triunfo das PPPs. Os autores ensinam que esses riscos podem ser resumidamente explicitados a seguir, *verbis*:

> a) risco político, englobando tanto o risco soberano quanto o denominado "fato príncipe"; b) risco ambiental, que especialmente no setor de infraestrutura assume grande relevância; c) risco regulatório, envolvendo não só as regras positivas como também a forma com que elas são interpretadas e aplicadas; d) risco contratual, devendo ser levada na devida conta e complexidade das avenças que serão celebradas no âmbito da PPP; e) risco de inadimplemento decorrente de erros de projeto ou de execução, especialmente no que concerne à avaliação prévia da viabilidade econômico-financeira da parceria, ou da eventual imposição por parte do poder público de alterações contratuais unilaterais.[14]

O Manual de Procedimentos Contábeis Específicos da STN[15] agrupa os riscos dos contratos de PPP em cinco modalidades, quais sejam, os riscos da demanda, de construção, de disponibilidade, cambial e operacional.

Acerca da repartição contratual dos riscos entre o parceiro público e o privado nas PPPs, Carlos Ari Sundfeld nos brinda com sua lapidar lição ao responder à indagação a seguir, *verbis*:

> Há critérios legais para divisão de riscos entre os parceiros público e privado? Não. A lei remeteu o assunto ao contrato de concessão (art. III). Não existe uma divisão natural dos riscos. Tudo tem a ver com a

---

[14] ZYMLER, Benjamin, ALMEIDA, Guilherme Henrique de La Rocque. *O controle externo das concessões de serviços públicos e das parcerias público-privadas*. Belo Horizonte: Fórum, 2005. p. 269-270.

[15] BRASIL. Ministério da Fazenda. *Manual de contabilidade aplicada ao setor público*: aplicado à União, aos Estados, ao Distrito Federal e aos Municípios: procedimentos contábeis específicos. 2. ed. Brasília: Secretaria do Tesouro Nacional, Coordenação-Geral de Contabilidade, 2009. p. 28-29.

viabilidade econômica, bem como a equação formada pelos encargos e remuneração do concessionário. Assim, é perfeitamente possível que, em uma concessão rodoviária patrocinada, o risco de demanda seja total ou parcialmente assumido por qualquer das partes a depender do contrato. A circunstância de a Lei de Concessões definir a concessão de serviço público como aquela em que o concessionário atua "por sua conta e risco" (art. 2º, II) não importa devam ser atribuídos ao concessionário "todos os riscos". Aliás, a própria existência da "revisão" aí está para prová-lo (Lei de Concessões, arts. 18, VIII, 23, IV, e art. 29, V). Assim, a alocação de riscos é, sim, matéria contratual.[16]

No que se refere ao risco da demanda, esse ocorre sempre que o parceiro público garanta um mínimo de remuneração ao parceiro privado, ainda que não haja a efetiva prestação do serviço contratado. Um fator que é redutor desse risco na PPP do sistema prisional é verificado nos Anexos X e XI do edital de licitação da parceria, de forma que a remuneração ao parceiro privado deverá observar os mecanismos e avaliação para medir o grau de atendimento na gestão do presídio. Assim, a remuneração é graduada à medida que for satisfatória a prestação do serviço, caso contrário, pode haver redução no pagamento.

Como fator inibidor do risco de eventual inadimplemento por parte do parceiro público, o edital da PPP do sistema prisional previu o arranjo de garantias a fim de assegurar a continuidade do fluxo de pagamento das parcelas de remuneração ao parceiro privado. Sobre os arranjos de garantias ofertadas pelo parceiro público ao particular nas PPPs e, em especial as oferecidas na PPP do sistema prisional mineiro, o assunto será abordado adiante com mais detalhes.

Em se tratando dos riscos ambientais, o edital da PPP do sistema prisional tratou dessas diretrizes, devendo ser garantido o atendimento à legislação específica aos cuidados com o meio ambiente, além do cumprimento às legislações federal, estadual e municipal que tratam da matéria.

Verifica-se que a PPP do sistema prisional procurou cercar as diversas variáveis desse modelo ousado e inovador, que busca melhores formas de gestão dos complexos prisionais e reintegrar os encarcerados ao convívio social, reduzindo a reincidência de ações criminosas, com a consequente redução dos gastos públicos futuros no tratamento dessas ocorrências.

Antes da PPP penitenciária, o Governo do Estado de Minas Gerais tinha investido, de 2003 a 2009, R$251 milhões na construção e

---

[16] SUNDFELD, Carlos Ari (Coord.). *Parcerias público-privadas*. São Paulo: Malheiros, 2005. p. 39.

ampliação de complexos prisionais, aumentando de 5.381 para 24.574 vagas.[17] O custo mensal por cada encarcerado correspondia a cerca R$1.800 (mil e oitocentos reais).[18]

Conforme observado no relatório contábil do Governo do Estado de Minas Gerais, o contrato firmado da PPP do complexo prisional, em 2009, totalizou, fora as garantias, R$2.166 bilhões[19] durante o prazo de concessão.

A SPE investirá cerca de 190 milhões na construção de complexos carcerários para o atendimento de 3.040 novas vagas,[20] cujo valor a ser pago vaga/dia atingirá R$74,63.[21] Dessa forma, estima-se que o Estado pagará, por mês, cerca de R$2.200 por cada encarcerado. Ou seja, de acordo com os números informados, o Estado pagará mensalmente, durante 27 anos, R$400 a mais, por cada preso a ser atendido pela PPP.

Portanto, em termos comparativos, o Estado estaria pagando à SPE os mesmos R$1.800 que custearia no modelo tradicional por cada encarcerado, além de ter que arcar, a mais, por cada preso, com R$400,00 mensais, como ressarcimento ao parceiro privado pelo investimento e pelos serviços prestados. Com isso, a importância a ser paga pelo governo anualmente, considerando os valores descritos, totalizaria cerca de R$78,22 milhões. Os números obtidos nos dois modelos podem ser comparados, em síntese, na tabela a seguir:

---

[17] MINAS GERAIS. Secretaria de Estado de Defesa Social. *Sistema prisional*. Disponível em: <http://www.seds.mg.gov.br/index.php?option=com_content&task=view&id=341&Itemid=165>. Acesso em: 20 jun. 2010.

[18] MINAS GERAIS. *Tecnologia no sistema prisional*. Disponível em: <http://www.seds.mg.gov.br/index.php?option=com_content&task=view&id=348&Itemid=71>. Acesso em: 20 jun. 2010.

[19] MINAS GERAIS. Secretaria de Estado da Fazenda. *Relatório contábil de 2009*. Disponível em: <http://www.fazenda.mg.gov.br/governo/contadoria_geral/demontracoes_contabeis/relatorios_contabeis/relatoriocontabil2009.pdf>. Acesso em: 20 jun. 2010.

[20] AGENCIA MINAS DE NOTÍCIA. *Aécio Neves assina o contrato da primeira PPP penitenciária*. Disponível em: <http://www.agenciaminas.mg.gov.br/noticias/governador/26292-aecio-neves-assina-contrato-da-primeira-ppp-penitenciaria>. Acesso em: 20 jun. 2010.

[21] MINAS GERAIS. Unidade de Parcerias Público-Privadas. *PPP Penitenciária*. Disponível em: <http://www.ppp.mg.gov.br/eventos/outros-eventos/downloads-workshop-unidades-setoriais/Riscos%20Complexo%20Penal.pdf>. Acesso em: 20 jun. 2010.

Sistema prisional mineiro	Vagas criadas de 2003 a 2009	Vagas criadas pela PPP
Vagas criadas	19.193	3.040
Investimentos	R$251 milhões	R$190 milhões
Investimento por vaga criada	R$13.078	R$62.500
Valor mensal gasto pelo Estado por cada preso	R$1.800	R$2.200
Valor anual gasto pelo Estado por 3.040 vagas	R$65 milhões	R$78,22 milhões

Fonte: Dados extraídos dos sítios: <www.agenciaminas.mg.gov.br>, <www.ppp.mg.gov.br> e <www.seds.mg.gov.br>.

Notadamente, o valor a ser investido por vaga criada pela PPP é consideravelmente maior que o valor até então investido no modelo tradicional de sistema prisional. Com isso, espera-se que haja maior qualidade e eficiência da infraestrutura a ser implementada. E como meio de proporcionar estímulo à eficiência na gestão da PPP pelo particular, foi previsto no edital de licitação um prêmio por excelência nos resultados.

A despeito do investimento feito pelo Estado por vaga criada ser bem menor no modelo tradicional, poderia ser considerado mais eficaz que o modelo de PPP no que se refere à quantidade de vagas criadas. Contudo, é inegável que o sistema carcerário brasileiro sempre foi deficitário, tanto no que diz respeito à demanda de vagas quanto à recuperação do encarcerado para o retorno ao convívio social. Baseando-se nos números demonstrados na tabela anterior, o fluxo de caixa a valores presentes que o Estado hipoteticamente apresentaria ao realizar, com recursos próprios, o mesmo valor de investimento que será realizado via PPP do sistema prisional, bem como as despesas de caráter continuado decorrentes desse investimento, pode ser exemplificado no GRAF. 1 a seguir:

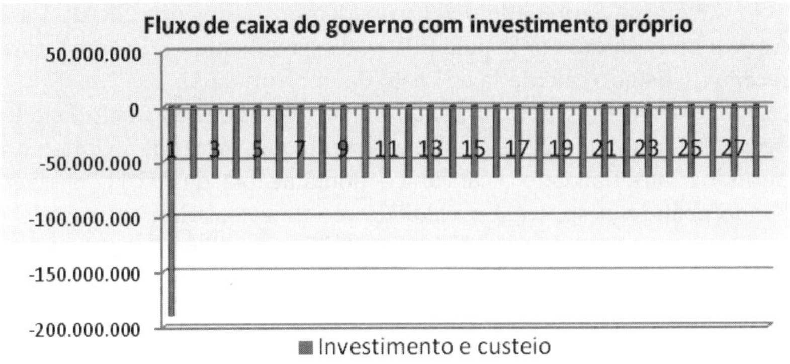

Fluxo de caixa do governo com investimento próprio

GRÁFICO 1 – Fluxo de caixa do governo com investimento próprio

Ou seja, o mesmo investimento inicial de R$190 milhões, caso fosse realizado com recursos públicos, somado às despesas continuadas de R$65 milhões anuais ao longo do fluxo de caixa do governo, a valores presentes, representariam um desembolso de R$1,95 bilhão pelo Estado.

Por outro lado, caso esse mesmo valor de investimento inicial seja realizado pela PPP do sistema prisional, e ainda considerando o valor de remuneração a ser pago pelo Poder Público contratado no processo licitatório, o fluxo de caixa do governo, a valor presente, ocorreria de forma semelhante à exposta no GRAF. 2 abaixo:

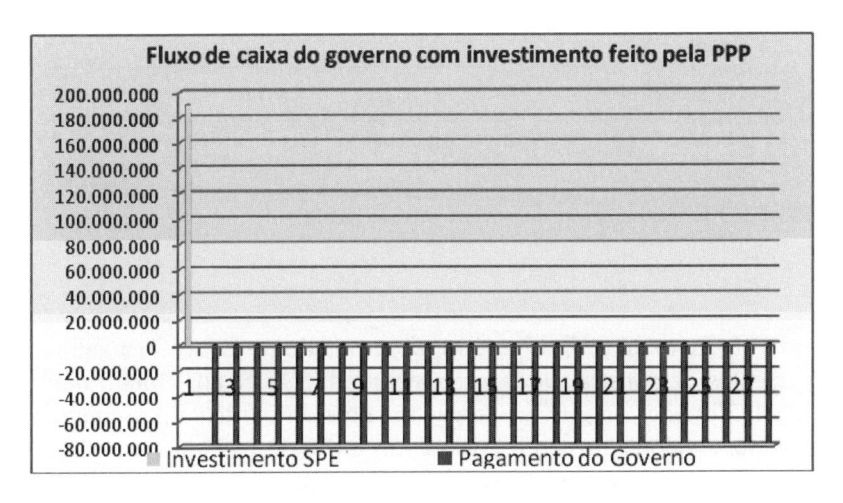

Fluxo de caixa do governo com investimento feito pela PPP

GRÁFICO 2 – Fluxo de caixa do governo com investimento feito pela PPP

O que se depreende dos fluxos demonstrados nos GRAF. 1 e 2 é que o investimento feito pela PPP pode ser subentendido como uma receita do Estado calculada ao custo de oportunidade.

No caso do GRAF. 2, o valor a ser desembolsado pelo Estado ficaria em torno de R$78,22 milhões ao ano que, somados ao longo do período contratualizado, alcançaria o montante total de R$2,112 bilhões. Sendo abatido desse total o valor da receita calculada pelo custo da oportunidade do valor investido pela SPE (R$190 milhões), fica demonstrado que, ao final do fluxo de caixa do governo a valores presentes, o dispêndio seria de R$1,92 bilhão.

O GRAF. 3, por sua vez, demonstra em exemplo de fluxo de caixa sob a ótica da SPE, que teria que arcar com os investimentos e com a operacionalização do empreendimento, recebendo, por isso, a remuneração do Poder Público na medida em que os serviços prestados sejam efetivados, conforme se demonstra:

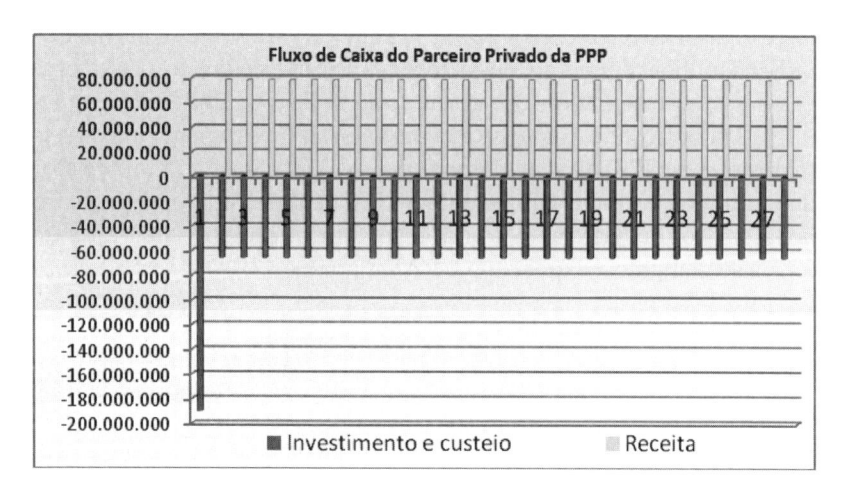

GRÁFICO 3 – Fluxo de caixa do parceiro privado na PPP

O fluxo de caixa hipotético apresentado no GRAF. 3, a valores presentes, demonstra que os recebimentos da SPE, ao final, totalizariam R$2,112 bilhões. Já o fluxo de pagamentos do particular, ao final do projeto, a valores presentes, ficaria em torno de 1,95 bilhão, gerando um retorno do investimento total, a valores presentes, de 162 milhões ao longo do período.

Nesses exemplos, a recuperação pelo particular do valor inicialmente investido ocorreria entre 14 e 15 anos, em função da diferença entre o valor a ser recebido do Poder Público e o custo (conforme valores obtidos no sistema prisional tradicional) para se manter 3.040 encarcerados. Assim, no período restante, até completar os 27 anos, o parceiro privado colheria os frutos do investimento realizado.

A remuneração da SPE, nesses exemplos hipotéticos de fluxos, ocorre em valores lineares. Entretanto, a remuneração a ser paga pelo Poder Público dependerá do cumprimento das metas e da avaliação da eficiência do empreendimento, podendo até não haver remuneração dependendo do desempenho obtido, conforme observado anteriormente.

Em suma, o que se espera nesse modelo de parceria é a redução dos custos concomitante ao aumento da qualidade da gestão dos serviços públicos prestados, além da ampliação do sistema prisional, adotando-se, também, tecnologias mais modernas.

Todavia, tomando por base os modelos demonstrados, poder-se-ia questionar se o projeto seria mesmo atrativo ao Estado, uma vez que esse terá ainda que arcar com parte dos custos com a segurança do complexo penal, já que esse seu papel constitucional não poderá ser transferido ao particular. Além do mais, no que se refere à relação custo-benefício das PPPs, a ser avaliada pelo Estado, conforme observado anteriormente, aos gastos despendidos com essas parcerias devem ser também acrescidas as despesas originadas pelos organismos instituídos para monitorar, regulamentar, avaliar e controlar a atuação e desempenho das PPPs.

A despeito desses pontos controversos, o que se espera é que a implementação desta PPP se justifique, sobretudo, em função da maior eficiência que essas infraestruturas propiciariam, não apenas na possibilidade de antecipar investimentos, conforme se corrobora nos estudos de Barbosa de Brito e Silveira, *verbis*:

> É verdade que uma das vantagens de se instituir uma parceria que inclua o aporte de capital privado é a possibilidade de antecipar um benefício econômico e social que só seria possível no longo prazo (MERNA; SMITH, 1994). Isso, no entanto, está invariavelmente associado a um comprometimento de receitas futuras. É por essa razão que o uso da PPP deve ser motivado por razões de *eficiência* na prestação do serviço e no uso dos recursos públicos, e não pela aparente solução do problema do financiamento. Há um extenso arcabouço teórico que orienta a discussão acerca das razões pelas quais a prestação de serviços públicos por meio

de contratos de parceria com o setor privado pode ser, em alguns casos, mais eficiente que a contratação tradicional de obra e serviços públicos.[22]

Outro aspecto positivo ao Estado quanto às PPPs, além do fato de que as infraestruturas seriam melhores desenvolvidas ao atendimento das demandas da sociedade, é que a remuneração feita pelo Poder Público ao particular, em função do investimento, seria diluída em um prazo mais extenso.

Há ainda outro ponto importante que poderia justificar ao Estado a escolha do investimento via PPP, relacionado ao custo de oportunidade dos recursos captados para realização dos projetos. Nesse sentido, percebe-se que nos modelos de fluxo ora apresentados não foram consideradas as eventuais despesas com empréstimos obtidos pelo poder público ou pelo particular para realizar os investimentos. Ou seja, na aquisição via PPPs o Estado não teria que arcar com os serviços da dívida para realizar o investimento, pois os encargos com casuais empréstimos seriam suportados pelo parceiro privado, que ficaria com o ônus da captação de recursos para satisfazer os investimentos pretendidos. Além do mais, o Estado também poderia dispor de recursos não desembolsados, quando o investimento for feito via PPP, para serem aplicados em outras políticas públicas.

Todavia, poderia surgir um complicador, no que alude aos encargos de empréstimos contraídos pelo parceiro privado, já que o parceiro público indiretamente teria que arcar com essa despesa, que estaria embutida na remuneração a ser paga pelo governo, pois o equilíbrio econômico-financeiro do contrato deverá ser resguardado.

Nesse caso, sabe-se que o custo de capitais captados no mercado tem perceptíveis taxas mais elevadas que os encargos dos empréstimos obtidos através da contratação de créditos públicos. Nesse caso, percebe-se que nas PPPs o parceiro público tem possibilitado ao parceiro privado a obtenção de empréstimos em condições semelhantes às entidades públicas, reduzindo-se os custos do particular e, consequentemente, proporcionando o abatimento no valor da remuneração a ser contratualizada.

Sob a ótica do parceiro privado, resta saber o que tornaria então atrativo o modelo de PPP, tendo em vista que, nos fluxos de caixa hipotéticos, o retorno demonstrado é relativamente pequeno ao ser diluído

---

[22] BRITO, Barbara Moreira Barbosa de; SILVEIRA, Antonio Henrique Pinheiro. Parcerias público privadas: compreendendo o modelo brasileiro. *Revista do Serviço Público*, Brasília, n. 1937, 2005.

no longo prazo. Além disso, os valores investidos na infraestrutura pelo parceiro privado são perceptivelmente maiores, o que poderia gerar maiores custos de manutenção ao investidor.

A despeito dessas questões, pode ser deduzido que o modelo seria atrativo ao parceiro privado em razão de que os custos nos fluxos de caixa hipotéticos ora apresentados foram extraídos do modelo tradicional. Dessa forma, deve ser ressaltado que os custos da SPE não seriam necessariamente os mesmos que o setor público teria para manter igual quantidade de encarcerados.

Sabe-se que há no setor privado sistemas de gestão de custos mais eficientes que o setor público — que ainda não desenvolveu sistemas adequados que atendam plenamente às realidades estatais — e tal fator suscitaria perspectivas mais bem vistas pelo particular do que o retorno apresentado nos fluxos hipoteticamente demonstrados.

Também deve ser observado, sobretudo, conforme já foi mencionado, que grande parte dos custos, dentre os quais os relativos com segurança, seriam suportados pelo poder público. Esse fator derradeiro, por si só, corrobora uma a redução de custos do parceiro privado comparado aos apurados no modelo tradicional.

Percebe-se também que o modelo tem grande atratividade ao parceiro privado pelo baixíssimo grau de risco de inadimplência, pois a Lei das PPPs prevê o estabelecimento de garantias que teriam por finalidade precípua impedir que governos futuros descumpram os contratos. Sabe-se que em qualquer negócio a provisão para perdas com inadimplência devem ser consideradas. Essas estimativas de prejuízos poderiam despertar menores interesses de investidores.

Na PPP do sistema prisional mineiro, essas garantias foram estabelecidas a partir de penhor ofertado em garantia de R$410 milhões e apólice de seguro garantia no valor de R$106 milhões.[23] Percebe-se que as referidas garantias ofertadas são suficientes para abonar a remuneração ao parceiro privado, por cerca de sete anos de contrato.

Apesar dos arranjos de garantias serem o ponto nodal para o sucesso das PPPs, esses também alçam as maiores polêmicas entre alguns juristas avessos a esse tipo de concessão de serviços públicos.

---

[23] MINAS GERAIS. Secretaria de Estado da Fazenda. *Relatório contábil de 2009*. Disponível em: <http://www.fazenda.mg.gov.br/governo/contadoria_geral/demontracoes_contabeis/relatorios_contabeis/relatoriocontabil2009.pdf>. Acesso em: 20 jun. 2010.

5 Arranjos e garantias

Certamente, uma das principais características das PPPs é o arranjo de garantias, cuja finalidade é assegurar que, em razão de sua eventual inadimplência, os compromissos do parceiro público sejam cumpridos ao parceiro privado, resguardando dessa forma a continuidade dos serviços públicos.

Além disso, as garantias devem ser implementadas com o objetivo de diminuir os riscos ao parceiro privado para atrair os investimentos para a administração pública. Todavia, não é concebível que as garantias sejam utilizadas para pagamento do parceiro privado que descumprir os termos contratuais.

O Fundo de Parcerias Público-Privadas (FPP) criado em Minas Gerais pela Lei nº 14.869/03, com natureza contábil, ou seja, sem personalidade jurídica, demonstra-se ineficiente em razão de seus percalços, principalmente no que se refere à indisponibilidade dos bens e receitas públicos a ele atribuídos.

Luiz Tarcísio Teixeira Ferreira não vê sentido constitucional em se vincular receitas ou utilizar de fundos especiais como garantias ao parceiro privado em razão das obrigações pecuniárias do parceiro público, conforme se depreende a seguir, *verbis*:

> Primeiramente porque a possibilidade da vinculação da receita de impostos para a prestação de garantias nas operações de crédito por antecipação da receita orçamentária (ARO'S) tem caráter excepcional, vale dizer, é operação que apenas se admite entre as próprias pessoas públicas: União, Estados, Distrito Federal e Municípios, e unicamente em razão de operações de crédito, previstas no art. 40 da Lei nº 4.320/64. Depois, porque (*i*) se trata de pessoas políticas que funcionam como garantidoras umas das outras nas operações de crédito interno e externo e (*ii*) como arrecadam tributos em que os demais têm participação, ou (*iii*) devem realizar transferências constitucionais em favor dos garantidos, então podem reter o produto desses tributos ou dessas transferências para saldar a dívida garantida. É claramente uma questão de equilíbrio interno das contas públicas (...)Essa *ratio* do preceito do art. 40 da Lei Complementar nº 101/00. Depois porque o processo de execução da Fazenda Pública é o previsto no art. 100 da Carta de 1988, goste-se dela ou não, processo que ao fim e ao cabo incluirá a expedição de ofício requisitório, para inclusão no orçamento de pessoa pública em questão, das verbas necessárias ao pagamento devido.[24]

---

[24] FERREIRA, Luiz Tarcísio Teixeira. *Parcerias público-privadas*: aspectos constitucionais. Belo Horizonte. Fórum, 2006. p. 173-174.

Nesse mesmo sentido, Fernão Justen de Oliveira ensina que, *verbis*:

A sistemática brasileira revela um aspecto da fragilidade da disciplina jurídica pátria, no tocante à execução compulsória de sentenças condenatórias contra a Fazenda Pública. A Constituição previu, no art. 100, uma solução destinada a impedir que a execução compulsória, por via jurisdicional, comprometesse a disciplina orçamentária dos gastos públicos. Por isso, criou-se um regime de pagamento por meio de precatório, em que o montante da dívida líquida e certa da Fazenda Pública deve ser incluído no orçamento do exercício seguinte.

Os defeitos produzidos na aplicação prática desse mecanismo geraram a ausência de certeza quanto à efetiva satisfação das dívidas da Fazenda Pública, como é sabido, a grade maioria das pessoas de direito público não honra as condenações judiciais que elas são impostas, sem que tal tenha merecido, até o presente, uma solução satisfatória por parte do Direito ou dos poderes constituídos.

O instituto da PPP não poderá ser efetivamente implementado enquanto o parceiro público não merecer a confiança dos investidores privados. Logo, a sistemática de garantias diferenciadas, orientadas a impedir que um eventual crédito decorrente de um contrato de PPP se submetesse puramente ao regime de precatórios, tornou-se uma característica essencial e diferenciada do direito brasileiro sobre garantias.[25]

Por outro lado, Sundfeld[26] orienta que a Lei nº 11.079/04 sustenta a licitude dessas garantias arroladas no art. 8º da lei federal das PPPs e suplanta eventual ineficiência das normas precedentes.

Verificando a proeminência do arranjo de garantias, Benjamim Zymler e Guilherme Henrique de La Roque Almeida ensinam que:

[...] o incremento das garantias oferecidas pela Administração Pública contribui de forma significativa para que o agente privado aceite receber sua remuneração somente após a disponibilização do objeto da parceria. Essa postergação dos pagamentos enseja a diminuição do risco de desperdício dos escassos recursos públicos, [...] Essa característica das PPP adquire ainda maior relevo por permitir que o Estado promova o oferecimento de serviços públicos em geral ainda que não possua, no momento, recursos financeiros e operacionais próprios disponíveis e

---

[25] OLIVEIRA, Fernão Justen de. *Parceria público-privada*: aspecto de direito público econômico (Lei nº 11.079/2004). Belo Horizonte: Fórum, 2009. p. 193.
[26] SUNDFELD, Carlos Ari. O arcabouço normativo das parcerias público-privadas no Brasil. *Revista do Tribunal de Contas da União*, ano 36, n. 104, p. 53-61, abr./jun. 2005.

suficientes para tal. Assim sendo, essas parcerias são um instrumento adequado a uma época de contingenciamento orçamentário, como a atual.[27]

As garantias ofertadas pelo governo ao particular nas parcerias firmadas, além de serem componentes de custos a serem ponderados nos contratos firmados com as PPPs, podem conduzir ao desfazimento *a posteriori* de bens e direitos públicos, em caso de suceder eventual inadimplemento do governo.

6 O tratamento jurídico-contábil dos riscos e garantias nos contratos de PPP

As demonstrações contábeis dos parceiros públicos devem evidenciar os direitos e obrigações derivados dos contratos de PPPs, em particular, os fatos que decorrem do compartilhamento dos riscos inerentes aos projetos de PPP e às garantidas ofertadas pelo Poder Público.

Nesse mesmo sentido, dispõem os arts. 7º e 11 da Portaria nº 614/06 da Secretaria do Tesouro Nacional (STN), *verbis*:

> Art. 7 Os entes públicos deverão provisionar e constar em seus balanços, na forma deste artigo, os valores dos riscos assumidos em decorrência de garantias concedidas ao parceiro privado ou em seu benefício.
>
> Art. 11 As garantias de pagamento concedidas por fundos ou empresas garantidoras, conforme disposto nos incisos II e V do art. 8º, da Lei nº 11.079, de 2004, poderão ser registradas como conta redutora das obrigações pecuniárias contraídas pelo parceiro público em contratos de PPP, até o limite do patrimônio líquido da empresa ou fundo garantidor e desde que os ativos estejam segregados contabilmente e avaliados pelo valor de mercado.
>
> §1º A constituição de fundo garantidor de PPP por parte da União, Estados, Distrito Federal e Municípios será registrada como investimento, observados os mesmos procedimentos estabelecidos para o registro de participações societárias.

No que se refere à classificação contábil dos riscos assumidos pelo parceiro público em razão da PPP, o Manual Procedimentos Contábeis Específicos da STN[28] assim orienta, *verbis*:

---

[27] ZYMLER, Benjamin, ALMEIDA, Guilherme Henrique de La Rocque. *O controle externo das concessões de serviços públicos e das parcerias público-privadas*. Belo Horizonte: Fórum, 2005. p. 269-270.
[28] BRASIL. Ministério da Fazenda, *op. cit.*, p. 36.

A transferência de riscos para o parceiro privado é aspecto caracterizador da PPP, em oposição aos contratos tradicionais de obra e serviço (Lei nº 8.666/1993), que mantêm na Administração Pública grande parte dos mesmos, e aos contratos de concessão (Lei nº 8.987/1995), que transferem integralmente os riscos ao concessionário e aos usuários.

[...]

A Lei nº 11.079/2004 estabeleceu conjunto de obrigações no que se refere à assunção de riscos pelo parceiro público, podendo ser destacado:

i) o inciso VI do art. 4º – determina que a contratação de PPP observe a diretriz da repartição objetiva de riscos entre as partes; e

ii) o inciso III do art. 5º – determina que as cláusulas contratuais prevejam a repartição de riscos entre as partes.

Para se conceituar a provisão, faz-se necessário definir "contingências passivas", consistindo esta em uma possível obrigação presente cuja existência será confirmada somente pela ocorrência ou não de um ou mais eventos futuros, que não estejam totalmente sob o controle da entidade; ou uma obrigação presente que surge de eventos passados, mas que não é reconhecida porque é improvável que a entidade tenha de liquidá-la; ou o valor da obrigação não pode ser mensurado com suficiente segurança. Segundo a NPC 22, do IBRACON, *de maneira geral, todas as provisões são contingentes porque são incertas em relação ao tempo ou ao valor.*

Ainda de acordo com a NPC, *uma provisão deve ser reconhecida quando uma entidade tem uma obrigação legal ou não formalizada presente como consequência de um evento passado; é provável que recursos sejam exigidos para liquidar a obrigação; e o montante da obrigação possa ser estimado com suficiente segurança.*[29]

A Lei das PPPs, por sua vez, estabelece que devem ser observadas as disposições da Lei de Responsabilidade Fiscal (LRF), bem como as demais normas de direito financeiro quanto aos compromissos assumidos nas parcerias.

Isso significa que as despesas procedentes desses ajustes não podem transpor a fronteira orçamentária para o exercício, ao mesmo passo que devem ser cumpridos os limites da dívida pública e condições para operações de crédito, consoante dispõem os arts. 29 e 30 da LRF.

A Portaria nº 614/06 da STN, por sua vez, dispondo sobre o tratamento contábil a ser dado às PPPs, teve por fins estabelecer que, na contabilização dos fatos decorrentes das parcerias firmadas, deve prevalecer a essência sobre a forma desses instrumentos contratuais. Ou seja, se por um lado a PPP é um meio de se conseguir recursos para investimentos

---

[29] BRASIL. Ministério da Fazenda, *op. cit.*, p. 36.

em períodos em que o endividamento público chega ao limite, por outro lado, os riscos assumidos em contratos firmados em PPP podem se refletir em passivos contingentes constituídos, além de serem, em sua essência, endividamentos assumidos contratualmente pelas parcerias firmadas.

Portanto, sempre que se identificar com segurança fatores de riscos que potencialmente possam configurar em descumprimento contratual por parte do Poder Publico, as obrigações decorrentes desse potencial inadimplemento devem ser evidenciadas, tendo em vista que podem deflagrar a dedução de bens ou receitas públicas ofertados em garantia. Destarte, esses passivos devem ser considerados na verificação do cumprimento dos artigos 29 e 30 da LRF. Nesse sentido, o Manual de Procedimentos Contábeis Específicos da STN assim orienta, *verbis*:

> [...] se a PPP for considerada uma operação de crédito, ela deverá seguir os procedimentos estabelecidos na resolução nº 43/2001 do Senado Federal. Se gerar impactos sobre a dívida consolidada líquida, deverá respeitar os limites máximos para dívida estabelecidos na Resolução nº 40 do Senado Federal.[30]

7 O controle das Parceiras Público-Privadas

Tem-se observado mudanças no posicionamento dos mecanismos de fiscalização e controle quanto à verificação dos serviços públicos prestados. Há preocupação crescente em se constatar que esses serviços, além de estarem sendo prestados, tenham a qualidade necessária à satisfação do interesse público. Nota-se, portanto, a importância da vinculação do pagamento da remuneração pelo parceiro público das PPPs ao cumprimento das metas de desempenho do parceiro privado pactuadas nos termos contratuais.

Os organismos de controle devem estar preparados para essa demanda, tendo em vista que uma das preocupações relativas às PPPs refere-se à desconfiança generalizada de que esses órgãos não teriam condições suficientes para fiscalizar os recursos públicos confiados ao particular para efetivação de políticas públicas. A dúvida se abaliza em razão de que o parceiro privado das PPPs situa-se fora da estrutura da administração pública. Sendo assim, poderia haver eventual esquiva ao controle institucional. Ademais, por vezes foram constatadas a ineficiências nos controles interno e externo também quando da fiscalização de órgãos e entidades da própria Administração Pública.

---

[30] BRASIL. Ministério da Fazenda, *op. cit.*, p. 29.

Jorge Ulisses Jacoby Fernandes[31] demonstra que no emprego das verbas públicas são princípios cogentes a liquidez dos cofres públicos, a vedação de realização de pagamentos abreviando-se a data do vencimento e a impessoalidade na aplicação dos recursos públicos, devendo os pagamentos dos contratos atentar aos prazos dispostos nos arts. 5º, §3º, e 40, XIV, "a", da Lei nº 8.666/93, configurando crime (art. 92, *in fine*, da Lei nº 8.666/93) e ato de improbidade (art. 11, II, da Lei nº 8.429/92) o pagamento de despesas sem a observância da cronologia do vencimento. A figura dos precatórios se baseia nesses fundamentos.

> O professor Jacoby também chama atenção à expectativa que os operantes do Direito têm quanto à atuação dos órgãos de controle, na acepção de que esses tenham a percepção adequada acerca das PPPs e não se contraponham a seus desígnios. A sociedade está amadurecendo seu discernimento de qual seria a função dos órgãos de controle, quando suas perspectivas de economicidade, eficiência, eficácia da gestão pública são malogradas, não se contentando apenas com o atendimento da legalidade na aplicação dos recursos, mas primando também pela efetivação de seus direitos. Nesse ponto, o que se aparenta é que os órgãos de controle se propõem tão somente a checar a ação dos organismos de regulação e monitoramento instituídos para os projetos de PPP, tal como aqueles organizados sob a figura de agência.

8 Considerações finais

O modelo de PPP do sistema prisional apresentado pelo Estado de Minas Gerais envolve toda uma gama de complexidade no que diz respeito ao planejamento, ao desenvolvimento da infraestrutura, bem como à avaliação, monitoramento e controle pelo governo, além do estabelecimento de normatizações claras e transparentes acerca do teor dos acordos firmados e da instituição dos meios adequados à verificação e mensuração do cumprimento dos objetivos propostos.

Em geral, pode-se inferir que o modelo das PPPs terá melhores oportunidades de sucesso em atmosfera pública solidificada e suficientemente estruturada, que possibilite a integral efetivação do interesse público. Nessa acepção, Maria das Graças Almeida Pamplona argumenta, *verbis*:

---

[31] JACOBY FERNANDES, Jorge Ulisses. *PPP – Parceria Público-Privada*: uma visão de controle. Disponível em: <http://www.tc.df.gov.br/dga/sedoc/PPP%20Parcerias.doc>. Acesso em: 15 maio 2008.

À luz dos ensinamentos da Teoria Geral, deve-se levar em conta um dado decisivo que é a realidade sociológica dos diferentes povos envolvidos com a experiência das PPPs. Esse fator é o que existe de mais importante, desconhecê-lo significa aventurar-se em um caminho sombrio que poderá levar o Brasil a um dos maiores fiascos internacionais, porque os parâmetros que serão decisivos para o sucesso, ou eventual fracasso, das PPPs não estão no Direito, mas na Sociologia. Saber que um povo tem por premissa cultural cumprir seus compromissos, por exemplo, é fator importantíssimo para o processo de atrair investidores. A solidez das instituições públicas, também é importantíssima, porque investimentos vultosos não podem ser feitos sem garantia de que o compromisso será honrado.[32]

Certamente a deficiência do controle institucional fica mais evidente à medida que os crescentes anseios por *accountability* e transparência da administração pública, pilares da LRF, fortalecem o controle social, com o alento da figura do cidadão cliente, que busca pela efetivação de seus direitos. Em decorrência desses fatores, vários atos de improbidade relacionados à má gestão dos recursos públicos vêm sendo denunciados pela sociedade.

Entende-se ser possível a existência de vício de inconstitucionalidade na lei das PPPs, vez que garantias adicionais de pagamento criadas, inclusive por meio de fundo específico, administrado pelo setor privado e com ativos públicos, submete-se ao regime publicista, cabendo privilégios ao pagamento tão somente no caso de créditos de natureza alimentícia e naqueles definidos em lei como de pequeno valor.

Com a edição da Lei nº 11.079/04, inovou o legislador ao prever em seu artigo 16 a instituição de Fundo Garantidor de Parcerias Público-Privadas (FGP), no qual a União, suas autarquias e fundações públicas ficam autorizadas a participar, no limite global de R$6.000.000.000,00 (seis bilhões de reais). Sua finalidade é prestar garantia de pagamento de obrigações pecuniárias assumidas pelos parceiros públicos federais em virtude das parcerias de que trata esta Lei.

Tendo natureza privada e patrimônio próprio separado do patrimônio dos investidores, e sujeito a direitos e obrigações próprios, o patrimônio do Fundo será formado pelo aporte de bens e direitos realizado pelos sócios, por meio da integralização de capital e pelos rendimentos obtidos com sua administração. Os bens e direitos transferidos ao

---

[32] PAMPLONA, Maria das Graças Almeida. O controle das parcerias público-privadas: um novo desafio. *Fórum de Contratação e Gestão Pública – FCGP*, Belo Horizonte, ano 6, n. 51, p. 6880-6890, mar. 2006.

Fundo serão avaliados por empresa especializada, que deverá apresentar laudo fundamentado, com indicação dos critérios de avaliação adotados e instruído com os documentos relativos aos bens avaliados.

O FGP responderá por suas obrigações com os bens e direitos integrantes de seu patrimônio, não respondendo os cotistas por qualquer obrigação do Fundo, salvo pela integralização das cotas que subscreverem. Claro está, portanto, que os credores de tal fundo assumem posição privilegiada frente aos demais credores do Estado submetidos ao regime geral dos precatórios estabelecido pelo artigo 100 da Constituição Federal de 1988.

Dada a complexidade da matéria e os aspectos teóricos que, ainda de forma incipiente, são debatidos no Brasil, faz-se necessário melhor descortinar os aspectos jurídicos do instituto, por meio da análise de suas formas de financiamento e da materialização de um modelo legal de avaliação que permita inferir se são ou não danosas à atuação da máquina estatal e ao erário.

Referências

AGENCIA MINAS DE NOTÍCIA. *Aécio Neves assina o contrato da primeira PPP penitenciária*. Disponível em: <http://www.agenciaminas.mg.gov.br/noticias/governador/26292-aecio-neves-assina-contrato-da-primeira-ppp-penitenciaria>. Acesso em: 20 jun. 2010.

BOBBIO, Norberto; MATTEUCCI; Nicolla; PASQUINO, Gianfranco (Org.). *Dicionário de política*. Tradução de Carmen C. Varriale. 11. ed. Brasília: Ed. UnB, 1998.

BRASIL. *Constituição da República Federativa do Brasil, promulgada em 05 de outubro de 1988*. 3. ed. Brasília: Senado Federal; Centro Gráfico, 1988.

BRASIL. Lei 8.429 de 2 de junho de 1992. Dispõe sobre as sanções aplicáveis aos agentes públicos nos casos de enriquecimento ilícito no exercício de mandato, cargo, emprego ou função na Administração Pública direta, indireta ou fundacional e dá outras providências. Disponível em: <http://www.planalto.gov.br/ccivil/leis/L8429.htm>. Acesso em: 20 jun. 2010.

BRASIL. Lei 8.666 de 21 de junho de 1993. Institui normas para licitações e contratos da Administração Pública e dá outras providências. Disponível em: <http://www.planalto.gov.br/ccivil_03/Leis/L8666cons.htm>. Acesso em: 20 jun. 2010.

BRASIL. *Lei Complementar 101/00, de 04 de maio de 2000*. Estabelece normas de finanças públicas voltadas para a responsabilidade na gestão fiscal e dá outras providências. São Paulo: Atlas, 2000.

BRASIL. *Lei Federal 4.320/64, de 17 de março de 1964*. Estatui normas gerais de direito financeiro para elaboração e controle dos orçamentos e balanços da União, dos Estados, dos Municípios e do Distrito Federal. 16. ed. São Paulo: Atlas, 1993.

BRASIL. Lei nº 11.079 de 30 de dezembro de 2004. Institui normas gerais para licitação e contratação de parceria público-privada no âmbito da Administração Pública. Disponível em: <http://www.sintunesp.org.br/refuniv/Lei%2011079-04_30-12-04%20-%20PPP.htm>. Acesso em: 20 jun. 2010.

BRASIL. Ministério da Fazenda. *Manual de contabilidade aplicada ao setor público*: aplicado à União, aos Estados, ao Distrito Federal e aos Municípios: procedimentos contábeis específicos. 2. ed. Brasília: Secretaria do Tesouro Nacional, Coordenação-Geral de Contabilidade, 2009.

BRITO, Barbara Moreira Barbosa de; SILVEIRA, Antonio Henrique Pinheiro. Parcerias público privadas: compreendendo o modelo brasileiro. *Revista do Serviço Público*, Brasília, n. 1937, 2005.

CARVALHO, André Borges de. As vicissitudes da reforma gerencial no Brasil: uma abordagem analítica. *Revista Jurídica Administração Municipal*, Salvador, ano IV, n. 2, p. 8, fev. 1999.

FERREIRA, Luiz Tarcísio Teixeira. *Parcerias público-privadas*: aspectos constitucionais. Belo Horizonte. Fórum, 2006.

GASPARINI, Diogenes *et al. Parcerias público-privadas*. São Paulo: MP Ed. 2006.

GOULART, Flávio A. de Andrade; CUNHA, Rosani Evangelista da. Da burocracia à *ad hocracia*. *Revista do Serviço Público*, Brasília, ano 50, n. 3, p. 57-72, jul./set. 1999 *apud* BENTO, Leonardo Valles. *Governança e governabilidade na reforma do Estado*: entre eficiência e democratização. Barueri, SP: Manole, 2003.

JACOBY FERNANDES, Jorge Ulisses. *PPP – Parceria Público-Privada*: uma visão de controle. Disponível em: <http://www.tc.df.gov.br/dga/sedoc/PPP%20Parcerias.doc>. Acesso em: 15 maio 2008.

MINAS GERAIS. *PPP sistema penitenciário*. Disponível em: <http://www.ppp.mg.gov.br/eventos/outros-eventos/downloads-workshop-unidades-setoriais/Riscos%20Complexo%20Penal.pdf>. Acesso em: 20 jun. 2010.

MINAS GERAIS. Secretaria de Estado da Fazenda. *Relatório contábil de 2009*. Disponível em: <http://www.fazenda.mg.gov.br/governo/contadoria_geral/demontracoes_contabeis/relatorios_contabeis/relatoriocontabil2009.pdf>. Acesso em: 20 jun. 2010.

MINAS GERAIS. Secretaria de Estado de Defesa Social. *Sistema prisional*. Disponível em: <http://www.seds.mg.gov.br/index.php?option=com_content&task=view&id=341&Itemid=165>. Acesso em: 20 jun. 2010.

MINAS GERAIS. *Tecnologia no sistema prisional*. Disponível em: <http://www.seds.mg.gov.br/index.php?option=com_content&task=view&id=348&Item id=71>. Acesso em: 20 jun. 2010.

MINAS GERAIS. Unidade de Parcerias Público-Privadas. *PPP em Minas*. Disponível em: <http://www.ppp.mg.gov.br/pppemminas>. Acesso em: 20 jun. 2010.

MOURÃO, Licurgo; ELIAS, Gustavo Terra; FERREIRA, Diogo Ribeiro. A imprescindibilidade da assinatura eletrônica, da assinatura mecânica e da certificação digital para a Administração Pública Brasileira. *Fórum de Contratação e Gestão Pública – FCGP*, Belo Horizonte, ano 8, v. 95, p. 37-45, nov. 2009. Disponível em: <http://www.ediforum.com.br/sist/conteudo/lista_conteudo.asp?FIDT_CONTEUDO=63697>. Acesso em: 20 dez. 2009.

OLIVEIRA, Fernão Justen de. *Parceria público-privada*: aspecto de direito público econômico (Lei nº 11.079/2004). Belo Horizonte: Fórum, 2009.

PAMPLONA, Maria das Graças Almeida. O controle das parcerias público-privadas: um novo desafio. *Fórum de Contratação e Gestão Pública – FCGP*, Belo Horizonte, ano 6, n. 51, p. 6880-6890, mar. 2006.

PRATS I CATALÁ, Joan. Direito e gerenciamento nas administrações públicas. *Revista do Serviço Público*, ano 47, v. 120, n. 2, p. 27-28, maio/ago. 1996 apud BENTO, Leonardo Valles. *Governança e governabilidade na reforma do Estado*: entre eficiência e democratização. Barueri, SP: Manole, 2003.

SINGER, Paul. O papel do Estado e as políticas neoliberais. In: GADELHA, Regina Maria A. Fonseca (Org.). *Globalização, metropolização e políticas neoliberais*. São Paulo: Educ, 1997.

SUNDFELD, Carlos Ari (Coord.). *Parcerias público-privadas*. São Paulo: Malheiros, 2005.

SUNDFELD, Carlos Ari. O arcabouço normativo das parcerias público-privadas no Brasil. *Revista do Tribunal de Contas da União*, ano 36, n. 104, p. 53-61, abr./jun. 2005.

VILHENA, Renata et al. *O choque de gestão em Minas Gerais*: políticas da gestão pública para o desenvolvimento. Belo Horizonte: Ed. UFMG, 2006 apud MOURÃO, Licurgo; ELIAS, Gustavo Terra; FERREIRA, Diogo Ribeiro. A imprescindibilidade da assinatura eletrônica, da assinatura mecânica e da certificação digital para a Administração Pública Brasileira. *Fórum de Contratação e Gestão Pública – FCGP*, Belo Horizonte, ano 8, n. 95, p. 37-45, nov. 2009. Disponível em: <http://www.ediforum.com.br/sist/conteudo/lista_conteudo.asp?FIDT_CONTEUDO=63697>. Acesso em: 20 dez. 2009.

WEBER, Max. *Parlamento e governo na Alemanha reordenada*: crítica política da burocracia e da natureza dos partidos. Petrópolis: Vozes, 1993.

ZYMLER, Benjamin; ALMEIDA, Guilherme Henrique de La Rocque. *O controle externo das concessões de serviços públicos e das parcerias público-privadas.* Belo Horizonte: Fórum, 2005.

Informação bibliográfica deste texto, conforme a NBR 6023:2002 da Associação Brasileira de Normas Técnicas (ABNT):

MOURÃO, Licurgo; VIANA FILHO, Gélzio. Gestão de riscos na prestação de serviços públicos: a experiência mineira na implementação das parcerias público-privadas. *In*: SILVEIRA, Raquel Dias da; CASTRO, Rodrigo Pironti Aguirre de (Coord.). *Estudos dirigidos de gestão pública na América Latina.* Belo Horizonte: Fórum, 2011. v. 1, p. 183-216. ISBN 978-85-7700-432-4.

Proteção Jurídica do Agente Público quando da Invalidação do Vínculo de Trabalho com o Estado: Impropriedade do Critério da Boa-Fé do Agente para Fins de Indenização

Luis Henrique Braga Madalena
Raquel Dias da Silveira

Sumário: **1** Introdução – **2** Contratação temporária por excepcional interesse público – **3** Consequências da contratação temporária ilegal – **4** Fundamentos da proteção jurídica do prestador de trabalho ao Estado – **5** Conclusão – Referências

1 Introdução

Existe a premissa, de raiz constitucional (art. 37, II), de que a relação de trabalho entre servidor público e Estado é legitimada pela regra da investidura em cargo e empregos da Administração Pública, por meio de concurso público de provas ou de provas e títulos.

Como exceções à regra da investidura mediante concurso público, a Constituição da República de 1988 previu, nos incisos II e IX do art. 37, a possibilidade de se nomear, discricionariamente, servidores públicos, para o exercício de cargo em comissão, no desempenho de encargos de direção, chefia e assessoramento (art. 37, inciso V), e de se contratar, por tempo determinado, agentes públicos, nas estritas hipóteses de necessidade temporária e de excepcional interesse público.

Não obstante, após mais de vinte anos da promulgação da Constituição da República Federativa do Brasil, existem, laborando para a Administração Pública, inúmeros agentes investidos sem concurso público e fora das hipóteses excepcionadas pelo ordenamento constitucional; ou seja, verificam-se, ainda, relações de trabalho sem qualquer fundamento legal.

2 Contratação temporária por excepcional interesse público

Para que se inicie a discussão acerca da temática, é importante pontuar as principais características do instituto da contratação temporária, para tratar das possíveis irregularidades em seu estabelecimento.

Como se disse, em regra, o recrutamento de pessoal para servir às necessidades da Administração Pública deve ser realizado por meio de concurso de provas ou de provas e títulos, tendo-se a possibilidade prevista no art. 37, IX, como exceção.

As hipóteses que autorizam a contratação por tempo determinado, com fundamento em necessidade temporária e de excepcional interesse público, deverão ser definidas em lei, ato normativo primário.

Sobre o tema, examina Celso Antônio Bandeira de Mello:

> A Constituição prevê que a lei (entende-se: federal, estadual, distrital ou municipal, conforme o caso) estabelecerá os casos de contratação para o atendimento de necessidade temporária de excepcional interesse público (art. 37, IX). Trata-se, aí, de ensejar suprimento de pessoal perante contingências que desgarrem da normalidade das situações e presumam admissões apenas provisórias, demandadas em circunstâncias incomuns, cujo atendimento reclama satisfação imediata e temporária (incompatível, portanto, com o regime normal de concursos).[1]

Justamente por se tratar de exceção é que a falada hipótese deverá obedecer a preceitos objetivos, todos especificados em lei para que seja tida como regular.

Pela leitura do dispositivo constitucional (art. 37, inciso IX) e em sendo exceção à regra do concurso público, é evidente que esta regra apenas pode ser invocada no caso de flagrante impossibilidade de a Administração cumprir a via ordinária de contratação.

---

[1] BANDEIRA DE MELLO, Celso Antônio. *Curso de direito administrativo*. 26. ed. São Paulo: Malheiros, 2009. p. 285.

Em outras palavras, referida categoria de contratação só poderá ser admitida se a Administração Pública estiver frente a situações em que, devido às circunstâncias excepcionais, não seja possível a realização de concurso público ou diante de hipóteses que não justifiquem a nomeação para cargos ou empregos públicos previamente criados por ato legislativo.

Mais uma vez, cumpre observar os apontamentos de Celso Antônio Bandeira de Mello:

> A razão do dispositivo constitucional em apreço, obviamente, é contemplar situações nas quais ou a própria atividade a ser desempenhada, requerida por razões muitíssimo importantes, é temporária, eventual (não se justificando a criação de cargo ou emprego, pelo que não haveria cogitar do concurso público), ou a atividade não é temporária, mas o excepcional interesse público demanda que se faça imediato suprimento temporário de uma necessidade (neste sentido, "necessidade temporária"), por não haver tempo hábil para realizar concurso, sem que suas delongas deixem insuprido o interesse incomum que se tem de acobertar.[2]

O instituto da contratação temporária ganhou relevo em razão de medidas administrativas com o intuito de impedir a ampliação da dívida pública e orientadas a restringir o déficit público. Ele implicou a diminuição dos concursos públicos para provimento de cargos e empregos públicos.

Mostra Marçal Justen Filho[3] que, com fundamento fático em orientações de cunho gerencial, passou-se a utilizar a prescrição constante do artigo 37, IX, como "álibi" para obtenção de quadros, visando ao desempenho de funções essenciais, de grande relevância.

Essa estratégia, aos poucos, foi se revelando inadequada. Primeiro, porque, como se verá na sequência, o art. 37, inciso IX, da Constituição não serve a tais práticas, mas para que a Administração supra suas necessidades que se enquadram nas exigências da temporariedade da demanda e da excepcionalidade do interesse público envolvido. Em segundo, como mostram Cristiana Fortini e Flávia Cristina Mendonça Faria da Pleve,[4] o art. 18, *caput* e §1º, da Lei de Responsabilidade Fiscal

---

[2] *Id.*
[3] JUSTEN FILHO, Marçal. *Curso de direito administrativo*. São Paulo: Saraiva, 2005. p. 662-663
[4] FORTINI, Cristiana; PIEVE, Flávia Cristina Mendonça Faria da. As terceirizações e contratações temporárias realizadas pela Administração Pública: distinções entre as duas figuras e o impacto na LRF. In: FORTINI, Cristiana (Coord.). *Terceirização na administração*: estudos em homenagem ao Professor Pedro Paulo de Almeida Dutra. Belo Horizonte: Fórum, 2009. p. 19-20.

(Lei Complementar nº 101/2000) entende como despesa de pessoal a contratação de agentes públicos por tempo determinado para atender à necessidade temporária de excepcional interesse público.

A Constituição, na verdade, criou dois requisitos, um de ordem temporal e outro de ordem material para se admitir a investidura de agentes públicos na função pública sem concurso. Quer dizer, o contrato há de ser "por tempo determinado" e, por consequência, a necessidade da Administração, "transitória", enquanto o interesse público há de se revestir do atributo da "excepcionalidade".

Gustavo Alexandre Magalhães mostra que contrato por tempo determinado corresponde ao vínculo entre Estado e servidor que se contrapõe àquele de natureza permanente. Necessidade transitória, segundo o autor, ao contrário, nada tem a ver com a relação Estado-servidor:

> ...diz respeito às situações de fato que demandam a ação da Administração Pública e, para isso, autorizam a contratação de agentes até mesmo sem a prévia aprovação em concurso público
>
> Necessidade transitória, assim, refere-se à exigência de providências com duração predeterminada, abrangendo situações de urgência que demandam providências imediatas, ou ainda atividades de natureza transitória que são incompatíveis com o provimento em caráter efetivo nos quadros da Administração Pública.
>
> Levando-se em consideração a transitoriedade do vínculo, há que se distinguir a temporariedade da demanda, decorrente de atividades permanentes, da transitoriedade da própria atividade a ser exercida.
>
> No primeiro caso, não importa a natureza da atividade, mas a urgência com que ela tem que ser cumprida. O que torna a situação excepcional é a impossibilidade fática de o desempenho das atividades ser precedido da realização de concurso público. O atendimento dos requisitos formais exigidos pelo Constituinte, nestes casos, poderia acarretar o perecimento de direitos e interesses coletivos.
>
> Tratando de situações excepcionais não urgentes, é a natureza transitória da atividade a ser desempenhada que permite seu enquadramento entre as hipóteses de contratação temporáriai de servidor público.[5]

É mister que se entenda que, para a legitimidade da contratação temporária prevista no art. 37, IX, CR/88, o constituinte exigiu não só a

---

[5] MAGALHÃES, Gustavo Alexandre. *Contratação temporária por excepcional interesse público*: aspectos polêmicos. 2004. Dissertação (Mestrado em Direito) – Faculdade de Direito, Universidade Federal de Minas Gerais, Belo Horizonte, 2004. f. 185-186.

comprovação do requisito da transitoriedade da função, como também do interesse público excepcional.

Não se pode compreender interesse público excepcional como simplesmente interesse público relevantíssimo. Todos os interesses públicos — e estes se encontram expressa ou implicitamente vinculados à ordem constitucional — são interesses da sociedade. E todo interesse da sociedade, ao seu turno, há de ser concebido como de suma relevância para o Estado.

Não é a relevância o critério que autoriza o intérprete a distinguir o interesse legítimo da contratação temporária sem concurso. O interesse excepcional sobre o que versa o constituinte é o interesse anômalo, extraordinário e imprevisível.

Segundo Celso Antônio Bandeira de Mello, se a necessidade não for temporária, para que se autorize a contratação temporária sem concurso, o interesse público há de demandar que:

> se faça imediato *suprimento temporário de uma necessidade* (nesse sentido, "necessidade temporária"), *por não haver tempo hábil para realizar concurso*, sem que suas delongas deixem insuprido o interesse incomum que se tem de acobertar.[6]

Na esfera federal, tais contratações regem-se pela Lei nº 8.745/1993. Esse diploma normativo elenca taxativamente[7] as hipóteses de contratação fundada na necessidade temporária de excepcional interesse público em seu artigo 2º.

Eis as hipóteses atualmente em vigor: i) assistência a situações de calamidade pública; ii) assistência a emergência em saúde pública; iii) realização de recenseamentos e outras pesquisas de natureza estatística efetuadas pela Fundação Instituto Brasileiro de Geografia e Estatística (IBGE); iv) admissão de professor substituto e professor visitante para suprir a falta de docente da carreira, decorrente de exoneração ou demissão, falecimento, aposentadoria, afastamento para capacitação e afastamento ou licença de concessão obrigatória; v) admissão de professor e pesquisador visitante estrangeiro; vi)

---

[6] BANDEIRA DE MELLO, Celso Antônio. *Curso de direito administrativo*. 26. ed. São Paulo: Malheiros, 2009. p. 285.

[7] Como não poderia deixar de ser no caso da atividade administrativa, uma vez que esta é integralmente vinculada ao ordenamento jurídico — aplicação do princípio da legalidade ou da juridicidade — inclusive, nos casos em que se verifica a necessidade de atuação discricionária, o agente público há de estar comprometido com atingimento da opção ótima, com vistas à consecução do interesse público (não interesse do Estado ou do administrador).

atividades especiais nas organizações das Forças Armadas para atender à área industrial ou a encargos temporários de obras e serviços de engenharia; vii) atividades de identificação territorial; viii) atividades finalísticas do Hospital das Forças Armadas; ix) atividades de pesquisa e desenvolvimento de projetos destinados à segurança de sistemas de informações, sob responsabilidade do CEPESC (Centro de Pesquisa e Desenvolvimento para a Segurança das Comunicações); x) atividades de vigilância e inspeção relacionadas à defesa agropecuária no âmbito do Ministério da Agricultura e do Abastecimento para atendimento de situações emergenciais ligadas ao comércio internacional de produtos de origem animal ou vegetal de iminente risco à saúde; xi) atividades desenvolvidas no âmbito dos projetos do SIVAM (Sistema de Vigilância da Amazônia) e do SIPAM (Sistema de Proteção da Amazônia); xii) atividades técnicas especializadas de projetos de cooperação por prazo determinado implementados por acordos internacionais, com subordinação do contratado ao órgão ou entidade pública; xiii) atividades técnicas especializadas necessárias à implantação de órgãos ou entidades ou de novas atribuições definidas para organizações existentes ou as decorrentes de aumento transitório no volume de trabalho que não possam ser atendidas mediante o art. 74 da Lei nº 8.112/90; xiv) atividades didático-pedagógicas em escolas de governo; xv) admissão de professor, pesquisador ou tecnólogo substitutos para suprir a falta de professor, pesquisador ou tecnólogo ocupante de cargo efetivo, decorrente de licença para atividade empresarial relativa à inovação; xvi) admissão de pesquisador nacional ou estrangeiro para projetos de pesquisa com prazo determinado, por projeto em instituições destinadas à pesquisa; e xvii) combate a emergências ambientais em região específica, conforme declaração da emergência pelo Ministro de Estado do Meio Ambiente.

Esse rol de hipóteses de contratação temporária já sofreu algumas modificações desde a sua edição. Entretanto, muitas outras tentativas acabaram por ser barradas pelo próprio Supremo Tribunal Federal em razão de desrespeitarem os requisitos constitucionais.

Nesse sentido, destaca-se a ADI nº 2.125-7,[8] de relatoria do Ministro Maurício Correa, julgada em 06.04.2000, em que o Supremo Tribunal Federal rejeitou inovação que se pretendia levar a cabo por meio de Medida Provisória, prevendo a contratação temporária para

---

[8] ADIn nº 2.125-7/DF, Relator Ministro Maurício Corrêa, J. 06.04.2000, *DJ*, 29 set. 2000. Disponível em: <www.stf.jus.br>. Acesso em: 10 jul. 2010.

o provimento de cargos típicos de carreira, que exigem conhecimentos técnicos específicos e que demandam, portanto, a realização de concurso público.

Situação semelhante foi a da ADI nº 3.430-8,[9] de Relatoria do Ministro Ricardo Lewandoski, na qual o Supremo Tribunal Federal declarou a inconstitucionalidade de lei complementar do Estado do Espírito Santo que autorizava o Poder Executivo Estadual a celebrar contratos administrativos de prestação de serviços, com prazo de 12 (doze) meses, prorrogáveis pelo mesmo prazo, para atendimento de "necessidade de excepcional interesse público" no Serviço de Saúde Estadual.

Um dos fundamentos utilizados para a declaração de inconstitucionalidade material neste último caso foi a ausência da transitoriedade da contratação, que, como dito, não se confunde com prazo determinado e que certamente não autoriza o enquadramento no artigo 37, IX, da Constituição. Segundo o STF, a condição de prévia determinação do prazo da contratação demonstra que a necessidade acabou antecipada pela Administração, o que viola a exigência de excepcionalidade. Em suma, podendo-se prever a necessidade, o Estado deve realizar concurso público.

Outro julgado do Supremo Tribunal Federal que merece realce concerne a ADI nº 2.987-8,[10] de relatoria do Ministro Sepúlveda Pertence, julgada em 19.02.2004, em que se declarou inconstitucionalidade de lei do Estado de Santa Catarina que autorizava a contratação de pessoal por tempo determinado de um ano, renovável por igual período, além de convalidar todas as realizadas desde 01.01.1983. Essa lei não respeitava o ordenamento constitucional, haja vista não especificar qualquer atividade de caráter excepcional, além de convalidar situações preexistentes sem fundamentação. O julgado menciona que o instrumento normativo acabou por desvirtuar o conceito de necessidade temporária, uma vez que apontou possibilidade de renovação da contratação. Deveras, o que previu a impugnada lei do Estado de Santa Catarina foi a contratação temporária para atividades permanentes, que evidentemente deveriam ser ocupadas por servidores públicos concursados, em caráter efetivo.

O que jamais se pode admitir frente ao ordenamento constitucional pátrio é que uma deficiência de pessoal seja solucionada com a criação

---

[9] ADIn nº 3.430-8/ES, Relator Ministro Ricardo Lewandowski, J. 12.08.2009, *DJ*, 23 out. 2009. Disponível em: <www.stf.jus.br>. Acesso em: 10 jul. 2010.

[10] ADIn nº 2.987-8/SC, Relator Ministro Sepúlveda Pertence, J. 19.02.2004, *DJ*, 02 abr. 2004. Disponível em: <www.stf.jus.br>. Acesso em: 10 jul. 2010.

de "empregos temporários", com duração determinada de 12 (doze) a 24 (vinte e quatro) meses. Caso contrário, estar-se-á admitindo verdadeira burla à regra constitucional do concurso público como condição para o ingresso nos quadros da Administração.

Destarte, é possível afirmar que a posição consolidada do Supremo Tribunal Federal acerca da matéria é que, para a regularidade da contratação fundada no artigo 37, IX, da Constituição da República, é imperativa a verificação de *a) expressa previsão das hipóteses de contratação por lei; b) contratação por tempo determinado; c) necessidade temporária de interesse público;* e *d) interesse público excepcional.*

Inexistindo algum dos requisitos acima mencionados, a contratação temporária realizada com fundamento no art. 37, IX, CR/88, será irregular e inválida perante a ordem jurídica.

3 Consequências da contratação temporária ilegal

Ao se deparar com a contratação temporária, sem observância dos requisitos constitucionais, o administrador público se vê obrigado a invalidar o vínculo, pelo exercício do dever — poder de autotutela, pois, a princípio (essa ideia urge ser investigada),[11] não se acredita que se trate de vício passível de convalidação. O ato poderá, ainda, ser invalidado pelo Poder Judiciário, haja vista a competência tanto administrativa como judicial, para proceder a retirada do ato inválido da ordem jurídica.

Parcela considerável das ações que tramitam nos Tribunais de Justiça dos Estados, bem como nos Tribunais Superiores, tendo como pano de fundo a relação de trabalho entre Estado e servidor, versam sobre litígios decorrentes da invalidação do vínculo de trabalho pelo poder público, no legítimo exercício do dever-poder de autotutela administrativa.

Nesse caminho, a doutrina brasileira, ratificada pela jurisprudência do Superior Tribunal de Justiça e do Supremo Tribunal Federal, nos termos dos enunciados 346 e 473 da Súmula do STF, passou a afirmar que o ato nulo não produz efeitos.

Por isso, em conformidade com a jurisprudência dominante, o agente público, salvo o de boa-fé, investido ilegalmente em relação

---

[11] No julgamento do REsp nº 474.979/SP, 5ª Turma, Relator Ministro Arnaldo Esteves de Lima, J. 05.09.2006, *DJ*, 25 set. 2006, o STJ determinou a convalidação do vínculo por força dos princípios da segurança jurídica e da boa-fé. Disponível em: <www.stf.jus.br>. Acesso em: 10 jul. 2010.

de trabalho, que perdura, vastas vezes, por mais de dez anos, após a invalidação do vínculo, não teria qualquer direito contra o Estado, seu empregador.

No julgamento do Recurso Especial nº 492.905/MG,[12] por exemplo, o Superior Tribunal de Justiça afirmou que a invalidação de vínculo de trabalho entre agente público e Estado, em face da ausência de concurso público, por não corresponder a ilícito administrativo, não enseja direito à indenização.

Mais recentemente, a Corte Especial do STJ, no julgamento do ERESP 575.551/SP[13] decidiu os efeitos patrimoniais dos vínculos de trabalho nulos com o Estado, tendo como um dos fundamentos a boa-fé dos agentes. Cogitava-se nesse julgado de a invalidação do contrato operar efeitos *ex tunc*, retroagindo as partes ao *status quo ante*, isto é, da possibilidade de se restituir as partes ao estado patrimonial em que se encontravam antes do vínculo. Não obstante, segundo o voto condutor do aresto, a boa-fé dos particulares e a impossibilidade de enriquecimento ilícito do Estado, que se beneficiou do trabalho ilegal, justificariam a não restituição da remuneração. A boa-fé e a segurança jurídica fizeram com que se reconhecessem apenas os efeitos patrimoniais ao contrato nulo, referentes aos valores já percebidos pelos agentes.

Nesse caminho, é preciso distinguir a boa-fé subjetiva da boa-fé objetiva.

A primeira diz respeito às convicções internas e psicológicas do agente. A boa-fé subjetiva denota um estado de consciência, isto é, o convencimento do agente. Pela boa-fé subjetiva, dada a ignorância do sujeito a respeito do vício que contamina a sua investidura na função pública, este acredita que possui relação jurídica de trabalho com o Estado, respaldada pela ordem jurídica. É de se olvidar, nessa toada, que, mais de vinte anos da promulgação da Constituição da República de 1988, alguém que não tenha sido investido na função pública por concurso público possua convicção de que seu vínculo de trabalho com o Estado seja legítimo.

Jesús González Pérez[14] fala da boa-fé como a que incorpora o valor ético da confiança associada à conduta normal, reta e honesta, segundo os padrões do homem "médio". Trata-se da boa-fé objetiva,

---

[12] REsp nº 492.905/MG, 5ª Turma, Relator Ministro Arnaldo Esteves de Lima, J. 07.11.2006, *DJ*, 27 nov. 2006. Disponível em: <www.stf.jus.br>. Acesso em: 10 jul. 2010.
[13] EREsp nº 575.551/SP, CE, Relatora Ministra Nancy Andrighi, J. 01.04.2009, *DJ*, 30 abr. 2009. Disponível em: <www.stf.jus.br>. Acesso em: 10 jul. 2010.
[14] GONZÁLEZ PÉREZ, Jesús. *El principio general de la buena fe en el derecho administrativo*. Madrid: Civitas, 1983. p. 41.

que corresponde à lealdade que se exige do sujeito, segundo modelos comportamentais de lisura, correção e probidade socialmente recomendados. Também, pela boa-fé objetiva, o cidadão "médio" brasileiro sabe que a porta de entrada no serviço público é o concurso público de provas ou de provas e títulos.

Quer, com isso, dizer que inexistirá boa-fé subjetiva e objetiva a respaldar a investidura irregular no serviço público, sem concurso público e à margem dos requisitos previstos no art. 37, IX, da Constituição.[15]

Destarte, a boa-fé não pode servir de parâmetro para se assegurar direitos sociais legítimos dos trabalhadores. A titularidade de direitos sociais não advém da boa-fé de quem exerce o trabalho, mas, sim, do fato de o trabalho ter sido efetivamente prestado.

É que servidores públicos legítimos ou não, esses agentes investidos ilegalmente no serviço público, isto é, sem concurso, no mínimo, exerceram o labor ao Estado. Assim, pelo menos na qualidade de trabalhadores esses indivíduos devem ser tratados.

Por conseguinte, o tratamento jurídico que se vem dando ao tema apresenta-se, em absoluto, equivocado, face aos direitos fundamentais e à necessidade de interpretação sistemática da Constituição da República, no paradigma do Estado Democrático de Direito.

Em outras palavras, é imperiosa a observância das normas constitucionais de acesso ao serviço público; é indispensável que qualquer relação jurídica que tenha como um dos sujeitos o Estado seja regida pelo princípio da supremacia do interesse público sobre o privado, sob pena de se tornar inócua a própria concepção doutrinária do Direito Administrativo, como Direito exorbitante das normas de Direito Privado; mas é também inafastável que o exame dos casos de ilegalidade do vínculo se valha da aplicação dos demais princípios que norteiam o Direito Administrativo, notadamente os princípios da legalidade, da moralidade administrativa, da segurança jurídica, da presunção de inocência do servidor, da primazia da realidade, da presunção de legitimidade e veracidade dos atos administrativos, da dignidade da pessoa humana e da responsabilidade do Estado.

Considerando que a atividade administrativa é vinculada aos princípios constitucionais acima referidos, todos os direitos previstos no art. 7º da Constituição devem ser assegurados ao agente, cujo ato de investidura tenha sido invalidado pela Administração ou pelo Judiciário.

---

[15] Ressalva-se o provimento para cargos em comissão para o exercício de encargos de direção, chefia e assessoramento.

É, portanto, irrelevante a cogitação de boa-fé para a concessão de direitos sociais ao agente admitido no serviço público ilegalmente. O agente cujo vínculo de trabalho com o Estado não se legitime nem pelo concurso público, nem pelos requisitos da contratação temporária de que trata o art. 37, IX, CR/88, faz jus a todos e quaisquer direitos sociais assegurados aos trabalhadores em geral, com o fim da relação laboral.

Mesmo porque, a jurisprudência dominante do STJ afirma que, nos casos em que a relação tenha se iniciado por contratação temporária, mesmo sob a égide do regime estatutário — perfeitamente admissível —, a partir do momento em que o contrato temporário se desnatura, o vínculo entre o agente público e o Estado passa a reger-se por normas de direito do trabalho.[16] Conclui-se, portanto, que, nos casos em que a contratação temporária for regida pelo regime estatutário, o que desnatura o vínculo e faz com que a relação passe a reger-se pelo regime trabalhista é o perecimento dos requisitos que autorizam a mantença da contratação nos termos do art. 37, inciso IX, da Constituição.

Ainda, o Superior Tribunal de Justiça tem se manifestado, reiteradas vezes, admitindo o levantamento do Fundo de Garantia por Tempo de Serviço em favor do titular que teve seu contrato de trabalho declarado nulo por inobservância do art. 37, inciso II, CR/88. É o que se depreende dos julgamentos realizados no Recurso Especial nº 831.074/RN,[17] no Recurso Especial nº 892.719/RN[18] e no Recurso Especial nº 326.676/GO.[19]

4 Fundamentos da proteção jurídica do prestador de trabalho ao Estado

Como se admite na condução do processo administrativo disciplinar a influência lógico-racional de normas do processo penal, *ex vi* do art. 142, §2º, da Lei nº 8.112/90, é preciso, hodiernamente, repensar a função pública brasileira de forma interdisciplinar, conjugando-se

---

[16] CC nº 70.226/PA, 3ª Seção, Relatora Ministra Maria Thereza de Assis Moura, J. 14.03.2007, *DJ*, 26 mar. 2007; e CC nº 46.267/CE, 3ª Seção, Relator Ministro Paulo Medina, J. 23.02.2005, *DJ*, 11 abr. 2005. Disponível em: <www.stf.jus.br>. Acesso em: 10 jul. 2010.

[17] REsp nº 831.074/RN, 1ª Turma, Relator Ministro José Delgado, *DJ*, 25 maio 2006. Disponível em: <www.stf.jus.br>. Acesso em: 10 jul. 2010.

[18] REsp nº 892.719/RN, 2ª Turma, Relator Ministro Herman Benjamin, J. 13.06.2007, *DJ*, 02 jun. 2008. Disponível em: <www.stf.jus.br>. Acesso em: 10 jul. 2010.

[19] REsp nº 326.676/GO, 1ª Turma, Relator Ministro José Delgado, J. 11.12.2001, *DJ*, 04 mar. 2002. Disponível em: <www.stf.jus.br>. Acesso em: 10 jul. 2010.

normas de Direito do Trabalho com as derrogações próprias do Direito Administrativo.

Parte-se da premissa de que o trabalho prestado pelo agente público ao Estado, ainda que investido ilegalmente no serviço público sem concurso, é, antes de tudo, espécie de relação de trabalho, na qual o prestador de serviços é sempre hipossuficiente em relação ao seu empregador.

Na mesma senda, deve-se entender que o Estado, mesmo como sujeito da relação jurídica de trabalho com o servidor, não pode agir como parte interessada, perseguindo interesse próprio ou o interesse privado da Administração, em detrimento da garantia de direitos fundamentais do servidor.

Sobre o tema, é de extrema pertinência atentar para os apontamentos de Celso Antônio Bandeira de Mello:

> Uma vez reconhecido que os interesses públicos correspondem à dimensão pública dos interesses individuais, ou seja, que consistem no plexo dos interesses dos indivíduos enquanto partícipes da Sociedade (entificada juridicamente no Estado), nisto incluído o depósito intertemporal destes mesmos interesses, põe-se a nua a circunstância de que não existe coincidência necessária entre interesse público e interesse do Estado e demais pessoas jurídicas de Direito Público.[20]

Por força do próprio princípio da supremacia do interesse público sobre o privado, falando-se, é claro, do verdadeiro interesse público, é preciso reconhecer o primado dos direitos fundamentais no exercício de função pública.

Como observa Juarez Freitas:

> De fato, o sistema administrativista precisa ser visto, controlado e aplicado como uma rede hierarquizável de princípios, de regras e de valores jurídicos, cuja função é a de dar cumprimento aos princípios e objetivos do Estado Democrático, assim como se encontram consubstanciados, expressa ou implicitamente, na Constituição.
>
> (...)
>
> O jovem Direito Administrativo está deixando de ser monológico para se tornar dialógico e aberto, menos unilateral ou impositivo: trata-se de um lenta transformação que permite viabilizar, por exemplo, fórmulas de transação, conciliação e acordos preliminares à edição de

---

[20] BANDEIRA DE MELLO, Celso Antônio. *Curso de direito administrativo*. 26. ed. São Paulo: Malheiros, 2009. p. 65.

atos administrativos, mormente em face da fragmentação da idéia de supremacia da Administração Pública (antiga característica do século XIX e da maior parte do século XX), fenômeno que se explica, em larga medida, pela relativização mútua dos princípios.[21]

Deve-se repensar a função pública, com enfoque na relação de trabalho ilegal mantida entre o servidor público e o Estado, com o subsídio dos direitos fundamentais, com vistas a propiciar maior proteção jurídica ao agente que, independentemente da boa-fé, prestou serviço ao Estado e a sociedade desse serviço, de alguma forma, se aproveitou.

Destarte, no exercício da atividade hermenêutica, pode e deve o magistrado decidir, diante das circunstâncias fáticas, se mantém ou se afasta a aplicação de determinada norma jurídica.

Para Ronald Dworkin, a solução aparente de conflito entre princípios dá-se, segundo o critério da prevalência ou da relevância, de modo seguinte:

> Um princípio como "Nenhum homem pode beneficiar-se de seus próprios delitos" não pretende (nem mesmo) estabelecer condições que tornem sua aplicação necessária. Ao contrário, enuncia uma razão que conduz o argumento em uma certa direção, mas (ainda assim) necessita de uma decisão particular. Se um homem recebeu ou está na iminência de receber alguma coisa como resultado direto de um ato ilícito que tenha praticado para obtê-la, então essa é uma razão que o direito levará em consideração ao decidir se ele deve mantê-la. Pode haver outros princípios ou outras políticas que argumentem em outra direção — por exemplo, uma política que garanta o reconhecimento da validade de escrituras ou um princípio que limite a punição ao que foi estimulado pelo Poder Legislativo. Se assim for, nosso princípio pode não prevalecer, mas isso não significa que não se trate de um princípio de nosso sistema jurídico, pois em outro caso, quando essas considerações em contrário estiverem ausentes ou tiverem força menor, o princípio poderá ser decisivo. Tudo o que pretendemos dizer, ao afirmarmos que um princípio particular é um princípio do nosso direito, é que ele, se for relevante, deve ser levado em conta pelas autoridades públicas, como (se fosse) uma razão que inclina numa ou noutra direção.[22]

Segundo o autor, a presença do valor ou da moral no Direito existe no âmbito do processo legislativo, em que, realmente, é possível

---

[21] FREITAS, Juarez. *O controle dos atos administrativos e os princípios fundamentais*. 3. ed. São Paulo: Malheiros, 2004. p. 27.

[22] DWORKIN, Ronald. *Levando os direitos a sério*. São Paulo: Martins Fontes, 2002. p. 42.

ao constituinte ou ao legislador, legitimados que estão pela democracia representativa, escolherem quais os valores serão inseridos no corpo de uma norma.

No momento seguinte, qual seja, o da aplicação do direito, não cabe ao intérprete a opção por valores que serão inseridos na norma aplicanda no caso concreto, ante à absoluta falta de legitimidade social para defini-los.

Quer dizer, devem os direitos fundamentais, verdadeiros interesses públicos, prevalecer sobre a cogitação da boa-fé do agente, para fins de indenização, quando do desfazimento da relação jurídica de trabalho ilegal mantida com o Estado.

O Direito, que de fato é geral e abstrato, requer aplicação individual e concreta. E só se pode falar em realização de justiça, na análise de cada caso.

Assim, já afirmava Ronald Dworkin:

> Os princípios possuem uma dimensão que as regras não têm — a dimensão de peso ou importância. Quando os princípios se intercruzam (por exemplo, a política de proteção aos compradores de automóveis se opõe aos princípios de liberdade de contrato), aquele que vai resolver o conflito tem que levar em conta a força relativa de cada um. Esta não pode ser, por certo, uma mensuração exata e o julgamento que determina que um princípio ou uma política particular é mais importante que outra freqüentemente será objeto de controvérsia. Não obstante, essa dimensão é um aparte importante do conceito de um princípio, de modo que faz sentido perguntar que peso ele tem ou quão importante ele é.[23]

A proteção jurídica do servidor público nas relações de trabalho com o Estado e sua aplicabilidade nos casos de invalidação do vínculo, por motivo de ilegalidade na investidura, decorre da interpretação sistemática da Constituição, do primado dos direitos fundamentais e da supremacia do interesse público sobre o privado.

5 Conclusão

O Direito Administrativo passa por transformações que nos impõe repensar institutos e conceitos como o exercício do dever — poder de autotutela e a invalidação de atos ampliativos de direitos dos cidadãos.

---

[23] Id.

O paradigma do Estado Democrático de Direito, cujo pressuposto é a supremacia do interesse público sobre o privado, tem como fundamento dois princípios basilares: o princípio da democracia e o princípio da legalidade. Ou seja, ao mesmo tempo em que a Administração Pública encontra-se adstrita à lei, vê-se obrigada a realizar o princípio democrático.

Prestigia-se, no atual modelo de Estado, institutos e comandos de natureza democrática, tais como o princípio da dignidade da pessoa humana, da presunção de inocência do servidor, da segurança jurídica, da presunção de legitimidade e veracidade dos atos administrativos, da primazia da realidade e da responsabilidade do Estado.

Exsurgem os direitos sociais, direitos fundamentais de segunda geração, que se identificam com as liberdades, reais ou concretas, acentuando o princípio da igualdade. Não se pode negar aos direitos sociais a natureza de interesses públicos legítimos da sociedade.

Nesse caminho, tende a evoluir o enfoque doutrinário e jurisprudencial sobre o tema, valorizando-se o agente público, mesmo o investido ilegalmente no serviço público, como trabalhador, e, por conseguinte, sujeito de direitos, eis que, durante determinado período, o Estado se valeu de seu trabalho e este, de certa forma, reverteu-se em prol da sociedade.

Referências

BANDEIRA DE MELLO, Celso Antônio. *Curso de direito administrativo*. 26. ed. São Paulo: Malheiros, 2009.

DWORKIN, Ronald. *Levando os direitos a sério*. São Paulo: Martins Fontes, 2002.

FORTINI, Cristiana; PIEVE, Flávia Cristina Mendonça Faria da. As terceirizações e contratações temporárias realizadas pela Administração Pública: distinções entre as duas figuras e o impacto na LRF. In: FORTINI, Cristiana (Coord.). *Terceirização na administração*: estudos em homenagem ao Professor Pedro Paulo de Almeida Dutra. Belo Horizonte: Fórum, 2009.

FREITAS, Juarez. *O controle dos atos administrativos e os princípios fundamentais*. 3. ed. São Paulo: Malheiros, 2004.

GONZÁLEZ PÉREZ, Jesús. *El principio general de la buena fe en el derecho administrativo*. Madrid: Civitas, 1983.

GRAU, Eros Roberto. *Ensaio e discurso sobre a interpretação/aplicação do direito*. 4. ed. São Paulo: Malheiros, 2006.

JUSTEN FILHO, Marçal. *Curso de direito administrativo*. São Paulo: Saraiva, 2005.

MAGALHÃES, Gustavo Alexandre. *Contratação temporária por excepcional interesse público*: aspectos polêmicos. 2004. Dissertação (Mestrado em Direito) – Faculdade de Direito, Universidade Federal de Minas Gerais, Belo Horizonte, 2004.

MORAES, Alexandre de. *Direito constitucional*. 15. ed. São Paulo: Atlas, 2004.

<www.stf.jus.br>. Acesso em: 10 jul. 2010.

<www.stj.jus.br>. Acesso em: 10 jul. 2010.

Informação bibliográfica deste texto, conforme a NBR 6023:2002 da Associação Brasileira de Normas Técnicas (ABNT):

MADALENA, Luis Henrique Braga; SILVEIRA, Raquel Dias da. Proteção jurídica do agente público quando da invalidação do vínculo de trabalho com o Estado: impropriedade do critério da boa-fé do agente para fins de indenização. *In*: SILVEIRA, Raquel Dias da; CASTRO, Rodrigo Pironti Aguirre de (Coord.). *Estudos dirigidos de gestão pública na América Latina*. Belo Horizonte: Fórum, 2011. v. 1, p. 217-232. ISBN 978-85-7700-432-4.

Parcerias Público-Privadas e Desenvolvimento Local em um Município de Minas Gerais

Luiz Alex Silva Saraiva
José Márcio Donádio Ribeiro

Sumário: **1** Introdução – **2** Desenvolvimento local – **3** Modelos de desenvolvimento local – **4** Metodologia – **5** Análise dos dados – **5.1** Entraves da implantação de parcerias público-privadas – **5.2** Vantagens e desvantagens socioeconômicas com a utilização das PPPs – **6** Conclusões – Referências

1 Introdução

Existe atualmente no Brasil uma ampla discussão sobre parcerias entre o setor público e privado como meio de suprir, total ou parcialmente, os investimentos necessários ao estabelecimento de condições de infraestrutura a fim de minimizar efeitos socioeconômicos da população nos níveis local, regional e nacional. Como o poder público não dispõe de recursos suficientes para solucionar todos os problemas, isso o leva a procurar soluções para mitigar esta situação.

Um dos caminhos encontrados é a utilização das parcerias público-privadas (PPPs), em que o retorno do investimento para o setor privado é vinculado à eficiência e ao cumprimento das metas estipuladas de acordo com as necessidades da população. É importante discutir esse mecanismo como meio de viabilizar projetos tornando-os atrativos para os governos e para o setor privado. Este capítulo discute o desenvolvimento local enfatizando tal modalidade de parceria, tendo sido observado o caso da cidade de Itabira, em Minas Gerais.

Após essa introdução, teoricamente serão desenvolvidas duas seções, versando, respectivamente, sobre o desenvolvimento local e sobre os possíveis modelos para desenvolver uma localidade. Em seguida, será apresentado o método que sustentou a pesquisa, o que precede a análise dos dados, e as conclusões.

2 Desenvolvimento local

Para Buarque (1999, p. 9), desenvolvimento local é um "processo endógeno registrado em pequenas unidades territoriais e agrupamentos humanos capaz de promover o dinamismo econômico e a melhoria da qualidade de vida da população". Segundo ele, o contexto econômico transforma as bases da organização social, fazendo com que as potencialidades e capacidades da sociedade local elevem as oportunidades sociais e econômicas, aumentando a renda e, consequentemente, melhorando as condições de vida da população. Entretanto, pontua que não se pode considerar o desenvolvimento local separado do contexto regional e nacional, uma vez que reflete uma realidade ampla e complexa, com influências e pressões externas, o que demanda mobilização, competitividade e especialização dos atores locais com os mesmos objetivos.

Por conta dessas conexões, o contexto mundial, regido pelo capitalismo global, competitivo e dinâmico, pode ter um impacto importante e contraditório no desenvolvimento local, uma vez que "tanto pode levar a uma desestruturação e desorganização da economia" por meio de culturas e modelos competitivos de desenvolvimento externos, muitas vezes diferentes e mais agressivos que o sistema interno, quanto também a "sociedade local pode abrir novos espaços de desenvolvimento", recriando oportunidades nos mercados locais e regionais, devido à proximidade territorial, e oportunidades encontradas também no mercado externo (BUARQUE, 1999, p. 13). A esse respeito, Caravantes e Caiden (1988, p. 54) sustentam que:

> [...] desenvolvimento é mais do que a passagem da condição de pobre para a de rico, de uma economia tradicional rural para uma sofisticada: carrega ele consigo não apenas a idéia da melhor condição econômica, mas também a de maior dignidade humana, mais segurança, justiça e eqüidade.

Eles o associam não somente à melhoria das condições econômicas de um local ou região, mas ao crescimento da dignidade humana, embasadas no conjunto de desenvolvimento econômico, da saúde, educação e social. Há autores, como Zapata e Parente (2002, p. 2), que associam o desenvolvimento local a um novo paradigma de desenvolvimento — o desenvolvimento humano sustentável, um tipo de "desenvolvimento e/ou mudanças institucionais das organizações do governo, da sociedade civil e dos agentes produtivos, buscando a construção de novas formas de articulação entre essas esferas", centrado principalmente no ser humano, e que tem como princípio a "equidade" e a presença estratégica do "Estado democrático", como forma de garantir o desenvolvimento econômico e na mesma proporção os direitos humanos fundamentais.

O que se percebe é que dependendo da perspectiva adotada, o conceito de desenvolvimento pode ser apropriado por grupos específicos, e atender a ideias diferenciadas a respeito do bem comum e da direção que se deseja dar às potencialidades locais, o que implica, em algum nível, o conhecimento e a adoção de moldes específicos para o processo de desenvolvimento local.

3 Modelos de desenvolvimento local

Existem várias maneiras de desenvolver um determinado lugar, seja por meio da ação da população, por investimentos de empresas privadas ou públicas, ou principalmente, pelo investimento total por parte do governo. Entre os diversos modelos de desenvolvimento local, estão as parcerias que, segundo Di Pietro (1999), se apresentam sob distintos conceitos na literatura. Os principais, concessões, privatizações, terceirizações, consórcios, convênios e, as parcerias público-privadas, estão conceituadas no QUADRO 1:

QUADRO 1
Modelos de desenvolvimento local

Tipo	Conceito
Parceria	Concessão e permissão de serviços públicos, voltadas para designar todas as formas de sociedade entre o setor público e privado, para a consecução de fins de interesse público (WALD et al., 1996).
Concessão	Transferência de serviços públicos comerciais e industriais a terceiros, em que, por meio dela, a iniciativa privada (concessionária) executa o serviço, "em seu próprio nome e por sua conta e risco, mas mediante a fiscalização e controle da administração pública, inclusive sobre o aspecto da remuneração cobrada ao usuário — a tarifa — que é fixada pelo poder concedente" (DI PIETRO, 1999, p. 55).
Privatização	"Um conjunto de decisões que compreende em um sentido estrito, quatro tipos de atividades": a desregulação ou liberação de determinados setores econômicos. A transferência de propriedade de ativos, seja através de ações, bens etc. A promoção da prestação e gestão privada de serviços públicos. A introdução de mecanismos e procedimentos de gestão privada no marco das empresas e demais entidades públicas (DI PIETRO, 1999, p. 16).
Terceirização	"Contratação, por determinada empresa, de serviços de terceiros para o desempenho de atividades meio" (DI PIETRO, 1999, p. 163). Para ela terceirização é "inseparável da ideia de parceria", pois, por meio da terceirização, a empresa contratante estabelece uma relação de parceria, ficando com as tarefas essencialmente ligadas ao negócio em que atua e a terceirizada com as atividades considerada complementares para a atividade fim. Suas principais vantagens seriam a especialização da empresa contratada, a possibilidade de a empresa que contrata o serviço concentrar-se na execução de atividades fins, a diminuição dos encargos trabalhistas e previdenciários, com a consequente redução do preço do produto ou serviço, e a simplificação da estrutura empresarial.
Convênio	"Acordos firmados por entidades públicas de qualquer espécie, ou entre estas e organizações particulares, para a realização de objetivos de interesse comum dos partícipes" (MEIRELLES, 1996, p. 481).
Consórcio	Apesar de ter praticamente as mesmas características do convênio, existindo acordos de vontades para a consecução de fins comuns, só pode ser celebrado entre entidades da mesma natureza: dois municípios ou dois estados (DI PIETRO, 1999).
Parceria público-privada	Contrato de prestação de serviços de médio e longo prazo (de 5 a 35 anos) firmado pela administração pública, com valor não inferior a vinte milhões de reais, sendo vedada a celebração de contratos que tenham por objeto único o fornecimento de mão de obra, equipamentos ou execução de obra pública.

Fonte: Di Pietro (1999), Meirelles (1996) e Wald; Moraes, Wald (1996).

Com a proposta de diminuir a atuação do Estado e ampliar o espaço do setor privado na economia, a experiência de projetos de parceria público-privada surgiu na Inglaterra no início da década de 1990, apresentando um vertiginoso crescimento, tendo o seu conceito logo se espalhado pela Europa e pelo mundo. Envolvem os setores público e privado trabalhando em cooperação e parceria, combinados por meio de contrato de concessão para implantação de projetos ou serviços de interesse público (FERNANDEZ, 2004). Para Pasin e Borges (2003), tais parcerias foram vistas no início como um estágio intermediário entre a concessão de serviços públicos e a privatização. Conforme Fingermann e Loureiro (1992), é a dificuldade de prover recursos para a realização de obras que leva os governos a procurarem alternativas viáveis para execução dos investimentos públicos necessários.

No Brasil já existem há anos relações que poderiam ser vistas como formas de parceria entre os setores público e privado, ainda que, a rigor, não constituam PPPs conforme a legislação atual. O Plano Nacional de Desenvolvimento (PDN), "iniciativas abrangendo desde a venda de ativos — chamada de privatização — até a instrumentalização de operações a fim de repassar atividades públicas para a iniciativa privada" (PASIN; BORGES, 2003, p. 179), exemplifica essa tendência. Operações como a da Usina Hidroelétrica de Itaipu, envolvendo parceria internacional, e, posteriormente, a da Hidroelétrica de Machadinho, em que "os demandantes de energia receberam o arrendamento da usina no lugar de um contrato de garantia firme de compra da energia", poderiam ser vistas como exemplos próximos de parcerias público-privadas.

A elaboração do plano estratégico da cidade do Rio de Janeiro entre 1993 e 1995 contou com a colaboração de empresas privadas de porte e setores/ramos de atividades diversos na realização de obras e serviços de infraestrutura urbana necessários à cidade (PFEIFFER, 1999). Exemplos mais recentes na cidade do Rio de Janeiro estão nas parcerias para a construção das vilas olímpicas destinadas aos Jogos Pan-Americanos de 2007. A partir da Lei nº 11.079 de 2004, Rio Claro, no estado de São Paulo, foi a primeira cidade brasileira a implantar uma parceria público-privada adequada à nova legislação, firmada por meio do Departamento Autônomo de Água e Esgoto (DAAE) e que, viabilizará até 2007, o tratamento de 100% do volume de esgoto produzido pela cidade (RIO CLARO, 2006).

Para Pfeiffer (2004, p. 2), o sucesso das parcerias para a resolução de problemas sociais e de infraestrutura se dá somente quando o ambiente de implementação das PPPs for induzido por uma cooperatividade sistêmica,[1] ou seja, "se realizado no contexto de governos que privilegiem a equidade e a justiça social nas intervenções públicas". Em seu estudo, ele cita experiências passadas no Rio de Janeiro na década de 1990, sobre o envolvimento da iniciativa privada na resolução de alguns problemas de infraestrutura e sociais, que não tiveram sucesso devido à falta de cooperatividade entre os setores.

Garantias às parcerias público-privadas

Para que uma PPP tenha lugar, o parceiro privado necessita de estabilidade macroeconômica, clareza e transparência das informações, além do que se espera que a operação não deve ser hostil aos interesses de qualquer das partes envolvidas (PASIN; BORGES, 2003). Conforme Nobre (2006), para conseguir se beneficiar das vantagens que as PPPs podem trazer, é preciso dar ao parceiro privado garantias, assegurando-lhes o retorno do capital investido. "Se as taxas não forem atrativas, o Estado deverá cobrir a diferença até torná-las competitivas com outras atividades, nas quais o setor privado realiza investimento" (NOBRE, 2006, p. 59), o que implica criar condições para que a parceria seja efetivada do ponto de vista operacional.

A respeito das garantias contraídas pela administração pública em contrato com o setor privado (BRASIL, 2004), o artigo 8º da Lei nº 11.079, de dezembro de 2004, estabelece o seguinte:

> I – vinculação de receitas, observado o disposto no inciso IV do art. 167 da Constituição Federal;
>
> II – instituição ou utilização de fundos especiais previstos em lei;
>
> III – contratação de seguro-garantia com as companhias seguradoras que não sejam controladas pelo Poder Público;
>
> IV – garantia prestada por organismos internacionais ou instituições financeiras que não sejam controladas pelo Poder Público;
>
> V – garantias prestadas por fundo garantidor ou empresa estatal criada para essa finalidade;
>
> VI – outros mecanismos admitidos em lei.

---

[1] Para esclarecer essa cooperatividade, Monteiro e Monteiro (2002, p. 8), mencionam o conceito de cooperatividade sistêmica como a capacidade dos indivíduos de cooperarem entre si. "A cooperatividade sistêmica acontece quando agentes que compõem um determinado todo cooperam entre si, beneficiando-se e beneficiando todas as partes que constituem esse todo e também o meio onde ele se insere".

Riscos

A credibilidade é um fator chave em toda parceria, especialmente em projetos de longo prazo. O crédito disponível de recursos anuais para complementação da receita será, conforme Borges (2005), o fator crítico da implantação de parcerias público-privadas no Brasil, devido à existência de exemplos históricos de quebra de regras contratuais. Este autor cita algumas questões importantes relativas aos riscos, que devem ser reduzidos, ou até mesmo eliminados, seguindo todo um "padrão internacional de adequação ('bancabilidade') das operações de financiamento" (BORGES, 2005, p. 96):

- mitigação de risco político; isto é, dispor de credibilidade em possíveis mudanças de poder;
- mitigação de riscos de construção (seguro-garantia de construção ou seguros de caso fortuito e de força maior, existentes também na fase de operação);
- mitigação de risco cambial e de outros riscos financeiros; ou seja, as decisões da política cambial podem "quebrar" toda uma estrutura econômica de um país, levando ao não pagamento de dívidas por parte dos governos e dos setores privados.
- mitigação de risco comercial (boa percepção do mercado em relação aos compradores ou usuários do serviço);
- mitigação de risco operacional (incluindo riscos de fornecimento de insumos).

Na verdade, toda ausência de certeza será vista como risco pelos parceiros privados e pelos investidores em títulos decorrentes de PPPs, por isso, uma parceria público privada demanda um longo período de negociação, planejamento e maturação dos acordos, criando um marco regulatório bem definido e adequada previsibilidade do fluxo de caixa para garantir uma operacionalização no longo prazo (BORGES, 2005).

Entretanto, existe também o risco assumido pelos governos. Segundo o *site* da Rede Brasil (2004), o governo e os grupos privados não têm levado em conta alguns possíveis perigos que as PPPs podem causar, uma vez que as parceiras público-privadas comportam inúmeros perigos comprovados pela experiência internacional. Como no caso das Filipinas, onde o Estado acabou assumindo uma dívida de US$9 bilhões de uma entidade de utilidade pública Napocor, em virtude da crise cambial asiática dos anos 1990. Ou como em Uganda, onde a empresa Nile Power, uma subsidiária da americana AES, fechou um contrato com a agência pública do setor elétrico e acabou produzindo mais energia que o consumo do país. O governo neste caso vai ter que assumir toda sua produção e remunerá-la conforme as cláusulas do contrato.

Vantagens e obstáculos

Borges (2004) faz um comparativo entre as vantagens e obstáculos da PPP para o governo, conforme nos mostra o QUADRO 2:

QUADRO 2
Vantagens x obstáculos da parceria público-privada para o governo

Vantagens da PPP para o Estado	• Recursos financeiros suplementares imediatos. • Acesso a financiamentos locais e internacionais. • Soluções sob medida e dinamização da gestão. • Aplicação mais flexível do patrimônio público. • Incentivo à geração de empregos no setor privado. • Incentivo à geração de receita fiscal sobre a atividade. • Transferência de tecnologia ao setor público.
Obstáculos à PPP pela falta de	• Vontade política clara. • Clareza na repartição de competência. • Fontes de recursos e mitigação de risco econômico. • Garantias sólidas para financiamentos. • Marco Regulatório estável e confiável. • Confiança entre os parceiros e pelos usuários. • Clareza na vantagem para o setor público: legitimidade. • Práticas de governança corporativa (transparência).

Fonte: Borges (2004, p. 13).

Segundo Borges (2004), as vantagens da parceria público-privada para o governo são muitas, indo desde a possibilidade de obtenção de recursos financeiros imediatos, já que o governo nem sempre possui recursos disponíveis para investir segundo todas as reais e imediatas necessidades, até o aumento da flexibilidade pela aproximação do dinamismo da gestão privada em negócios públicos, possibilitando o aumento de empregos e receitas para o município ou estado podendo inclusive haver transferência de tecnologia ao setor público.

Entretanto, este autor também enumera alguns obstáculos à PPP que precisam ser considerados. Primeiramente, precisa haver uma maior vontade política em querer fazer uma parceria público-privada; além disso, o setor privado precisa de algumas garantias que, em alguns casos, vão de encontro à realidade em que se encontra a economia do país, o que só é possível se o governo também apresenta credibilidade para a atração de investimentos.

4 Metodologia

Procedeu-se a uma investigação qualitativa, de cunho descritivo, por meio da qual foram estabelecidas descrições e relações entre os conceitos de desenvolvimento local e características próprias da cidade de Itabira, possibilitando analisar as possibilidades de uso de parcerias público-privadas na cidade. Utilizou-se de um estudo de caso — o da cidade — que, conforme Yin (2010), facilita a compreensão dos fenômenos individuais, organizacionais, sociais e políticos, examinando-o dentro do seu próprio contexto.

A partir de um quadro formado por organizações que dispunham de informações sobre o tema em virtude de sua relação com o desenvolvimento, a coleta de informações primárias foi feita nas seguintes organizações:
- A Itaurb, empresa de limpeza e conservação da cidade de Itabira, com informações sobre as necessidades de investimento em saneamento da cidade;
- a CEMIG, nome completo, com dados sobre a demanda de energia elétrica no município, e as reais necessidades de investimentos no setor;
- a Prefeitura Municipal de Itabira e suas secretarias de desenvolvimento econômico, de obras, educação, turismo e agricultura, fontes de informação sobre áreas estratégicas locais;

Foram entrevistadas quatro pessoas ligadas à área de desenvolvimento da cidade de Itabira, três pessoas de empresas relacionadas a questões estruturais do município e uma pessoa com visão privada sobre questões ligadas ao desenvolvimento do município. A escolha dos sujeitos foi constituída com base na articulação de três critérios:
- posse de informações relacionadas ao desenvolvimento socioeconômico local;
- indicação dos entrevistados, o que caracterizou a amostra "bola de neve" (*snowball*);
- experiência profissional de pelo menos um ano na área de desenvolvimento.

Com base nesses critérios foram especificamente entrevistados: os secretários municipais de desenvolvimento econômico, de obras e de agricultura da cidade de Itabira; o subsecretário municipal de turismo; o engenheiro sanitarista e o engenheiro chefe de operações da empresa de conservação e limpeza de Itabira (Itaurb); o engenheiro da concessionária de energia elétrica de Itabira (CEMIG); e o e consultor da área de negócios de desenvolvimento de Itabira da ACITA (Associação Comercial, Industrial e Agropecuária de Itabira).

As entrevistas foram feitas com base em um instrumento semiestruturado de coleta de dados composto por quatro blocos (introdução ao tema, gestão pública, parceria público-privada, gestão pública de resíduos sólidos e secretarias de desenvolvimento de Itabira). Todas as informações coletadas foram agrupadas e interpretadas segundo o objetivo neste trabalho e de acordo com o referencial teórico. As categorias finais de análise foram: a) segmentos econômicos de possível utilização das parcerias público privadas; b) possibilidades da utilização das PPPs; c) entraves da implantação de parcerias público-privadas; d) vantagens e desvantagens socioeconômicas com a utilização de PPPs.

5 Análise dos dados

Embora a pesquisa que originou este capítulo tenha sido mais ampla, tratando de aspectos relacionados ao desenvolvimento local, o que incluiu a discussão de alternativas como a tecnologia, a agropecuária, o turismo, e a educação, esta seção será focada nos aspectos de infraestrutura, mais facilmente ajustados ao objeto das parcerias público-privadas. De acordo com a Fundação João Pinheiro (2001), uma cidade com disponibilidade de energia elétrica, com boas rodovias e boas condições de saneamento pode representar um grande atrativo para o setor privado, e este é o caso de Itabira. No que se refere à energia, além desse segmento propriamente dito, deve ser destacada a localização da cidade como um elemento de destaque, conforme será discutido a seguir.

Energia

A cidade de Itabira oferece condições vantajosas para a localização de empreendimentos industriais: proximidade de dois centros consumidores — região metropolitana de Belo Horizonte e Vale do Aço — disponibilidade abundante de energia elétrica, suprida por sistema de distribuição seguro e confiável; malha de transportes rodoviários e ferroviários para o acesso de matéria-prima e componente para escoamento da produção, até mesmo para o mercado externo; mão de obra qualificada e especializada, adaptada ao trabalho na indústria; distrito industrial com infraestrutura adequada para a indústria; incentivos fiscais e fundo de desenvolvimento próprio (FJP, 2001). O depoimento selecionado é relevante para a compreensão do potencial do setor energético de Itabira:

[...] Itabira é uma cidade que tem crescido bem e a CEMIG sempre monitora isto, então quando entra uma indústria de maior porte, isso já é feito em conjunto com a gente de forma que a gente já sabe os impactos que nós teremos. Mas para Itabira não é nenhum problema essa questão nossa de atendimento [...]. Com relação a questões de futuro, em termos de energia nós podemos garantir que não teremos problema, pelo menos aí em médio prazo nós não teremos problema porque a infraestrutura *pra* rede da CEMIG aqui é muito boa [...]. (Entrevista 6)

Isso mostra que Itabira tem uma infraestrutura adequada em energia, podendo se tornar um atrativo para empresas que queiram investir e demandar maior quantidade de energia elétrica. O crescimento, de certa forma, sugere sustentação em termos infraestruturais. Mas deve ser notado que não há referência à modalidade de parceria público-privada. Em parte isso se deve à própria capacidade econômico-financeira da CEMIG, uma empresa de economia mista, que responde adequadamente ao crescimento esperado na cidade. O fragmento de entrevista aponta para um processo sustentado de expansão, sem que haja qualquer tipo de menção ao apoio da iniciativa privada nos termos de uma PPP, o que é confirmado quando se analisa a questão das rodovias.

Rodovias

O sistema ferrovia/porto da Vale é um diferencial competitivo para o desenvolvimento econômico de cidade, pois favorece a competitividade do município como opção de locação para empreendimentos que visam mercados de exportação transoceânicos, para regiões mais distantes na América do Sul, ou mesmo para suprimento de matérias-primas ou insumos (FJP, 2001). O sistema de rodovias também pode garantir um salto nos negócios da cidade, conforme o entrevistado 1:

[...] E estamos fazendo mais, esse asfaltamento de Itabira a Nova Era, isso com certeza vai trazer um incremento muito grande na cidade, novos negócios, e a cidade vem se destacando no Brasil, uma pela localização, nós estávamos no apêndice, no isolamento desse grande centro consumidor aí que é o vale do aço, e hoje nós estamos dentro do vale do aço [...] Também temos o asfaltamento de João Monlevade, e tudo isso vai consolidar Itabira como um polo de negócio, na área da saúde, educação, Itabira tem saído na frente, nós temos aí números que surpreendem a gente [...] O asfaltamento de Nova Era está com o recurso do Estado, o fundo de privatização está entrando com cerca de 25 milhões me parece e o restante é todo com o governo do Estado. O asfaltamento de João Monlevade a Itabira é todo com o governo do Estado [...]. (Entrevista 1)

O entrevistado enumera possibilidades de desenvolvimento associadas à ampliação da malha viária de ligação da cidade de Itabira a localidades circunvizinhas. Uma cifra é citada (R$25 milhões de reais), que pelo montante poderia ser objeto de parceria público-privada. Contudo, como de certa forma já anunciado pelo caso da energia elétrica, as possibilidades de parceria com a iniciativa privada parecem elementos sequer considerados pelos entrevistados. Predomina uma certa lógica de desenvolvimento sustentado pelo governo e pelos recursos que ele eventualmente consegue disponibilizar por meio de mecanismos como fundos como o citado.

A julgar pela capilaridade da malha viária em Minas Gerais, e considerando as características locais, de exploração mineral, e de grande deslocamento de contingentes de mão de obra para dar conta do ciclo produtivo, as possibilidades se anunciam como, no mínimo, muito promissoras para que se concretizem as PPPs. Contudo, um aspecto deve ser levado em conta, conforme já pontuamos; sem vontade política, isto é, sem uma iniciativa articulada com o intuito de desonerar o poder público do investimento de recursos que poderiam ser investidos pela iniciativa privada, essa modalidade de desenvolvimento não é possível. Em parte, é o que se observa em Itabira. Vejamos se a lógica permanece no que se refere ao saneamento básico.

Saneamento básico

A questão do saneamento básico nos municípios e no país é um fator importante no desenvolvimento local. Partindo do conceito de Buarque (1999) — de desenvolvimento local como um processo endógeno, em que a própria população, aproveitando o potencial do município ou da região, se desenvolve buscando uma maior qualidade de vida — o investimento em saneamento básico se torna muito importante no processo de desenvolvimento local. Percebe-se por meios dos trechos selecionados de entrevistas que o município de Itabira tem investido em saneamento básico, buscando um maior índice de desenvolvimento humano, o que tem implicado melhoria na qualidade de vida da população.

> [...] Em Minas Gerais nós somos a 22ª cidade em desenvolvimento, somos a 7º em arrecadação e somos a 7ª ou 8ª em desenvolvimento humano, quer dizer, nós já melhoramos muito, antes nós éramos a 17ª ou 18ª em Minas, então nós estamos fazendo todo um trabalho de saneamento básico na cidade e isso com certeza melhora o nível e a qualidade do povo [...]. Cerca de 96% da população é atendida pela coleta convencional, sendo em média 68 toneladas/dia. Já a coleta de resíduos

sólidos (recicláveis) dá em média aproximadamente 4 toneladas/dia, 98 toneladas/mês, sendo atendida cerca de 98% da população de Itabira. Esse volume é bom, porque, hoje praticamente nenhuma cidade em Minas tem a coleta seletiva (porta em porta) que a Itaurb tem, no município todo, então é um número razoável [...]. (Entrevista 1)

Os volumes mencionados pelo entrevistado 1 impressionam, e isso não se deve apenas a uma visão estreita relacionada ao lixo. A articulação das coletas tradicional e seletiva sugere um nível de organização que pode eventualmente atrair a iniciativa privada. Considerando as possibilidades trazidas pela lei sancionada no último dia 3 de agosto, que proíbe os lixões ao mesmo tempo em que estimula a coleta seletiva, de acordo com a Agência Brasil (2010) só o governo federal pretende investir cerca de 1,5 bilhões de reais. Além de prever a possibilidade de gestão compartilhada dos resíduos, a tendência é de quadruplicar o potencial de geração de renda no setor, de 2 para 8 bilhões de reais.

Como se vê, trata-se de antemão de um bom negócio, com apelo social evidente. Segundo a assessoria de imprensa de Rio Claro, obras de saneamento também trazem benefícios na economia municipal e regional, atraindo empresas e gerando empregos. Uma cidade que não cuida do saneamento básico afasta novos negócios, levando os empresários a buscarem municípios com melhores condições ambientais para viabilizar possíveis investimentos (RIO CLARO, 2006).

Infraestrutura em geral

De um modo geral, as parcerias podem ser utilizadas de maneiras ilimitadas, entretanto, quando analisado o conteúdo da Lei Federal nº 11.079 de dezembro de 2004, verifica-se que nem todas as associações entre o setor público e privado podem ser consideradas Parcerias Público-Privadas. Diante disso, será analisado a seguir a possibilidade da utilização das PPPs nas áreas de tecnologia, agropecuária, turismo, infraestrutura e educação.

Levando-se em consideração o histórico das PPPs no Brasil e no mundo, percebe-se que a área de infraestrutura é a mais utilizada para este tipo de parceria. Além disso, investimentos em estradas, em energia ou em saneamento básico podem ser o caminho mais adequado para se desenvolver uma cidade ou região. As obras nesse segmento são, normalmente caras e necessitam de parceiros privados para o investimento. Para se ter ideia, os investimentos envolvidos para uma pequena usina hidroelétrica, dependendo da potência e do local, podem chegar a R$500 milhões de reais.

[...] em relação a custos, varia muito, as usinas nossas variam muito de preços, depende muito do local, porque o custo que você tem para construir uma, se fosse um terreno bom, seria um, mas depende da potência que você vai instalar. [...] existem pequenas centrais hidroelétricas aí que custam uns 500 milhões de reais, é um investimento bem alto [...]. (Entrevista 6)

Para construção de uma estrada pequena, como a que faz a ligação de Itabira à Nova Era, segundo trechos da entrevista abaixo, só o setor privado, no caso com o fundo de privatização da Vale, gastou cerca de R$25 milhões de reais. Obras de saneamento, como a estação de tratamento de esgoto (ETE) de Itabira, estão custando ao município cerca de R$28 milhões de reais, sem contar as ligações dos emissários, as redes de esgotos da cidade, que giram em torno de R$13 milhões de reais.

[...] A ETE hoje *ta* ficando em torno de R$28 milhões de reais e ainda tem as obras dos emissários, que é um convênio com o BNDES em torno de R$13 milhões [...]. (Entrevista 8)

Enfim, verifica-se que obras em infraestrutura são normalmente caras, e nem sempre o estado ou município tem recursos suficientes para investir. Entretanto, são investimentos necessários para um maior desenvolvimento socioeconômico dos municípios. Por isso, faz-se necessário a utilização de outros meios para obtenção de recursos, no caso, como a utilização das PPPs.

5.1 Entraves da implantação de parcerias público-privadas

Em todos os setores, o que se percebe é que, com investimento, muito se torna possível. Existe na cidade de Itabira um grande e promissor mercado, com adequada oferta de energia, maneiras de escoar a produção por meio de rodovias e ferrovias. O que falta para um salto no desenvolvimento local, segundo trechos selecionados das entrevistas, é visão do setor privado e, principalmente mobilização dos políticos de Itabira e região:

[...] Nós temos um mercado aqui de 105 mil pessoas e de Belo Horizonte, fora João Monlevade e agora o vale do aço, são 500 mil pessoas no vale do aço. Quer dizer, nós temos condição de produzir e mercado *pra* escoar essa produção [...]. (Entrevista 4)

[...] Falta interesse político, vontade política *pra* que as PPPs possam ser utilizadas em Itabira [...]. (Entrevista 7)

[...] Barreira existe e é a conscientização dos políticos, pois o político quer a coisa a curto prazo para se transformar em voto, então a partir do momento que tiver uma boa vontade e visão isso deixa de ser uma barreira [...]. (Entrevista 5)

Do ponto de vista formal, não há restrições para a adoção de parcerias público-privadas no município, o que sugere, em princípio, que assim que surgir uma oportunidade de uma parceria com o setor privado, podem ser levadas a cabo PPPs. As posições dos entrevistados divergem a respeito de como chegar a isso. No caso do entrevistado 4, o caminho seria o do mercado: pelo potencial de consumo da região seriam aos poucos criadas condições para as melhorias generalizadas na região, o que ampliaria as possibilidades de PPPs. Nos casos dos entrevistados 5 e 7, recai sobre os políticos o ônus da não utilização dessa modalidade.

Isso implica uma visão limitada sobre as possibilidades de desenvolvimento sem a chancela do governo, o que pode ter duas explicações. Em primeiro lugar, o porte da cidade pode gerar dificuldades para esse tipo de parceria. Cidades menores normalmente requerem investimentos menores. Isto significa que, quando a Lei nº 11.079/04 das PPPs institui a possibilidade de parceria apenas com valores superiores a R$20 milhões de reais, isto acaba se tornando um entrave para a utilização das PPPs em muitas cidades.

O segundo aspecto se refere aos *royalties*[2] do minério de ferro pagos pela Vale, que, atualmente, giram em torno de R$7 a 8 milhões de reais por ano.

[...] nós temos até 2008 para investir 22 milhões de reais, onde este ano nós já comprometemos cerca de 6 ou 7 milhões de reais com as empresas que nós trouxemos. [...] hoje nós temos o fundo dos *royalties* do minério que dá em média de 7 a 8 milhões por ano. Esse é o dinheiro dos *royalties* do minério que é transformado em desenvolvimento [...]. (Entrevista 3)

---

[2] Os *royalties* constituem uma das formas mais antigas de pagamento de direitos. A palavra *royalty* tem sua origem no inglês *royal*, o direito que os reis tinham de receber pela extração de minerais feita em suas terras. No Brasil, os *royalties* são aplicados no processo de exploração de recursos energéticos, como petróleo e o gás natural. É um tipo de compensação financeira que as empresas exploradoras e produtoras desses bens não renováveis devem, sendo o pagamento efetuado mensalmente aos governos competentes (NANI, 2002).

Os *royalties* pagos pela Vale pela exploração dos recursos naturais da cidade de Itabira servem como um fundo de recursos para os investimentos no município, o que implica a possibilidade de geração de caixa, de recursos mesmo para a realização de investimentos. Essa situação gera uma distorção no contexto dos governos subnacionais brasileiros, uma vez que se caracteriza um município de certa forma "rico", mas às custas de uma flagrante dependência econômica de uma empresa (SARAIVA, 2009). E por que esses *royalties* acabam sendo considerados entraves à utilização das PPPs? Porque a cidade de Itabira, com seu tamanho e estrutura, enquanto tiver os *royalties* como fonte de recursos, deles fará uso. E, como já mencionando, as PPPs são utilizadas quando não há recursos para investimentos por parte do setor público, o que constitui uma estranha situação de um município que pode dispor de seus próprios recursos para executar investimentos elevados.

5.2 Vantagens e desvantagens socioeconômicas com a utilização das PPPs

Algumas vantagens com a utilização das parcerias público-privadas como forma de desenvolver um determinado local ou região já foram citadas no referencial teórico. A flexibilização e dinamismo da gestão de obras públicas podem aumentar a eficiência e qualidade dos serviços prestados à população. As PPPs também podem incentivar a geração de empregos e receita para o município, transferir tecnologia ao setor público e, principalmente, podem reverter a falta de recursos imediatos para a execução de obras.

Além das vantagens levantadas por Borges (2004), é praticamente um consenso entre os entrevistados que as vantagens de uma PPP para o município de Itabira são ilimitadas. Segundo eles, criam-se, por meio dos novos investimentos na cidade, muitas oportunidades para novas empresas, empregos, renda, diminui-se a pobreza e, principalmente, aumenta-se a qualidade de vida da população.

> [...] Eu acho que na parte de asfaltamento dos distritos, o asfaltamento de Nova Era e João Monlevade, isto sim vai ter um impacto positivo, porque nós vamos atrair turistas principalmente aqui da região do Vale do Aço, o pessoal do Vale do Aço, chega final de semana ou vai para um sítio fazer churrasquinho ou vai para o *shopping*. Nós temos um impacto positivo, inclusive nós tivemos no salão de turismo em Sete Lagoas no princípio da semana e apresentamos um projeto de calçamento de Bom Jesus do Amparo até Ipoema, vai ser um impacto positivo e a construção

do Centro de Tradições em Senhora do Carmo. E temos também a construção do aeroporto da cidade [...]. (Entrevista 5)

[...] Acho que as vantagens são ilimitadas, só vejo vantagens tanto para o governo quanto para a população. Existindo investimento em infraestrutura, rodovias, por exemplo, vão surgir novas empresas para Itabira, havendo com isso um maior desenvolvimento social, pois irá gerar novos empregos [...]. (Entrevista 7)

Os trechos selecionados das entrevistas se assemelham quanto às vantagens trazidas pelas parcerias público-privadas para a localidade. A partir de um elemento específico no caso do entrevistado 5 (o asfaltamento), menciona-se maior facilidade de deslocamento, o que se desdobra, por sua vez, em investimentos em outras áreas, como no setor de turismo, o que seria vantajoso para todos, no que está de acordo o entrevistado 7.

6 Conclusões

O objetivo deste trabalho foi o de analisar a possibilidade da utilização das parcerias público privadas (PPPs) como ferramentas de desenvolvimento local na cidade de Itabira. Os principais dados encontrados permitem afirmar que: a) existem várias formas de desenvolver uma cidade ou região, em especial na área de infraestrutura pelo montante associado de recursos, pelas possibilidades de atração de recursos para a localidade beneficiada, e pelo interesse privado na área; porém é necessária a existência de um planejamento adequado à situação de cada localidade e o conhecimento das fontes de recursos possíveis para cada situação; b) é possível utilizar as parcerias público-privadas em praticamente todas as áreas; entretanto, elas são mais utilizadas nas áreas de infraestrutura, em que os investimentos são mais elevados; c) existem ainda várias barreiras para utilização das PPPs, sendo que a principal delas é a falta de mobilização dos políticos; d) desde que tais sejam consideradas necessárias, as vantagens são ilimitadas, sendo a sociedade a principal beneficiada.

Uma das principais limitações do estudo é a considerável influência política no processo. Praticamente todos gestores públicos entrevistados, formalmente responsáveis pelo desenvolvimento socioeconômico do município e que, portanto, deveriam conhecer a máquina pública e dominar o conceito e aplicações das parcerias público-privadas, simplesmente não possuem o preparo necessário para discorrer sobre o tema, o que levou, em alguns momentos, que a pesquisa propriamente dita fosse interrompida para uma conversa em tom didático.

É importante ressaltar que, conforme já citado por Nobre (2006, p. 62), a parceria público-privada é, ainda, "apenas mais uma possível alternativa de financiamento de projetos". Isso significa que antes de qualquer movimento no sentido de afirmar que a PPP sempre será a melhor ferramenta de investimento, deve-se ser precedido um estudo de viabilidade para se encontrar a forma mais adequada de parceria entre os setores público e privado. As parcerias público-privadas só podem funcionar adequadamente se houver cooperação de todos os setores envolvidos com o desenvolvimento da cidade, pois, o que se busca com elas é uma gestão mais adequada de ativos públicos, por meio dos parceiros privados, com a otimização dos desembolsos orçamentários, tendo como desdobramento direto a melhoria contínua da qualidade de vida da população.

Referências

AGÊNCIA BRASIL. *Governo sanciona lei que põe fim a lixões para investir em coleta seletiva*. 03 ago. 2010. Disponível em: <http://www.nominuto.com/noticias/brasil/governo-sanciona-lei-que-poe-fim-a-lixoes-para-investir-em-coleta-seletiva/57801/>. Acesso em: 05 ago. 2010.

BORGES, L. F. X. Parceria público-privada: risco e mitigações de riscos em operações estruturadas de infraestrutura. *Revista do Banco Nacional de Desenvolvimento Econômico e Social*, Rio de Janeiro, v. 12, n. 23, p. 73-118, jun. 2005.

BORGES, L. F. X. PPP na infraestrutura pública. *In*: SEMINÁRIO TÉCNICO SOBRE PPP, 2004, Florianópolis. *Anais...* Florianópolis, 2004.

BRASIL. Ministério do Planejamento, Orçamento e Gestão, 2005. Disponível em: <http://www.planejamento.gov.br/ppp/>. Acesso em: 20 fev. 2006.

BRASIL. Lei Federal nº 11.079, de 30 de dezembro de 2004. Parceria público-privada. *Diário Oficial da República Federativa do Brasil*, Brasília, 30 dez. 2004. Disponível em: <https:www.presidencia.gov.br/ccivil_03/_ato2004-2006/2004/lei/l11079.htm>. Acesso em: 1º mar. 2006.

BRASIL. Lei Federal nº 8.031, de 1990. Lei sobre privatização. *Diário Oficial da República Federativa do Brasil*, Brasília, 13 fev. 1990. Disponível em: <http:www.planalto.gov.br/ccivil_03/leis/l8031.htm>. Acesso em: 1º mar. 2006.

BRASIL. Lei Federal nº 8.987, de 13 fevereiro de 1995. Lei das concessões. *Diário Oficial da República Federativa do Brasil*, Brasília, 13 fev. 1995. Disponível em: <http://www.sef.rj.gov.br/legislação/financeira/básica/leis_federais/lei_fed_8987.shtm>. Acesso em: 15 mar. 2006.

BUARQUE, S. C. *Metodologia de planejamento do desenvolvimento local e municipal sustentável*: projeto de cooperação técnica entre o INCRA e o IICA. Brasília: INCRA/IICA, 1999. Disponível em: <http://www.rededlis.org.br/textos_download.asp?action=lista&ordena=autor>. Acesso em: 20 fev. 2006.

CARAVANTES, G. R.; CAIDEN, G. E. *Reconsideração do conceito de desenvolvimento*. Caxias do Sul: EDUCS, 1988.

DI PIETRO, M. S. Z. *Parcerias na Administração Pública*: concessão, permissão, franquia, terceirização e outras formas. 3. ed. São Paulo: Atlas, 1999.

FERNANDEZ, M. L. *O atual panorama das parcerias público privadas*. Reportagem 06 jul. 2004. São Paulo. Disponível em: <http://www.energysummit.com.br/noticias/noticias_001.asp>. Acesso em: 08 ago. 2006.

FINGERMANN, H.; LOUREIRO, M. R. Mudanças na relação público-privado e a problemática do controle social: algumas reflexões sobre a situação brasileira. *In*: LODOVIC, E. S.; BERNAREGGI, G. M; FINGERMANN, H. *Parceria público-privado*: cooperação financeira e organizacional entre o setor privado e Administrações Públicas locais. São Paulo: Summus, 1992.

FJP. Fundação João Pinheiro. *Relatório técnico* energy choice. Belo Horizonte: FJP, 2001.

MEIRELLES, H. L. *Direito administrativo brasileiro*. São Paulo: Malheiros, 1996.

MONTEIRO, J. P.; MONTEIRO, C. *Cooperação passo a passo*: como inovar em desenvolvimento aplicando a cooperação. Brasília: Agência de Educação para o Desenvolvimento, 2002.

NANI, S. Royalties de petróleo: recursos para a sustentabilidade ou instrumento de barganha política?. *Com Ciência*, Campinas, n. 38, dez. 2002/jan. 2003. Disponível em: <httpwww.comciência.br>. Acesso em: 20 set. 2006.

NOBRE, V. C. S. *Metodologia para seleção de projetos de parceria público-privada no setor de infraestrutura rodoviária no estado do Ceará*. 2006. 127 f. Dissertação (Mestrado em Engenharia de Transportes) – Centro de Tecnologia, Universidade Federal do Ceará, Fortaleza, 2006.

PASIN, A. B.; BORGES, L. F. X. A nova definição de parceria público-privada. *Revista do Banco Nacional de Desenvolvimento Econômico e Social*, Rio de Janeiro, v. 10, n. 20, p. 173-196, dez. 2003.

PFEIFFER, C. R. *Parceria público-privado*: alternativa plausível na resolução de problemas das cidades brasileiras?. Disponível em: <http://www.rededlis.org.br/textos_download.asp?action=lista&ordena=autor>. Acesso em: 10 fev. 2006.

REDEBRASIL. *PPP*: uma caixa de pandora com aval das IFMs. Disponível em: <http://www.rbrasil.org.br/content,0,0,159,0,0.html>. Acesso em: 10 ago. 2006.

RIO CLARO. Prefeitura Municipal. Secretaria de Desenvolvimento Econômico. *Assessoria de imprensa*. Reportagem 03 fev. 2006. Disponível em: <http://www.rioclaro.sp.gov.br/>. Acesso em: 03 mar. 2006.

SARAIVA, L. A. S. *Mercantilização da cultura e dinâmica simbólica local*: a indústria cultural em Itabira, Minas Gerais. 2009. 333 f. Tese (Doutorado em Administração) – Faculdade de Ciências Econômicas, Universidade Federal de Minas Gerais, Belo Horizonte, 2009.

WALD, A.; MORAES, L. R.; WALD, A. M. *O direito da parceria e a nova lei de concessões*. São Paulo: Revista dos Tribunais, 1996.

YIN, R. K. *Estudo de caso*: planejamento e métodos. 4. ed. Porto Alegre: Bookman, 2010.

ZAPATA, T.; PARENTE, S. *O desenvolvimento institucional e a construção de parcerias para o desenvolvimento local*. Disponível em: <http://www.rededlis.org.br/textos_download.asp?action=lista&ordena=autor>. Acesso em: 20 fev. 2006.

Informação bibliográfica deste texto, conforme a NBR 6023:2002 da Associação Brasileira de Normas Técnicas (ABNT):

SARAIVA, Luiz Alex Silva; RIBEIRO, José Márcio Donádio. Parcerias público-privadas e desenvolvimento local em um município de Minas Gerais. *In*: SILVEIRA, Raquel Dias da; CASTRO, Rodrigo Pironti Aguirre de (Coord.). *Estudos dirigidos de gestão pública na América Latina*. Belo Horizonte: Fórum, 2011. v. 1, p. 233-252. ISBN 978-85-7700-432-4.

El Control del Transporte Público Pasajeros en Trenes Subterráneos en la Ciudad Autónoma de Buenos Aires

Mariano Cordeiro

Sumario: I. Introducción – II. El Ente Único Regulador de Servicios Públicos de la Ciudad de Buenos Aires – III. El transporte público de pasajeros en trenes subterráneos – III.a) Los alcances del poder de policía local – III.b) La competencia del Ente – IV. Conclusiones

I. Introducción

En 1994, al reformarse la Constitución Nacional se atribuyó a la Ciudad de Buenos Aires una naturaleza "autónoma". En efecto, el art. 129 de la Constitución Nacional establece que la Ciudad de Buenos Aires tendrá un régimen de gobierno autónomo con facultades propias de legislación y jurisdicción. También dispone que una ley del Congreso Nacional garantizará los intereses del Estado Nacional mientras la Ciudad de Buenos Aires sea también capital de la Nación.

Sin embargo, no analizaremos aquí la dudosa constitucionalidad de la ley 24.588[1] sancionada por el legislador nacional a ese fin, teniendo en cuenta la frondosa y calificada doctrina que se ha pronunciado sobre el punto.[2] No obstante, y para una mejor comprensión de este tema, sea

---
[1] B.O. 30.11.95.
[2] Véase, por ejemplo, *Código Contencioso Administrativo y Tributario y demás normas del proceso administrativo de la Ciudad de Buenos Aires*, con nota de Daniela Ugolini, La Ley, Buenos Aires, 2001; Gauna, Juan Octavio, *Dos jurisdicciones en la Ciudad de Buenos Aires*, La Ley, 2001 (chequear), entre otras.

suficiente señalar que las amplias y propias facultades de jurisdicción que el constituyente nacional ha reconocido a la Ciudad de Buenos Aires en el art. 129, se han visto seriamente retaceadas por el Congreso.[3]

Es que, dicha ley de *garantías*, además de aquel límite, debía respetar también otras fronteras, entre las que cabe mencionar, las atribuciones que le asignaron a la Ciudad otras normas constitucionales (v.gr. arts. 44 y 54; 75 incs. 2 y 31; y 124) y el principio *finalista*, en virtud del cual lo dispuesto por el Congreso, al legislar sobre la Ciudad, debía tener una relación directa con los intereses del Estado Federal y mantenerse acotado a la preservación de ellos.[4]

Sin perjuicio de lo expuesto, no podemos desconocer que el reconocimiento de esta autonomía generó un fuerte debate en la doctrina, como así también numerosas idas y vueltas en cuanto a qué implicaba el mentado reconocimiento realizado por el constituyente nacional, a fin de determinar cuál era el nuevo status jurídico de la Ciudad. Podemos resumir las posturas sostenidas por distintos autores, en los siguientes términos:

    a) El profesor Barra, sostiene que es un municipio con un amplio grado de autarquía;[5]

    b) Bidart Campos, entendía que se trata de un municipio federado al haber adquirido el rango de sujeto de la relación federal;[6]

    c) Gauna, por su parte, considera que es una Ciudad-Estado con características parcialmente similares a una provincia pero que aún no lo es; tiene una jerarquía superior a la de un municipio, aunque sin alcanzar plenamente la de una provincia;[7]

---

[3] En tal sentido, repárese en que el art. 8 de la ley 24.588 estableció que la Ciudad de Buenos Aires tendrá facultades propias de jurisdicción sólo en materia de vecindad, contravencional y de faltas y contencioso administrativo y tributarias locales; limitación que no se alcanza a comprender si se advierte que el constituyente nacional le ha reconocido facultades propias de legislación y jurisdicción, lo cual, por otra parte, constituye el corolario lógico de su autonomía.

[4] Señala Gelli que el referido principio finalista emerge, nítido, del art. 75 inc. 30 de la Constitución Nacional, que dispone la competencia exclusiva del Congreso para legislar en el territorio de la Capital Federal. Esta disposición, sin embargo, encuentra su confín en la cláusula transitoria séptima, en tanto esta norma expresa que "el Congreso ejercerá en la ciudad de Buenos Aires, mientras sea Capital de la Nación, las atribuciones legislativas que conserve con arreglo al art. 129", denotando, el término utilizado, el carácter residual de las atribuciones del Congreso (Ver, Gelli, María Angélica, *Constitución de la Nación Argentina*, La Ley, Buenos Aires, 2001, p. 772).

[5] Barra, Rodolfo Carlos, *Buenos Aires: el Estatuto Organizativo no es Constitución*, ED, 16.8.1996.

[6] Bidart Campos, Germán J., *La Estatuyente de la Ciudad de Buenos Aires*, Revista Jurídica del Centro de Estudiantes Nº 7, Facultad de Derecho y Ciencias Sociales, UBA, ago. 1996.

[7] Gauna, Juan Octavio, *Poder central y poder local*, La Ley, 1996-D-1497.

d) Y finalmente, Ekmekdjian, entiende que se trata de una provincia.[8]

No es éste el lugar donde intentaremos zanjar la cuestión, sin perjuicio de señalar que, ya en otra oportunidad, hemos dado nuestra opinión, fundada en criterios eminentemente pragmáticos. Y en ese mismo sentido, diremos ahora que si bien la ciudad de Buenos Aires no es una provincia, lo cierto es que tiene muchas de sus características. Son precisamente esas características similares las que, además, resultan un dato incontrastable de la realidad, derivándose de ello consecuencias también inexorables.[9]

Así, quizás el hecho más relevante de esa realidad fue la sanción de la Constitución de la Ciudad de Buenos Aires que, en el ámbito de la legislación local, representa la cúspide de la pirámide normativa.

Es claro que entre los desafíos que debieron afrontar los constituyentes, se encontraba el de establecer un sistema que asegure la compatibilidad entre las normas nacionales (de naturaleza local) y municipales ya vigentes en la Ciudad con aquellas nuevas normas que dicten las autoridades locales una vez constituidas.

En este sentido, la cláusula transitoria vigésimo tercera de la Constitución de la Ciudad expresamente dispuso que hasta tanto se constituya la Legislatura continuarían vigentes las instituciones del régimen municipal con sus correspondientes regulaciones, en la medida en que no se opongan o no hayan sido expresamente derogadas por esta Constitución.

Por otra parte, también existía el desafío de resolver lo atinente al control de los servicios públicos en el ámbito de la Ciudad, incluyendo aquellos cuya concesión fue otorgada por el Estado Nacional.

Precisamente en este estudio, analizaremos brevemente cómo se realiza el aludido control, tomando un ejemplo paradigmático como es el transporte público de pasajeros en los trenes subterráneos.

---

[8] Ekmekdjian, Miguel, Conferencia brindada en la Comisión de Redacción de la Convención Estatuyente el 22.8.1996.

[9] No se escapa que la Constitución Nacional no la menciona como provincia; sin embargo, creemos que el actual diseño institucional y los alcances que pueden atribuirse a su régimen autónomo resultan suficientes para su equiparación con aquélla, por lo que, en nuestra opinión, la cuestión termina siendo más un problema semántico que de régimen jurídico.

II. El Ente Único Regulador de Servicios Públicos de la Ciudad de Buenos Aires

El art. 138 de la Constitución de la Ciudad de Buenos Aires establece que el Ente Único Regulador de los Servicios Públicos de la Ciudad (en adelante, el Ente), instituido en el ámbito del Poder Ejecutivo, es autárquico, con personería jurídica, independencia funcional y legitimación procesal.

Dicha norma también dispone que corresponde al Ente ejercer el control, seguimiento y resguardo de la calidad de los servicios públicos cuya prestación o fiscalización se realice por la administración central y descentralizada o por terceros para la defensa y protección de los derechos de sus usuarios y consumidores, de la competencia y del medio ambiente, velando por la observancia de las leyes que se dicten al respecto.

Por su parte, la Legislatura de la Ciudad sancionó la ley 210, cuyos artículos 1 y 2, en su primera parte, reiteran lo establecido por la norma constitucional.[10]

Es interesante advertir que toda controversia que se suscite entre los sujetos de los distintos servicios regulados, así como con todo tipo de terceros interesados, ya sean personas físicas o jurídicas, con motivo de la prestación del servicio, debe ser sometida en forma previa al conocimiento y consideración del Ente.[11]

Si bien la norma no lo precisa, creemos que la referencia que efectúa la norma a *sujetos de los distintos servicios regulados* como a *tercero interesado* no se refiere a cualquier sujeto o tercero (vgr. usuario), sino a sujetos o terceros *interesados en la prestación del servicio*.[12] Ello es así, teniendo en cuenta que la propia ley establece que es facultativo para los usuarios el sometimiento a la jurisdicción previa del Ente.[13]

---

[10] El art.1 dispone que El Ente Unico Regulador de Servicios Públicos creado por el artículo 138 de la Constitución de la Ciudad e instituido en el ámbito del Poder Ejecutivo, es una persona jurídica, autárquica, con independencia funcional y legitimación procesal. Por su parte, el art. 2, en su primera parte, establece que El Ente ejerce el control, seguimiento y resguardo de la calidad de los servicios públicos prestados por la administración central o descentralizada o por terceros, así como el seguimiento de los servicios cuya fiscalización realice la Ciudad de Buenos Aires en forma concurrente con otras jurisdicciones, para la defensa y protección de los derechos de sus usuarios y consumidores, de la competencia y del medio ambiente, velando por la observancia de las leyes que se dicten al respecto.

[11] Art. 20, ley 210.

[12] Ampliar en Cordeiro, Mariano Lucas y Vocos Conesa, Juan Martín, *Daños y perjuicios por contaminación ambiental ¿Jurisdicción del E.NA.R.GAS?*.

[13] Art. 20, *in fine* de la ley 210.

Tratándose de un Ente autárquico al que se le han reconocido facultades jurisdiccionales, útil es recordar cuál es el alcance con el que cabe admitir el ejercicio de aquellas.

Respecto de esta cuestión, la Corte Suprema de Justicia se ha expedido en los antecedentes "Ojeda" y "López de Reyes". En particular, en el primero de los precedentes citados, al analizar las facultades técnicas del Tribunal de la Navegación, el Tribunal señaló: "si bien el control judicial supone la negación a los tribunales administrativos de la potestad de dictar resoluciones definitivas en cuanto a los hechos y al derecho aplicable, esa exigencia no constituye un principio rígido sino que su alcance debe adecuarse a las peculiaridades de cada situación jurídica, armonizándolo con las circunstancias concretas del caso, entre las cuales adquieren especial relevancia el carácter de los órganos actuantes y la complejidad técnica de la materia. La idoneidad que en materia náutica representa la calidad de los integrantes del Tribunal de la Navegación avala sus conclusiones acerca de las complejas situaciones fácticas que le corresponde dilucidar, lo que coloca a los magistrados que deben ejercer el control judicial ante un pronunciamiento de naturaleza eminentemente técnica sobre los hechos acaecidos del que sólo cabría apartarse —en este aspecto fáctico— mediando razones de grave entidad".

En igual sentido se pronunció la Cámara de Apelaciones en lo Contencioso Administrativo Federal, al sostener: "en cuanto a la apreciación de los hechos, tratándose de una materia de complejidad técnica resuelta en sus aspectos fácticos mediante un adecuado asesoramiento profesional, rige la regla relativa a que de juicios sobre extremos de esta índole sólo cabría apartarse mediando arbitrariedad, lo que no acontece en el sub lite, ya que esa apreciación no aparece irrazonable...".

Resulta entonces que, según el Máximo Tribunal en el fallo referido, cuando se trata de actividades técnicas, el control judicial suficiente de la actividad administrativa debe ser armonizado con la complejidad técnica de la materia en cuestión, de manera que sólo cabría apartarse de lo decidido por el órgano administrativo cuando medien razones graves.

Por nuestra parte, entendemos que, a efectos de dar adecuada respuesta al alcance del control judicial de la actividad técnica de los entes reguladores sobre las cuestiones de hecho, resulta necesario resolver el conflicto entre los siguientes principios, a saber: a) por un lado, la idoneidad técnica específica del ente en el ejercicio de sus competencias y, por el otro, b) la necesidad de revisión judicial adecuada y suficiente de la actividad administrativa (art. 18 CN).

A nuestro modo de ver, esta tensión se resuelve postulando la plena revisión judicial de las cuestiones de hecho y de las decisiones técnicas; ello es así, en razón de los principios que hemos detallado al inicio de este estudio.

Por otra parte, también se ha sostenido, con respecto al alcance del control judicial, que las resoluciones de los tribunales administrativos sólo son recurribles en parte, toda vez que estos revisten el carácter de órganos administrativos sumamente complejos y de extrema descentralización. Sin embargo, este argumento es inconsistente porque, tal como lo ha dicho la Corte en el caso "Fernández Arias c/Poggio", "la creación de órganos administrativos de la especie indicada, no supone, como es lógico, la posibilidad de un otorgamiento incondicional de funciones jurisdiccionales, [...] la actividad de tales entes se encuentra sometida a limitaciones de jerarquía constitucional [...]. Entre esas limitaciones preestablecidas figura, ante todo, la que obliga a que el pronunciamiento jurisdiccional emanado de órganos administrativos quede sujeto a control judicial suficiente, a fin de impedir que aquellos ejerzan un poder absolutamente discrecional, sustraído a toda especie de revisión ulterior [...] El alcance que ese control judicial necesita poseer para que sea legítimo tenerlo por verdaderamente suficiente, no depende de reglas generales u omnicomprensivas, sino que ha de ser mas o menos extenso y profundo según las modalidades de cada situación jurídica...".

Es con tal miraje con el que, en nuestra opinión, debe apreciarse el alcance del control judicial de las decisiones de naturaleza jurisdiccional del Ente, teniendo en cuenta que la ley prevé su impugnación judicial directa ante la Cámara de Apelaciones en lo Contencioso Administrativo y Tributario de la Ciudad de Buenos Aires.[14]

Así delimitada la naturaleza jurídica del Ente como así también el alcance del ejercicio de su función jurisdiccional, resulta indispensable precisar cuáles son las actividades que son consideradas "servicio público" y respecto de las cuales el Ente ejercerá el control. En este sentido, el art. 2, *in fine*, de la ley 210, expresamente considera "servicio público" al transporte público de pasajeros. Cabe precisar que dicha norma también considera servicios públicos a aquellos que "se presten

---

[14] Art. 21, ley 210.

en el ámbito de la Ciudad cuya prestación exceda el territorio de la misma, sin colisionar con la competencia atribuida a otros órganos del Gobierno de la Ciudad, a los entes de otras jurisdicciones y a los entes de la Nación, con los que se complementa, conforme lo establecido en el Artículo 3º inciso m)".[15]

Por su parte, el art. 3 establece cuáles son las funciones más importantes del Ente en relación a la fiscalización y al control de los servicios públicos.

Como se observa la gama de actividades que son consideradas como servicio público en la ley 210 es sumamente amplia, por lo que excedería el objeto de este estudio efectuar un análisis pormenorizado de cada uno de ellos. Por lo demás, también son amplias las funciones que, en términos de control, la ley le reconoce al Ente.

Sin embargo, y a fin de advertir cómo se ha desarrollado en la práctica el control, a continuación efectuaremos una breve descripción de uno de los servicios más paradigmáticos en el ámbito de la Ciudad y que, a su vez, permite analizar la especial situación que se ha presentado respecto de servicios originalmente concesionados por el Estado Nacional, ahora bajo el control local. Nos referimos, puntualmente, al caso del transporte público de pasajeros en trenes subterráneos.

III. El transporte público de pasajeros en trenes subterráneos

La primera línea de esta red de trenes subterráneos se inauguró en 1913, siendo el primero en su tipo en Iberoamérica y todo el Hemisferio Sur. La red se extendió rápidamente durante las primeras décadas del siglo, pero el ritmo de ampliación disminuyó drásticamente tras los años que siguieron a la Segunda Guerra Mundial. Hacia fines de la década de 1990 se comenzó un nuevo proceso de expansión de la red, con el planeamiento de cuatro nuevas líneas.

La ley 23.696 promulgada el 18 de agosto de 1989 fijó el marco regulatorio para la privatización de empresas que pertenecían al Estado nacional. En lo que aquí interesa, y luego de una sucesión de

---

[15] El art. 3 inc. m) de la ley 210 establece, en cuanto al control que cabe efectuar de las actividades consideradas servicio público por el art. 2, que al Ente le corresponde "controlar el estado de las instalaciones de transporte local y redes de distribución en la vía pública tanto en el espacio aéreo como subterráneo respecto de los servicios públicos locales y supervisar los tendidos de los interjurisdiccionales, a los efectos de velar por la seguridad y el resguardo ambiental".

marcos normativos, el Poder Ejecutivo Nacional dispuso, finalmente, mediante el decreto 2074/90, la concesión de explotación de los servicios prestados por *Subterráneos de Buenos Aires S.E.* Mediante este decreto se concesionarían las líneas de subte y el Premetro por 20 años, y quien las explotara debía también operar el Ferrocarril General Urquiza.

La concesión fue otorgada a un consorcio que luego formaría la empresa *Metrovías S.A.* El contrato de concesión fue suscripto con el Estado Nacional con fecha 23/11/93 y aprobado mediante Decreto del PEN Nº 2.608/93 y modificado por su similar Nº 393/99

El traspaso efectivo fue hecho el 1 de enero de 1994, cuando la empresa tomo el control de la explotación del servicio. La concesión incluye la posibilidad de aumento de tarifas por motivos de mejora de servicio o por motivos inflacionarios, pero no incluye la extensión de las líneas, cuya planificación y ejecución están a cargo del Gobierno de la Ciudad a través de Subterráneos de Buenos Aires. En 1999 la concesión fue extendida hasta el 31 de diciembre de 2017.

La red está conformada actualmente por seis líneas denominadas con letras —de la A a la E y la H— e identificadas con colores, que suponen unos 52,3km de vías.

Dado el nuevo status jurídico de la ciudad de Buenos Aires, la cuestión vinculada con el control y fiscalización del servicio quedó supeditada a la suscripción de un Acta de transferencia, en cuya virtud el Estado Nacional —autoridad concedente— transferiría el control del cumplimiento del contrato de concesión a la Ciudad de Buenos Aires. Sin embargo, la falta de firma de dicha Acta, generó una fuerte controversia en cuanto a la posibilidad de que el Ente ejerciera sus facultades de control.

En efecto, en cada oportunidad donde el Ente aplicaba una sanción a la empresa, con motivo del incumplimiento que detectaba en las condiciones de prestación del servicio, la empresa alegaba la incompetencia de la jurisdicción local para ejercer tal control.

En este sentido, Metrovías consideraba que los organismos encargados de instrumentar la transferencia mediante la suscripción de la ya aludida "Acta de transferencia del Control y Fiscalización" —en el caso, la Secretaría de Transporte de la Nación y el Ministerio de Economía y de Obras y Servicios Públicos de la Ciudad— ni siquiera habían comenzado con los actos previos necesarios a tales efectos (tramitaciones, acuerdos, relevamientos, etc.). Además, sostuvo que según el marco legal federal dispone que el Estado Nacional conservará el control de la concesión hasta tanto se cumplan los actos de transferencia a la Ciudad, lo cual al presente no ha sucedido.

De ahí que, según la empresa, el Ente carece de competencia para actuar en la especie. Por último, la empresa invocaba el fallo dictado por la CSJN en "Metrovías S.A. s/queja por Recurso de Inconstitucionalidad denegado en "Asociación Vecinal Belgrano C Manuel Belgrano c/G.C.B.A. y otro s/Amparo", del 28.7.2005 donde se sostuvo que "...todo el proceso licitatorio del servicio y la ejecución del contrato suscripto en consecuencia se realizó y continúa realizándose en el ámbito del Estado Nacional, quien en la actualidad tiene ...el control y la fiscalización de la ejecución del mismo", aclarando que su transferencia sólo podrá realizarse mediante "la instrumentación de los actos necesarios" dispuestos como condiciones por el Decreto del PEN Nº 393/99 (en sus considerandos y artículo 4º) y la Ley local Nº 373;

Sin embargo, aceptar este razonamiento podría importar desconocer, en la práctica, las amplias facultades de legislación y jurisdicción que la Constitución Nacional le ha reconocido a la Ciudad de Buenos Aires.

En especial, se oponen a los argumentos invocados por la empresa, dos razones fundamentales: a) el alcance del poder de policía local y; b) la competencia del Ente Único Regulador de servicios Públicos.

III.a) Los alcances del poder de policía local

La pluralidad de ordenamientos jurídicos vigentes en un sistema federal —nacional, provincial, municipal— para resultar funcional, requiere de que cada uno de ellos se desenvuelva en el ámbito que le es propio.

Todo ordenamiento, por consiguiente, requiere de un basamento separado respecto de los demás, lo que se expresa en un sistema propio de fuentes de derecho emanadas del propio ámbito organizacional del cual el ordenamiento surge. Esas fuentes de Derecho, como propias de la organización específica de que se trata, no están jerárquicamente subordinadas a las fuentes de ningún otro ordenamiento, ni siquiera al federal. Esto es lo que etimológicamente significa el concepto de "autonomía": capacidad de autonormarse, lo que implica que en el seno o ámbito territorial propio, la norma autonómica es suprema y excluye a las normas de cualquier otro ordenamiento, las cuales se hallan impedidas de pretender en ese ámbito territorial cualquier superioridad.

Por eso es que las normas autonómicas no se subordinan jerárquicamente a las federales y que para explicar la relación entre ellas no corresponde acudir al principio de jerarquía —salvo en casos de repugnancia efectiva— sino al principio de la competencia conforme el cual en el ámbito competencial propio autonómico la norma autonómica excluye a la norma federal y por ello es que el problema fundamental y básico de todas las autonomías es concretamente la delimitación del ámbito competencial de su aplicación.

Dentro de este esquema y como normas autonómicas aparecen indubitables aquellas surgidas del poder de policía local, consistentes en reglamentar los derechos consagrados en el sistema constitucional en todas las materias de su competencia autonómica y cuya manifestación clásica tradicional ha sido en materia de moralidad, de salubridad y de seguridad pública.

Así lo ha señalado la propia doctrina de la CSJN que expresamente reconoce "la facultad de la autoridad local de ejercer el poder de policía que, por lo demás fue reiteradamente admitida por la jurisprudencia de esta Corte, en materia de salubridad, seguridad y moralidad, y siempre que tal ejercicio sea razonable y proporcionado a los fines perseguidos, con exclusión de toda arbitrariedad[16] y "que el poder de policía local se traduce en el dictado de ordenamientos normativos, sean ellos leyes, reglamentos u ordenanzas".[17]

En este mismo sentido, también se ha expresado el Tribunal Superior de Justicia de la Ciudad, señalando que: "la reforma no incrementó las atribuciones del Gobierno Nacional en el ámbito territorial de Capital Federal; por el contrario las disminuyó al dotar de autonomía al gobierno local. La premisa, entonces, es que el Gobierno Nacional no cuenta con más facultades que aquellas que tenía antes de la reforma, pues la Constitución dividió las potestades de gobierno federal y local que confluían en las autoridades del Estado Nacional".[18]

Por otra parte, cabe recordar que el Poder Ejecutivo Nacional al dictar el Decreto Nº 1.143/91 estableciendo el marco normativo para el otorgamiento de la concesión del servicio de subterráneos en la Ciudad de Buenos Aires, dispuso expresamente que: "en tanto no se concrete la creación de la autoridad del transporte del área metropolitana,

---

[16] Fallos: 255:402; 277:147.
[17] CSJN, "Llaneza Silvino s/apel. Multa", 20.11.1979.
[18] TSJBA, "Unión Transitoria S.A. y otros c/GCBA s/Acción declarativa de inconstitucionalidad", voto conjunto de los Res. Muñoz, Casás y Conde.

prevista en el art. 2º del presente decreto, el Ministerio de Economía y Obras y Servicios Públicos y la Intendencia Municipal de la Ciudad de Buenos Aires, serán, respectivamente, la autoridad de aplicación de las leyes y decretos reglamentarios que rijan las prestaciones de los servicios ferroviarios de superficie y de los servicios subterráneos. En tal carácter ejercerán la fiscalización de cumplimiento de las cláusulas contractuales; intimarán su cumplimiento cuando proceda, aplicarán o propondrán, según corresponda, las sanciones pertinentes, y resolverán en instancia administrativa los reclamos de los usuarios. El ejercicio de la fiscalización, el control y en general, el seguimiento del desarrollo y cumplimiento de las condiciones de cada concesión será permanente, pero deberá implementarse el sistema adecuado que evite producir perturbaciones en la gestión del concesionario".[19]

En el mismo sentido, el contrato de concesión —que además del subte, concedió la explotación de servicios de transporte ferroviario— previó que "...el Ministerio de Economía y Obras y Servicios Públicos será la autoridad de aplicación y regulación de las concesiones en cuanto a los servicios ferroviarios y la Municipalidad de la Ciudad de Buenos Aires, en cuanto a los servicios de Subterráneos que por este acto se conceden. Podrán actuar por sí o a través de organismos a los cuales encomiende el control y fiscalización de la concesión".[20]

Conforme a lo expuesto, se advierte que el control del transporte público de trenes subterráneos no sólo constituye una manifestación del poder de policía local, sino que además ya era una competencia propia de la Municipalidad de la Ciudad de Buenos Aires. Ninguna duda cabe, entonces, que la Ciudad Autónoma de Buenos Aires, en cuanto continuadora de la ex Municipalidad, resulta la autoridad llamada a ejercer el control de este transporte.

Por lo demás, el servicio de transporte público de trenes subterráneos se presta íntegramente dentro del territorio de la Ciudad, por lo que, también en sentido territorial, ninguna duda cabe en cuanto a su potestad regulatoria.

Sin embargo, y como veremos a continuación, de las autoridades de la Ciudad de Buenos Aires, corresponde al Ente el control y la fiscalización de este servicio.

---

[19] Ver art. 9 del Decreto.
[20] Ver cláusula 6.4.1.

III.b) La competencia del Ente

Tal como apuntáramos en párrafos anteriores, el Ente ejerce el control, seguimiento y resguardo de la calidad de los servicios públicos prestados por la administración central o descentralizada o por terceros, así como el seguimiento de los servicios cuya fiscalización realice la Ciudad de Buenos Aires en forma concurrente con otras jurisdicciones, para la defensa y protección de los derechos de sus usuarios y consumidores, de la competencia y del medio ambiente, velando por la observancia de las leyes que se dicten al respecto.

Por consiguiente, al tratarse el servicio de transporte de pasajeros en trenes subterráneos de un servicio público local (prestado íntegramente dentro del ámbito de la Ciudad), compete al Ente Único el ejercicio de las funciones enumeradas en el art. 3º de la Ley Nº 210, sin ningún tipo de limitación, con independencia de la naturaleza de las normas que integren el marco regulatorio.

Es que, de igual manera que la prestación del servicio debe respetar ese marco regulatorio, también debe atenerse al resto del plexo normativo aplicable,[21] y no por ello habrá de derivarse de tal circunstancia que la facultad de control corresponda a una autoridad diferente.

Así, y tal como se apuntara, entre las funciones del Ente se encuentran las de verificar el correcto cumplimiento de las leyes o normas reglamentarias de los servicios sometidos a su jurisdicción, y teniendo en cuenta que el art. 2º de la Ley Nº 210 establece qué se entienden como servicios públicos, incluyendo entre ellos al transporte público de pasajeros, cabe concluir que al Ente le corresponde ejercer ese poder de policía en lo que hace al control, seguimiento y resguardo de la calidad del servicio de transporte de pasajeros en trenes subterráneos.

IV. Conclusiones

Teniendo en cuenta el panorama que hemos descripto, fácil es advertir que, así como la transición del marco normativo no ha presentado dificultades, el traspaso de las facultades de control del Estado Nacional a la ahora Ciudad autónoma de Buenos Aires fracasó estrepitosamente.

Como hemos intentado señalar, ningún interés puede reconocerse al Estado Nacional en la prestación del servicio de transporte de

---

[21] Vgr. normas del Código Civil, del régimen tributario, etc.

pasajeros en trenes subterráneos que, como hemos dicho y repetido, se presta íntegramente en el ámbito territorial de la Ciudad.

Cabe advertir que los efectos de este conflicto no son sólo teóricos. La permanente discusión jurídica en cuanto a qué jurisdicción cabe el control de la actividad, implica una inevitable merma en los estándares mínimos de calidad y eficiencia del servicio, produciendo resquicios por donde tales parámetros se escurren inevitablemente. Los habitantes de la ciudad de Buenos Aires somos rehenes de la discusión, cuando debiéramos ser el motivo de preocupación principal tanto para la empresa que presta el servicio como para la autoridad encargada de su control.

Por otra parte, también termina siendo perjudicial para la inversión en la propia industria ya que la falta de un marco regulatorio claro (incluido el sancionatorio) resta previsibilidad al desarrollo del sector. Tal circunstancia adquiere particular relevancia a poco que se repare en que el futuro del programa de expansión de la red se apoya en el Plan de Nuevas Líneas: F, G, e I, cuya traza se encuentra ya aprobada por la Legislatura de la Ciudad.[22]

Probablemente cuando el signo político que gobierne el Estado Nacional sea coincidente con el que lo haga en la Ciudad de Buenos Aires, los porteños[23] mejoraremos nuestras expectativas sobre la prestación de este servicio; sin embargo, claro está que los estándares de calidad y eficiencia no pueden depender de situaciones coyunturales.

No se nos escapa, por otra parte, que alcanzar aquellos parámetros no depende sólo de un adecuado diseño normativo ni claridad en la jurisdicción llamada a controlar. Es evidente que el incremento en el flujo de pasajeros obliga a reformular todo el soporte técnico de la industria incorporando nuevas tecnologías computarizadas. Y en este cometido, también es claro que el Estado local no podrá satisfacer con sus propios recursos la apuntada renovación tecnológica, por lo que resultará imprescindible la participación privada con un financiamiento adecuado.

Siendo ello así, la claridad tanto del marco regulatorio como del diseño de control y fiscalización, resultan aspectos determinantes para la rentabilidad de la inversión, por lo que resultan condicionantes de la decisión financiera. Dicho de otro modo: reglas claras hacen a una mejor inversión.

---

[22] Según Programa General de Gobierno para el trienio 2009-2011.
[23] Gentilicio con el que se designa a los oriundos de la ciudad de Buenos Aires.

Y en este cometido, superar la apuntada controversia en cuanto a la autoridad llamada a controlar, si bien es sólo un pequeño paso, constituye el primer escalón de ascenso a un servicio de transporte de pasajeros en trenes subterráneos más eficiente.

Informação bibliográfica deste texto, conforme a NBR 6023:2002 da Associação Brasileira de Normas Técnicas (ABNT):

CORDEIRO, Mariano. El control del transporte público pasajeros en trenes subterráneos en la ciudad autónoma de Buenos Aires. *In*: SILVEIRA, Raquel Dias da; CASTRO, Rodrigo Pironti Aguirre de (Coord.). *Estudos dirigidos de gestão pública na América Latina*. Belo Horizonte: Fórum, 2011. v. 1, p. 253-266. ISBN 978-85-7700-432-4.

Ética Pública

Martín Plaza

Sumario: **I** Introducción – **II** Complejo normativo – **III** Participación del particular – **IV** Ética y eficiencia – **V** Conclusiones

I Introducción

En la lucha contra las Inmunidades del poder[1] que nos enseñara el maestro Garcia de Enterria, hace casi cuarenta años, históricamente se han sucedido aquellas referidas al uso arbitrario del poder. A la fecha, deberíamos señalar como la principal de estas luchas, la referida a la corrupción.

Para ubicarnos en el tema, nada mejor que la precisión conceptual del Maestro Manuel de Olivera Franco Sobrino, y el mapa que nos traza, en su participación en la Obra de Homenaje al Profesor Marienhoff,[2] cuando aclaraba, que " lo que caracteriza al abuso de poder, es sin duda el desprecio a la norma, lo que califica al desvío de poder, es sin duda, la intención de desnaturalizar la motivación de los limites legales, y lo que caracteriza al exceso de poder es el arbitrio por delante de los limites legales . En todos estos casos, de lo que se trata es de juzgar la conducta moral de los responsables de la función publica".

Hoy en día, la principal preocupación que amenaza el derecho publico y el funcionamiento del estado democrático, es la ausencia

---

[1] Eduardo García de Enterría, en *La lucha contra las inmunidades del poder*. Madrid: Civitas, 1983.
[2] Obra Colectiva Homenaje al Dr. Marienhhif, Abelledo Perrot, 1998, p. 635.

de una Ética Publica en el ejercicio de la función, para lo cual, resulta necesario perfilar la conformación de dicho concepto, así como su implementación como norma positiva de conducta.

No vamos a fatigar en esta charla, el farragoso terreno filosófico y terminológico respecto de la diferencia entre ética y moral, ni tampoco el del limite entre el derecho y el ética. No habría tiempo para tan profunda discusión.

Si vamos a hablar del contenido ético mínimo de la norma, es decir "el deber ser" básico, que exige la actuación publica en nuestras épocas.

Tema que comprobaran ustedes, tiene que ver con la eficiencia de la gestión publica.

Una administración corrupta es una administración ineficaz y de mala gestión.

Es difícil abordar el tema de la Ética publica desde lo jurídico, porque el tema históricamente no fue tratado en dicho sentido, y se lo miraba mas bien como una virtud personal del funcionario. Una cuestión moral que escapaba al control jurídico y político, o que más bien no poseía mecanismos adecuados de fiscalización, ni estándares jurídicos, que hicieran posible descorrer el velo de la actuación publica.

Aproximadamente desde los 90, en gran parte del mundo, y específicamente en la Argentina, se dieron algunos pasos importantes desde lo normativo y orgánico, sin perjuicio que ello no implico un avance concreto y percibible en la implementación de estándares razonables de ética pública, y de lucha contra la corrupción.

Mas allá de esta bifurcación entre lo proclamado, y lo actuado, tan característico de la Argentina, despierta esperanzas el entramado legal y administrativo que en el espacio de una década se ha instrumentado en mi país.

En ese sentido, creo en el poder conformador de sociedades que tiene la norma, así como también es un ejemplo histórico que su implementación corrige conductas colectivas e imprime valores en la sociedad.

Principalmente, la sanción de normas, implicó la juridizacion del tema Ética Publica, lo que ha significado la implementación de derechos y obligaciones al funcionario, así como la profundización de las penas que surgen del Código Penal (en estos días se inicia en la Argentina el tratamiento de un proyecto de ley que tiene como objetivo aumentar mas aun dichas penas). Aunque desafortunadamente, no hubo un avance en un tema clave, como es el de acceso a la información publica. Esta es la contrapartida necesaria para darle transparencia al sistema, y eso puede verse claramente en la ley norteamericana de Freedom of Information Act. El acceso a la información publica es lo que le da

Transparencia al sistema, puesto que la oscuridad, la sombra es lo que permite al funcionario corrupto la ocultación de su accionar.

La estructura de la charla será entonces, luego de esta introducción conceptual, informarles el complejo normativo implementado en la Argentina, para luego poder contarles la realidad de la ética publica y la lucha contra la corrupción en mi país.

II Complejo normativo

En la Argentina, desde la década del 90 se ha ido conformando un complejo normativo, que resulta importante, ya que se juridiza el tema, con sus implicancias de determinación clara y precisa respecto a como se conforma la relación jurídica entre funcionario y comunidad (que supone derechos y obligaciones), así como también el endurecimiento de la de la figura delictual penal ante el incumplimiento de la norma. En ese sentido hoy tenemos conformado el delito de corrupción, en base a las figuras penales ya existentes de cohecho, malversación de caudales públicos, negociación incompatible con el ejercicio de funciones publicas, exenciones ilegales, enriquecimiento ilícito, y prevaricato.

El mencionado entramado legal, tiene su vértice en el artículo 36 de la Constitución Nacional, incluido en la Reforma de 1994, y que determina en sus segunda parte que "Atentara asimismo contra el sistema democrático quien incurriere en grave delito doloso contra el estado que conlleve enriquecimiento, quedando inhabilitado por el tiempo que las leyes determinen para ocupar cargos o empleos públicos. El Congreso sancionara una ley de ética publica para el ejercicio de su función."

Posteriormente en el año 1996 se sanciono la ley 24.759 que aprobó la Convención Interamericana contra la Corrupción.

La ley 25.188, sancionada en el año 1999 aprueba la ley de Ética Publica para el ejercicio de la Función Publica.

Ya en el ámbito del Poder Ejecutivo, el Código de Ética en la función publica, que rige en para la administración publica nacional, fue aprobado por decreto 41 del año 99, y completa este plexo normativo primario.

Otras normas completan la regulación específica del tema, como ser la ley 25.246 referida al encubrimiento de lavado de activos de origen delictivo, mientras que la ley 25.319 aprobó la Convención sobre la lucha contra el cohecho de funcionarios públicos extranjeros en las transacciones comerciales internacionales.

También otras normas previas, como la las leyes de procedimientos administrativos, y el régimen del empleo publico, también tienen que ver con el ejercicio de la ética en la función publica.

Tomando como base la Ley de Ética Publica, se podría analizar el sistema vigente, separando una sección de deberes genéricos, otra de instrumentación de parámetros para evaluar la actuación del funcionario, cual es la Declaración Jurada, y finalmente un régimen de incompatibilidades.

Entre los deberes tenemos:

a) Deber de actuar conforme a derecho: en el inciso a) del art. 2º se obliga al funcionario a actuar conforme a todo el régimen jurídico, es decir no solo respecto a la norma especifica de competencia.

b) Deber de actuación ética: la actuación debe ser conforme a los principios de honestidad, rectitud, buena fe y austeridad republicana (art.2º inc. b)

c) Deber de Transparencia: el funcionario debe motivar sus actos, permitir el acceso a la información (art. 2º inc. e), no recibir ningún beneficio personal por su actuación (art. 2º inc. d), destinar los bienes del estado solo a la consecución de sus fines (art. 2º inc. f), garantizar en las contrataciones publicas los principios de publicidad, igualdad, concurrencia, y razonabilidad (art. 2º inc. h),

d) Deber de imparcialidad: abstenerse de intervenir en asuntos respecto de los cuales existan algunas de las causales previstas de excusación determinadas en la ley procesal civil (art. 2º inc. i)

e) Deber de finalidad: el objetivo del actuar del funcionario es el mismo que el del estado, se debe dar allí una comunidad teleológica de búsqueda del bien común (art. 2º inc i)

Por otro lado, un aspecto fundamental de esta ley es la implementación de la obligatoriedad de la declaración jurada, ya que ese documento público, pasa a ser la clave para poder comprobar eventuales enriquecimientos ilícitos, que suponen por ende el incumplimiento de los principios antes mencionados.

Esta declaración pasa a ser requisito para el ingreso y egreso de la función publica, la misma debe tener una actualización periódica, y debe cumplir con dos aspectos fundamentales: debe ser publica (esto con ciertas reservas referidas a uso indebido de información personal), y debe ser integral, ya que debe comprender a los familiares directos y referido a todos los bienes que se poseen.

El régimen de incompatibilidades, avanza un paso más allá de los clásicos respecto al ejercicio exclusivo de la función publica en el esquema republicano, o relativo a la carga horaria disponible para el cargo, para referirse a la posibilidad de conflicto de intereses por ejercer un cargo inmediatamente después de dirigir una empresa que posea relaciones contractuales con el estado, o viceversa.

La redacción de la ley en este tema es poco feliz, ya que no determina plazos de inhibición, ni alcance de la prohibición.

El avance que se dio con esta normativa, es que se juridizo el tema, y de ese modo el convencionalismo ético se ve fortalecido por la fuerza legal. La sanciona moral se transforma en sanción penal. La conducta ética del funcionario debe ser respaldada documentalmente por la declaración jurada, y esta ultima debe ser puesta a disposición de los particulares, aunque este tema de acceso a la información no este del todo perfilado.

La ultima novedad es que la semana pasada ingreso a tratamiento en la Cámara de Diputados de la Nación, un proyecto de ley que modifica la vigente Ley de Etica Publica en dos aspectos importantes, el primero eleva considerablemente las sanciones penales respecto de los delitos de corrupción, el segundo crea también sanciones penales referidas al delito de corrupción para los particulares que fueran encontrados culpables del referido delito.

Una grave carencia al respecto es la no conformación de la Comisión de Ética que crea la ley en su articulo 23º en el seno del Congreso de la Nación, y que tiene como función garantizar el cumplimiento de la ley. Dicha comisión debe estar integrada por 11 miembros, integrados de la siguiente forma: un integrante designado por la Corte Suprema, otro por el PEN, y otro por el Procurador General de la Nación, los ocho miembros restantes, deberán ser ciudadanos designados por resolución conjunta de ambas Cámaras del Congreso, adoptada por dos tercios de sus miembros presentes, con ciudadanos de reconocido s antecedentes y prestigio publico.

Si en cambio, el Poder Ejecutivo estableció al Oficina Nacional de Ética Publica, en el año 1997, y que lleva adelante el cumplimiento de la ley, y una rescatable tarea de difusión de la ley y sus posibilidades.

III Participación del particular

Pero toda esta normativa lograda, y la criminalización de los corruptos, necesitan necesariamente para poder ser efectiva de la participación de la sociedad civil. ¿Como? Controlando, fiscalizando, solicitando información.

Así conectamos nuevamente con el tercer sostén de una efectiva política de Ética Publica, que es el Acceso a la Información. Sin dicho acceso, todo lo demás resulta ocioso, puesto que en el secreto y la no publicidad del actuar de la administración surgen todas las posibilidades de corrupción.

Un buen ejemplo es la firme reacción que tuvo la comunidad paranense, respecto del caso recientemente descubierto de los diarios secretos de la legislatura estadual.

IV Ética y eficiencia

Como ya fuera anunciado, y ustedes se podrán haber dado cuenta con el correr de la charla, la lucha contra la corrupción implica eficiencia, entendida esta como el mejor uso que se pueda dar a los recursos disponibles, lo cual nos lleva a hablar de eficacia que tiene que ver con el logro de los objetivos fijados.

La administración debe actuar conforme los principios ya conocidos de desconcentración, jerarquía, imparcialidad, publicidad, sujeción al orden jurídico, pero además modernamente, se le exige eficacia, y que esta ultima sea eficiente. Es decir debe logra los objetivos establecidos, que nos son otros que el bienestar general del que habla la constitución, y dicho actuar deber ser eficiente, es decir con el mejor uso de los recursos disponibles. El actuar conforme estándares de Ética Publica, o sea el mejor uso de los recursos, sean presupuestarios o no, tiene que ver entonces con la eficiencia en la gestión publica.

V Conclusiones

Como conclusiones del tema, podemos mencionar que para evaluar el tema debemos ser consientes de los tiempos históricos. La explosión de la sociedad de consumo, trae como consecuencias no deseadas, la multiplicación de las prácticas de corrupción, las cuales siempre existieron, pero se vieron potenciadas con los grandes manejos de dinero. En este tema debemos ser cuidadosos de no caer en un discurso ideológico, puesto que en todos los sistemas hubo y habrá carencias éticas por parte del hombre.

Si en cambio, debemos ser más astutos en la regulación del tema, y la exigencia ya dada en algunos puntos en la técnica jurídica, debe recibir un impulso político.

A la juridizacion ya enunciada, debe seguir la politización del tema, es decir el compromiso político, no solo de los políticos, sino que en una sociedad cada vez más abierta y participativa, los ciudadanos y los profesionales del derecho cumplen el rol esencial.

También quiero destacar las posibilidades del Mercosur, que a partir del la internacionalización del derecho trae insinuantes posibilidades, puesto que la norma internacional y órganos de control multinacionales disminuyen las posibilidades de acuerdos políticos de encubrimiento. Un buen ejemplo tuvimos en la Argentina, con la no prescripción de los delitos de lesa humanidad.

Para finalizar, acudo nuevamente al Maestro Olivera Franco Sobrino,[3] que con su precisión conceptual nos dice que "La ética es un elemento del acto administrativo. Refleja honradez en el conocimiento de la ley. Prueba exactitud en la conducta administrativa. Impone relaciones estables. Armoniza obligaciones recíprocas. No impide la responsabilización por los daños posibles. Controla la norma aplicables".

Informação bibliográfica deste texto, conforme a NBR 6023:2002 da Associação Brasileira de Normas Técnicas (ABNT):

PLAZA, Martín. Ética pública. *In*: SILVEIRA, Raquel Dias da; CASTRO, Rodrigo Pironti Aguirre de (Coord.). *Estudos dirigidos de gestão pública na América Latina*. Belo Horizonte: Fórum, 2011. v. 1, p. 267-273. ISBN 978-85-7700-432-4.

---

[3] *Idem*, nota citada en 2.

Tutela Judicial Efectiva Rechazo in Limine de las Acciones en General y del Amparo en Particular

Pablo Oscar Gallegos Fedriani

Expresa el art 337 del CPCCN: "...Los jueces podrán rechazar de oficio las demandas que no se ajusten a las reglas establecidas, expresando el defecto que contengan".

Este artículo faculta al Juez a desestimar ante la primera presentación efectuada por el actor, el juicio iniciado y a dar por terminado el proceso; lo que implica un pronunciamiento definitivo sobre la suerte del derecho cuya pretensión se persigue y puede acarrear un daño irreversible al principio de tutela judicial efectiva consagrado en los pactos internacionales como así también como a la defensa en juicio consagrada en la Constitución Nacional y el afianzamiento de la justicia previsto en el preámbulo de nuestra Constitución Nacional.

Así se ha entendido que cuando surge en forma manifiesta que la pretensión carece de tutela jurídica (v.gr.: inmoral, objeto prohibido o ilícito), el juez puede rechazar de oficio la demanda para evitar el dispendio de la actividad jurisdiccional. Esta decisión hace cosa juzgada.

El rechazo in limine de una demanda supone una grave violación a las reglas que gobiernan su régimen, de grado tal que aquella no constituya un requerimiento revestido del grado mínimo de seriedad que debe poseer cada actuación en la justicia.[1] Por ello, en tanto cercena el derecho de acción vinculado con el derecho constitucional de petición,

---

[1] Conf. CNFed Civ y Com. Sala I, 20/07/1995, LL –DJ, 1995-5-795; CN Civ. Sala A, 4/04/1994, ED, 161-236.

debe acotarse a los casos de evidente inadmisibilidad de la demanda o de notoria falta de fundamentos.[2]

En efecto salvo en casos muy excepcionales, en los que es harto evidente la inadmisibilidad de la demanda o existe una manifiesta falta de fundamentos o se halla vedada cualquier decisión judicial de mérito, no cabe rechazar de oficio la actividad procesal. Tal criterio restrictivo es el que debe primar en tanto el rechazo de oficio cercena el derecho de acción estrechamente vinculado con el derecho constitucional de petición.[3]

La facultad de rechazar *in limine* la demanda puede ejercerse cuando existan violaciones a las reglas que gobiernan su régimen —artículo 337, Código Procesal—, pero su ejercicio requiere suma prudencia, limitado a supuestos de manifiesta improponibilidad que impida considerar con la seriedad que debe tener toda actuación ante la justicia.[4]

Es cierto, que la ley procesal contempla el rechazo *in limine* de las demandas que no se ajustan a las reglas formales que el propio ordenamiento adjetivo prescribe. Por esta vía, el juez debe analizar la concurrencia de los requisitos procesales de la pretensión (admisibilidad extrínseca). En cambio, las condiciones de fundamentación o procedencia de la pretensión son revisadas por el magistrado, como regla, en las sentencias de mérito. Es decir, que ello es materia de la decisión final que recae sobre la atendibilidad sustancias de la pretensión accionada, la que determina si en el caso concurren las condiciones de su admisión. Ante la duda, se debe adoptar la solución que permita obtener una respuesta jurisdiccional mediante el dictado de una sentencia definitiva —que es el modo normal de terminación el proceso—, por cuanto es la que mejor armoniza con el ejercicio del derecho garantizado en el art. 18 de la Constitución Nacional, y la que resulta congruente con la interpretación restrictiva que los tribunales han adoptado cuando se trata de desestimar *in limine* una demanda.[5]

---

[2] Conf. CNCiv., sala A, 27/06/1994, ll 1994-D, 280, DJ, 1994-2-1012; Sala F, 30/10/1995, LL 1996-C,213,DJ, 1996-1-1214; Sala G 17/06/1998, LL 199- D, 460 DJ, 199-3-345.

[3] Conf. CNCiv., sala F 7.9.98, L.L. 1999-B-280; íd., 25.8.98, E.D. del 19.8.99, p. 5; íd., 25.8.98, E.D. del 19.8.99, p. 5; íd., 19.10.2005, Lexis Nº 1/1009658.

[4] Conf. ARAZI-ROJAS; *C.P.C.C.N. Comentado, Anotado y Concordado con los Códigos Provinciales*; 2º Edición Actualizada, t. II. p. 195/196 Buenos Aires: Rubinzal-Culzoni, 2007; CNCiv., Sala G, 6.11.98, L.L. 199-B-597; TSJ de Córdoba, 31.7.2006, L.L.C. 2006 (agosto), p. 788, con nota de Silvana María Chiapero de Bas.

[5] Conf. HIGHTON-AREÁN; *C.P.C.C.N. Concordado con los Códigos provinciales. Análisis doctrinal y jurisprudencial*.; t. VI; p. 430, 435; 436; 439; 440; 443; 444, Ed. Hammurabi, 2007-2008; CNFed. Civ y Com., Sala I 10/5/05, *el Dial*-AF29CE.

Es esencial tener en cuenta que la facultad de proveer el rechazo *in limine* litis de la demanda, debe ejercerse con suma prudencia, contrayéndola a los supuestos de manifiesta improponibilidad, por violación de las reglas del art. 330, a punto tal que su gravedad impida constituir un requerimiento revestido del grado mínimo de seriedad que debe tener toda actuación ante la justicia; tal criterio restrictivo se aplica por cuanto el rechazo de oficio cercena el derecho de acción vinculado con el derecho constitucional de petición.

Por eso, se ratifica que la facultad de rechazar *in limine* la demanda debe ejercerse con suma prudencia en los supuestos en que la inadmisibilidad aparezca en forma manifiesta, por ser violatoria de las reglas del art. 330 del Código Procesal, de manera que su gravedad le impida constituir un requerimiento revestido de un grado mínimo de seriedad.[6]

En el derecho extranjero Carnelutti cita como ejemplo único en el Código italiano, la promovida por quien carece de interés.[7] Ocurre que a los jueces les está vedado hacer declaraciones abstractas, de ahí que cabe exigir un interés de quien propone una pretensión, o se opone a ella. A su vez, el art. 347 permite oponer la excepción de falta de legitimación manifiesta.

El hecho de que el juez no rechace de oficio la demanda, o no ejerza las facultades que el otorga el art. 34, no impide que el demandado oponga la excepción que crea pertinente (v.gr.: falta de legitimación, defecto legal, etc.).[8]

De lo hasta aquí expuesto surge con claridad que la facultad otorgada por el art. 337 del Código Procesal debe ser ejercida por el juez con la mayor prudencia posible estando en la duda por la preservación de la acción y no por su rechazo. Máxime cuando, como se ha dicho *ut supra*, puede el demandado oponer las excepciones correspondientes; o bien rechazarse la demanda en la sentencia definitiva.

El rechazo *in limine* no implica necesariamente un ahorro de trabajo y tiempo para la justicia, pues puede acarrear un prejuzgamiento gravoso contrario a la tutela judicial efectiva.

---

[6] Conf. GOZAINI. C.P.C.CN. Comentado y Anotado. 2º edición actualizada y ampliada. t. II; págs. 294/295, Bs. As., La Ley, 2006; CNCiv. Sala B, 1997/06/17, "Sánchez, Manuel I. Hernández, Laura E." La Ley, 1997-F, 338.

[7] Véase *Instituciones*, p. 298 citada por COLOMBO KIPER. *CPCCN Anotado y Comentado*, t. III; p. 588; 590/591 Buenos Aires: La Ley, 2007.

[8] Ver op. cit., en nota anterior.

La accion de amparo

Establece el art. 43 de la Constitución Nacional: "Toda persona puede interponer acción expedita y rápida de amparo, siempre que no exista otro medio judicial más idóneo, contra todo acto u omisión de autoridades públicas o de particulares, que en forma actual o inminente lesione, restrinja, altere o amenace, con arbitrariedad o ilegalidad manifiesta, derechos y garantías reconocidos por esta constitución, un tratado o una ley. En el caso, el juez podrá declarar la inconstitucionalidad de la norma que se funde el acto u omisión lesiva.

Podrán interponer esta acción contra cualquier forma de discriminación y en lo relativo a los derechos que protegen al ambiente, a la competencia, al usuario y al consumidor, así como a los derechos de incidencia colectiva en general, el afectado, el defensor del pueblo y las asociaciones que propendan a esos fines, registradas conforme a la ley, la que determinará los requisitos y formadas de su organización.

Toda persona podrá interponer esta acción para tomar conocimiento de los datos a ella referidos y de su finalidad, que consten en registros o bancos de datos públicos, o los privados destinados a proveer informes, y en caso de falsedad o discriminación, para exigir la supresión, rectificación, confidencialidad o actualización de aquéllos. No podrá afectarse el secreto de las fuentes de información periodística.

Cuando el derecho lesionado, restringido, alterado o amenazado fuera la libertad física, o en caso de agravamiento ilegítimo en la forma o condiciones de detención, o en el de desaparición forzada de personas, la acción de hábeas corpus podrá ser interpuesta por el afectado o por cualquiera en su favor y el juez resolverá de inmediato, aun durante la vigencia del estado de sitio".

El artículo 1º de la ley 16.986 expresa: "La acción de amparo será visible contra todo acto u omisión de autoridad pública que, en forma actual o inminente, lesione, restrinja, altere o amenace, con arbitrariedad o ilegalidad manifiesta, los derechos o garantías explícita o implícitamente reconocidas por la Constitución Nacional, con excepción de la libertad individual tutelada por el *habeas corpus*.

Por su parte el artículo 3º de la ley afirma "Si la acción fuese manifiestamente inadmisible, el juez la rechazará sin sustanciación, ordenando el archivo de las actuaciones".

La decisión de rechazar *in limine* una acción de amparo, rechazo que sólo procede de modo excepcional, requiere —dentro del marco de la ley de la materia— no tan sólo un control de admisibilidad de la acción, sino también que dicho cometido sea realizado en función de características de ostensibilidad que por definición, presuponen que la imposibilidad de acceder a dicha vía resulte tan manifiesta que pueda ser declarada categóricamente y sin necesidad de debate alguno entre las partes.[9]

El rechazo *in limine* de la acción de amparo queda reservado a aquellos supuestos en los que no exista duda alguna respecto de su inadmisibilidad por resultar tan manifiesta como para ser declarada en forma categórica y sin necesidad de la verificación de supuestos de hecho que requieran mayor debate o prueba, debiéndose adoptar un criterio estricto y restringido para disponer su archivo sin sustanciación.[10]

La doctrina ha manifestado en forma unánime que el instituto del rechazo liminar de la demanda, dada la importancia de los efectos que acarrea, ha sido interpretado, tanto doctrinario como jurisprudencialmente, de modo restrictivo.

Así, se ha sostenido que deber ser aplicado con suma prudencia en casos muy excepcionales en los que es harto evidente la inadmisibilidad de la demanda o existe una manifiesta falta de fundamentos o se halla vedada cualquier decisión judicial de mérito.[11]

Si el rechazo *"in limine"* de la demanda fuere dudoso, debe preferirse aquella que permita obtener una respuesta jurídica a través del acto de la sentencia final, por ser esta vía la que mejor armoniza con el ejercicio del derecho de defensa en juicio garantizado por el art. 18 de la const. Nacional.[12]

El rechazo *in limine* de la demanda que contiene una pretensión de amparo debe interpretarse restrictivamente, ya que la tutela amparita es realmente una pieza esencial en la evolución de la efectividad concreta de la protección constitucional de los derechos y representa un hallazgo de técnica funcional de máxima valía siendo posterior a la admisión, el expedirse sobre el fondo del asunto (sentencia) o sobre la verosimilitud del derecho que invoca la actora (medida cautelar).[13]

---

[9] Conf. CNCONADM. Sala V, 19/3/97, LL, 1997-E-561; DJ, 1997-3-1075.
[10] Conf. CNFed. Y Com., Sala III, 31/8/04, ejemplar del 28/7/05, p. 8.
[11] Conf. ARAZI-ROJAS, *Código Procesal Civil y comercial de la Nación. Comentado, anotado y concordado en los códigos provinciales* [ed. 2001], t. II, p. 356. Buenos Aires: Rubinzal-Culzoni; PALACIO, *Derecho procesal civil* [ed. 1992], t. IV, p. 300, Buenos Aires, Abeledo Perrot; MORELLO – SOSA – BERIZONCE, *Códigos Procesales en lo Civil y Comercial de la Provincia de Buenos Aires y de la Nación. Comentado y Anotado* [ed. 1994], t. IV-B, p. 192. La Plata/Buenos Aires: LEP (Librería Editora Platense); Abeledo-Perrot.
[12] Conf. CNFed. Civ. y Com., Sala I, 23/08/05, LL, 2006-A-844.
[13] Conf. Cám. Apel. Civ. y Com. Mar del Plata, Sala I, 30/8/94, JA, 1996-I.

El rechazo *in limine* de una demanda supone una grave violación a las reglas que gobiernan su régimen, de grado tal que aquélla no constituya un requerimiento revestido del grado mínimo de seriedad que debe poseer toda actuación ante la justicia.[14] Por ello, en tanto cercena el derecho de acción vinculado con el derecho constitucional de petición, debe acotarse a los casos de evidente inadmisibildiad de la demanda, o de notoria falta de fundamentos.[15]

En igual sentido, si la solución relativa al rechazo *in limine* de la demanda fuere dudosa, debe preferirse aquella que permita obtener una respuesta jurídica a través del acto de la sentencia final, por ser esta la vía que mejor armoniza con el ejercicio del derecho de defensa en juicio garantizado constitucionalmente (art. 18, Ley Fundamental). Desde este punto de vista —el estado larval en que se halla el proceso— resulta inapropiado avanzar opinión sobre la improponibilidad o no de la pretensión desde la perspectiva que analiza el juzgador, lo cual podrá depender en buena medida, de la posición que asuma la demandada que todavía no ha sido oída, sobre todo si se pondera que no cabe excluir *prima facie* la falta de certeza que como presupuesto establece el art. 322 del Código Procesal.[16]

Como surge de la normativa antes citada la reforma constitucional de 1994 incorporó expresamente en el texto de la ley fundamental el derecho de amparo.

La reforma constitucional ha conservado la redacción que trae la ley 16.986 para caracterizar el acto lesivo que es objeto de amparo.

La acción resulta admisible "contra todo acto y omisión de autoridades públicas o particulares, que en forma actual o inminente lesione, restrinja, altere o amenace, con arbitrariedad o ilegalidad manifiesta, derechos y garantías reconocidos por esta Constitución, un tratado o una ley".

Mínimas son las variantes introducidas, pero importantes a la hora de interpretarlas.[17]

La jurisprudencia ha sostenido que el rechazo in limine de la acción de amparo sólo procede excepcionalmente.

La prudencia judicial se reforzó a partir de la reforma constitucional de 1994 teniendo en cuenta el nuevo perfil con el que el art. 43 CN

---

[14] Conf. CNFed. Civ y Com., sala I, 20/07/1995, LA LEY, 1995-D, 452, DJ, 1995-2-795; CNCiv. Sala A 4/04/1994, ED, 161-236.

[15] Conf. CNCiv., sala A, 27/06/1994, ll 1994-D, 280, DJ, 1994-2-1012; Sala F, 30/10/1995, LL 1996-C,213,DJ, 1996-1-1214; Sala G 17/06/1998, LL 199- D, 460 DJ, 199-3-345.

[16] Conf. CNFed. Civ. y Com., Sala II, 27/2/97, *El Dial*-AF738.

[17] Conf. GOZAÍNI, OSVALDO ALFREDO, *El derecho de amparo creado por la Constitución Nacional*, en LA LEY 1995-E, 1112. Derecho Contitucional- Doctrinas Esenciales, t. IV, 391.

delineó a la acción de amparo, como vía "expedita y rápida" para la defensa de derechos y garantías otorgados por la Constitución, un tratado o una ley, y la recepción del derecho a la tutela judicial efectiva consagrado en diversos tratados de derechos humanos.[18]

La reforma constitucional significó una profunda modificación del perfil de la acción de amparo delineado en la ley 16.986 (Adla, XXVI-C, 1491).Ella sigue vigente, pero se la entiende derogada en todo cuanto se oponga a la nueva caracterización del instituto contenida en el art. 43 C.N.[19]

Para analizar las cuestiones que plantea el rechazo *in limine*, el Dr. Daniel H. Lago propone centrar la atención en la estructura de la acción de amparo concebida por la ley 16.986.[20] [21]

En su art. 1º define el objeto de la acción. Allí aparece la clara exigencia del carácter "manifiesto" (que, recordaremos, sigue presente en el nuevo art. 43 C.N.). En el art. 2º se enumeran causas que hacen "inadmisible" la acción. En el art. 3º, que nos interesa especialmente, se dice que el juez podrá rechazar la acción *in limine* cuando la causa de inadmisibilidad aparezca manifiesta.[22]

Es preciso dar valor a esa barrera que el legislador alza contra el rechazo liminar. Entiendo, por ello, que no alcanza con sostener que no se advierte el carácter manifiesto de la arbitrariedad o ilegalidad lesivas sino que hay que argumentar fundadamente por qué esa ausencia resulta "manifiesta".

Por otra parte, para respetar la nueva jerarquía constitucional del amparo y su vinculación con las garantías consagradas en los Tratados de Derechos Humanos elevados a aquel rango por el art. 75 inc. 22 C.N.

---

[18] Por ejemplo, art. XVIII Declaración Americana de Derechos y Deberes del Hombre; art. 8º Declaración Universal de Derechos Humanos; art. 25 Convención Americana sobre Derechos Humanos (Pacto de San José de Costa Rica), que bajo el título de "Protección Judicial", dispone: "1. Toda persona tiene derecho a un recurso sencillo y rápido o a cualquier otro recurso efectivo ante los jueces o tribunales competentes, que la ampare contra actos que violen sus derechos fundamentales reconocidos por la Constitución, la ley o la presente Convención..." y "...2. Los Estados partes se comprometen: a) a garantizar que la autoridad competente prevista por el sistema legal del Estado decidirá sobre los derechos de toda persona que interponga tal recurso...".

[19] De ahí que, por ejemplo, ya no sea obstáculo la existencia de una vía "administrativa"; el amparo sólo puede ser desplazado si existe una vía judicial que, además, sea "más idónea" para la satisfacción del derecho o garantía afectados.

[20] LAGO, DANIEL H, Amparo ambiental. Minería y ambiente ¿Caso judicial o debate político?, en LLGran Cuyo 2008.

[21] Como se sabe, se trata de la ley de amparo contra actos de autoridad nacional. Ver op. cit., nota anterior.

[22] "Si la acción fuese manifiestamente inadmisible, el juez la rechazará sin sustanciación, ordenando el archivo de las actuaciones" (art. 3º ley 16.986). Ver op. cit., nota 19.

en cuanto al acceso a una tutela rápida y efectiva, debe extremarse la prudencia antes de rechazar *in limine* una acción de amparo.

Se ha dicho: "La interpretación del art. 3º de la ley de amparo se debe formular restrictivamente y sin afectar, por ende, el derecho a la jurisdicción, facultad jurídica de raigambre constitucional, el cual supone la prerrogativa de ocurrir a los tribunales y el de poder utilizar un proceso eficaz y exigir un pronunciamiento judicial en tiempo oportuno".[23]

Se ha sostenido, del mismo modo, que el "rechazo *in limine* requiere, no tan solo del control de admisibilidad de la acción sino también que dicho cometido será realizado en función de características de ostensibilidad que, por definición, presuponen que la imposibilidad de acceder a la vía del amparo —que ahora se presenta como garantía en el nuevo marco constitucional— resulta tan manifiesta que pueda ser declarada categóricamente y sin necesidad de debate alguno entre las partes...".[24]

Coincide el fallo que sostuvo: "El control de admisibilidad previsto en el art. 3º de la ley de amparo debe ser efectuado con suma cautela y prudencia. Cabe destacar, al respecto, que el rechazo *in limine* de la acción de amparo procede sólo de modo excepcional, y siempre que exista una absoluta certeza en cuanto a la interpretación de las normas, de los hechos o actos que allí se cuestionen. Ello es así, pues, encontrándose en juego —como principio— garantías y derechos protegidos previstos en la C.N. un tratado o una ley, cuya vulneración alega quien demanda por esta especialísima vía, deben extremarse los recaudos a efectos de examinar su procedencia, pues una solución contraria, sin el cumplimiento de los trámites previstos en la ley que rige la materia puede llevar a la conculcación definitiva de los derechos o garantías presuntamente lesionados".[25]

Más allá de la influencia de la nueva jerarquía constitucional de la acción, de su nuevo perfil y de los efectos que proyecta la incorporación a nuestro bloque de constitucionalidad de la garantía de la tutela judicial

---

[23] Conf. CNCONADM. Sala I. 26/8/99 causa 3914/99 "Fernández Emilio Manuel c. UBA y otro s/ amparo ley 16986"; en el mismo sentido: "La facultad contenida en el art. 3º de la ley 16.986 resulta ejercitable únicamente cuando no existiese ninguna duda de interpretación de la ley, ni del hecho o acto en sí mismo"; CNCont. Adm. Fed. S. IV, 06/06/2000 causa 4277/2000 "Chini, Susana Isabel c. Secretaría de Inteligencia del Estado —SIDE— s/ amparo". Ver op. cit., nota 19.

[24] Conf. CNCONADM. Sala I, 26/08/99, causa 3914/99 "Fernández Emilio Manuel c. UBA y otro s/ amparo ley 16986"; (Nº ficha 10458) El Dial AH28A1. Ver op. cit., nota 19.

[25] Conf. CNCONADM. Sala IV, 24/04/97, causa 34832/96, "Vigroux, Dora Isabel c. Ministerio de Cultura y Educación s/ amparo" (Nº ficha 6739) El Dial AH1A24. Véase que el tribunal parece sostener ("a contrario") que la opinabildiad de la cuestión de "Derecho" autorizaría el rechazo in limine, contra lo que surge el voto de la doctora Kemelmajer. Ver op. cit., nota 19.

efectiva prevista en los tratados de Derechos Humanos, la posibilidad de declarar "in limine" la inadmisibilidad de la acción, es, de por sí, problemática.

Tomemos, por ejemplo, la "causal de inadmisibilidad" basada en la extemporaneidad de la presentación de la acción.[26] La determinación del momento a partir del cual debe computarse el plazo de caducidad está frecuentemente sujeta a controversia.[27] Sin embargo, corresponde citar un precedente en el que todos los jueces del tribunal admitieron la posibilidad de resolver sobre la extemporaneidad "in limine", considerando que los hechos de la causa no ofrecían dudas, pero divergieron en cuanto a la solución de Derecho.[28]

Lo mismo puede decirse de la causal del inciso c) del art. 2º.[29] Será la "autoridad que corresponda", quien, al presentar el "informe circunstanciado" previsto en el art. 8º de la ley, podrá invocarla. No me parece que el juez esté facultado para rechazar la acción por la causal citada sin conocer la posición de la autoridad nacional "demandada" que es quien más claramente titulariza el interés que la norma ha tenido en mira.

En sentido concordante con lo desarrollado anteriormente la Sala III de la Cámara Nacional de Apelaciones en lo Contencioso Administrativo Federal ha expuesto: "Debe revocarse la sentencia que rechazó "in limine" la acción meramente declarativa interpuesta con sustento en la contradicción existente entre lo previsto en la resolución 394/07 del Ministerio de Economía sobre los derechos de

---

[26] Como se sabe, se ha interpretado que el plazo de caducidad no ha sido derogado por el art. 43 C.N. Una interpretación interesante es la de la S C Mendoza Sala I, que en un amparo planteado por una ONG coincidió con las instancias de grado en que debía adoptarse un criterio más generoso en cuanto al requisito de temporaneidad, cuando quien accionaba no era un "afectado" singular sino una organización que lo hacía en defensa de un interés comunitario (SCMza., Sala I, 11/03/05, ausa 78.245 "Y.P.F. Sociedad Anónima en jº 80.866 Asociación Oikos Red Ambiental c. Gob. de la Prov. de Mza. P/ Acc. de Amp. s/Inc. Cas.") Ver op. cit., nota 19.

[27] "Véase, como ejemplo, el caso "Schroeder, Juan c. Estado Nacional (Secretaría de Recursos Naturales) s/amparo", en el que uno de los temas debatidos fue la temporaneidad de la acción. La accionada sostenía que la publicación en el Boletín Oficial del Decreto que convocaba a licitación para la construcción de plantas de tratamiento de residuos peligrosos determinaba el comienzo del cómputo del plazo de caducidad. El tribunal rechazó el planteo con el argumento de que no se habían publicado en el B.O. los pliegos del llamado (CNCont. Adm. S. III 08/09/94 (ED, 160-346)." Ver op. cit., nota 19.

[28] Conf. CNCONADM. Sala I, 12/06/01, "De Las Heras Gustavo c. Estado Nacional — Ministerio de Defensa— Decreto 430/00 s/ amparo ley 16.986" (El Dial.com AA950). Ver op. cit., nota 19.

[29] "La acción de amparo no será admisible cuando: .. c) La intervención judicial comprometiera directa o indirectamente la regularidad, continuidad y eficacia de la prestación de un servicio público, o el desenvolvimiento de actividades esenciales del Estado". Ver op. cit., nota 19.

exportación de hidrocarburos, frente a la exención establecida en el art. 31 del apéndice del Código de Minería desde que, admitir una postura contraria a la mencionada acción y limitarse a exigir la tramitación de la vía administrativa previa, como condición para el acceso a la instancia judicial, implicaría desconocer la necesidad de una tutela judicial inmediata cuando se cuestiona la constitucionalidad de tributos."[30]

La Corte Suprema de Justicia de la Nación también se ha expresado sobre el punto, así: "1 – La sentencia que rechaza el amparo es asimilable a definitiva cuando se demuestra que lo decidido causa un agravio de imposible o muy dificultosa reparación ulterior (en el caso el apelante ha satisfecho este requisito pues resulta enteramente verosímil su afirmación de que el empleo de las vías judiciales ordinarias no sería eficaz ante la concreta posibilidad de una interrupción por parte de ENTel del servicio telefónico). 2 – Atento la entidad que significa la defensa constitucional del derecho de propiedad —en el caso se trata del cobro excesivo por prestación del servicio telefónico—, resulta necesario dar traslado a la contraparte y abrir la causa a prueba a efectos de que ENTel tenga oportunidad de acreditar la exactitud de sus facturaciones. Ello así, no corresponde el rechazo "in limine" de la acción de amparo interpuesta con base en el art. 3º de la ley 16.986 (Adla, XXVI-C, 1491). 3 – La Corte Suprema, al elaborar por vía pretoriana la acción de amparo, tuvo especialmente en cuenta la necesidad de una protección judicial rápida y eficaz de los individuos respecto del accionar de corporaciones de gran poder económico, que suelen disponer de un control monopólico sobre el mercado."[31]

En sentido similar al carácter restrictivo por el cual debe analizarse el rechazo *in limine* de la acción de amparo sin ordenar su archivo sin sustanciación se han pronunciado otros tribunales.[32]

Este principio de poder rechazar *in limine* un amparo debe ser (ya lo he repetido hasta el cansancio) considerado con suma estrictez por los jueces.

En efecto, solo en casos verdaderamente inconducentes, incongruentes o absurdos puede el juez intervininete rechazar de plano una acción tan excepcional como el amparo.

---

[30] Conf. CNCon. Adm., Sala III "Central Patagonia S.R.L. y otro c. E.N. —Mº Economía— Resol. 394/07", publicado en la Ley Online; cita online AR/JUR/32508/2009.
[31] CSJN; *Rimondi, Ernesto*, 22/08/1989, Publicado en: LA LEY 1989-E, 523; Cita Online: AR/JUR/586/1989, con nota de Salgado, Alí Joaquín.
[32] Conf. CNCIV, Sala B, 28/04/1994, "Sociedad Argentina de Contactología c. Municipalidad de Buenos Aires", publicado en LA LEY 1994-D, 269, DJ, 1994-2, 883; CNCONADM, sala III, "Franco, Laura c. Instituto de Obra Social", 18/04/2000, Publicado en LA LEY 2001-B, 809.

En efecto, la vía del amparo es aquella a la que recurre todo ciudadano acuciado por un desconocimiento de sus derechos que no admite otra vía legal para ser reparado.

Si esa última vía judicial que le queda al ciudadano es rechazada por la justicia sin siquiera pedir el informe del artículo 8 de la Ley 16.986 al responsable significa la denegatoria de lo que nuestra Constitución declara.

Ello así en la medida en que el Poder Judicial de la Nación significa el último remedio que le queda a todo ciudadano frente a los atropellos del poder o al desconocimiento de derechos esenciales que deben ser reparados en forma urgente.

Hacer un uso laxo de las facultades que otorga el artículo 3º de la ley de amparo implica que quien quiere ser oído recibe por parte del servicio de justicia "oídos sordos"; y si a la estatua de la justicia se la representa con los ojos tapados grave sería tener que representarla con los oídos tapados.

Si bien en este tipo de artículos no es costumbre citarse a sí mismo, lo que implicaría, sin duda, una dosis de soberbia mayor a la habitual, me parece que en el presente caso puedo transcribir una sentencia de la Sala de la que formo parte desde el año 1995, porque refleja mi pensamiento y, sobre todo, por tener un comentario elogioso de quien fuera mi profesor de Derecho Administrativo en la Universidad de Buenos Aires, el Dr. Agustín Gordillo.

Buenos Aires, marzo 19 de 1997.

Considerando: I. Que la actora a fs. 34/37 apela y funda la decisión del juez de fs. 33/34 que rechaza "in limine" la acción de amparo incoada contra el Ministerio de Economía y Obras y Servicios Públicos, por sostener que las pretensiones de la actora exceden en forma notoria el ámbito cognoscitivo de la vía procesal elegida.

II. Que el art. 3º de la ley de amparo determina que si la acción fuese manifiestamente inadmisible, el juez la rechazará sin sustanciación, ordenando el archivo de las actuaciones.

Que el artículo antes citado requiere que la inadmisibilidad sea manifiesta; es decir, que surja claramente del contexto.

Que, en tales términos, el criterio utilizado por el a quo resulta riguroso en extremo y no se compadece con el que cabe emplear para asuntos de esta naturaleza; cuanto menos, en el estado inicial de la causa (conf. CFed. en lo Cont. Adm. sala II, in re: "Alemán, Ignacio E. y otro s/ Amparo" sentencia del 8/10/85, "Brieba, Rodolfo J. c. Estado Nacional s/ Amparo", sentencia del 12/9/85).

Que, en efecto, para el rechazo sin más trámite de la acción de amparo, calificada doctrina recomienda que este especial y contundente control de admisibilidad se efectúe con mucha cautela y prudencia (Bidart Campos, "Régimen legal y jurisprudencia del amparo", p. 404, Ed. Edial, Buenos Aires. Por su parte, Colombo, en su "Código Procesal", T. III, p. 50, sostiene que la facultad contenida en el art. 3º de la ley 16.986 resulta ejercitable únicamente cuando no existiere ninguna duda de interpretación de la ley, ni del hecho o acto en sí mismo (conf. CNFed. Contenciosoadministrativo, sala I, en la causa "De La Rúa, c. E.N. (Poder Ejecutivo Nacional) s/ amparo" del 18/10/95).

Y se ha agregado que dado que la nota trascendental del fallo está dada por la determinación de rechazar sin más trámite la acción de amparo interpuesta, corresponde poner de relieve al respecto que una decisión de tal envergadura requiere, dentro del marco de la ley de la materia, no tan sólo un control de admisibilidad de la acción, sino también que dicho cometido sea realizado en función de características de ostensibilidad que, por definición, presuponen que la imposibilidad de acceder a la vía del amparo —que ahora se presenta como instituto previsto en la norma constitucional— resulte tan manifiesta que pueda ser declarada categóricamente y sin necesidad de debate alguno entre las partes (conf. idéntico pronunciamiento al citado más arriba).

Que en criterio concordante la sala III de esta Cámara entiende que es su criterio que el rechazo in limine de la acción de amparo sólo procede de modo excepcional (conf. causa "Fatala, Abel C. y otro c. Estado Nacional —COMFER— s/ amparo ley 16.986" del 29/3/95).

Que en el caso en estudio la improcedencia de la vía elegida no surge en forma palmaria como lo exigen la jurisprudencia y doctrina citada y la preservación del derecho de acceso a la justicia, por lo que cabe revocar el decisorio recurrido debiendo el A quo dar curso a su tramitación, todo ello, sin perjuicio de lo que, en definitiva, pueda resolverse sobre el fondo del asunto. Firmado: Pablo Gallegos Fedriani. – Luis C. Otero. – Carlos M. Grecco.[33]

El fallo revoca correctamente un fallo de primera instancia que no había hecho sino seguir los últimos precedentes: rechazar "in limine" la acción de amparo. Dice que ello debe ser excepcional, no normal como la práctica lo indica salvo en materia de empleo público y decretos que reducen irrazonablemente los sueldos.[34]

---

[33] Conf. CNCONADM, Sala V, "Muñoz, Ricardo y otro c- Ministerio de Economía Obras y Servicios Públicos de la Nación", sentencia del 19/03/1997 publicado en LA LEY 1997-E, 561.
[34] "Hay que sumar, es cierto, los amparos contra la reestructuración telefónica, que están tramitando normalmente —no estamos llevando ninguno—. Ahora bien, después de tanto desaguisado telefónico, era casi un 'prius' para no descreer de la justicia". Ver cita de nota 35.

Pero qué decir los litigantes del fuero cuando pedimos, rogamos, tan sólo el traslado del amparo, que no lo rechacen "in limine litis" porque pensamos que la contestación de la administración vendrá a confirmar nuestro derecho, ya que sabemos que no tienen respuesta alguna válida.

Ya algunos, cuando hacíamos amparos, dedicábamos buena parte del escrito a pedir precisamente eso, traslado de la acción o pedido de informes.

Nada: nos atendieron maravillosamente bien, miraron el escrito, lo estudiaron, nos escucharon, nos dijeron que tenían 20.000 causas en trámite y nos lo rechazaron "in limine litis". En uno de los casos, ni apelar quiso nuestro cliente.

En otro, el cliente pensaba que el asunto era "pan comido" (un extranjero con poca residencia en el país, obviamente), y aunque el fallo de cámara —otra sala que la que suscribe el presente fallo— confirmó el rechazo "in limine litis", nos concedió el recurso extraordinario; que duerme el sueño de los justos en la Corte.

Mientras tanto la licitación ya se hizo —dicho sea de paso, aquella otra sala nos dijo que el amparo no era para proteger el derecho de propiedad de las personas jurídicas en procedimientos licitatorios, que para eso estaba el juicio ordinario con pedido de medida cautelar—, el dinero se gastó, la dilapidación de fondos públicos se consumó, perdió la sociedad entera que deberá soportar otro gasto incausado y excesivo, y el amparo será abstracto. ¿Es eso justo?

Por eso el fallo de la sala V indica acertadamente la buena senda, pero hace falta paciencia china para vivir el adagio de que un camino de diez mil millas se inicia con el primer paso. Los impacientes decimos: excelente primer paso, pero por favor apuremos el ritmo del acceso a la justicia o nos quedamos todos sin ella. Muy bueno el fallo, lástima que haya hecho falta dictarlo.[35]

Informação bibliográfica deste texto, conforme a NBR 6023:2002 da Associação Brasileira de Normas Técnicas (ABNT):

GALLEGOS FEDRIANI, Pablo Oscar. Tutela judicial efectiva rechazo in limine de las acciones en general y del amparo en particular. *In*: SILVEIRA, Raquel Dias da; CASTRO, Rodrigo Pironti Aguirre de (Coord.). *Estudos dirigidos de gestão pública na América Latina*. Belo Horizonte: Fórum, 2011. v. 1, p. 275-287. ISBN 978-85-7700-432-4.

---

[35] Gordillo, Agustín: Rechazo "in limine" de la acción de amparo: que sea excepcional, no normal, LA LEY 1998-D, 208.

Breves Considerações sobre a Adequada Gestão Pública. Busca-se a Ótima ou a Eficiente?

Phillip Gil França

Sumário: 1 Introdução – **2** Gestão Pública – **3** Princípio da Eficiência – **4** Princípio da Administração ótima – **5** Conclusão

1 Introdução

Ao pensar em gestão pública, a primeira situação imaginada é de uma organização de esforços materiais e intelectuais voltados ao cumprimento de uma tarefa destinada ao Poder Público que, como não poderia deixar de ser, deve atender a algum reclame do homem-cidadão para, assim, viabilizar o alcance dos objetivos do Estado nacional estabelecidos no art. 3º da CF/88.

Desta forma, temos como desiderato desta breve reflexão sobre a atuação estatal o enfrentamento da questão sobre qual gestão pública devemos nos render como cidadãos? Isto é, concederemos legitimidade social (aceitaremos como adequada) a gestão estatal eficiente ou a ótima?

Importa saber a diferença sobre essas duas formas de atuação do Estado para atendimento das nossas sempre renovadas necessidades, pois o caminho escolhido levará nossas vidas a rumos diversos. O trilho da eficiência tem como destino a Administração constantemente empenhada para realizar o seu constitucional ônus público de proteger e promover o cidadão, com o máximo esforço factível para alguém imbuído de ônus público. O empenho eficiente significa destinar o maior e melhor esforço possível na realização da gestão pública a partir da assunção de que a máquina estatal é operada por pessoas. Nesta condição, são incapazes de agir conforme os critérios de constante *perfeição*.

O outro caminho, da Administração ótima, no qual erros não acontecem e todos os reclames da sociedade são prontamente atendidos, leva o Estado a uma realidade utópica e inaplicável. Assim, o discurso da gestão pública ótima interessa ao Estado que precisa constantemente demonstrar sua necessidade de existência, a partir da carência do cidadão em ter seus problemas integralmente solucionados — sempre de forma imediata. Trata-se, como será visto, da promessa *religiosa* de um futuro sempre melhor do que a realidade que se vive, fato que, por si, quebra a fundamental justificativa de existência do Estado, qual seja: *ente criado para agir em prol do homem, uma vez que esse próprio homem reconhece sua incapacidade de autorregular suas relações com os outros partícipes do seu grupo social, bem como, com os demais elementos do meio onde está inserido.*

Deste modo, trataremos, primeiramente, sobre algumas noções de "adequada gestão pública". Após, colecionaremos ideias relacionadas ao *princípio administrativo da eficiência* e da *Administração ótima* para, posteriormente, sugerir alguns caminhos acerca desses raciocínios contrapostos sobre a gestão pública e o melhor vetor a se seguir para bem atender ao cidadão.

Importante registrar que o nosso intento, até para atender ao objetivo maior proposto nesta obra, é de abrir um debate sobre os temas sugeridos e não trazer, pretensiosamente, respostas definitivas para tais. Queremos, sim, que se sintam provocados e, destarte, levem as questões aqui levantadas para os mais democráticos palcos do bom debate sobre Administração Pública como instrumento de proteção e promoção do cidadão.

2 Gestão Pública

Apresentamos como noção de gestão pública a concatenação de ideias estatais para alcançar um claro objetivo predeterminado, mediante um planejado caminho, a partir da demonstração objetiva de realização de um interesse público constitucionalmente previsto. Apresentamos, então, para a caracterização da anunciada adequada gestão pública a observação dos seguintes fatores — pelo menos:

a) *Concatenação de ideias*: para se imaginar a implantação de atividade de gestão, parte-se, logicamente, da harmonização de ideias previamente debatidas e escolhidas como as melhores para a viabilização do objetivo a ser buscado. Para tanto, o Estado precisa manter o foco no interesse público a ser realizado mediante a política pública definida. Assim, importante para tal organização é o exercício de minimização das *externalidades negativas*[1] que podem atrapalhar o *caminho* a ser percorrido;

b) *Definição de um objetivo*: o desiderato de determinada gestão pública deve ser claro, factível e determinado. As metas que se pretende alcançar devem estar bem definidas desde o inicio do planejamento da gestão a ser desenvolvida e, sem dúvida, precisam ter uma direta ligação com o interesse público especificado como vetor de tal conjunto de ações estatais voltadas à realização de indicados ditames constitucionais. Não se pode esquecer que as realizações de todo esse exercício administrativo precisam estar cobertas pelo manto dos princípios da administração pública — expressos e implícitos (com destaque aos estampados no *caput* do art. 37 da CF/88).

c) *Planejamento de ações para dar efetividade ao objetivo predeterminado*: trata-se da ideia de feixe de atos administrativos voltados ao atendimento de um determinado interesse público,[2] como políticas públicas, mediante o exercício do dever do Estado de proteger e promover o cidadão. De igual forma, o planejamento deve estar conectado com o objetivo e o caminho organizado para a realização concreta da gestão pública, como reflexos diretos no desenvolvimento intersubjetivo do homem. É no planejamento e aplicação do exercício administrativo — por meio da regulação estatal — consubstanciada em uma definida

---

[1] Ideia desenvolvida pelo prêmio nobel Ronald Coase, no artigo *The Nature of the Firm* (1937). Para R. Coase, o mundo real apresenta fricções, ou externalidades negativas, que são denominadas *custos de transação*, fricções estas causadas por assimetrias de informação que dificultam ou impedem que os direitos de propriedade sejam negociados a custo zero. Assim, na observação de transações econômicas, destaca-se a existência de elementos externos que influem no seu rumo, regulados por instituições. Como regular a forma e se tais instituições devem atuar nas relações econômicas, os reflexos dessa regulação e a maneira que a atuação dessas instituições influem em maior ou menor grau nessas transações são elementos que conformam os *custos de transação*.

[2] Nesta linha, *vide*: COMPARATO, Fábio Konder. Ensaio sobre o juízo de constitucionalidade de políticas públicas. *Revista de Informação Legislativa*, Brasília, ano 35, n. 138, p. 39-48, abr./jun. 1998.

gestão pública de interesses voltados à realização dos direitos fundamentais, que se observa a razão fática e jurídica para tal organização harmônica de atos administrativos destinados à execução de um constitucional interesse público

Sem cair em um discurso comum (que pode se tornar vazio, em razão da sua utilização sem critérios rígidos) tem-se como eixo central da adequada gestão pública a *dignidade da pessoa humana*, conforme proposta de conceituação jurídica de Ingo Wolgang Sarlet: "tem-se por dignidade da pessoa humana a qualidade intrínseca e distintiva reconhecida em cada ser humano que o faz merecedor do mesmo respeito e consideração por parte do Estado e da comunidade, implicando, neste sentido, um complexo de direitos e deveres fundamentais que assegurem a pessoa tanto contra todo e qualquer ato de cunho degradante e desumano, como venham a lhe garantir as condições existenciais mínimas para uma vida saudável, além de propiciar e promover sua participação ativa e co-responsável nos destinos da própria existência e da vida em comunhão com os demais seres humanos".[3]

Para tanto, a gestão estatal do ônus público precisa trazer benefícios concretos ao cidadão (ser humano inserido no Estado). Mas, qual cidadão dever ser protegido? Conforme expressa a Constituição, tem prioridade máxima a criança e proteção especial o idoso, índio, mulher, trabalhador, etc. Vale frisar que tal proteção, inclusive, deve ser estabelecida conforme a possibilidade e limites concretos para tal, tendo como norte sempre a viabilidade de proteção do maior número possível de cidadãos. Não existe outra razão para o Estado existir senão para trazer o bem para o homem que o criou. E esse bem é mensurado mediante o real desenvolvimento da qualidade de vida de cada pessoa partícipe deste Estado.

Assim, para uma adequada gestão pública, parte-se de diretrizes básicas de verificação de sua efetiva legalidade e conformação com os valores do Direito, notadamente dos deveres do Estado junto ao cidadão para concatenar o respectivo sistema jurídico com fito de, assim, alcançar a realização de tal atividade e o concreto desenvolvimento almejado. Deste modo, são diretrizes básicas para uma adequada gestão pública a verificação da eficácia, eficiência e efetividade do seu exercício:

---

[3] SARLET, Ingo Wolfgang. As dimensões da dignidade da pessoa humana: construindo uma compreensão jurídico-constitucional necessária e possível. *In*: SARLET, Ingo Wolfgang (Org.). *Dimensões da dignidade*: ensaios de filosofia do direito e direito constitucional. Porto Alegre: Livraria do Advogado, 2005. p. 37.

a) *Eficácia*: consubstancia-se em fazer o *correto*, ou seja, agir em conformação com o sistema legal e com os valores do direito estabelecidos;
b) *Eficiência*: significa fazer bem, isto é, cumprir tarefas no menor tempo e com máxima qualidade possível e factível ao homem (sem cair no agir ótimo, que demanda permanente e integral perfeição da Administração);
c) *Efetividade*: que se resume na viabilidade administrativa das ações para trazer concretos resultados positivos para a vida do cidadão;

Como dito, essa sinérgica atuação precisa ter, necessariamente, a proteção e promoção do cidadão como a central de comando de uma boa gestão pública, possuindo como nuclear objetivo a melhoria da qualidade de vida dos administrados.

Ainda sobre o tema de "boa gestão pública", vale enfatizar que tal rótulo é conferido principalmente aos órgãos e entes estatais que viabilizam o controle de suas atividades — sem medo, formalismos e desvios de condução do verdadeiro fim público. Então, por maior que se apresente a discricionariedade administrativa (por maior que seja a complexidade técnica do Executivo em alguns casos), por mais que critérios de conveniência e oportunidade de determinada gestão estejam nos limites da margem legal que a Administração possui para gerir suas ações em prol da dignidade humana, é indispensável que esta atuação estatal venha acompanhada de meios objetivos que viabilizem o seu controle. Principalmente o controle social, pois possui o poder legítimo de torque do Estado onde se encontra (sem olvidar o autocontrole, o controle do Legislativo, do Tribunal de Contas, do Ministério Público, do Judiciário).

3 Princípio da Eficiência

O princípio da eficiência da Administração Pública está estampado no *caput* do artigo 37 da Constituição Federal como um dos limites do agir administrativo do Estado. A eficiência administrativa indica a atuação estatal em conformidade com padrões de conduta pré-estabelecidos e conforme verificação de atendimento de tais requisitos de correição dos exercícios públicos, voltados ao atendimento de objetivos definidos como hábeis para a viabilização do sistema estatal.

Conforme Juarez Freitas: "torna-se conveniente frisar que tal princípio constitucional está a *vedar, terminantemente, todo e qualquer desperdício dos recursos públicos ou aquelas escolhas que não possam ser catalogadas como verdadeiramente comprometidas com a busca da otimização ou do melhor"*.[4]

Vale destacar, por oportuno, que a busca da otimização é bem diferente do agir de forma ótima. Essa busca é própria do caminho de desenvolvimento humano, sempre trilhado enquanto se mantém viva sua existência. Assim, o agir eficiente se coaduna com a prática do empenho dos esforços para se alcançar o ótimo que, por si, sempre será renovado, em razão da sua vinculação com aquilo que se representa como o melhor para o homem. Fato que demanda constante atualização, pois o melhor é um objetivo sempre a ser alcançado, em função do inescapável dever humano de atendimento do seu instinto de desenvolvimento.

Destarte, sob a perspectiva do princípio constitucional da eficiência da Administração Pública não podemos esperar uma atuação perfeita desta, mas, sim, uma contínua busca de excelência em suas atividades. O cidadão que concede força para Administração funcionar espera nada menos que qualidade proporcional ao empenho concedido quando financia o Estado — pelos tributos — e quando trabalha para auxiliar no bom funcionamento da máquina pública. Desse modo, a *eficiência* é o bem agir para bem atender o cidadão, sem pretensões de perfeição, mas com objetivos claros de desenvolvimento e metas sólidas, responsáveis, sindicáveis e que oportunizem a participação de todos nesse *bem comum*.

4 Princípio da Administração ótima

A noção de Administração Pública ótima vem, de forma geral, da perspectiva econômica de se agir sem poder ter forma mais adequada possível do que tal ação, independente do critério subjetivo (participação humana), segundo padrões pré-estabelecidos para tal. Ao contrário do agir eficiente, o qual determina os melhores esforços para agir conforme padrões pré-estabelecidos, a Administração ótima exige perfeição; a eficiente, esforços e resultados positivos.

Temos na Administração ótima critérios que não coadunam com a natureza humana falível. Vemos na eficiência um raciocínio que parte dessa possibilidade de falhas para assim definir possibilidade de resultados entendidos como adequados para o desenvolvimento da

---

[4] FREITAS, Juarez. *O controle dos atos administrativos e os princípios fundamentais*. 3. ed. São Paulo: Malheiros, 2004. p. 75.

Administração. Logo, a ideia estabelecida da Administração ótima seria excelente, caso aplicada conforme valores sociais e subjetivos, fato que, no Direito, certamente descaracterizaria a sua essência.

Isto porque a Administração ótima parte claramente do instituto econômico da otimilidade de Pareto. Amartya Sen explica que *Ótimo de Pareto* é um conceito de economia desenvolvido pelo italiano Vilfredo Pareto. Para o autor, uma situação econômica é ótima no sentido de Pareto se não for possível melhorar a situação, ou, mais genericamente, a utilidade de um agente sem degradar a situação ou utilidade de qualquer outro agente econômico. Explica que numa estrutura ou modelo econômico podem coexistir diversos ótimos de Pareto. Um ótimo de Pareto não tem necessariamente um aspecto socialmente benéfico ou aceitável. Por exemplo, a concentração de rendimento ou recursos num único agente pode ser ótima no sentido de Pareto.

Segue sua lição dizendo que "a otimalidade de Pareto às vezes também é denominada 'eficiência normativa'". Segundo Amartya Sen, "considera-se que um determinado estado social atingiu um ótimo de Pareto se e somente se for impossível aumentar a utilidade de uma pessoa sem reduzir a utilidade de alguma outra pessoa. Esse é um tipo muito limitado de êxito e, em si mesmo, pode não garantir grande coisa. Um Estado pode estar no ótimo de Pareto havendo algumas pessoas na miséria extrema e outras nadando no luxo, desde que os miseráveis não possam melhorar suas condições sem reduzir o luxo dos ricos".[5]

Como visto, ainda conforme o autor, a otimalidade concerne exclusivamente à máxima aplicação de resultados no espaço das utilidades, deixando de lado as considerações distributivas relativas à utilidade. Porém, em outro aspecto é inadequado, uma vez que todo o enfoque da análise neste caso continua sendo a utilidade, e esse é um legado da tradição utilitarista anterior. Conclui que, obviamente, é possível introduzir outras considerações na avaliação do êxito das pessoas e, portanto, da sociedade. A *otimalidade de Pareto* capta os aspectos da eficiência apenas do cálculo baseado na utilidade.[6]

Como visto, a Administração ótima — demonstrada pela *otimalidade de Pareto* — vista apenas por esta ótica, torna-se vazia. Não presta para o alcance da resposta imposta pela Constituição. Assim, mister se faz a produção de sua filtragem, por meios dos valores do direito[7] — para que tenha serventia concreta para uma boa Administração Pública.

---

[5] SEN, Amartya. *Sobre ética e economia*. São Paulo: Cia. das Letras, 1999. p. 47-48.
[6] *Idem, ibidem*.
[7] Principalmente: moral, justiça e liberdade.

5 Conclusão

Conforme anunciamos, essas foram apenas breves reflexões que tiveram como desiderato a abertura de um debate (talvez) útil para a consideração real sobre *o que, como* e *qual* Administração Pública queremos ou esperamos para as nossas vidas. Esse foi o diálogo sugerido: *devemos apostar as fichas em uma Administração Pública ótima, ou temos que ser atendidos por um Estado eficiente?* Vale lembrar, já que nos encontramos nas conclusões do raciocínio supra-aventado, que a ideia de Administração ótima pode ser considerada, também, como uma versão retórica da eficiência administrativa. Mas não é essa linha a tratada neste texto. Senão vejamos:

a) A primeira conclusão é de que a Administração Pública atua conforme se espera da atuação humana, pois é por meio de homens que se exterioriza. Temos que parar com a ilusão de que Estado é simplesmente o ente imaginário que reveste as nossas esperanças e anseios de um futuro melhor e, assim, muitas vezes, ente que encobre as frustrações humanas da própria existência sem perfeição.

É preciso reconhecer que *uma razoável, proporcional e determinada margem de erro é normal, aceitável e necessária* para o desenvolvimento de qualquer sistema — inclusive o estatal (feito e aplicado por homens). Isto porque, a partir das falhas dos sistemas observamos como *o melhor* pode ser idealizado e conquistado. Sem as mesmas, ficamos na falsa impressão de que o limite da qualidade foi alcançado e nada mais pode ser feito; fato que provavelmente tirará a cobertura da autofrustração humana sobre sua imperfeição e, assim, cabalmente trará retrocesso no seu desenvolvimento. Situação que certamente será insuportável ao homem e determinará a procura de novas falhas no mundo onde vive, justamente para viabilizar renovados espaços de atuação ainda melhores frente à situação anteriormente vivida. Em outras palavras, não é pecado aceitar o erro, ou melhor, a necessária margem de erro que viabiliza as manobras evolutivas do Estado, porque é deste modo que o sistema estatal recebe novos elementos viabilizadores de melhorias na prestação de atividades em prol do cidadão — mas é fundamental controlá-las e corrigi-las prontamente, conforme valores republicanos e demais elementos constitucionais que conformam nosso Estado Democrático de Direito.

b) Concluímos, outrossim, que pregar a Administração ótima é imaginar que um dia o sistema administrativo pátrio chegará ao ponto que não mais precisará de ajustes e atualizações — situação que desencadeará a ruptura desse próprio sistema intitulado como perfeito. Ou seja, a *Administração ótima* é uma contradição de termos. Isto porque, a *Administração*, como suprademonstrado, é organização para atingir determinados objetivos. *Ótima* retrata a impossibilidade de representar algo melhor do que o definido como tal. Então, para *planejar, estabelecer* e *buscar* objetivos temos que assumir, anteriormente, que existe *algo melhor a se alcançar*, constantemente — fato que afasta a afirmação definitiva da expressão *ótima*.

Logo, estamos com aqueles que aceitam a *Administração eficiente*, pois determina que o melhor sempre pode ser renovadamente alcançado em prol de um sistema administrativo em constante desenvolvimento.

c) Destarte, naturalmente concluímos que o Estado — na plenitude de suas possibilidades — deve observar qual é o melhor caminho para que o máximo dos valores fundamentais e sociais do homem possam ser atendidos com o mínimo de impacto negativo do cidadão, de forma *eficiente, eficaz e efetiva*. Isto é, deve-se utilizar os instrumentos jurídicos existentes de proteção e promoção do homem de forma a atender ao primordial sentido da ordem estabelecida, qual seja, manter condições ambientais jurídicas para que o homem se *insira* no Estado; *trabalhe* para o progresso deste e para o seu desenvolvimento pessoal e intersubjetivo; *propulsione* a organização e a atuação estatal; e, assim, receba a *suficiente intervenção do Estado em sua vida — nem em demasia, tampouco insuficiente, mas a necessária para a sua promoção como personagem principal da República*.

A adequada informação e o máximo empenho administrativo de gerenciá-la com lealdade ao núcleo essencial da Constituição, de igual relevância, a atuação pública condicionada a exprimir permanentemente os valores fundamentais no cotidiano do cidadão, são fatores obrigatórios do bem agir do Estado. Nada mais importante do que bem manejar a ferramenta maior de elo entre o criador e a criatura — entre o homem e o ente *Estado*, arquitetado para sua promoção qualitativa e quantitativa como ser humano que busca o breve e ininterrupto desenvolvimento — sem a ilusão do derradeiro alcance do *ótimo*.

Finalmente, importante lembrar que a responsabilidade estatal de exercer a atividade administrativa voltada ao bem do homem para que, destarte, os valores conformadores da Constituição finalmente sejam sentidos e praticados do acordar ao dormir de cada partícipe da sociedade. Isso faz parte do constante esforço do homem para uma vida sempre melhor do que se vive. Do contrário, no agir *ótimo*, não podemos esperar, ou cobrar, qualquer benefício além do congelado na perfeição imprópria dos homens que sobrevivem, fundamentalmente, da *esperança do melhor, da certeza que pode alcançá-lo, mas na dúvida de quando realizá-lo.*

Informação bibliográfica deste texto, conforme a NBR 6023:2002 da Associação Brasileira de Normas Técnicas (ABNT):

FRANÇA, Phillip Gil. Breves considerações sobre a adequada gestão pública. Busca-se a ótima ou a eficiente?. *In*: SILVEIRA, Raquel Dias da; CASTRO, Rodrigo Pironti Aguirre de (Coord.). *Estudos dirigidos de gestão pública na América Latina*. Belo Horizonte: Fórum, 2011. v. 1, p. 289-298. ISBN 978-85-7700-432-4.

NATURALEZA DE LA FINANCIACION PRIVADA DE INFRAESTRUCTURA PÚBLICA

Rodolfo C. Barra

Sumario: Introducción – **I**. La financiación de las obras públicas – **a)** La Constitución Nacional y la financiación de las obras públicas – **b)** Modalidades de la ecuación económico-financiera de la concesión – **c)** El peaje o tarifa pagada por el concesionario es un recurso público, no el precio como prestación por el uso del camino – **II**. Naturaleza del peaje. La doctrina de "Arenera del Libertador" y sus matices – **III**. Las "relaciones organizativas genéricas" y las "relaciones organizativas específicas" – **a)** Las relaciones organizativas genéricas – **b)** Las "relaciones organizativas específicas" y las "cargas económicas administrativas" – **c)** "Reserva de ley" y "sujeción positiva a la ley" – **IV**. Las "relaciones organizativas específicas" y las "relaciones especiales de sujeción" – **V**. ¿Competencia legislativa o zona de reserva de la Administración? El principio de la "interpretación funcional más conveniente" – **VI**. La delegación transestructural de cometidos – Referencias

Introducción

El ordenamiento jurídico —entendido como lo hace Santi Romano, es decir, no solo desde el punto de vista normativo, sino considerando también a las instituciones, sujetos y relaciones jurídicas— admite una primera y gruesa división en dos sectores, el público y el privado. En el primero se encuentra todo lo que estatal, incluyendo a sus organizaciones eventual, formal y parcialmente regidas por el derecho privado, como las empresas de propiedad total o mayoritaria estatal. El segundo sector, el privado, es, en un régimen de libertad, el más numeroso y heterogéneo de los dos, integrado por todos aquellos sujetos que persiguen sus fines propios, aunque al hacerlo ordenadamente beneficien también al bien común.

Desde un punto económico el sector público es un importante creador de riqueza social. Pero crea riqueza para beneficio del sector privado —en definitiva, lo que cuenta en la sociedad es el hombre— con el que no tiene una relación materialmente conmutativa, de intercambio de prestaciones en la que uno (el sector público) provee bienes o servicios y el otro (el privado) como contraprestación paga un precio. El sistema es distinto: los bienes y servicios provistos por el sector público (al que ya podemos denominar, más sencillamente, el Estado en sentido lato) y el sostenimiento de la organización que permite tal actividad, conforman el *gasto público* que el Estado debe atender con sus propios *recursos*. Estos recursos se integran con aportes o *contribuciones* provenientes del sector privado (al que ya podemos denominar como "los privados", o "los particulares") contribuciones que podrán ser voluntarias o forzosas.

Así lo declaró con mucha sencillez en constituyente argentino, en el art. 4º de la Constitución federal de 1853, todavía vigente: "El Gobierno federal provee a los gastos de la Nación con los fondos del Tesoro nacional, formado del producto de derechos de importación y exportación, del de la venta o locación de tierras de propiedad nacional; de la renta de Correos; de las demás contribuciones que equitativa y proporcionalmente a la población imponga el Congreso general, y de los empréstitos y operaciones de crédito que decrete el mismo Congreso para urgencias de la Nación o para empresas de utilidad nacional".

I. La financiación de las obras públicas

a) La Constitución Nacional y la financiación de las obras públicas

Un gasto público de gran importancia es el que va dirigido a la construcción de obras de infraestructura pública —es decir para uso del Estado o para puesta a disposición mediata o inmediata de los particulares por parte del Estado. Este gasto público puede financiarse con fondos del Tesoro de la Nación, entendido como ámbito jurídico-material de acumulación de los recursos públicos o como ámbito meramente jurídico de consideración de tales recursos, es decir como el conjunto de los recursos que, aunque no ingresen directamente al sistema de tesorerías, tienen un régimen jurídico substancialmente público. Volveremos sobre esta distinción, aclarando que en lo sucesivo, utilizaremos la expresión "Tesoro" para referirnos al primer aspecto, o "recursos públicos" para el segundo.

En el caso de las obras públicas, cuando no son pagadas exclusivamente con fondos provenientes del Tesoro, son financiadas por sistemas que pueden todos englobarse en el concepto de "asociación pública privada" la que puede revestir distintas formas o tipologías jurídicas, aunque todas emparentadas con la clásica figura de la concesión (emparentadas, no confundidas). Por razones de sencillez hablaremos simplemente de la "concesión", en general, pero siempre con alcance genérico y contenido impropio y relativo,

La concesión no es más que un "sistema de ejecución" de las obras públicas caracterizado por su especial modalidad de financiación. Mientras que en el contrato de obra pública típico, la financiación se encuentra principalmente a cargo del comitente (aunque hay una carga financiera en cabeza del constructor, por el tiempo transcurrido entre la media del período de avance y certificación y el vencimiento del plazo de pago del certificado), en la concesión la financiación se encuentra a cargo, total o parcialmente, o del constructor, o del concesionario (si fuesen distintos), o del constructor-concesionario, con o sin participación de la Administración.

Pero lo anterior hace referencia sólo a la financiación inmediata. Mediatamente, la obra concesionada se financia de igual manera que cualquier obra pública: con recursos públicos, tal como lo dispone el cit. art. 4º (CN) y lo complementa su art. 75 inc. 18 (la llamada 2 cláusula de progreso") cuando encomienda al Congreso "Proveer a lo conducente a ...la construcción de ferrocarriles y canales navegables, la colonización de tierras de propiedad nacional, la introducción y establecimiento de nuevas industrias, la importación de capitales extranjeros y la exploración de los ríos interiores, por leyes protectoras de estos fines y por concesiones temporales de privilegios y recompensas de estímulo"

Ésta norma, como vimos, otorga competencia al Congreso para dictar leyes que atiendan a "lo conducente a la prosperidad del país", entre ellas, y fundamentalmente, la ley de presupuesto, donde estimará los recursos a ingresar por leyes que el mismo Congreso debe sancionar (y que, por tanto, puede variar, para disminuir o aumentar tales fondos) y determinando su voluntad en cuanto al destino de tales recursos, por ejemplo, obras públicas.

Pero nuestro constituyente era, en materia económica, liberal (no así en materia de valores, donde era confesional y iusnaturalista, mientras que en materia política era republicano-representativo, hoy diríamos democrático). Nuestro constituyente de 1853 creía firmemente en la distinción entre Estado y Sociedad, de manera que los "gastos de la Nación" que debían ser atendidos con los fondos del Tesoro se limitaban a los exigidos por funcionamiento del Gobierno federal, para hacer frente a "urgencias" (calamidades, guerras) y otras "empresas de utilidad nacional". Claro que el funcionamiento del Gobierno va a exigir la construcción de obras públicas: edificios para el asentamiento de sus tres ramas, otros para establecimientos educacionales, hospitales, cuarteles. Éstos se debían pagar, claramente, con los fondos del Tesoro, como también otras obras de utilidad nacional (para aquella época, caminos —todavía no asfaltados— puentes, el telégrafo, y no mucho más). Pero el resto era de incumbencia de la sociedad. Las grandes obras públicas de la época, las que tenían un contenido estratégico, geopolítico sustancial —como lo sabía nuestro constituyente por su propia inteligencia y por la experiencia norteamericana, que tan bien conocía— esto es, los ferrocarriles y los canales navegables, debían ser "promovidas" a través de medios dispuestos por leyes del Congreso, entre ellas, "las concesiones temporales de privilegios y recompensas de estímulo" (art. 75, inc. 18, *in fine*). Naturalmente, una cosa es la promoción y otra es la ejecución. Ejecuta un tercero, que para ello es promovido por el principal.

Tales "concesiones temporales de privilegios" y "recompensas de estímulo" son, precisamente, medidas promocionales, que pueden concretarse en tipos muy variados. Incluso la posibilidad de la explotación de la obra por el proveedor de los recursos para su construcción, siempre y cuando esa obra, por su utilización, generase tales recursos de manera suficiente. Nótese que la explotación de la obra, como más adelante la explotación de los servicios públicos "de red", le debía permitir al financista obtener el recupero del dinero invertido, incluso para la explotación, más su costo financiero, más la ganancia empresaria, quizás por la construcción y por la explotación, más otros aprovechamientos, como por el ejemplo el servicio de restaurante en los ferrocarriles, en las estaciones, alguna publicidad (que en la época sería un fenómeno incipiente), más el otorgamiento de tierras (que era lo que más sobraba, etc.).

En estos casos, los "fondos del Tesoro" quedaban reemplazados, no con los recursos del concesionario, pues el sistema estaba diseñado para que éste los recuperase, sino con los recursos luego aportados por los usuarios. Y esto, que continúa así en nuestros días, tiene una gran importancia en lo que hace a la determinación de la naturaleza jurídica de la relación concesionario-usuario.

Cabe simplemente añadir que ese cuadro constitucional fue luego llenado, principalmente, con distintas reglamentaciones, incluso la resultante de los contratos en concreto, hasta que, en 1967, la ley 17.520 le otorgó a la concesión de obra pública la sistematización que llega hasta nuestros días, con las muy importantes reformas incorporadas por la ley 23.696, de 1989.

b) Modalidades de la ecuación económico-financiera de la concesión

Como lo hemos indicado arriba, la esencia de la concesión de obra pública consiste en que, cuando la naturaleza y las posibilidades de explotación de la obra así lo permitan, aquélla sea pagada, total o parcialmente, por el usuario o beneficiario (en la contribución por mejoras) de aquélla.

Que los fondos aportados por los usuarios ingresen o no al Tesoro Nacional, como paso previo a las arcas del concesionario o para permanecer en cierto porcentaje allí, no es de la naturaleza de la concesión de obra pública, sino sólo una modalidad de su ecuación económico-financiera. Así lo establece el art. 2º, ley 17.520, cuando clasifica a tales modalidades como: a) onerosa; b) gratuita; c) subvencionada.

En la segunda, que es la clásica, el concesionario estructura su ecuación económico-financiera partiendo del supuesto de que todos los ingresos por la explotación de la obra van a ser destinados al pago de los costos directos e indirectos de la construcción y explotación, más el beneficio empresario; es "gratuita" (en la terminología de la ley) porque el concesionario no debe hacer ningún pago a favor de la Administración concedente, sin perjuicio de lo que veremos más abajo.

En la modalidad "onerosa", en cambio, el concesionario deberá pagar al Estado "una contribución determinada en dinero", o bien mediante "una participación sobre sus beneficios". Notemos que la norma indica como beneficiario al "Estado" y no al concedente, que pueden ser personas jurídicas distintas. Con esta advertencia queremos subrayar que el dinero de la "contribución" o el resultante de la participación en los beneficios ingresarán al Tesoro o, más precisamente, a la Tesorería General de la Nación, de acuerdo con lo dispuesto en el art. 74, inc. c), Ley de Administración Financiera nº 24.156.

Finalmente, la ecuación económico-financiera de la concesión puede prever una modalidad "subvencionada", esto es, con el suministro de fondos, reintegrables o no, por el Estado o el ente concedente a favor del concesionario. Sin duda esta última opción tendrá en cuenta, ya sea las necesidades financieras del concesionario durante la etapa de la construcción de la obra, por la imposibilidad de conseguir la totalidad de los recursos necesarios o para disminuir el costo de financiación, mediante el aporte de fondos que el concesionario devolverá durante la etapa de ejecución de la obra; o bien la realidad deficitaria de la concesión, que requerirá de la subvención para nivelar la ecuación ya mencionada.

Para definir dicha "modalidad de la concesión", el sistema legal establece condiciones y limitaciones que influirán sobre el valor de "las tarifas" (conf. art. 3º, apart. 1º, ley 17.520). Esta regulación, en lo aquí interesa, subraya que las tarifas de peaje se encuentran destinadas a solventar el costo de la obra, de manera que el "valor económico medio del servicio", al imponer un techo al "nivel medio de las tarifas", como lo dispone la norma antes citada, está determinando el esfuerzo o beneficio del Tesoro en el pago de la obra. Este carácter especial de la tarifa queda subrayado por la legislación argentina en cuanto autoriza a financiar la construcción de una obra pública con fondos provenientes de la tarifa de peaje por el uso de otra obra pública, en tanto entre ambas exista algún tipo de vinculación funcional.

Es decir que "las tarifas" reemplazan, en su medida, a los "gastos" del Tesoro, gastos, estos últimos, que son financiados principalmente con los "recursos" tributarios. De esta manera "las tarifas" reemplazan a los tributos, aunque el sostenedor final del "recurso" —o del "gasto", según de qué lado se lo mire— será siempre el particular, ya sea que lo consideremos en su calidad de contribuyente o de usuario. No está de más señalar que esta calidad de "reemplazo tributario" es ajena a los precios establecidos como prestación contractual, en cualquier otro contrato, incluso los públicos. El precio de una locación de inmueble, de servicio, de obra, de una compraventa, de la obra pública (típica), del suministro, no reemplaza a ningún tributo, no ahorra "gastos" al Tesoro, o le permite ahorrar "recursos". Por el contrario, bajo distintos mecanismos tributarios, esos precios suelen, además, incorporar recursos al Tesoro, por ejemplo, a través del impuesto al valor agregado o, luego, por el impuesto a las ganancias, etc.

c) El peaje o tarifa pagada por el concesionario es un recurso público, no el precio como prestación por el uso del camino

La cuestión tiene sus complejidades. Una reciente tendencia doctrinaria de la Corte Suprema de Justicia argentina modifica la que había sostenido hasta el momento y califica al peaje pagado por el usuario en rutas concesionadas a particulares, como el precio o contraprestación por el uso del camino Pero, notemos, *el usuario, en estos casos, no paga, estrictamente, por el uso del camino*. Tiene derecho al uso, en cuanto el camino es un bien dominial cuyo destino es el uso público, lo cual es idéntico, como vimos, tanto en las vías con peaje como en las libres o gratuitas. Pero ése es un derecho "universal", que le corresponde, en condiciones de regularidad, igualdad y no discriminación, por su mera calidad de administrado. Las condiciones de regularidad, es decir, las reglas que regulan el uso del camino, puede imponer cargas económicas en cabeza del usuario, pero, como veremos, estas cargas no pueden ser consideras "precio"

Si en el punto del derecho sustancial al uso, la situación en las rutas con o sin peaje es la misma, no lo es, en cambio, en lo que hace a la reglamentación para tal uso. En las rutas libres de peaje su tránsito es gratuito porque se supone que el usuario —actual o potencial— ya ha pagado, o paga, el precio de la obra con sus impuestos, mientras que en el otro supuesto la Administración, autorizada por las leyes 17.520 y 23.696, decidió no afectar los recursos del Tesoro al pago de la obra sino hacerla pagar, total o parcialmente, por los efectivos y concretos usuarios de ella. De esta manera, el peaje, en su realidad económica paga el precio de la ejecución —que puede ser construcción original, ampliación o mantenimiento— y explotación de la obra, por lo cual, por ejemplo, inevitablemente, deberá estar gravado por el IVA, como lo está cada pago, por certificado de avance, que la Administración comitente realice a favor del constructor en el contrato de obra pública ordinario.

Dijimos que el peaje paga el precio de la ejecución y explotación de la obra, "en su realidad económica", pero también en su realidad jurídica. Así lo dispone expresamente el último párrafo del art. 1º, ley 17.520, con el agregado de la ley 23.696: "La tarifa de peaje compensará la ejecución, modificación, ampliación, o los servicios de administración, reparación, conservación o mantenimiento de la obra existente y la ejecución, explotación y mantenimiento de la obra nueva". Claro que la norma transcripta se refiere a la "tarifa de peaje", es decir, de manera global al cuadro tarifario en el tiempo —ecuación económico-financiera de la concesión— y no al peaje concreto que debe pagar cada usuario por cada uso de un tramo determinado de la ruta. Pero aun así, el "peaje" surge y se fundamenta en tal cuadro tarifario, el que deberá prever peajes limitados por un criterio de razonabilidad económica, de incidencia en el mercado general, de utilización de la vía, de manera de, por ejemplo, reducir el monto del peaje mientras se alarga el plazo de la concesión, o en razón del incremento del tráfico, o de otras variables, entre ellas, la voluntad de la Administración en participar de los beneficios, de subvencionar la concesión, etc. Pero nada de esto afecta el que, básicamente, la tarifa de peaje se encuentre destinada al, resumidamente, pago de la obra.

II. Naturaleza del peaje. La doctrina de "Arenera del Libertador" y sus matices

En 1991, en la causa Arenera del Libertador", la Corte Suprema había sentado la correcta doctrina en la materia, sin perjuicio de los matices o aclaraciones que merezca. Para "Arenera", el peaje es una de las "contribuciones" del art. 4º, CN (conf., consid. 10 y 11) destinadas a solventar "los gastos de la Nación". "Cuando la función del Estado a cumplir —argumenta el consid. 12— es la construcción, mantenimiento o mejora de una obra pública, parece de toda evidencia adecuado, a la luz de las exigencias constitucionales, que las personas obligadas al pago sean determinadas entre aquellas que de algún modo se relacionan con la obra, sea usándola, beneficiándose de cualquier modo en razón de su existencia y funcionamiento, aun de modo potencial, pues las funciones del Estado se determinan por el modo que la Constitución Nacional establece, lo que basta para que deba aquél cumplirla, sin necesidad de aquiescencia de los individuos ni el anudamiento de necesarias relaciones sinalagmáticas, al modo de los contratos". Es decir, el peaje está previsto en la Constitución bajo la forma de "las demás contribuciones" que se agregan a otras, como "la renta de Correos", que deben soportar los usuarios de determinadas prestaciones estatales.

Luego, en el consid. 13, la sentencia precisa: "...el peaje es para el usuario una contribución vinculada al cumplimiento de actividades estatales (como puede serlo la construcción de una vía, o su mejora, ampliación, mantenimiento, conservación, etc., aun de vías preexistentes). Para el concesionario constituirá un medio de remuneración de sus servicios. De este modo, en los hechos, puede concluir el peaje por ser sustancialmente similar al precio pagado por un servicio, lo que no debe inducir por ello al error de considerarlo desde un punto de vista meramente contractual".

El peaje, aunque materialmente se asemeje al precio, en realidad es sustancialmente similar a las contribuciones del art. 4º de la Constitución. Recordemos que "similitud" no es "identidad" o "igualdad". Similitud es semejanza, parecido, analogía, mientras que en la identidad existe una casi confusión, fenomenológica u ontológica.

Por ello debemos incluir un matiz de corrección a la doctrina de "Arenera". El peaje no es idéntico a las contribuciones del art. 4º, CN, porque le falta un elemento que estas últimas sí poseen: el ingreso al Tesoro Nacional. Al vez, el peaje no es idéntico al precio por el uso de la instalación-vía de tránsito porque es ajeno a la voluntad de ambas partes (concesionario-usuario) y porque en su mayor porcentaje paga al concesionario el precio de la construcción y mantenimiento de la ruta y en un porcentaje menor el costo de la administración del sistema.

El peaje es una suerte de contribución-precio, que reemplaza a las contribuciones del art. 4º, CN, y a la vez suplanta el precio (hipotético) por el mero uso. Es un derecho del concesionario y una obligación del usuario, ciertamente, pero derecho y obligación que nacen del régimen de "concesión temporal de privilegio" prevista por el art. 75, inc. 18, *in fine*, CN.

Antes de profundizar, lo que haremos en el próximo parágrafo, sobre aquel instituto creado por la Constitución (sin parangón en el modelo norteamericano, como lo subraya "Arenera"), veamos algunos aspectos normativos que le otorgan mayor solidez y demostración a lo expresado.

Como ya lo hemos visto, la elección, por parte del concedente, de la "modalidad" de la concesión, en el sentido del art. 2º, ley 17.520, tiene que guardar relación con el valor medio de las tarifas y "la rentabilidad de la obra", según lo dispone el art. 3º, apart. 2º, de la ley citada, expresión esta ("la obra") que de acuerdo con el último párrafo del art. 1º, agregado por la ley 23.696, debe entenderse como la rentabilidad por la totalidad de las prestaciones del constructor-concesionario, incluyendo la administración o explotación de la obra vial. Además, recordemos, la tarifa debe compensar todos los costos asumidos por el constructor-concesionario, de acuerdo con el contrato de concesión (conf., art. 1º, último párrafo, ley 17.520).

De esta manera, la ecuación económico-financiera del contrato de concesión puede exigir, para su equilibrio, aportes del Tesoro (modalidad subvencionada) o generar ingresos en beneficio del mismo Tesoro (onerosa). Pero este último supuesto no significa la contraprestación del concesionario a favor del concedente. El contrato de concesión es único, construcción y explotación, de manera que la contraprestación del constructor-concesionario a favor del comitente-concedente es, precisamente, la construcción y explotación de la ruta.

Lo referente a la construcción se explica por sí solo; en lo que respecta a la explotación —que podría parecer como de exclusivo interés del concesionario (el mantenimiento de la vía debería considerarse dentro del rubro construcción)—, es una actividad que, en realidad, se realiza, por lo menos, también, en interés del concedente, ya que los usuarios lo reemplazan en el pago de la obra; y si, por razones ajenas al ámbito de responsabilidad del concesionario, la tarifa no fuese suficiente para realizar la compensación dispuesta por el citado último párrafo del art. 1º, ley 17.520, el concedente deberá hacer frente a la diferencia, aumentando el eventual subsidio o transformando la modalidad de onerosa a gratuita o de onerosa o gratuita a subsidiada, según los casos. Claro que también la inversa es posible, lo que se encuentra expresamente contemplado por la ley en art. 3º, último párrafo: si la modalidad fuese la gratuita o la subvencionada, y los ingresos resultasen superiores a lo previsto, el concesionario deberá realizar reinversiones en la obra vial (originalmente no incluidas) o, a decisión del concedente, ingresarlos al Tesoro, "en el caso de que los ingresos sean superiores a los previstos" (art. 3º, *in fine*).

El que la tarifa *deba* —así está redactada la norma incorporada por la ley 23.696— compensar los costos del constructor-concesionario —también, obviamente, el beneficio empresario *previsto*— y que ésa sea una "ecuación" a ser preservada durante toda la ejecución del contrato, a través de los mecanismos contemplados por la ley (incluso un procedimiento para el reajuste de la tarifa, como lo establece el art. 7º de la misma ley 17.520), demuestra, sin necesidad de mayores argumentaciones, que el contrato, no es "a riesgo y ventura", ni en favor ni en contra del concesionario. Pero también demuestra que ni las tarifas de peaje, ni tampoco el peaje pagado por cada usuario concreto, guardan relación alguna con el uso de la obra, ni se encuentra en la esfera de disponibilidad del concesionario o del usuario, ni admite discusión entre ellos. Fundamentalmente, reiteramos porque vale la pena subrayarlo, las tarifas de peaje no están diseñadas legal y contractualmente como contraprestación sinalagmática —voluntaria o anómalamente porque el sinalagma supone o prefiere el acuerdo consensual, impuesto— por el uso de la vía de comunicación.

La confirmación normativa de lo expuesto se puede encontrar también en el agregado que la ley 23.696 hizo, como párr. 2º, al art.

1º, ley 17.520. Según esa norma, se podrá otorgar la concesión para la explotación de una vía existente, no para realizar trabajos en ella (aunque es posible que se deban también realizar tareas de reparación y mantenimiento en ella), sino "para la obtención de fondos para la construcción o conservación de otras obras que tengan vinculación física, técnica o de otra naturaleza con las primeras", es decir, con las ya existentes y concesionadas. Así, las tarifas de peaje de la obra "A" —de suficiente cantidad de tráfico— financia o provee los recursos para la realización de la obra "B" —de insuficiente cantidad de tráfico, o no rentable— a realizar por el concesionario de "A", que será, a la vez, el constructor de "B", obra que no necesariamente se someterá a concesión, como lo aclara la reglamentación al art. 58, ley 23.696. De esta manera, el peaje que pague el usuario de "A" estará destinado total o casi totalmente a generar recursos para "B", vía que aquel usuario quizás no utilice en su vida. No sólo eso. El valor de ese peaje estará fijado en razón de la ecuación económico-financiera de la obra "B", tema totalmente desvinculado del precio por el uso del camino "A".

III. Las "relaciones organizativas genéricas" y las "relaciones organizativas específicas"

Las relaciones "sociedad-Estado" o, más específicamente, "individuo-poder político", o "individuo-gobierno" (considerando al gobierno en sus tres ramas, según nuestro modelo constitucional) pueden ser estudiadas desde muchas perspectivas, entre ellas, la de la organización.

El individuo puede así ser contemplado como un sujeto que, aunque miembro, es diverso de la organización, una parte que no se confunde con el todo, sin perjuicio de que se encuentre actual o potencialmente vinculado a ella a través relaciones jurídicas distributivas; este tipo de situación del individuo con respecto a la organización da lugar a las que podemos identificar como *relaciones organizativas genéricas*.

Pero también podemos considerar al individuo como un sujeto que, para el cumplimiento de sus fines, debe "incardinarse" dentro de una determinada modalidad funcional o de un concreto sector de la organización —establecidos por la misma organización por razones de especialización, eficiencia y eficacia, conveniencia política, etc.— y someterse así al ordenamiento específico de éste. A estas últimas las denominamos *relaciones organizativas específicas*.

Ambos tipos de situaciones relacionales no sólo no se excluyen, sino que son contemporáneos y muchas veces complementarios. Siempre serán contemporáneos en cuanto no es posible sostener una relación organizativa específica sin que exista, siquiera temporalmente, una relación organizativa genérica; esta última siempre será el supuesto fundamental de la primera. Por otra parte, muchas veces serán complementarias, ya que los beneficios de la pertenencia a la organización genérica serán complementados, en el sentido de perfeccionados y actualizados, por la pertenencia a la organización específica y viceversa, esto es, por la pertenencia del sujeto a la organización específica, se facilitará el logro de los fines de la organización genérica.

a) Las relaciones organizativas genéricas

La distinción sobre la que estamos trabajando no es absoluta, sino relativa. En efecto, las relaciones del primer tipo, las *genéricas*, no niegan la pertenencia, siquiera accidental y provisional, del individuo a la comunidad general, pero ésa es una base política de "sujeción general" expresable, en lo que nos interesa, en relaciones jurídicas potenciales o actuales, donde el individuo será siempre un tercero con relación a la organización global (el gobierno) o parcial (tal rama del gobierno, tal sector de esa rama) con la que se vincula. Ésta es, por lo demás, una idea asociada a la concepción liberal de la distinción entre la sociedad y el Estado —o entre el sector privado y el sector público del ordenamiento— que permite alejar los peligros del totalitarismo, en cuyos sistemas ideológicos, precisamente, tal distinción es negada.

No ignoramos, sin embargo y como ya lo hemos advertido, que aquella vinculación generará, actual o potencialmente, relaciones jurídicas concretas e individuales que siempre serán de justicia distributiva, lo que exige aquella básica pertenencia comunitaria que mencionáramos antes. Pero aun cuando la relación jurídica se concrete en la realidad; aun cuando el sujeto jurídicamente actuante por la organización —el Estado, el ente público— se relacione con el individuo para "darle" el "suyo participado y comparativo", como carga o como beneficio, según las exigencias de la justicia distributiva, el sujeto privado continuará actuando *desde fuera de la organización pública de que se trate, sin formar parte de su ordenamiento especial*. Podríamos decir que el individuo pertenece al ordenamiento jurídico-político general, pero no a la organización institucional que gobierna a tal ordenamiento.

El individuo será el sujeto contemplado por las normas de diversa jerarquía como titular de determinados derechos —los de los arts. 14, 14 bis, 17 y 18, CN, entre otros— que el Gobierno deberá proteger, por ejemplo, con su legislación penal, con su policía de seguridad; o bien será considerado como ciudadano titular de determinados derechos políticos a los que habrá que honrar con la legislación electoral y de partidos políticos, con las estructuras gubernamentales al servicio del sistema republicano representativo, o en su calidad nacional, y así será defendido por las fuerzas armadas y todo el sistema de defensa, o como creyente, y le será facilitada la práctica del culto; o como trabajador, comerciante, industrial, estudiante, madre o padre de familia, con los derechos propios de tales categorías, y las prestaciones estatales a su servicio en un régimen de "libertad ordenada".

También, como para todo lo anterior, y tanto más, *la organización-gobierno precisa de recursos económicos*, el individuo será considerado como *contribuyente*, y sometido a la legislación identificada, tradicional y comúnmente, como "tributaria", así como a la actividad pública destinada a poner en práctica tal legislación. Esto último es lo que se encuentra contemplado en los arts. 4º y 75, incs. 1º, 2º, y 3º, CN, amén de las otras disposiciones vinculadas con la obtención de recursos para el Tesoro Nacional.

En aquellos casos donde el individuo es considerado desde la perspectiva de su relación genérica con la organización, sus obligaciones tributarias lo alcanzan según su identificación con el hecho, monto o circunstancia, "imponible", y en la medida, valor o proporción que se establezca, todo lo cual debe ser previsto por la ley formal del Congreso, según el principio de gran solera histórica, tradicionalmente denominado "de reserva de ley" o de "reserva parlamentaria".

En resumen, estamos frente a relaciones que son "organizativas" en tanto que son funcionales o serviciales con respecto al cumplimiento de los cometidos de la organización, pero se trata aquí de la organización "genérica" y de sus, ciertamente, miembros también "genéricos", con un interés igualmente "genérico" sobre el funcionamiento de la organización. La obligación de contribuir al sustento de la organización es, en este supuesto y como principio general, *forzada e indiferenciada*. *Forzada* porque no hay un acto de voluntad original del individuo en vincularse con la Administración para perseguir un interés propio; *indiferenciada* porque pesa de tal manera sobre todos los miembros de la organización —la "población", indica el art. 4º, CN— siempre según una *igualdad proporcional y comparativa*, aunque también sujeta a las correcciones que sean exigidas por *razones de equidad*.

Así supongamos, para no salir del tema vial, que se crea un impuesto con "asignación específica", en los términos del 75.3, CN, a los efectos de construir una ruta de vinculación entre las provincias de Chaco y Formosa. El ciudadano Tácito, vecino de Buenos Aires y que, por sus necesidades, edad, y hábitos de vida, *nunca transitará por esa ruta*, pagará el impuesto en la medida y según las circunstancias en que lo establezca la ley de su creación. Aun así, debemos suponer, y así lo supuso el constituyente y lo supone el legislador, que el ciudadano Tácito, como ciudadano, tiene un *interés genérico* en la construcción de la ruta, en razón de la vinculación de ésta con el desarrollo de la comunidad nacional de la que Tácito es integrante —y de la que siempre obtendrá un beneficio—, aunque no será integrante del ordenamiento propio de aquella vía de tránsito, si lo tuviese. La obligación de Tácito será así forzada e indiferenciada, naturalmente proporcional —por ejemplo, un impuesto sobre el valor de los vehículos de propiedad privada— pero incluso corregible en beneficio de Tácito si el vehículo es para exclusivo uso laboral, o si se tratase de un determinado modelo para sectores de bajos ingresos, etc. Estamos en el caso de las "contribuciones que equitativa y proporcionalmente a la población imponga el Congreso General", art. 4º, CN.

b) Las "relaciones organizativas específicas" y las "cargas económicas administrativas"

Como vimos, hay otras maneras de vincularse a la organización, con estructuras más concretas, individualizadas y específicas que aquéllas genéricas. Eso ocurre cuando el individuo tiene frente a aquélla una necesidad o, entonces, un *interés propio, personalizado*. Exijo una determinada prestación de la organización, en mi propio interés personal, aun cuando ese interés haya sido generado por, a su vez, actividades o exigencias de la misma organización. Precisamente, como el interés, y la prestación destinada a satisfacerlo, es específico, resulta normalmente conveniente, aunque no imprescindible, que la organización general encomiende a una organización menor pero perteneciente a aquélla —una suborganización, o reparto, o dependencia, o ente descentralizado— el cumplimiento de la prestación en cuestión.

Mayormente estaremos aquí en el ámbito de la Administración Pública y sus múltiples sectores organizativos y, entonces, estamos dentro del ámbito de aquellas actividades heterogéneas no establecidas como competencias exclusivas del Poder Legislativo —sin perjuicio de las competencias legislativas del presidente de la Nación en cuanto "jefe supremo de la Nación" y "jefe del gobierno" (art. 99.1, CN) — o las improrrogables e indelegables del Poder Judicial.

Las actividades, o cometidos, o "competencias", que deben ser desarrolladas por el sector del Gobierno subordinado al Poder Ejecutivo, integran las que la Constitución denomina como "administración general del país" (conf. art. 99.1, y 100.1, CN), o bien "régimen administrativo" (art. 103, CN) o "negocios de la Nación" (art. 100 y 104, CN). En tal carácter son realizadas en una compleja organización que, en su faz ejecutiva o de realización, va desde el vértice ocupado por el jefe de Gabinete de Ministros —sin perjuicio de la jerarquía dominante, político-administrativa, del presidente—, los "departamentos" o ministerios y los entes descentralizados de variada naturaleza y régimen jurídico que conforman el "sector público", según la enumeración del art. 8º, Ley de Administración Financiera 24.156.

Tales suborganizaciones —llamémoslas directamente "organizaciones", por razones de simplicidad— cumplen los cometidos públicos que les fueron asignados en competencia por el ordenamiento. En la mayoría de los casos, también, esos cometidos serán "prestacionales específicos", en el sentido de que se encontrarán destinados a *satisfacer intereses específicos* de los individuos, que así podemos considerarlos en su veste de "administrados".

Para obtener la satisfacción de tales intereses, los administrados —aun cuando se funden en derechos garantizados por la Constitución— deberán cumplir con determinadas exigencias legales o reglamentarias. Ciertamente podrán ser establecidas por el Congreso de acuerdo con los arts. 14 y 75.32, CN, pero también, de no tratarse de una competencia exclusiva del Congreso, por el presidente de la Nación (art. 99, incs. 1º y 2º, CN), por el jefe de Gabinete (art. 100, inc. 2º, CN), por los demás ministros (art. 103, CN), o por los órganos o entes a los que la norma correspondiente —legal o reglamentaria, según los casos— les haya otorgado competencia para ello (también por vía de delegación administrativa, por supuesto). En algunos casos también, pero siempre contando con una norma general de respaldo, aquellas exigencias podrán ser impuestas al administrado a través de un acto administrativo de contenido particular.

Dentro de aquellas exigencias reglamentarias puede encontrarse, según los casos, la obligación de pagar una suma de dinero, en carácter de "derecho", "carga", "cargo", "canon", "peaje", "tarifa" (por derivación), "sellado" (por derivación), "pasaje", "portazgo", "arancel", etc.

Podemos denominar a aquellas obligaciones, de manera general "cargas económicas administrativas". "Cargas", porque suponen el cumplimiento, por parte del administrado, de un requisito imperativo destinado a la *satisfacción de un interés propio y exclusivo*, de manera que ni la carga ni la satisfacción del interés tienen el carácter de contraprestación recíproca, sino de requisitos y cometidos nacidos de la competencia de la organización prestataria y de las normas correspondientes. "Económicas", por su contenido material, en dinero, diferenciándose así de otro tipo de cargas personales. "Administrativas", porque deben ser cumplidas en el seno de una organización administrativa, competente para realizar una actividad del mismo tipo. Para su consideración como tales no interesa que ingresen directamente al patrimonio de un sujeto público —sin perjuicio de los regímenes de "caja única" o de "fondo unificado" previstos por el art. 80 de la ley 24.156— o del sujeto privado delegado de la Administración en la gestión del cometido administrativo, como es el caso del concesionario, o, para nosotros, de los distintos colegios profesionales de matriculación obligatoria. No se trata, la de la caja de ingreso de las "cargas", de una cuestión sustancial, carácter que sólo lo tiene la competencia para crear el recurso y su destino.

Sin embargo, estas "cargas" son también "recursos públicos", ya que se encuentran destinadas a satisfacer, total o parcialmente, los gastos de determinadas actividades u organizaciones públicas, pero recursos ajenos a la materia tributaria, por tener una naturaleza y finalidad distinta de aquélla, según lo hemos visto.

En tanto que "cargas" de naturaleza no negocial —es decir, resultante de un acuerdo de voluntades autónomo, según el art. 1197, CCiv.— resultaría equivocado, o por lo menos confuso, denominarlas "precio". Por cierto que existen casos en que el administrado debe pagar un "precio", resultante de un contrato, que para nosotros tampoco tiene naturaleza "negocial", en el sentido antes indicado. Pero ello ocurre cuando la Administración o sus entes, empresarios o no, venden o realizan otro tipo de intercambios sobre determinados bienes que no son específicamente públicos, pero que la Administración ha decidido producirlos —por ejemplo, en el caso de los bienes producidos por sus empresas comerciales o industriales — o de los bienes que la Administración haya decidido desprenderse.

Pero si estamos dentro del ámbito de la actuación materialmente administrativa, como lo es, indudablemente, el de la construcción y uso de los caminos, estaremos también frente a *las prestaciones específicas, que satisfacen intereses de esa clase —el uso del camino— de los administrados.* En estos casos hay entre la Administración —o quien cumpla con el cometido administrativo, por ejemplo, el concesionario de la obra pública, o del servicio público, o de cualquier otro cometido *delegado* en los privados— una "relación organizativa específica", dentro de la cual puede estar reglamentariamente establecida la obligación del administrado interesado de pagar una suma de dinero determinada, de la misma manera que se le puede exigir un mínimo o un máximo de edad, o nacionalidad, o profesión, o sexo, etc.

Nos referimos a una "relación organizativa específica" porque el administrado, además de miembro de aquella organización indiferenciada general a la que nos hemos referido más arriba, pasa a ser —en la medida y por el tiempo necesario para satisfacer su interés específico— un *elemento subjetivo de la misma organización*, como lo es el litigante judicial, en su calidad de "parte", o el administrado que tramita su inscripción o ya forma parte de un registro, o de una práctica de habilitación o permiso, o el "paciente" de un hospital público, o el "alumno" de un colegio primario o secundario, o el "estudiante" miembro de la comunidad universitaria, o el "usuario" de un servicio público o de una obra pública, etc.

Se destaca, en todas aquellas hipótesis, la *vigencia de ordenamiento específico* al que el administrado debe sujetarse también específicamente, si desea satisfacer su interés por ese medio, que en muchos casos será el único posible. Dentro de ese conjunto de derechos y deberes propios de tal ordenamiento particular, podremos tener también la obligación, o quizás mejor la *carga*, de pagar una suma de dinero, como uno de los requisitos impuestos para la satisfacción del interés del caso.

La nota de la persecución de un interés propio y exclusivo del administrado, para lograr el cual debe cumplir necesaria pero razonablemente —principio del "interés gubernamental sustancial" — cargas reglamentarias autorizadas por ley del Congreso, normalmente al atribuir la competencia de la organización administrativa, es el dato que nos parece más determinante para identificar estas cargas administrativas y distinguirlas, así, de los tributos en sentido estricto.

Claro que esa suma de dinero no puede jugar como contraprestación por la prestación pública: admite excepciones justificadas y no discriminatorias; habitualmente no guarda relación con el costo público de cada prestación, ni con el costo global de la organización, y normalmente sería un despropósito que, aun considerando el conjunto de los administrados usuarios, servidos o peticionarios, se pretendiese tal equivalencia prestacional. La organización prestadora suele ser sostenida totalmente o en su mayor parte por los impuestos resultantes de la relación organizativa general, por el Tesoro, como la seguridad (aunque paguemos un cargo por el pasaporte, la cédula de identidad, el certificado de domicilio, etc.), como la salubridad (aunque haya que pagar un cargo o arancel hospitalario), etc. En otros casos habrá una "ayuda" o "subsidio" por parte del Tesoro, como en el caso de ciertos transportes públicos, o de determinados servicios públicos. O, en lo que aquí nos interesa, podrá estar referida al costo integral de la obra y de su administración, salvo que lleve a las tarifas de peaje a un valor que la Administración considere superior al "valor económico medio" tolerable en el orden macroeconómico, entonces la concesión se llevará a cabo bajo la modalidad de "subsidiada". O si aquel "valor económico medio" admite que las cargas por peaje superen el valor de la obra —incluyendo las ampliaciones o las obras conexas del art. 58, ley 23.696, todo ello dependiente de la exclusiva decisión de la Administración—, la concesión podrá ser "onerosa".

¿Cuál es el límite de las reglamentaciones que pueden ser impuestas al administrado en la relación organizativa especial? Primero, el respeto y garantía de *la sustancia* de los derechos reconocidos en la Constitución y los tratados constitucionales; segundo, los límites impuestos por la norma que le asigna la competencia organizativa material —y, por tanto, reglamentaria— del "departamento" o sector específico de que se trate. La norma atributiva de competencia podrá emanar del Congreso o del presidente, o bien del jefe de Gabinete o de los ministros "ordinarios", según los casos.

En la hipótesis que nos interesa —la concesión de obra pública—, aquella norma debe emanar del Congreso, ya que el derecho de un administrado a percibir e ingresar a su patrimonio este tipo de "cargos" por parte de otros administrados, sólo puede estar originado en las "concesiones temporales de privilegio" sobre las que el Congreso debe legislar (art. 75, inc. 18, CN), como lo ha hecho con las leyes 17.520 y 23.696. Por tanto, la ley debe establecer el régimen jurídico general de la concesión y, dentro de aquél, las competencias del Poder Ejecutivo y de otras autoridades administrativas. Dentro de tales competencias, también, la de fijar tarifas de peaje relacionadas con el costo de la obra y de su administración. Por otro lado, en la ley de presupuesto, el Congreso valorará los recursos que ingresarán al Tesoro, si la concesión fuese "onerosa", o autorizará los aportes en beneficio del concesionario, si fuese "subvencionada".

c) "Reserva de ley" y "sujeción positiva a la ley"

En el caso de las cargas propias de la "relación organizativa específica", no es de aplicación el "principio de reserva de ley" porque, a diferencia de lo expresado por la Corte en "Arenera" —donde se acercó pero no llegó a contemplar la totalidad de este fenómeno jurídico (lamentablemente en "Ferreyra" y "B. I.", la Corte no sólo se alejó, sino que equivocó el camino)—, no estamos, estrictamente, dentro del supuesto de las contribuciones del art. 4º, CN.

Como hemos visto, el "individuo-contribuyente" se encuentra vinculado a su comunidad nacional por una relación que hemos denominado "organizativa general". Ésta le genera diversos derechos y deberes, dentro de estos últimos el de participar en el sostenimiento económico de la organización-gobierno de manera no estrictamente voluntaria, indiferenciada, por la sola pertenencia del sujeto a "la población", dentro del hecho imponible previsto en la norma, y en una medida proporcional y equitativa.

Las mencionadas características de este último tipo de contribuciones justifican la aplicación del principio de "reserva de ley", que obliga a que aquéllas sean creadas por el Congreso. Se trata de una garantía especial en favor de quien se ve obligado a realizar un esfuerzo económico a favor de la comunidad general, sólo en razón de su pertenencia a ella según un interés que, aunque pudiese ser muy fuerte, será siempre indeterminado.

En cambio, en la hipótesis de las cargas impuestas por razón de las "relaciones organizativas específicas", la aplicación de tal principio carece, no sólo de sentido, sino de base constitucional alguna. La creación de la carga es una competencia propia de la Administración, siempre que dicha competencia resulte de una ley del Congreso, lo que responde al principio de la "sujeción positiva a la ley", base de la denominada "Administración de legalidad". Según este principio, recordemos, la Administración sólo puede hacer lo que la ley le manda o autoriza a hacer. Es decir, la Administración sólo puede actuar en el marco de su competencia, aun aquella implícita o "por necesidad".

Entre las competencias que la ley —o un reglamento administrativo, si la autoridad reglamentaria tuviese competencia para ello— puede otorgarle a la Administración —en cualquiera de sus organizaciones y niveles— está la de imponer cargas dinerarias para aquellos "individuos-administrados" que, persiguiendo un interés propio y específico, voluntariamente se coloquen, en la medida necesaria para satisfacer tal interés, en la situación de establecer una "relación organizativa específica" con la misma Administración o con sus delegados.

Como en todas las instituciones jurídicas, la aplicación de lo anterior está sujeta a los límites de constitucionalidad, expresos o implícitos (razonables). Debemos estar frente a actividades que puedan razonablemente ser consideradas materialmente administrativas, en el sentido de especialmente propias del ámbito organizativo de la Administración. La carga debe ser razonable, tanto en lo que respecta a la ocasión que la justifica, como en su monto, que debe ser por naturaleza reducido, sin que resulte imprescindible que, en la totalidad de lo pagado por los administrados, se sostenga totalmente el presupuesto de gastos de la unidad administrativa, o la totalidad de sus costos de funcionamiento. Precisamente puede haber, y normalmente la hay (aunque no necesariamente en el caso de las concesiones viales), una concurrencia entre las contribuciones del art. 4º, CN, con estas cargas específicas, también habitualmente con mayor incidencia de las primeras.

El "peaje" es una especie de recurso público perteneciente al genero "carga económica administrativa", con fuente en los arts. 75, inc. 18, *in fine*, 99, incs. 1º y 2º, 100, incs. 1º y 2º, y 103, CN, según el régimen establecido por el Congreso Federal, principalmente, en las leyes 17.520 y 23.696. Como tal, *es una institución típicamente administrativa, regida —en el ámbito de la función administrativa— por el derecho administrativo*, sin perjuicio de que pueda preverse la aplicación supletoria de determinadas disposiciones del derecho tributario y/o del derecho civil y de las pertinentes reglas de la aplicación analógica de otras disposiciones del ordenamiento normativo, especialmente de aquellas dos ramas de éste.

IV. Las "relaciones organizativas específicas" y las "relaciones especiales de sujeción"

La doctrina que hemos desarrollado hasta aquí, basada en el concepto de las "relaciones organizativas específicas", tiene mucha similitud en la doctrina, de origen alemán, de las "relaciones especiales de sujeción" y ciertamente se inspira en ella, aunque con las diferencias que señalaremos.

Por "relación de sujeción" se quiere indicar "la dependencia jurídica, en su sentido más amplio, en la que se encuentra el súbdito frente al Estado", mientras que la "relación especial" hace referencia "a esa acentuada dependencia que se establece a favor de un determinado fin de la Administración Pública para todos aquellos que [se] entren en esa prevista estructura especial", indica Gallego Anabitarte relatando las posturas de los autores alemanes. Genera "un estado de libertad restringida en el cual el afectado se tiene que ajustar a lo que le exija el fin de la Administración Pública", en una situación que se genera sin que el administrado haya podido "establecer con anterioridad la extensión y el contenido de las prestaciones" y que se caracteriza, además, por "la sustitución del acto administrativo por la instrucción" y por el hecho "de que el individuo tiene que obedecer órdenes, las cuales no tienen su origen directamente en la ley, sino en el derecho creado por la ley, para ordenar".

Entre "las figuras jurídico-administrativas" que caen dentro de esta categorización se encuentra la "utilización de un establecimiento público", aunque el mismo Gallego Anabitarte la pone en duda, así como niega que corresponda a aquella categoría "la prestación administrativa en forma de servicio de abastecimiento (gas, luz, etc.)". En cambio, esta última especie es aceptada por García de Enterría y Ramón Fernández. Éstos se refieren a las "potestades de supremacía general y de supremacía especial (o insertas en una relación general o especial de poder) (...) Las primeras sujetan a todos los ciudadanos por su condición abstracta de tales, en cuanto súbditos del poder público, sin necesidad de títulos concretos. Las segundas sólo son ejercitables sobre quienes están en una situación organizatoria determinada de subordinación, derivada de un título concreto: sobre los funcionarios o los usuarios de los servicios públicos (así la potestad disciplinaria, los soldados, los presos, etc.)".

Para Gallego Anabitarte, las notas que caracterizan a las relaciones especiales de sujeción son las siguientes : "...acentuada situación de dependencia, de la cual emanan determinadas obligaciones; estado general de libertad limitada; existencia de una relación personal; imposibilidad de establecer de antemano extensión y contenido de las prestaciones, así como la intensidad de las necesarias intervenciones coactivas en la esfera de los afectados; el hecho de que el individuo tiene que obedecer órdenes, las cuales no emanan directamente de Ley; el hecho de que esta situación se explique en razón de un determinado fin administrativo; la alusión a un elemento de voluntariedad en dicha situación de sometimiento; el admitir, expresa o tácitamente, que la justificación de dicha relación se encuentra en la necesidad de una eficiencia y productividad administrativa".

De más está destacar el parentesco sustancial entre nuestras "relaciones organizativas específicas" y las "relaciones especiales de sujeción". Sin duda las primeras se inspiran en las segundas y coinciden, en general, en el ámbito material al que se aplican.

Pero no hemos querido establecer una mera distinción de denominación, aun cuando esto no deja de tener su importancia. A través del cambio de nombre quisimos destacar el elemento organizativo por sobre el elemento "subordinativo", a la organización antes que la sujeción. Dado que la organización es, como uno de sus caracteres principales, coordinación, estamos subrayando la coordinación por sobre la subordinación.

Aquélla es, precisamente, una de las diferencias fundamentales entre los dos conceptos: en las relaciones organizativas específicas la sujeción no es una nota sustancial, ya que puede estar disminuida hasta alcanzar un nivel intrascendente. ¿Cuál es la sujeción especial a la que el usuario de una carretera por peaje se vería sometido? Existen normas de policía, pero éstas, conceptualmente, no significan un plus con relación a las que deben someterse los automovilistas en las calles de una ciudad, de manera que tal régimen de policía no serviría para identificar el supuesto que nos interesa, sin perjuicio de que, en nuestra experiencia, la autoridad policial es distinta de la autoridad —Administración o su delegado-concesionario— que gestiona y/o conserva la ruta. En realidad, a la única regulación especial a la que el usuario se ve sometido es la del pago del peaje, pero esto, más que indicar una subordinación, indica el peso de una carga en aras de la satisfacción del propio interés del usuario.

El punto anterior nos lleva a señalar otra diferencia: en las relaciones organizativas específicas se destaca, más que el interés de la Administración, el interés del administrado, ya sea a la atención de su salud, o a recibir educación, o a obtener la habilitación para la instalación de un determinado local comercial, o a registrar su sociedad comercial, o a recibir el servicio eléctrico, o a transitar por un determinado camino. Es cierto que todos éstos son también intereses públicos, de bien común, englobados en la "cláusula de progreso" constitucional: si todos los administrados logran estos fines, la comunidad política toda se beneficiará. Pero el acento está puesto sobre el interés particular, en la calidad de sujeto privilegiado del usuario, lo que nos acerca, en definitiva, a la intención de la Corte Suprema cuando subraya la idea de la "relación de consumo", aunque esta explicación, por sí sola, no resulte satisfactoria.

Lo expuesto no significa que rechacemos el instituto de las "relaciones especiales de sujeción". Quizás se trate de una cuestión de grado, de coloración, de manera que cuando lo que más se destaca es la subordinación —por ejemplo, en el caso de las fuerzas armadas o de seguridad, con respecto a sus miembros— estaremos ante una relación especial de sujeción, mientras que cuando lo que más se destaca es la coordinación, estaremos ante una relación organizativa específica. Notemos que desde la coordinación podemos identificar otros caracteres, como la comunidad de intereses usuario-prestador, sin perjuicio de la preeminencia cualitativa del interés del primero.

En este sentido, sólo cabe coincidir con Gallego Anabitarte cuando afirma que "las relaciones especiales de sujeción" deben mencionarse así, en plural y no en singular, ya que no se trata de una categoría en el sentido estricto de la expresión, es decir, un concepto genérico con datos esenciales predicables por igual en todas sus especies, sino de una "categoría instrumental", sólo un marco de referencia para explicar fenómenos que se parecen, pero que no son totalmente iguales.

V. ¿Competencia legislativa o zona de reserva de la Administración? El principio de la "interpretación funcional más conveniente"

Si el peaje, o los cargos específicos u otras cargas económicas similares tuviesen naturaleza tributaria, estaríamos frente a un posible problema constitucional, ya que podría cuestionarse la suficiencia de la base normativa de la "imposición".

Notemos que si bien las cargas son o bien conceptualmente creadas, o bien expresamente autorizadas por leyes del Congreso, la definición de su monto, aplicación, duración y otros aspectos quedan en competencia de la Administración, lo cual es inevitable, ya que son datos que dependen de la ecuación económico financiera de cada contrato en particular. Cabe destacar que el legislador —de la ley 17.520 y de la ley 26.095, por ejemplo— no se ha esforzado en seguir los lineamientos del art. 76, CN, a los efectos de otorgar una delegación de competencia en la materia, lo que, a nuestro entender, hubiese sido válido.

Pero lo cierto es que tal delegación no se encuentra, al momento, admitida por la Corte Suprema, ni el Congreso pretendió hacerla en el caso que nos ocupa, lo que, por otra parte, es un claro indicio de que el legislador no ha considerado a esa materia de su propia "provincia" (como suele decir la Corte norteamericana). Es plausible considerar, entonces, que el Congreso entendió que se encontraba ante "materias de administración", no atribuidas por la Constitución al Poder Legislativo, y por tanto *de imposible delegación* —nadie puede delegar lo que no posee—, sin perjuicio de la propia competencia del legislador para regular la, a la vez, competencia ejecutiva en aquellas cuestiones que puedan afectar las garantías del art. 14, CN, además de la competencia expansiva otorgada al Congreso por el art. 75, inc. 32, CN, como ya lo hemos mencionado más arriba.

La interpretación anterior, nos parece, es plausible en sí misma. Pero lo es también a la luz de un principio que podemos denominar "de la interpretación funcional más conveniente" y que podría ser enunciado de la siguiente manera: siendo razonablemente posibles dos interpretaciones de una norma, de la jerarquía que sea, referida al funcionamiento del sector público, y a igualdad de incidencia de cualquiera de esas interpretaciones sobre los derechos individuales, se debe preferir a aquella opción interpretativa que permita, facilite o mejore el cumplimiento del cometido público correspondiente.

En la hipótesis que nos ocupa, nos enfrentamos a dos interpretaciones posibles y razonables. Una es la de "Arenera del Libertador", en un sentido estricto, según la cual las que aquí hemos denominado "cargas especiales", como el peaje, tienen *naturaleza tributaria*. Por lo demás, todo lo que tenga naturaleza tributaria se encuentra sujeto al principio de la "reserva de ley" (conf. art. 4, CN) que impide la delegación legislativa e, incluso, la reglamentación ejecutiva, al menos que ésta sea sólo de detalle, casi de aplicación matemática (característica que no ofrece el sistema de la ley 17.250, por ejemplo). Otra construcción plausible es la que hemos desarrollado hasta este punto, según la cual estamos en la zona de reserva de la Administración y de las relaciones especiales entre la Administración y los administrados-usuarios. Estos últimos persiguen de la Administración la *satisfacción de un interés propio sólo obtenible en el seno de una especial organización administrativa*, para lo cual la organización administrativa le impone el cumplimiento de una "carga" de contenido dinerario, en la medida de la atribución material de competencia y la razonabilidad de su ejercicio, siempre de acuerdo con lo establecido por el art. 7º, Ley de Procedimientos Administrativos 19.549, sin perjuicio del respeto por los restantes elementos de validez estructural allí establecidos.

La diferencia entre una y otra interpretación consiste en que, en la primera, para cada contrato de concesión vial, o figuras contractuales semejantes, debe intervenir el Congreso, quien, además de carecer del *expertise* necesario, demorará la actuación de la administración en áreas tan sensibles para el bien común y para la satisfacción del interés del administrado-usuario. La demora o el impedimento dependerán normalmente, por otra parte, del estado y calidad de las relaciones entre el presidente y el Congreso.

Por lo demás, ambas interpretaciones inciden en igual medida en los derechos del administrado-usuario, quien, en cualquier caso, se verá —si las tarifas son las adecuadas— afectado de la misma manera en su patrimonio.

Es cierto que la intervención previa del Congreso es una garantía mayor en beneficio del sistema y de cada uno de los individuos que componen la comunidad. Pero ésta es una garantía que puede considerarse sustancial sólo en excepcionales casos, por ejemplo, en aquellos en los que por la entidad, alcances, efectos, de la imposición, no pueda negarse que tenga naturaleza tributaria, o cuando el legislador así lo decida. Pero si no se da tal entidad y el legislador no decide atraer la materia al terreno de su propia competencia, aquella garantía dejará de ser indispensable, improrrogable e irrenunciable.

Además, la mencionada garantía —en cuanto intervención del Congreso— sigue rigiendo, aun en nuestra opción interpretativa, *a posteriori*, lo que, si bien es cierto que la debilita, al menos teóricamente, implica también que no se verá eliminada. Estamos haciendo referencia, además de los medios tradicionales de intervención del Congreso —pedido de informes verbales o escritos; ley, juicio político—, a las nuevas competencias del Congreso, introducidas o explicitadas por la reforma constitucional de 1994, como la del control funcional específico del art. 85, la intervención de la Auditoría General de la Nación, establecida en la misma norma, la interpelación, censura y posible remoción del jefe de Gabinete (art. 101, CN), la no aprobación de la "cuenta de percepción e inversión" (art. 75, inc. 8º, CN), entre las más importantes.

Por estas razones, además de creerla acertada en sí misma, optamos por la opción interpretativa que facilita el cumplimiento de la "cláusula de progreso", según lo establecido en el art. 75, inc. 18, CN.

a Corte revocó la sentencia de mérito que había rechazado la demanda del damnificado).

VI. La delegación transestructural de cometidos

¿Por qué un particular puede percibir una carga administrativa que se asemeja —y reemplaza— a las "contribuciones" previstas en el art. 4º, CN?

Sin duda la podría percibir una autoridad pública, como un registro público, o la organización encargada de tramitar y expedir documentos de identidad, o la encomendada para la realización de determinadas tramitaciones, o también un ente público, perteneciente al sector público del ordenamiento, encomendado con la construcción, mantenimiento y explotación de vías de tránsito por peaje. En todos estos casos no nos haríamos la misma pregunta. Pero si cabe hacerla cuando el receptor de la carga económica es un particular.

Nosotros hemos explicado esta competencia a través de la que hemos llamado "delegación tranestructural de cometidos administrativos", delegación que establece una especial relación de derecho público entre un sujeto público y un sujeto privado.

Resumiendo, digamos que el sujeto público (delegante, concedente en el caso) transfiere a favor de un sujeto privado (delegado, concesionario) el ejercicio de determinados cometidos que integran la competencia propia del delegante y que por ello deben ser calificados cometidos públicos.

Como en cualquier caso de delegación, lo delegado no es la competencia, que siempre restará de titularidad del delegante, sino simplemente su ejercicio. Es una delegación *"transestructural"*, ya que tal competencia se realiza hacia afuera de la estructura o conjunto subjetivo u orgánico del sector público, en beneficio de un sujeto integrante del sector privado.

Como en toda delegación, el delegado sustituye al delegado en el ejercicio del cometido transferido, y así tiene para sí los atributos delegados y aquellos que le son inherentes para el cumplimiento de la delegación, entre ellos la de percibir las tarifas, aunque estas sen fijadas por el delegante. Este conserva, por lo demás, la potestad de recuperar en cualquier momento el ejercicio de lo cometidos transferidos ya sea por revocación de la delegación por razones de interés público, o bien por rescisión de la misma por incumplimientos del delegante.

Sin duda la relación entre delegante y delegado es de derecho público, pero también lo será la relación entre el delegado y el administrado o usuario en todo aquello que haga al núcleo público del cometido transferido: en un supuesto de concesión por peaje, sin duda todo lo relativo al uso de la vía de tránsito, incluyendo la tarifa.

Es que la modalidad de asociación pública-privada que la figura concesional supone entre concedente y concesionario, o entre titular de la obra, de la competencia para ejecutarla o hacerla ejecutar y para administrarla, y el particular encargado de construir y financiar la construcción y luego, generalmente, recuperar total o parcialmente lo invertido mediante los cargos a percibir de los usuarios, tal asociación pública-privada no puede modificar la situación del administrado usuario en su calidad de sujeto de la relación jurídica administrativa. Se trata, dicha asociación, solo de un medio de financiación de los gastos públicos y de gestión se supone que más eficiente y eficaz de los recursos públicos. La experiencia confirma este aserto.

Referencias

BARRA, Rodolfo Carlos. *Tratado de derecho administrativo*. Buenos Aires: Abaco, t. 1; 2; 3 y 4.

FORSTHOFF, Ernst. *Tratado de derecho adminitrativo*. Madrid: IEP.

GALLEGO ANABITARTE, Alfredo. Las relaciones especiales de sujeción y el principio de legalidad de la administración. *Colección Centenario Revista de Administración Pública*, INAP, Colección Estudios Adminstrativos, INAP, Madrid.

GARCÍA DE ENTERRÍA, Eduardo; FERNÁNDEZ, Tomás R. *Curso de derecho administrativo*. Madrid: Civitas.

Informação bibliográfica deste texto, conforme a NBR 6023:2002 da Associação Brasileira de Normas Técnicas (ABNT):

BARRA, Rodolfo C. Naturaleza de la financiacion privada de infraestructura pública. *In*: SILVEIRA, Raquel Dias da; CASTRO, Rodrigo Pironti Aguirre de (Coord.). *Estudos dirigidos de gestão pública na América Latina*. Belo Horizonte: Fórum, 2011. v. 1, p. 299-325. ISBN 978-85-7700-432-4.

Notas sobre as Licitações por Pregão e as Fraudes: Breves Reflexões e a Desconstrução de um Mito

Rodrigo Pironti Aguirre de Castro
Luis Eduardo Coimbra de Manuel

Sumário: Introdução – Aspectos gerais da modalidade pregão – O interesse público na máxima difusão do pregão – O problema da competição entre iguais – Algumas formas de desvirtuamento – Conclusões

Introdução

À medida que verificamos as propostas realizadas no período eleitoral ou analisamos os frequentes embates políticos em face da corrupção em nosso país, percebemos que além das já conhecidas promessas realizadas pelos candidatos a qualquer cargo eletivo — notadamente nas áreas de saúde, educação, segurança e habitação —, é certo que uma frase será fatalmente ouvida de quase a totalidade dos pretensos agentes políticos: "Vou acabar com a corrupção nas licitações públicas. Vou fazer todas as compras por pregão eletrônico".

Numa primeira análise, tal afirmação soa coerente; afinal, o pregão eletrônico remove alguns óbices à participação de um maior número de interessados (como a distância física) e também à identificação prévia dos licitantes e/ou do conteúdo de suas propostas. Tais circunstâncias dificultam práticas de conluio entre licitantes ou a formação de cartéis.

No entanto, e ao contrário do que se possa supor em uma análise perfunctória, o pregão não é apto a eliminar as possibilidades de fraude nas licitações, mas apenas a provocar uma espécie de metamorfose, em que a camuflagem ou a nova roupagem da fraude resta, inclusive, mais difícil e tecnicamente mais complexa de ser detectada, e é nesse sentido que propomos o presente estudo.

Como o advento do pregão é relativamente recente, ainda são escassos os precedentes jurisprudenciais, os estudos técnicos e os eventuais casos emblemáticos a propósito do tema.

Sem a pretensão de esgotar o assunto ou revesti-lo de profunda cientificidade, o presente ensaio tem o intuito de alertar para algumas espécies de fraude que vêm sendo reveladas na *praxis*, no intuito de permitir ao estudioso do direito e aos administradores públicos a detecção dessas práticas fraudulentas e a preveni-las para a moralização das contratações públicas.

Aspectos gerais da modalidade pregão

O pregão surge no ordenamento jurídico brasileiro a partir da edição da Lei Geral de Telecomunicações (LGT) (Lei nº 9.472/97), com utilização inicialmente restrita à ANATEL.

Posteriormente, seu uso foi estendido para toda a Administração Federal (pela Medida Provisória nº 2.026/00 e suas várias reedições) e, mais tarde, para todos os entes Federados, com a edição da Lei nº 10.520/2002.

O procedimento utilizado nesta modalidade guarda diversos elementos de distintividade em relação às modalidades mais "tradicionais" de licitação, como por exemplo a inversão de fases (proposta e habilitação), a celeridade (pelos prazos mais reduzidos) e a dissociação da proposta (oferta de lances após o recebimento das propostas iniciais).

Importa notar, no entanto, que o pregão sempre foi vocacionado à aquisição de bens e serviços comuns (como já previam o art. 56 da LGT e o art. 1º da MP nº 2.026/00).

A definição de "bens e serviços comuns", conforme a Lei nº 10.520/02 (art. 1º, parágrafo único) é conceito cujo conteúdo jamais logrou alcançar consenso na doutrina. A *praxis*, no entanto, vem demonstrando que os agentes públicos tendem a dar uma interpretação altamente extensiva do que pode ser entendido por "bens e serviços comuns".

Esta constatação decorre do fato de que não vem sendo adequadamente estabelecida a distinção entre a *descrição detalhada do objeto* (que é condição de *validade* da licitação – v. Súmula nº 177 do TCU)[1] com a sua *caracterização como bem ou serviço comum*.

Numa interpretação mais radical desta leitura — e que parece estar assumindo posição dominante na Administração Pública — chegar-se-ia a uma única conclusão possível, qual seja: no que se refere às modalidades de licitação destinadas a aquisições (convite, tomada de preços e concorrência) e seus respectivos tipos e procedimentos, a Lei nº 8.666/93 estaria diminuindo seu campo de incidência, exceto para obras e serviços de engenharia, por expressa vedação regulamentar (Decreto nº 3.555/00, art. 5º).

No entanto, e como será mencionado mais adiante, não só essa leitura é simplista, como também novas normas atinentes às demais modalidades continuam a ser editadas, o que permite antecipar uma conclusão: por mais que vivamos na pós-modernidade e numa sociedade de massas,[2] nem todo bem ou serviço é comum, independentemente da amplitude da definição que se queira emprestar a "comum".

Ponto que merece destaque, conforme já mencionado em momento anterior, é que, desde o seu advento, um dos maiores fatores de distintividade do pregão foi a inversão de fases.

---

[1] A definição precisa e suficiente do objeto licitado constitui regra indispensável da competição, até mesmo como pressuposto do postulado de igualdade entre os licitantes, do qual é subsidiário o princípio da publicidade, que envolve o conhecimento, pelos concorrentes potenciais das condições básicas da licitação, constituindo, na hipótese particular da licitação para compra, a quantidade demandada em uma das especificações mínimas e essenciais à definição do objeto do pregão.

[2] Uma origem bastante provável dessa noção intuitiva de que todo bem ou serviço produzido em escala industrial possa ser qualificado como "comum" decorre da busca da otimização dos fatores de produção por intermédio da produção em massa e seriada, desencadeada a partir da Revolução Industrial. O maior símbolo dessa massificação era a linha de produção, desenvolvida a partir do início do Século XX, tendo seu maior expoente em Henry Ford, que em sua autobiografia afirmava que: "O cliente pode ter o carro da cor que quiser, contanto que seja preto", refletindo a dificuldade técnica e a antieconomicidade de produzir-se algo que não fosse estritamente padronizado. A padronização era, então, o único modo racional de produção.
Esse paradigma, da produção em massa e baseada apenas na padronização e no volume, foi gradativamente superado a partir dos anos 1980, com o advento de novos sistemas e tecnologias de produção, em especial pelos japoneses, com técnicas como o "just-in-time" e o "kaizen", que permitiram a chamada "customização em massa", ou seja, a produção celular, desenvolvendo-se produtos em lotes menores e adaptados a segmentos de mercado mais específicos.
Exemplificando, em contraposição à linha de produção massificada e inflexível de Ford, a indústria japonesa desenvolveu, a partir do início dos anos 1990, técnicas de produção que permitiam a fabricação de um carro após o mesmo ter sido vendido, na cor e com os opcionais escolhidos pelo cliente, sem que este tivesse de pagar ou esperar mais por tal comodidade.

Dessa forma, somente seriam analisadas as qualificações subjetivas daqueles proponentes que viessem a ofertar as propostas em tese mais vantajosas. Com a adoção desse procedimento — também em tese — seriam evitadas longas disputas judiciais envolvendo aspectos de qualificação dos licitantes que não estivessem "diretamente" envolvidos na disputa, por terem propostas não competitivas.

Para compreender a lógica que inspirou tanto o pregão quanto a inversão de fases do procedimento licitatório, é necessário interpretar-se a realidade pretérita das licitações e também a *ratio essendi* das modalidades até então existentes.

Apontam os estudiosos do tema que tanto o Decreto-Lei nº 2.300/86 quanto a Lei nº 8.666/93 foram pensados para a realização de licitações de obras e serviços de engenharia.[3] Nesses casos, as necessidades de exaustiva análise dos atributos do licitante e de extremo detalhamento das propostas são circunstâncias que recomendam que haja, no procedimento administrativo, um processo de cognição, por assim dizer, "exauriente", já que essas contratações acabam por envolver significativos recursos financeiros e materiais.

Ocorre que, até a adoção do pregão, toda e qualquer licitação acabava por seguir essencialmente o mesmo rito de uma sofisticada obra de engenharia, com pequenas variações quanto a prazos em função do valor estimado para a contratação, ainda que o objeto da contratação fosse, por exemplo, simples material de expediente ou água mineral.

Como grande parte dos procedimentos licitatórios destina-se à aquisição de bens "singelos", não fazia sentido utilizar o mesmo rito para toda e qualquer aquisição, mormente quando — *pela utilização do que o Código de Processo Civil denomina como "regras de experiência comum" (art. 335)* — fosse possível realizar-se, na própria sessão de abertura, a análise das propostas e a sua admissibilidade.

É nesse sentido a lição de Luis Humberto Bezerra Pinheiro,[4] quando ressalta que "a lei restringe o pregão às contratações nas quais a inadimplência da contratada não cause prejuízos econômicos para a Administração Pública". E é com base nessa lógica[5] que o pregão foi desenvolvido e implementado.

---

[3] Por todos, v. MENDES, Renato Geraldo. *O regime jurídico da contratação pública*. Curitiba: Zênite, 2008. p. 23.

[4] *Licitações e contratos administrativos*: apontamentos. Leme, SP: JH Mizuno, 2009. p. 118.

[5] Reforça-se que a premissa utilizada para o dimensionamento do pregão no contexto do presente estudo cinge-se ao direito pátrio, excluído desse panorama geral a verificação da importação do direito comparado, o que demandaria outro enfoque.

O interesse público na máxima difusão do pregão

A rápida difusão do pregão explica-se por um detalhe brevemente referido no tópico anterior, qual seja, de que a maioria dos *procedimentos* licitatórios (e não necessariamente dos *gastos públicos* com contratações junto a terceiros) tem como objetivo a aquisição de bens ou serviços de natureza corriqueira, destinados a aquisições "rotineiras".

Nesse grupo encontram-se, por exemplo, materiais de escritório (papel, cartuchos de impressora, canetas), combustíveis, lâmpadas de iluminação, café, água mineral, móveis, e assim por diante.

Em tais situações, prepondera a avaliação do aspecto econômico da proposta (vale dizer, o menor preço — art. 4º, X da Lei nº 10.520/2002) como forma de obtenção da proposta mais vantajosa sobre qualquer outro (técnica, elementos subjetivos do proponente, etc.).

Por óbvio, não é necessário para essas aquisições a realização de procedimentos mais complexos, até mesmo em respeito ao princípio constitucional da eficiência na atividade administrativa. Nesse sentido, várias justificativas podem explicar a desnecessidade do formalismo exagerado para tais licitações, que podem ser resumidas, essencialmente, em apenas três:

A primeira, de que sendo os bens (ou serviços) eminentemente fungíveis entre si, é possível estimular a redução de preços por meio de lances, sem comprometer-se a qualidade da prestação.

A segunda, de que a eventual desconformidade da oferta em relação à prestação requerida poderia ser aferida *prima facie*, na própria seção, pelas já citadas regras de experiência comum e pelo próprio pregoeiro, sem a necessidade de análise mais detida.

Conforme assevera Luis Humberto Bezerra Pinheiro, "a limitação legal ao campo de aplicação do pregão não decorre, evidentemente, da simpatia gratuita ou antipatia do legislador por aquisição de bens e serviços comuns". E complementa: "Circunscrever o uso do pregão à aquisição de bens e serviços comuns, é bom deixar bem claro, não afasta o risco de inadimplência por parte da contratada, mas elimina os efeitos danosos na hipótese de sua ocorrência".[6]

Por fim, a terceira justificativa é a de que o êxito da contratação dependeria muito mais da coisa que é ofertada do que do sujeito que a oferta, sendo que a análise da proposta em si deveria merecer atenção tão detida, senão mais específica, que a análise das qualificações pessoais do sujeito.

---

[6] *Licitações e contratos administrativos*: apontamentos. Leme, SP: JH Mizuno, 2009. p. 118.

Diante disso, é possível afirmar — opção reiterada pelo art. 4º do Decreto 5.450/05 — que à Administração interessa a adoção do pregão, em detrimento das demais modalidades, sempre que essa adoção for possível.

Isto, no entanto, não autoriza a interpretação de que o pregão deverá ser adotado em todas as hipóteses, até mesmo porque as demais modalidades e tipos de licitação não foram revogados e nem tiveram afastada sua aplicabilidade.[7]

Conforme corretamente observa a professora Vera Monteiro, na reedição de sua obra *Licitação na Modalidade de Pregão*, "a licitação não é um fim em si mesmo, nem o pregão é a solução de todos os problemas na rotina das contratações públicas".

O problema da competição entre iguais

O grande desafio do pregão diz respeito à observância do princípio constitucional da isonomia entre os licitantes, reafirmado pelo art. 3º da Lei nº 8.666/93.

Se nas demais modalidades de licitação o eventual comparecimento de licitantes que não tenham condições de oferecer a prestação requerida não traz maiores prejuízos à Administração e nem à isonomia entre os licitantes (porque a fase de habilitação realizada anteriormente terá sanado qualquer irregularidade ou distorção a esse título por ocasião da análise das propostas), a realização da habilitação em momento posterior à análise das propostas (e da realização da etapa de lances) pressupõe postulados éticos mais elevados de todos os licitantes e da própria Administração contratante, o que consubstancia a aplicação do princípio da confiança legítima em tema de licitações e contratos.

É em virtude disso que a doutrina destaca que no pregão deve existir um vínculo mais elevado de confiança entre a Administração e os licitantes, e que a resposta ao descumprimento das condições de habilitação posteriormente à análise das propostas deve se dar na forma de sanções mais graves, justamente pelo desequilíbrio à competição que tal participação "temerária" (de licitantes que ofertam propostas sem reunirem as condições de habilitação) ocasiona.[8]

---

[7] Pela própria natureza jurídica da Lei de Licitações e Contratos, sendo prova disso a continuidade de edição de normas regulamentadoras para as outras modalidades, a exemplo dos recentes Decreto nº 7.174/2.010 e da IN/02/2008 do Ministério do Planejamento.
[8] Remete-se aqui à celebre figura do "coelho" nas competições desportivas de maratona (a mais longa prova do atletismo, com 42km de distância). Trata-se do corredor que inscreve-se

É assim que a Lei do Pregão, em seu art. 7º, prevê sanções bastante graves para esse tipo de situação, notadamente a recusa injustificada à apresentação dos documentos de habilitação, porém, tais prerrogativas — concedidas pela Lei à Administração — raramente são usadas (embora consistam em verdadeiro dever funcional do pregoeiro).

Algumas formas de desvirtuamento

O que a prática vem demonstrando, por certa falta de critério na adoção do pregão, é uma espécie de "revisitação" do fenômeno que, com acato, Marçal Justen Filho[9] denominou de "gincanização das licitações".

No referido artigo o autor criticava o excesso de formalismo que tendia a desclassificar propostas a partir de exigências meramente acessórias ou instrumentais (isso num contexto histórico em que se valorizava sobremaneira o princípio da vinculação ao Edital).

Atualmente, pode-se dizer que o fenômeno da "gincanização" retorna às licitações, desta feita sob a forma de exigências de difícil cumprimento, seja pelos prazos envolvidos, seja pela relativa fragilidade dos mecanismos de controle do pregão quando comparados com os das demais modalidades (efeitos dos recursos, exiguidade de prazos, dentre outros).

Some-se a esse fato a relutância do Poder Judiciário em conceder liminares para paralisar certames licitatórios e ter-se-á um campo fértil para que prosperem condutas reprováveis. Algumas das práticas mais comuns nesse sentido são abaixo elencadas:

a) Editais com projetos básicos ("termos de referência") muito extensos

É cada vez mais comum encontrar-se editais de pregão cujo "termo de referência" (denominação adotada pela Lei do Pregão em detrimento de "projeto básico") possua algumas centenas de páginas, que precisam ser corretamente lidas e interpretadas para a correta formulação de propostas.

Ainda que muitas dessas descrições possam compreender a noção de "bem ou serviço comum" (padrões de desempenho e qualidade objetivamente definidos), a própria análise do objeto e o preparo

---

na prova de maratona com o intuito de correr apenas uma parte do percurso, normalmente de 5 ou 10km, e depois abandonar a competição. É evidente que, se os corredores que efetivamente disputam a prova da maratona tentarem acompanhar o ritmo desse corredor, que normalmente "dispara" na frente, não reunirão fôlego para completar o percurso. Neste exemplo, os competidores sérios que ignorarem a presença do "coelho" como tal, terão sido irremediavelmente prejudicados.

[9] *ILC – Informativo de Licitações e Contratos*, 996/94, dez. 2001.

das propostas podem não ser factíveis de realização no prazo de 8 (oito) dias úteis do pregão. Afinal, há diversos prazos envolvidos no preparo da proposta que podem escapar ao controle do licitante interessado (obtenção e registro de atestados, por exemplo — o que será tratado mais adiante).

Para além disso, quanto mais extensa e dificultosa for a descrição do objeto, potencialmente maior será a probabilidade de necessitar-se de esclarecimentos para que seja possível a formulação da proposta.

b) O transbordamento de exigências de qualificação técnica

A comando do art. 37, XXI da Constituição de 1988, as exigências de qualificação técnica em licitações devem ser apenas aquelas "indispensáveis ao cumprimento das obrigações".[10]

A Lei nº 8.666/93, ao regulamentar tal dispositivo, estabeleceu um rol máximo e exaustivo dessas exigências, o qual também é aplicável aos pregões.

No entanto, não é raro que os agentes públicos tendam a qualificar todo e qualquer documento de índole técnica como "atestado" (que, no dizer do art. 30, II da Lei Geral de Licitações, deve cingir-se à experiência pretérita do licitante em prestação análoga), a despeito de sua natureza jurídica.

Nesse diapasão, documentos com natureza de contrato (como "parcerias tecnológicas") ou constitutivos de direito (como certificações de qualidade) são erroneamente qualificados como admissíveis para a qualificação técnica, e acabam por levar a sucessivas rejeições de propostas (e, por vezes, às intermináveis disputas judiciais que o pregão deveria evitar).

c) A desproporcionalidade das exigências de qualificação técnica em relação à complexidade e à dimensão do objeto

Atendendo ao comando constitucional (art. 37, XXI), as exigências de qualificação técnica (e econômico-financeira) admissíveis numa licitação, como visto, somente podem ser aquelas "indispensáveis ao cumprimento das obrigações".

Sem adentrar a digressões mais profundas acerca do tema, pode-se dizer que seria até mesmo questionável, em muitos casos, a exigência de requisitos de qualificação técnica para a contratação de bens ou serviços comuns, "cujos padrões de desempenho e qualidade possam

---

[10] Para bens e serviços de natureza "comum", estas deveriam ser, em muitos casos, dispensáveis.

ser objetivamente definidos pelo edital, por meio de especificações usuais no mercado" (art. 1º, parágrafo único da Lei nº 10.520/02).

Vale dizer que, ressalvadas eventuais exceções, as aquisições passíveis de serem efetuadas por pregão não demandariam qualquer qualificação técnica pregressa do sujeito licitante, tal seria a sua disponibilidade num determinado mercado por ocasião da contratação.

No entanto, não é isso que se verifica. Os mesmos editais que encerram em si termos de referência bastante extensos, acabam por requisitar, a título de qualificação técnica, um elevado número de documentos dentre o rol previsto no art. 30 da Lei nº 8.666/93, como atestados de capacidade técnica, comprovantes de vistoria, currículos de equipe e de responsável técnico, e assim por diante.

Nada obstante as descrições por vezes extremamente minuciosas do conteúdo de tais documentos, há de se salientar uma circunstância por vezes não examinada, qual seja, que o prazo para a obtenção de tais documentos (notadamente os atestados) escapa ao controle do licitante, e pode ser inviável dentro do prazo de 8 (oito) dias úteis entre a publicação do edital e a sessão de lances.

Em muitos casos, o emitente de tais documentos pode estar em outra unidade da federação, ou os procedimentos da pessoa jurídica de direito público ou privado emissora do atestado podem requerer um trâmite incompatível com a celeridade que se exige do pregão, e assim por diante. Enfim, circunstâncias que seriam absolutamente irrelevantes no prazo de outras modalidades acabam por assumir contornos quase dramáticos no preparo de uma proposta numa licitação por pregão (notadamente se o edital exigir diversos atestados, dezenas de currículos, e assim por diante).

Com relação à exigência de realização de vistoria (conhecimento de todas as informações e das condições locais para o cumprimento das obrigações), apesar da expressa previsão na lei geral (art. 30, III), pode-se dizer que tal condição encerra quase que uma incompatibilidade com a aplicação do pregão, já que o parágrafo único da Lei nº 10.520/02 exige que todo e qualquer requisito relacionado à futura contratação esteja objetivamente descrito no edital, o que não é o caso

d) Limitação (e incompatibilidade) de prazos e de forma para cumprimento de atos prévios

Nada obstante a incompatibilidade de alguns procedimentos (como a vistoria) com o pregão, existem — na prática — seguidas tentativas de impor ainda mais dificuldades à efetivação de tal procedimento, com a limitação de datas para o seu agendamento e eventual nova restrição à data de sua realização. Há casos, inclusive, em que o agendamento da vistoria somente seria possível caso os interessados tivessem conhecimento do edital (e da exigência) no dia de sua publicação.

O mesmo se passa com as impugnações, quando se exige, por exemplo, que se adote a forma escrita e o protocolo na sede do órgão, em expressa contrariedade à exigência do art. 18 do Decreto nº 5.450/2005.

Nesse sentido, ao menos, o Tribunal de Contas da União vem repelindo tal cláusula, conforme consta, dentre outros, do Acórdão nº 2.655/2007-Plenário, de relatoria do Min. Augusto Nardes.

Há ainda a hipótese em que se exijam os registros de atestados junto ao órgão de fiscalização profissional competente, cujos prazos de trâmite administrativo podem ser até mesmo superiores ao prazo de recebimento de propostas do pregão, os já citados 8 (oito dias úteis).

e) A exigência de documentos como condição à assinatura do contrato

Outro procedimento que vem sendo repetidamente adotado (e tolerado pelos tribunais) é a exigência de documentos — que não aqueles exigidos em sede de habilitação — como condição à assinatura do contrato.

Em outras palavras: se um documento que — legal e constitucionalmente — não pode ser exigido como requisito de qualificação técnica ou econômico-financeira vier a interessar à Administração, desloca-se formalmente sua exigência como sendo condição à assinatura do contrato.

Um exemplo clássico desse tipo de exigência são as certificações de qualidade (desde as mais comuns, como ISO9000, até certificações específicas para a atividade objeto da contratação). Outro exemplo são as disponibilizações de equipamentos ou instalações necessárias ao cumprimento do objeto. O que passa despercebido, nesses casos, é que a exigência também desborda dos limites legais, ao menos por dois motivos: a) o primeiro é que, se a exigência deixa de ser — do ponto de vista formal — um requisito de habilitação, do ponto de vista material continuará a sê-lo. Afinal, entre a etapa de habilitação e a etapa de contratação (que logicamente a sucede) normalmente decorrem poucos dias. Assim, se não é viável a obtenção de um documento dessa natureza no prazo da apresentação das propostas, também não o será no prazo da contratação (ao qual, em regra, se acrescem poucos dias); e b) o segundo — e mais singelo — é que a Lei de Licitações prevê apenas os procedimentos de habilitação e propostas (na ordem em que a modalidade os exija). Esclarecendo, se um sujeito foi habilitado e se sua proposta tiver sido aceita, o mesmo estará apto a ser contratado. As exceções, quando existem, estão no próprio texto da Lei (a exemplo da prestação de garantias — art. 56 da Lei nº 8.666/93). Qualquer inovação nesse sentido implica em violação de rito, a teor do art. 4º, parágrafo único, da mesma Lei.

f) A ilusão da competitividade
Como decorrência das considerações anteriores, ao final da sessão de lances alguns cenários podem restar configurados, sendo dois deles os mais comuns:

Numa primeira hipótese, pode-se ver configurada uma reduzida competitividade, com poucos participantes e poucos lances.

Assim, apesar de formalmente ter ocorrido uma competição, em muitos casos esta pode não ter sido privilegiada do ponto de vista material. Isto porque, nas licitações realizadas nas demais modalidades, o ofertante já "abre" (e "fecha") a negociação com a sua melhor oferta, já que não haverá oportunidade para que seja dele exigida uma melhoria na oferta, através do lance.

Já no pregão, sob a ótica do licitante (e com a ressalva da "regra dos 10%" para o pregão presencial — este cada vez menos utilizado), não adentrará a fase de lances com sua melhor oferta (e provavelmente nem com a sua segunda melhor). Ao deparar-se com um número reduzido de ofertantes e de ofertas, o licitante não irá ao seu limite de negociação (nem mesmo no momento de negociação direta junto ao pregoeiro).

Numa segunda — e mais frequente — hipótese, pode-se assistir a uma ferrenha disputa na fase de lances, em que ao final obtém-se uma significativa redução no valor orçado pela Administração. Quando se passa às fases de análise de propostas e habilitação, no entanto, o que se verifica é que as propostas e/ou os documentos de habilitação vão sendo, um após o outro, rejeitados, até que seja declarada vencedora uma licitante que estava muito mal classificada — mas que sabia deter as condições de admissibilidade de sua proposta e de habilitação.

Em ambos os casos, como não há parâmetro universal para determinar-se a competitividade (que deve ter sido garantida, no plano abstrato, pelo acerto das definições na fase interna da licitação), verificada qualquer dessas condições, o interesse público não terá sido integralmente satisfeito.[11]

---

[11] Em muitos casos sequer poder-se-á cogitar a revogação do certame, pelas dificuldades (e eventuais consequências) de tal procedimento.

Conclusões

Ao longo de uma década — a partir da edição da Medida Provisória nº 2.026/00 — o pregão, que vem sendo utilizado em grande escala dentro da Administração Pública (principalmente em sua forma eletrônica), encontra-se consolidado como um avanço e uma importante ferramenta para o cumprimento do princípio da eficiência na atividade administrativa e para o atendimento de grande parte das necessidades de aquisições de bens e serviços pelo Poder Público.

No entanto, isto não autoriza sua adoção indiscriminada e sem critério, em que se correm riscos tanto de inexecução do contrato quanto de contratação de ofertas que não são as mais aptas ao atendimento do interesse público, em nome — única e exclusivamente — da celeridade procedimental (que nem sempre será verificada, como nos casos das sucessivas desclassificações).

Assim, para que o pregão possa ser instrumental no cumprimento do princípio da finalidade (art. 2º, *caput*, da Lei nº 9.784/1999), é necessário que o mesmo veja respeitadas as suas limitações primárias, e que seja utilizado dentro do âmbito para o qual foi pensado,[12] qual seja, a aquisição dos chamados bens e serviços "comuns".

Informação bibliográfica deste texto, conforme a NBR 6023:2002 da Associação Brasileira de Normas Técnicas (ABNT):

CASTRO, Rodrigo Pironti Aguirre de; MANUEL, Luis Eduardo Coimbra de. Notas sobre as licitações por pregão e as fraudes: breves reflexões e a desconstrução de um mito. *In*: SILVEIRA, Raquel Dias da; CASTRO, Rodrigo Pironti Aguirre de (Coord.). *Estudos dirigidos de gestão pública na América Latina*. Belo Horizonte: Fórum, 2011. v. 1, p. 327-338. ISBN 978-85-7700-432-4.

---

[12] MENDES, Renato Geraldo. *O regime jurídico da contratação pública*. Curitiba: Zênite, 2008. p. 58, exemplifica que é possível pregar um prego na parede utilizando-se de um sapato, mas certamente o sapato não foi projetado para essa finalidade.

Profissionalização da Função Pública: a Experiência Brasileira

Romeu Felipe Bacellar Filho

Sumário: 1 Profissionalização da função pública e legitimação da Administração Pública – **2** Constituição de 1988, Administração Pública e princípio da impessoalidade – **3** Profissionalização do servidor público, reforma administrativa e princípio da eficiência – **4** Profissionalização da função pública e princípio da acessibilidade aos cargos e empregos públicos

1 Profissionalização da função pública e legitimação da Administração Pública

No Direito brasileiro, a questão da *profissionalização da função pública* encontra-se intimamente ligada aos postulados constitucionais. Neste trabalho, o tema será tratado utilizando-se como referência a Administração Pública, aparelhamento do Estado que se encontra voltado, por excelência, à satisfação cotidiana das necessidades coletivas,[1] mas não tem legitimidade democrática direta, no máximo, em situações excepcionais, legitimidade apenas indireta.[2]

---

[1] Segundo Jorge Miranda, a função administrativa identifica-se, a partir do critério material, como a atividade de "satisfação constante e quotidiana das necessidades coletivas; prestação de bens e serviços" Cf. MIRANDA, Jorge. *Manual de direito constitucional.* Coimbra: Coimbra Ed. 1997. p. 23. (Actividade constitucional do Estado, t. V).

[2] Os dirigentes são escolhidos por representantes do povo, geralmente, o Chefe do Poder Executivo (Presidente da República), Governadores e Prefeitos com aprovação do Poder Legislativo.

O art. 1º da Constituição pátria estabelece que: "A República Federativa do Brasil, formada pela união indissolúvel dos Estados e Municípios e do Distrito Federal, constitui-se em Estado Democrático de Direito e tem como fundamentos a soberania; a cidadania, a dignidade da pessoa humana; os valores sociais do trabalho e da livre iniciativa; o pluralismo político". Se a cidadania e a dignidade da pessoa humana constituem fundamentos do Estado, o interesse perseguido com o exercício da função administrativa deve encontrar seu principio e fim no interesse dos próprios cidadãos, tanto numa perspectiva individual, quanto coletiva.

Na Itália, Andrea Pubusa sustenta que, diante do princípio democrático e da soberania popular, inexistem interesses do Estado ou dos seus aparatos que não sejam instrumentais em relação à comunidade nem, enfim, decisões despidas de elementos de democraticidade. "O funcionário não serve o governo e comanda os cidadãos, mas serve exclusivamente os cidadãos".[3] A Administração não cuida de interesses do Estado, mas de interesses dos cidadãos.[4]

O contexto espanhol não é diverso. Luciano Parejo Alfonso lembra que a condição democrática do Estado enquanto Estado de Direito constitui a própria base da Administração Pública. Bem por isso é exigida da organização e funcionamento do Estado em seu conjunto, a legitimação de todas as suas estruturas, e, portanto, de todo exercício

---

[3] O autor conclui que a administração não é *puissance pubblique*, mas *servizio pubblico*, na medida em que constitui um dos instrumentos principais do Estado para a realização da igualdade substancial, entendida como criação de igualdade de oportunidades e do princípio de solidariedade sobre o qual se funda o ordenamento jurídico italiano. "Somente" por causa desta sua função, a Administração é dotada, nos casos previstos pela lei, de poderes autoritários. Mesmo assim, em geral, não é o "poder que age", sobretudo porque sempre age menos autoritariamente (prevalece na ação administrativa as prestações e os serviços) e, secundariamente, porque quando age como autoridade, justifica-se tal poder em função de sua instrumentalidade em relação à utilidade social e ao interesse geral. Cf. PUBUSA, Andrea. *Diritti dei cittadini e pubblica amministrazione*. Torino: G. Giappichelli Editore, 1996. p. 48-49.

[4] PUBUSA, Andrea. *Diritti dei cittadini e pubblica amministrazione*. Torino: G. Giappichelli Editore, 1996. p. 49. Sabino Cassese e Rita Perez argumentam que a contraposição Estado-sociedade civil, formulada no século XIX, é somente em parte um dado característico do ordenamento jurídico. A teoria de que o Estado, símbolo da autoridade, está em conflito permanente com a sociedade civil, constituída por cidadãos em luta pela liberdade, vem cedendo espaço a outras relações que não são, necessariamente, de conflito. Ao lado da relação de oposição Estado-cidadão (que se reconduz, por exemplo, ao ceder de polícia), surge outro tipo de relação na qual o Estado desenvolve uma função não negativa, mas positiva, operando a favor dos particulares. Por exemplo, presta serviços públicos, concede financiamentos, entre outros. Cf. CASSESE, Sabino; PEREZ, Rita. *Manuale di diritto pubblico*. Roma: La Nuova Italia Scientifica, 1995. p. 84-85.

de poder mediante sua recondução direta ou indireta ao povo.⁵ Sobre estas bases, a Administração Pública aparece como "poder estatal, igual ao Estado e ao mesmo tempo, organização (sujeito), função (atuação ou atividade) e ordenamento (dotado de uma economia e lógica próprias no seio do ordenamento geral do Estado)".⁶

A Administração Pública legitima-se quando age em conformidade com o interesse público. Neste contexto, a *profissionalização da função pública* constitui instrumento de legitimação da Administração Pública brasileira perante o povo: (i) primeiro, para garantir a observância do princípio da igualdade na escolha de seus agentes, a partir de critérios que possibilitem a aferição daqueles mais preparados para o exercício da profissão, e não num *status* atribuído em razão de um direito de nascença ou pela proximidade pessoal com os governantes; (ii) segundo, para dar cumprimento ao princípio da eficiência, de uma Administração capacitada a responder aos anseios coletivos mediante a prestação de serviços adequados.

2 Constituição de 1988, Administração Pública e princípio da impessoalidade

A Constituição de 1988 inaugurou um capítulo dedicado à Administração Pública. Se uma das pedras de toque do Estado de Direito é a fixação de um regime jurídico administrativo,⁷ a Lei Fundamental optou por consagrar um regime jurídico constitucional-administrativo, findado em princípios constitucionais expressos: legalidade, impessoalidade, moralidade, publicidade e eficiência (art. 37, *caput*).⁸

A disciplina constitucional administrativa traz, então, novos arsenais jurídicos para alteração do quadro tradicional de uma Administração Pública marcada pela pouca atenção dispensada aos direitos e garantias integrantes do patrimônio do cidadão-administrado. Afeiçoado à visão da legalidade a qualquer custo, com desconsideração a outros valores (como, por exemplo, o contido no principio da confiança), o Administrador atuou, por muito tempo, coberto pelo manto da incontestabilidade do interesse público.

---

⁵ PAREJO ALFONSO, Luciano. La administración: función pública. *In*: GARCÍA DE ENTERRÍA, Eduardo; CLAVERO AREVALO, Manuel (Dir.). *El derecho público de finales de siglo*: una perspectiva iberomericana. Madrid: Civitas, 1997. p. 289.
⁶ PAREJO ALFONSO, *op. cit.*, p. 291.
⁷ GARCIA OVIEDO, Carlos. *Derecho administrativo*. 5. ed. Madrid: Pizarro, 1955. p. 476.
⁸ O princípio da eficiência foi inserido pela recente reforma administrativa, operada pela Emenda Constitucional nº 19, de 1998.

É verdade que não se trata de inovação propriamente dita, mas de recepção dos reclames da doutrina que construiu, desde cedo, vias alternativas para elidir a aplicação mecânica da legalidade. Implementou-se, assim, o princípio da finalidade pública segundo o qual, na estipulação pela lei, de competências ao Administrador Público, tem-se em foco um determinado bem jurídico que deva ser suprido. Na apreciação da legalidade de um ato administrativo, é imperioso o exame da observância do escopo legal originário. Caio Tácito e Rui Cirne Lima desenvolveram importante contribuição ao estudo da finalidade pública como parâmetro para avaliação da legalidade.[9]

A finalidade pública está compreendida no princípio da impessoalidade administrativa. Sua observância pela Administração previne o ato praticado de qualquer sentido de individualismo, posicionando-o em conformidade com o bem comum. Se o bem comum não se confunde com a soma dos interesses individuais, deles também não prescinde. O Estado constitui um meio para que os indivíduos e as corporações nele inseridas possam atingir seus respectivos fins particulares. O sentido do bem comum é informado pelas necessidades de cada um e da comunidade. "O bem comum não foge ao direito. De certa maneira é condição da justiça, como princípio e fim ao mesmo tempo, justificando, no sistema político, o equilíbrio entre os poderes, e contendo o estado nas suas atividades, em razão da lei e das garantias que ele mesmo assegura", conforme lição do inolvidável Manoel de Oliveira Franco Sobrinho.

A expressão "poder", estigmatizada durante o período ditatorial brasileiro, encontra-se melhor entendida como prerrogativa. Caso o Administrador Público utilize seu poder além dos limites que a lei lhe confere ou pratique desvio da finalidade pública, há abuso de poder na modalidade do excesso ou do desvio da finalidade. Se todo exercício de poder implica dose de sujeição, de coerção exercida pelo seu detentor sobre os destinatários, o poder não se autorrealiza, configura instrumento de trabalho adequado à realização das tarefas administrativas mediante o atendimento das aspirações coletivas.[10]

---

[9] Segundo Rui Cirne Lima, "é o fim e não a vontade que domina todas as formas de administração (...) preside, destarte, no desenvolvimento da atividade administrativa do Poder Executivo — não o arbítrio que se funda na força — mas a necessidade que decorre da natural persecução de um fim" (LIMA, Rui Cirne. *Princípios de direito administrativo*. 5. ed. São Paulo: Revista dos Tribunais, 1982. p. 21-22). Nesse sentido, Caio Tácito: "A regra de competência não é um cheque em branco" (TÁCITO, Caio. *Direito administrativo*. São Paulo: Saraiva, 1975. p. 5).

[10] "A atividade administrativa não é um fenômeno que se exerça pelo administrador para os interesses da Administração Pública", nas palavras de Sergio Ferraz (Instrumentos de defesa do administrado. *Revista de Direito Administrativo*, Rio de Janeiro, n. 165, p. 22, jul./set. 1986).

O §1º do art. 37 da Constituição Federal, ao tratar da publicidade dos atos, programas, obras, serviços e campanhas dos órgãos públicos, preceitua que esta deverá ter caráter educativo, informativo ou de orientação social, dela não podendo constar nomes, símbolos ou imagens que caracterizem promoção pessoal de autoridades ou servidores públicos. O mandamento — coerente com o princípio da impessoalidade — é claro e direto: o exercício de mandato, cargo, emprego ou função pública configura atividade de natureza impessoal, não sendo lícito transformá-lo em veículo para o alcance de propaganda ou promoção pessoal.[11] O administrador que transgrida este preceito convulsiona, desarmoniza e desacredita a ação administrativa.

A Administração Pública, como visto, tem por função precípua gerir a *res publica*, a coisa pública. Já se disse, com inteira razão, que a administração da coisa pública, até pela especialidade de sua atuação, é radicalmente diversa da administração da coisa privada. A razão é óbvia: o administrador privado, com a voluntariedade e liberdade próprias de quem é dono, age em consonância com o interesse particular. Dispõe dos bens e interesses, colimando um objetivo próprio, pessoal. Ao reverso, porque o administrador público encarrega-se de bens pertencentes à coletividade como um todo, os interesses em jogo são marcados pela indisponibilidade. Afinal, a ninguém é lícito ser desprendido com o que não lhe pertence.

O princípio da impessoalidade implica, para a Administração Pública, o dever de agir segundo regras objetivas e controláveis racionalmente. Desta forma, acentua-se a funcionalidade do agir administrativo e concretiza-se o princípio da igualdade.

3 Profissionalização do servidor público, reforma administrativa e princípio da eficiência

O princípio da eficiência foi inserido pela Emenda Constitucional nº 19 de 1998 entre os princípios constitucionais da Administração Pública elencados no *caput* do art. 37 da CF. O princípio não é inédito no direito comparado: a Constituição Espanhola de 1976 já o prevê, assim também as Leis de Procedimento Administrativo dos países vizinhos

---

[11] Como bem coloca Cármen Lúcia Antunes Rocha, "o princípio da impessoalidade traz o sentido de ausência de rosto do administrador público; de outro, significa, a ausência de nome do administrado" (ROCHA, Cármen Lúcia Antunes. *O princípio constitucional da igualdade*. Belo Horizonte: Lê, 1990. p. 85).

do Brasil, como é o caso, por exemplo, da Argentina, Uruguai e Peru (fala-se em princípio da eficácia). Também não é inédito na doutrina brasileira: Hely Lopes Meirelles já tratava do "dever de eficiência", consagrado no Decreto-Lei nº 200167 e correspondente ao "dever de boa administração" da doutrina italiana.[12]

A licitação e o concurso público configuram, no Brasil, os dois principais instrumentos de garantia da profissionalização da atividade administrativa. Ambos os certames destinam-se à seleção de agentes qualificados, do ponto de vista técnico, para o desempenho de atividades inerentes à Administração Pública. A licitação como mecanismo para seleção de particulares em colaboração com a Administração Pública[13] (notadamente concessionários e permissionários de serviços públicos) e o concurso público, para seleção de servidores públicos, pessoas físicas que prestam serviços ao Estado com vínculo empregatício e mediante remuneração paga pelos cofres públicos.

A Constituição Federal impõe, no art. 37, XXI, a obrigatoriedade de licitação para as contratações administrativas, ressalvados os casos especificados na legislação.[14] Esta mesma exigência é reiterada para as *concessões e permissões de serviços públicos* no art. 175,[15] com linguagem enérgica, ao estabelecer que serão "sempre" precedidas de licitação. Ainda, o inc. IV do art. 175 determina que a Lei deve dispor sobre "a obrigação de manter serviço adequado".[16]

De outro lado, o inciso II do art. 37 consagra o princípio da acessibilidade aos cargos e empregos públicos mediante concurso público

---

[12] MEIRELLES, Hely Lopes. *Direito administrativo brasileiro*. 14. ed. São Paulo: Revista dos Tribunais, 1989. p. 86-87.

[13] Embora exerçam atividade administrativa, não pertencem aos quadros dos servidores públicos, porque não têm vínculo empregatício com o Estado.

[14] Art. 37, inc. XXI: "Ressalvados os casos especificados na legislarão, as obras, serviços, compras e alienações serão contratadas mediante processo de licitação pública que assegure igualdade de condições a todos os concorrentes, mantidas as condições efetivas da proposta, nos termos da lei, o qual somente permitirá exigências de qualificação técnica e econômica indispensáveis à garantia do cumprimento das obrigações".

[15] Art. 175. "Incumbe ao Poder Público, na forma da lei, diretamente ou sob regime de concessão ou permissão, sempre através de licitação, a prestação de serviços públicos".

[16] Por sua vez, a Lei nº 8.987/95 define serviço adequado como aquele "que satisfaz as condições de regularidade, continuidade, eficiência, segurança, atualidade, generalidade, cortesia na sua prestação e modalidade das tarifas" (§1º, do art. 6º). Como observa Celso Antônio Bandeira de Mello, "a licitação visa alcançar duplo objetivo: proporcionar às entidades governamentais possibilidades de realizarem o negócio mais vantajoso (pois a instauração de competição entre ofertastes preordena-se a isto) e assegurar aos administrados ensejo de disputarem a participação nos negócios que as pessoas governamentais pretendem realizar com os particulares" (BANDEIRA DE MELLO, Celso Antônio. *Curso de direito administrativo*. 13. ed. São Paulo: Malheiros, 2001. p. 471.)

como regra, prevendo uma exceção: a livre nomeação e exoneração para os cargos em comissão: "a investidura em cargo ou emprego público depende de aprovação prévia em concurso público de provas ou de provas e títulos, de acordo com a natureza e a complexidade do cargo ou emprego, na forma prevista em lei, ressalvadas as nomeações para cargo em comissão declarado em lei de livre nomeação e exoneração".

O princípio da eficiência constitui peça fundamental da reforma administrativa iniciada nos anos 90 na Administração Pública Federal. "Uma Administração Pública eficiente" é o título do sexto Caderno do Ministério da Administração Federal e Reforma do Estado,[17] que tem início com a seguinte frase emblemática: "O objetivo da reforma é permitir que a administração pública se torne mais eficiente e ofereça ao cidadão mais serviços, com mais qualidade".[18]

A *profissionalização do servidor público* substancia um ponto forte da reforma administrativa operada pela Emenda Constitucional nº 19, de 4 de junho de 1998. O preparo técnico para o desempenho de cargo, emprego ou função pública é condição *sine qua non* para avaliar a eficiência do servidor público. Para além do concurso público, a Constituição consagra vários institutos dispostos àquela finalidade:

(i) O inciso V do art. 37 estabelece que as funções de confiança serão exercidas exclusivamente por servidores ocupantes de cargo efetivo (legitimados pelo crivo do concurso público) prevendo, ainda, restrições no tocante aos cargos em comissão (em que a investidura não depende de concurso público): devem ser preenchidos por servidores de carreira (concursados) conforme percentual mínimo previsto em lei e limitam-se às atribuições de chefia, direção e assessoramento.

(ii) O *caput* do art. 39 prevê a instituição pela União, Estados, Distrito Federal e Municípios do Conselho de Política de Administração e Remuneração de Pessoal, a ser integrado por servidores designados pelos respectivos Poderes (Legislativo, Executivo e Judiciário).

(iii) O §2º do art. 39 estabelece que a União, os Estados e o Distrito Federal deverão manter escolas de governo para a formação e o aperfeiçoamento dos servidores públicos, constituindo-se a participação nos cursos um dos requisitos para a promoção na carreira.

---

[17] Ministério já extinto.
[18] *Cadernos MARE da Reforma do Estado*. Brasília: Ministério da Administração Federal e Reforma do Estado, n. 6, p. 7, 1998.

(iv) O §7º do art. 39 dispõe que Lei da União, dos Estados, do Distrito Federal e dos Municípios disciplinará a aplicação de recursos orçamentários provenientes da economia com despesas correntes em cada órgão, autarquia e fundação, para aplicação no desenvolvimento de programas de qualidade e produtividade, treinamento e desenvolvimento, modernização, reaparelhamento e racionalização do serviço público, inclusive sob a forma de adicional ou prêmio de produtividade.

(v) O §4º do art. 41 passa a contemplar a obrigatoriedade de avaliação especial de desempenho por Comissão instituída para essa finalidade como condição para a aquisição da estabilidade.

De outro lado, a Emenda Constitucional nº 19/98 prevê hipóteses específicas para *responsabilização do servidor* por desempenho funcional ineficiente, para além da apuração e aplicação de sanções disciplinares relacionadas a deveres e proibições funcionais:

(i) O §1º, inc. III, do art. 41 prevê a possibilidade de perda do cargo pelo servidor estável mediante procedimento de avaliação periódica de desempenho, na forma de lei complementar, assegurada ampla defesa.

(ii) O parágrafo único do art. 247 dispõe sobre a perda do cargo do servidor público estável que, em decorrência das atribuições do seu cargo efetivo, desenvolva atividades exclusivas de Estado, na hipótese de insuficiência de desempenho, assegurados o contraditório e a ampla defesa.

(iii) A participação do usuário na Administração Pública direta e indireta deverá ser disciplinada por lei específica. O §3º do art. 37 determina que esta lei deverá regular especialmente as reclamações relativas à prestação de serviços públicos em geral, asseguradas a manutenção de serviços de atendimento ao usuário e a avaliação periódica, externa e interna, da qualidade dos serviços; o acesso dos usuários a registros administrativos e a informações sobre atos de governo, observado o disposto no art. 5º, X e XXXIII; a disciplina da representação contra o exercício negligente ou abusivo de cargo, emprego ou função na Administração Pública.

4 Profissionalização da função pública e princípio da acessibilidade aos cargos e empregos públicos

Cumpre tecer algumas considerações a respeito da profissionalização da função pública e o princípio do concurso público. Para José

Afonso da Silva, "o princípio da acessibilidade aos *cargos* e *empregos públicos* visa essencialmente realizar o princípio do mérito que se apura mediante investidura por concurso público de provas ou de provas e títulos (art. 37, II)".[19]

Como bem referiu o Ministro Celso de Mello, "o concurso, público representa garantia concretizadora do princípio da igualdade. O respeito efetivo à exigência de prévia aprovação em concurso público qualifica-se, constitucionalmente, como paradigma de legitimação ético jurídica, da investidura de qualquer cidadão em cargos, funções ou empregos públicos, ressalvadas as hipóteses de nomeação para cargos em comissão (CF, art. 37, II). A razão subjacente ao postulado do concurso público traduz-se na necessidade essencial de o Estado conferir efetividade ao princípio constitucional de que todos são iguais perante a lei, sem distinção de qualquer natureza, vedando-se, desse modo, a prática inaceitável de o Poder Público conceder privilégios a alguns ou de dispensar tratamento discriminatório e arbitrário a outros".[20] Afinal, como ressalta o Ministro Sepúlveda Pertence, "acima do problema individual do direito subjetivo de acesso à função pública, situa-se o da incompatibilidade com o regime democrático de qualquer sistema que viabilize a cooptação arbitrária, como base de composição de um dos poderes do Estado".[21]

A função é o meio pelo qual se concretizam as atribuições do cargo ou do emprego público.[22] Embora a função englobe a competência, com ela não se confunde. Enquanto a competência designa um círculo de atribuições inerentes ao cargo ou emprego, na função estão também compreendidas as proibições. Além das obrigações de fazer (competência), as obrigações de não fazer (proibições).

Antes da Constituição de 1988, o concurso público era exigido somente para a primeira investidura em cargo público, o que permitia a transposição ou ascensão funcional, ato pelo qual o servidor passava de um cargo a outro de conteúdo ocupacional diverso, mediante concurso interno. Tratava-se de um sistema de mérito no serviço público, que

---

[19] SILVA, José Afonso da. *Curso de direito constitucional*. 10. ed. São Paulo: Malheiros, 1995. p. 624.
[20] Supremo Tribunal Federal. Ação Direta de Inconstitucionalidade nº 2.364-AL. Julgamento: Tribunal Pleno.
[21] Supremo Tribunal Federal. Recurso Extraordinário nº 194657l/RS. Relator: Ministro Sepúlveda Pertence. Tribunal Pleno.
[22] Os empregos públicos são adequados à organização dos servidores das entidades da Administração indireta (sociedades de economia mista e empresas públicas) contratados no regime da legislação trabalhista (art. 173, §1 º, CF).

premiava os servidores que buscavam o aprimoramento na profissão. Todavia, o Supremo Tribunal Federal, ao interpretar o inc. II do art. 37 da Constituição, entendeu banida do ordenamento jurídico a ascensão funcional como forma de provimento de cargo público efetivo.[23] Por construção jurisprudencial, acabou-se por eliminar um dos mais importantes institutos de profissionalização do servidor público.

O Supremo Tribunal Federal deixou aberta, no entanto, a possibilidade do Legislador criar um sistema de promoção na mesma carreira (sem mudar o cargo e a referência, o servidor passa para outro grau, razão pela qual a promoção dá-se no plano horizontal), tendo em vista que o §2º do art. 39 da CF alude expressamente à participação nos cursos de formação e aperfeiçoamento como um dos requisitos para a promoção na mesma carreira.[24] Contudo, os legisladores não se têm preocupado em implementar um sistema de promoção nas carreiras públicas.

Polêmica continua sendo a possibilidade constitucional do acesso, forma de provimento pela qual o servidor passa para cargo de maior grau de responsabilidade e maior complexidade de atribuições, dentro da carreira a que pertence (plano vertical). Sobre este instituto, lúcida a ponderação do Ministro Marco Aurélio de Mello, ainda que anteriormente à Emenda Constitucional nº 19/98: "Dizer-se, a esta altura, que a passagem de um para outro cargo da mesma carreira somente é possível pela via do concurso público é afastar as perspectivas do servidor quando do ingresso no serviço público, esvaziando-se o significado do artigo 39 da Constituição Federal no que, ao prever a adoção do regime jurídico único, alude ao implemento do plano de carreira.[25] Proibir o acesso funcional importa desestímulo dos servidores públicos, com graves prejuízos para a Administração Pública. A impossibilidade de alcançar cargos mais elevados, na carreira, não condiz com a necessidade

---

[23] Nesse sentido: Supremo Tribunal Federal. ADin nº 2433I/RN. Relator: Ministro Maurício Corrêa. *DJU*, 24 ago. 01. Tribunal Pleno. Unânime.

[24] "MANDADO DE SEGURANÇA. DIREITO ADMINISTRATIVO. PROGRESSÃO FUNCIONAL DE CARREIRA DE NÍVEL MÉDIO PARA OUTRA DE NÍVEL SUPERIOR. PROVIMENTO DERIVADO BANIDO DO ORDENAMENTO JURÍDICO. NECESSIDADE DE CONCURSO PUBLICO. Jurisprudência pacificada no STF acerca da impossibilidade de provimento de cargo público efetivo mediante ascensão ou progressão. Formas de provimento derivado banidas pela Carta de 1988 do ordenamento jurídico. A investidura de servidor efetivo em outro cargo depende de concurso público (CF, art. 37, II) ressalvadas as hipóteses de promoção na mesma carreira de cargos em comissão". Supremo Tribunal Federal. Mandado de segurança nº 23.670/DF. Relator: Ministro Maurício Corrêa. Tribunal Pleno.

[25] Supremo Tribunal Federal. Ação Direta de Inconstitucionalidade nº 23 1. *Revista de Direito Administrativo*, n. 191.

de estimular o aprimoramento profissional necessário à prestação de serviços adequados pela Administração Pública.

A implementação de um sistema de mérito no funcionalismo público é emergencial. A profissionalização da função pública exige não somente o fortalecimento do concurso público (e a necessidade de se privilegiar interpretações restritivas quanto aos cargos em comissão que constituem exceção à regra do concurso), como também um adequado plano legislativo de carreira, em todos os níveis da Federação (União, Estados, Distrito Federal e Municípios).

Informação bibliográfica deste texto, conforme a NBR 6023:2002 da Associação Brasileira de Normas Técnicas (ABNT):

BACELLAR FILHO, Romeu Felipe. Profissionalização da função pública: a experiência brasileira. *In*: SILVEIRA, Raquel Dias da; CASTRO, Rodrigo Pironti Aguirre de (Coord.). *Estudos dirigidos de gestão pública na América Latina*. Belo Horizonte: Fórum, 2011. v. 1, p. 339-349. ISBN 978-85-7700-432-4.

El Sistema Federal y la Regulación de los Servicios Públicos en la Argentina

Santiago R. Carrillo

Sumario: I. Introducción: el escenario político – II. El sistema federal: la autonomía como base de la unidad – II.1. La jurisdicción en materia de servicios públicos – II.2. La alternativa por las regiones para la regulación local – III. El concepto de regulación – IV. La ejecución de los servicios públicos – IV.1. El título habilitante para la prestación del servicio público – IV.2. Las tarifas – IV.3. El regulador: solvencia técnica y autonomía funcional – IV.4. La protección de los usuarios – IV.5. Efecto expansivo: presupuestos mínimos en la protección de los usuarios – V. Conclusiones

I. Introducción: el escenario político

En los últimos meses, las facciones políticas han iniciado una discusión que alcanza aspectos de singular relevancia para la organización del sistema federal y el normal funcionamiento de las instituciones: de qué modo corresponde distribuir los recursos provenientes de la recaudación de los tributos entre los distintos estamentos de gobierno.[1]

---

[1] La Nación, *Nuevos reclamos provinciales al Gobierno por la coparticipación*, 1.IV.2010; *El oficialismo insiste en impulsar una nueva ley de coparticipación*, 22.III.2010, www.lanacion.com.ar; Página 12, *Gobernadores y legisladores del PJ analizaron "una nueva ley federal de impuestos"*, 27.IV.2010; *Las alícuotas no se tocan*, 7.IV.2010, www.pagina12.com.ar; Clarín, *Provincias: las chances de más plata directa se caen una tras otra*, 4.V.2010; *Coparticipación y reservas, los temas que tensaron el almuerzo entre Cristina y los gobernadores opositores*, 15.IV.2010, www.clarin.com.
La discusión comienza recién ahora, no obstante haber dispuesto la cláusula sexta de las disposiciones transitorias de la Constitución Nacional, conforme la reforma de 1994, que el

Más allá de la notable incidencia que tiene el capital privado en la organización de los servicios públicos, estructuralmente, el ingreso de fondos coparticipables en las economías locales abre o cierra expectativas de crecimiento. La presentación ante los mercados de crédito de una economía estatal sólida facilita a las jurisdicciones locales la obtención de fuentes de financiamiento alternativas provenientes del sector privado.

Por el contrario, la atrofia de la capacidad de obtener recursos para un financiamiento genuino, por la consideración marginal de los intereses locales al momento del diseño de la estructura tributaria de la Nación, desemboca en autonomías generalmente insolventes e incapaces de atender las necesidades básicas de sus habitantes.[2] A su vez, genera el ámbito propicio para el manejo discrecional de los fondos públicos que se les remiten el poder central.

Este movimiento centrípeto de acumulación de poder por parte del Gobierno federal —especialmente del presidente de la Nación— se fue volcando en beneficio del área del país donde el Poder Ejecutivo se asistenta; la ciudad y gran Buenos Aires. Ahí no sólo se fue concentrando una cantidad desproporcionada de población argentina, sino también, una porción aún más desproporcionada del producto bruto, junto con buena parte de las obras y servicios públicos. De tal modo, en una alimentación recíproca, se confunde la centralización del poder institucional con la del poder económico y social.[3]

Semejante situación trastoca las aspiraciones del constituyente. De un lado, se aparta de los principios rectores estipulados en el art. 75 inc. 2° de la Constitución, para el diseño del régimen de coparticipación federal: equidad y solidaridad, en aras de un desarrollo equivalente con igualdad de oportunidades en todo el territorio.[4] Del otro, atenta

---

dictado de la nueva ley de coparticipación federal de impuestos debía efectuarse hace más de catorce años, puntualmente, antes de la finalización del año 1996. Por diversas razones, entre las que juega un rol trascedente la situación del Poder Ejecutivo Nacional de cara a las próximas elecciones presidenciales, la oposición en el Congreso ha entendido que este es el momento propicio para el planteamiento de semejante debate.

[2] Por supuesto que no todas las provincias se encuentran en igual situación; la razón principal es que parten de capitales humanos por cabeza muy diferentes; pero además por haber sido históricamente unas mejor administradas que otras, por obtener regalías petroleras, por sus predisposición agropecuaria, etc. Pero un análisis semejante excedería el marco de esta exposición. Desde el punto de vista institucional, las circunstancias también son cambiantes. Ampliar en P. J. Frías, *La redención de las provincias*, en *Anales de la Academia Nacional de Derecho y Ciencias Sociales de Córdoba*, XLV, Córdoba, 2006, 249 ss.

[3] C. Nino, *Fundamentos de derecho constitucional*, Buenos Aires, 2005, 559 ss.

[4] Las competencias en esta materia se reparten del siguiente modo. El Gobierno Federal dicta en forma exclusiva la legislación aduanera estableciendo derechos de importación y

directamente contra uno de los objetivos esenciales la organización nacional: promover el bienestar general (v. preámbulo).

Esta situación nos lleva a reflexionar desde las bases mismas de la organización constitucional del país, en búsqueda prospectiva de senderos que en el largo plazo conduzcan a un redimensionamiento de las relaciones entre el centro y la periferia que repercuta en una mejora de la calidad de vida de la población. El adecuado funcionamiento del sistema federal de gobierno —un federalismo cooperativo y de concertación— se encuentra ligado con los postulados constitucionales de la democracia y la libertad.[5]

En su consecución, con miras en el bienestar general, las actividades normalmente vinculadas a la noción de servicios públicos juegan un rol protagónico por su impacto directo en la calidad de vida de la población. Por esta razón, su análisis trasluce en forma genuina la crisis de los fundamentos de la organización federal.

Examinaremos a continuación la regulación de los servicios públicos en la República Argentina, ubicando la potestad regulatoria en la distribución de competencias que efectúa la Constitución Nacional, entre provincias y Estado Nacional, en el marco de un régimen de organización que aspira al federalismo. Seguidamente analizaremos las notas relevantes que presentan, en su ejecución, los servicios públicos.

II. El sistema federal: la autonomía como base de la unidad

La Argentina ha adoptado una forma de federalismo atenuado que busca la descentralización territorial del poder, por conducto del reconocimiento de la autonomía local, aunque en un marco de integración política cooperativa.

El Estado Nacional, de acuerdo con el modelo constitucional, es una organización de base territorial, integrada por provincias y municipios como ordenamientos parciales de la estructura primaria

---

exportación (arts. 4°, 9° a 12, 75 inc. 1°, 126 y ccs. CN). En rigor, toda regulación del comercio exterior incumbe a la Nación; hemos abordado el tema en S. Carrillo, *Jueces, interés público y Cuota Hilton*, en *La Ley Actualidad*, Buenos Aires, 2004, 1 ss., también publicado en www.eldial.com.ar newsletter 1834.

Luego, existe concurrencia entre la Nación y las Provincias respecto de los impuestos directos e indirectos, con la restricción para el Estado Nacional en cuanto a los primeros de aplicarlos por tiempo determinado y cuando lo exijan la defensa, la seguridad, o el bien general. Tales impuestos, son coparticipables, con excepción de la parte o el total de los que tengan asignación específica (art. 75 inc. 2° CN). Las municipalidades tendrán las potestades que les otorguen las respectivas constituciones provinciales (arts. 5°, 123 CN).

[5] S. Breyer, *Active liberty. Interpreting our democratic Constitution*, New York, 2005, 56 ss. En igual sentido, R. Bacellar Filho, *Direito administrativo*, São Paulo, 2008, 172 ss.

u originaria, a la que se le reconoce la soberanía en el primer nivel de las potestades estatales. Por lo tanto, la autonomía emerge como un principio articulador de potestades territoriales y de ordenamientos parciales en el ámbito general del Estado.[6]

Los arts. 9 a 12 de la Constitución eliminan los obstáculos al comercio interior y establecen el principio de unidad del mercado nacional para que pueda desenvolverse la vida económica. Ello se refuerza con la concentración de la regulación del comercio interprovincial en el Estado Nacional. Acompasando este principio y su efecto integrador, las provincias conservan todo el poder no delegado al gobierno central, se dan sus propias instituciones y se rigen por ellas (arts. 121 y 122 de la C.N.).[7] Estas fuerzas centrípeta y centrífuga accionando en conjunto sitúan a la autonomía como base de la unidad.

Esta arquitectura constitucional nos coloca ante una pauta hermenéutica que diferencia entre la presunción que lleva consigo el ejercicio de un poder nacional y el de uno de los estados locales. La diferencia es la siguiente. Para averiguar si un poder ejercido por el Gobierno Federal ha sido legítimamente usado, debe examinarse la constitución para ver si expresamente o por medio de una interpretación razonable de su texto, ese poder le ha sido conferido. Si la concesión no apareciese, su apropiación debe tenerse por ilegal. Para averiguar ahora, si una provincia ejercita legalmente algún poder, tenemos solamente que ver si por la constitución le ha sido concedido al Estado Nacional o si su ejercicio le está prohibido por la misma constitución. La presunción debe ser, pues, que las provincias obran legítimamente ejercitando un poder, hasta que se ponga de manifiesto, cómo, por concesiones constitucionales, ellas mismas se han despojado de ese poder. Estos conceptos, que aún constituyen la base del federalismo, fueron expresados por Cooley.[8]

No obstante cabe reparar en que, en materia de poderes delegados a la Nación, las provincias han cedido la potestad de dictar el derecho de fondo (legislación civil, comercial, laboral, etc., art. 75 inc. 12, C.N.) circunstancia que matiza la intensidad de su federalismo, atenuándolo, de cara a otros que, como el estadounidense, sin dejar de contener limitaciones al poder de las jurisdicciones locales —por ej. la *contract clause*[9] del art. I, sec. 10ª, Const. de EE.UU. y la *commerce*

---

[6] I. Mata, *Procesos de integración en la prestación y regulación de los servicios públicos* cit., 118.
[7] I. Mata, *Procesos de integración en la prestación y regulación de los servicios públicos* cit., 118.
[8] T. Cooley, *Principios generales de derecho constitucional en los Estados Unidos de América*, Buenos Aires, 1898, 26 ss., traducción de J. Carrié.
[9] Ningún estado dictará leyes que menoscaben las obligaciones nacidas de los contraltos.

clause del art. I, sec. 8ª, cl. 3ª[10]— en su contexto, ellas resultan más bien ordenatorias y lucen despojadas de las notas de mayor generalidad que exhibe el caso argentino.[11]

Por cierto, ello no implica descartar que durante determinados períodos la cláusula del comercio haya funcionado, aun ante ese diseño *más* federal, como una habilitación *casi* ilimitada para la penetración del Congreso en la legislación estadual.[12] Esta visión más intensa de las relaciones federales comienza con la aceptación —inducida mediante el *court-packing plan*[13]— por parte de la Suprema Corte[14] de la idiosincrasia del *new deal*[15] y ha llevado a E. Corwin a afirmar

---

[10] Ampliar en L. Tribe, American constitutional law, I, New York, 2000, 1021 ss.

[11] En el punto analizado, la estructuración federal argentina es igual a la del Brasil, ampliar en J. A. da Silva, *Curso de direito constitucional positivo*, São Paulo, 2010, 503; art. 22.1 de la Constitución brasileña.

[12] Durante el *new deal*, entre otros, *Wickard v. Filburn* (317 U.S. 111, 1942) donde se convalida la aplicación de la *Agriculture Adjustment Act* de 1938 a un pequeño granjero de Ohio; la ley, que habilitaba un amplio poder de regulación del comercio de granos por el Departamento de Agricultura del gobierno federal como modalidad de control del precios, alcanzaba con sus disposiciones toda la producción agrícola, incluso si ella no estaba destinada al comercio sino al consumo en el establecimiento del productor. O al afirmar la sujeción a la *Fair Labor Standards Act* de los empleados de una compañía limpiadora de ventanas, que realizaban la mayor parte de su trabajo en las ventanas de plantas industriales que producían artículos destinados al comercio interestatal, *Martino v. Mich Window Cleaning Co.* (327 U.S. 173, 1946).

[13] Luego de la contundente reelección de noviembre de 1936 el presidente Franklin D. Roosevelt decidió enfrentar a los *nine old men* de la Suprema Corte en defensa de su programa de gobierno previamente vapuleado desde las decisiones de aquél *black monday*; entre ellas el célebre *sick-chicken case* y *Humphrey's Executor*. La estrategia del *court-packing plan* consistía básicamente en aumentar a quince el número de los miembros de la Corte, licuando de tal modo la opinión de los jueces conservadores; ampliar en W. Rehnquist, *The Supreme Court*, New York, 2001, 116 ss.

[14] El punto de inflexión es *United States v. Darby Lumber Co.* (312 U.S. 100, 1941). Allí una Suprema Corte unánime —voto del *justice* Stone— ratificó la constitucionalidad de la *Fair Labor Standards Act* de 1938 que no sólo prohibía el transporte interestatal de bienes producidos por trabajadores cuyos horarios y salarios no se ajustaban a las normas de la ley sino que incluso prohibía la producción de dichos artículos para el comercio. El fallo, que expresamente dejó sin efecto la doctrina de *Hammer v. Dagenhart* (247 U.S. 251, 1918), se funda no sólo en la cláusula del comercio, sino también en la *necessary and proper clause* (art. I, sec. 8ª, cl. 18ª de la Const. de EE.UU.) cuya textura abierta por cierto ha de contribuir en el avance del poder federal sobre el estadual.

[15] La revolución fue tanto política como constitucional. Breyer-Stewart afirman: "the New Deal is sometimes described as a 'constitutional moment' because it represented a fundamental rethinking of the preexisting constitutional structure (...) Whether or not it qualifies as a constitutional moment, the New Deal greatly revised the basic cornerstones of the Constitution: the previous conceptions of individual rights, federalism, and the separation of powers (or checks and balances), including judicial review", S. Breyer – R. Stewart, *Administrative law and regulatory policy*, New York, 2002, p. 24.
Para una visión general del *new deal* y por su concepción como *constitutional moment*, B. Ackerman, *We the people*, II, *Transformations*, Cambridge, 1998, 255 ss. La cuestión apreciada desde la óptica de aquel momento puede encontrarse en J. Landis, *The administrative process*, New Haven, 1941.

que la cláusula comercial incluye no sólo la fuente directa de las más importantes atribuciones de tiempo de paz del gobierno nacional; es también, con la única excepción de la cláusula del debido proceso de la Enmienda XIV, la base más importante de la revisión judicial para limitar el poder estadual.[16]

Otra diferencia notable con la Constitución de Filadelfia de 1787 es que la argentina —al igual que la del Brasil[17]— contempla la posibilidad de intervención de las provincias por el Gobierno Federal "para garantizar la forma republicana de gobierno" (art. 6, C.N.).

II.1. La jurisdicción en materia de servicios públicos

Entre los poderes que las provincias[18] se han reservado, cabe recocer la facultad de regular en materia de servicios públicos locales. Si bien es el Congreso federal el que concede privilegios, vinculados a situaciones de exclusividad o monopolio (art. 75, inc. 18, C.N.) la Constitucional nacional les confiere suficiente potestad regulatoria en materia de servicios públicos (art. 42, párrafos 1° y 2). Cabe destacar que tradicionalmente se ha situado esta competencia entre las vinculadas a la potestad de organizar su propia administración (arts. 5, 122 y 123, C.N.),[19] aunque debemos tener presente que tal posición requiere como presupuesto sostener la titularidad estatal de los servicios públicos.[20]

Para un análisis de la situación en forma previa al *new del —lochner era—* v. B. Friedman, *The history of the countermajoritarian difficulty, part three: the lesson of Lochner*, en *New York University Law Review*, 76, 2001, 1383 ss.

[16] E. Corwin, *La Constitución de los Estado Unidos y su significado actual*, Buenos Aires, 1987, 99, traducción de A. Leal.

[17] J. A. da Silva, *Curso de direito constitucional positivo*, cit., 484 ss.

[18] Se incluye aquí a la Ciudad de Buenos Aires; art. 129, C.N. En la reforma de 1994, el constituyente ha decido variar la condición jurídica de la Ciudad pasando de ser un ente descentralizado del Gobierno Federal, de rango legal, a constituirse como una entidad territorial calificada constitucionalmente como Ciudad Autónoma. Más allá de los problemas que ha generado determinar los alcances de dicha autonomía, por la convivencia en un mismo territorio con el Estado Nacional, lo cierto es que en virtud de la nueva arquitectura constitucional la Ciudad pasa a formar parte, junto con las provincias, del universo federal de la República Argentina. Respecto al estatus jurídico que cabe asignarle a consecuencia de su constitucionalización, M. G., Reiriz, *El status jurídico de la ciudad autónoma de buenos aires y su relación con la jurisdicción originaria de la CSJN*, en *Revista de la Asociación de Derecho Administrativo de la Ciudad Autónoma de Buenos Aires*, 2, Buenos Aires, 2008, 48 ss.

[19] R. Bielsa, *Derecho administrativo*, I, Buenos Aires, 1964, 506 ss. y del mismo autor, bajo el seudónimo de Próculo, *Facultades de las provincias para organizar los servicios públicos locales*, en *La Ley*, 123, Buenos Aires, 1967, 431.

[20] Ver *infra* punto III.

De igual modo, cabe reconocer en la autonomía municipal, poder de regulación en materia de servicios públicos de incidencia local.[21]

Siguiendo la arquitectura constitucional delineada, el principio rector en materia de regulación de los servicios públicos es que corresponden a los estados locales, en la medida que la actividad en concreto se desarrolle sólo en el territorio de una determinada provincia. Por el contrario, en los servicios interjurisdiccionales, al encontrarse alcanzados por la cláusula del comercio (art. 75, inc. 13, C.N., que reproduce la cláusula correspondiente al art. I, sec. 8ª, cl. 3ª de la Const. de EE.UU.)[22] corresponde su regulación al gobierno federal.[23]

---

[21] Art. 123 C.N. El cambio constitucional hacia la autonomía municipal se vio impulsado por un ciclo constituyente provincial durante de la década del '80 que, con apoyo de la doctrina, marcaba esa dirección. Un poco más tarde esta realidad fue aceptada por la Corte Suprema, especialmente, el caso *Rivademar* (Fallos 312:326, 1989). Hoy se encuentra aceptado que la autonomía demanda para las comunas niveles suficientes de autogobierno, con la aptitud de instituir sus propias reglas y así dirigir por sí los asuntos locales sin injerencias indebidas de otra autoridad estatal. Sin embargo, tal reconocimiento tiene su quicio en el alcance y contenido que en el orden institucional, político, administrativo económico y financiero le otorgue cada constitución provincial a la autonomía municipal, pues la C.N. no ingresa en ello. En consecuencia, no veda algún tipo de legislación supralocal que incida en el régimen organizativo del municipio; conclusión compatible con los restantes pronunciamientos de la Corte Suprema en torno a la condición institucional de los municipios posteriores a la reforma constitucional de 1994 (Fallos 325:1249; 327:4103; 328:2478; 329:970; 330:2478).

[22] En los Estados Unidos, en materia de regulación federal de actividades de interés público —*public utilities*— cabe reconocer como punto de partida la creación de la *Interstate Commerce Commission* (ICC) en 1887. Breyer-Stewart exponen: "The decisive first step in the development of modern administrative law was the growth of administrative regulation in the latter half of the nineteenth century. This development first occurred at the state level, in the form of rate regulation of railroads, grain elevators, and other natural monopolies. The limitations of state regulation of interstate railroad operations led to the establishment in 1887 of the first great regulatory agency, the Interstate Commerce Commission (ICC)", S. Breyer – R. Stewart, *Administrative law and regulatory policy* cit., 19. Actualmente, la potestad regulatoria de las agencias desborda el espectro de las actividades económicas alcanzando vastos sectores de regulación. En este sentido, Schwartz expone: "Not long ago, regulatory agencies administered schemes of economic regulation, designed to remedy deficiencies in the operation of the market (…) An agency such as the ICC or the FCC, concerned with the totality of its regulated industry, concentrated primarily on economic factors. During the past quarter century, however, a new generation of regulatory agencies has been created. These agencies have been a direct product of the increased concern with citizen, consumer, and environmental protection that has so changed our public law in recent years. Leading agencies among this newer breed are the Environmental Protection Agency, the Occupational Safety and Health Administration, and the Consumer Products Safety Commission. The jurisdiction of these agencies is not limited to a single industry. Instead, it cuts across the economic system (…) The new breed of EPA-type agency is established to promote social, rather than economic, goals. They are set up to regulate nonmarket behavior by business; they seek to deal with social costs that have an impact on the health, safety, individual opportunity, or qualitative environment of citizens and consumers", B. Schwartz, *Administrative law*, Boston – Toronto – London, 1991, 16.

[23] La Corte Suprema ha sostenido que las provincias, dada la posición que ocupan dentro del régimen constitucional, deben observar una conducta que no interfiera ni directa ni

La cláusula contenida en el art. 75 inc. 30, C.N. que otorga atribuciones al Congreso para "dictar la legislación necesaria para el cumplimiento de los fines específicos de los establecimientos de utilidad nacional en el territorio de la República" también ha sido invocada por la Corte Suprema para el desplazamiento de la jurisdicción local. En general, el encuadramiento en este marco ha tenido lugar ante el despliegue de potestades tributarias que las provincias[24] o sus municipios sobre *establecimientos federales* (en sentido físico: aeropuertos, puertos bajo jurisdicción nacional, represas hidroeléctricas, etc.) concepto que en la dinámica judicial se expandió alanzando también actividades (vgra. servicios de telefonía, electricidad o gas).[25]

De tal modo, el fundamento que habilita al Congreso federal a emitir leyes relativas a la regulación de servicios públicos cuyos efectos se cumplen dentro del territorio de una provincia es evitar una *afectación* por parte de las normas locales del comercio interprovincial o del desempeño de los establecimientos de utilidad nacional.[26]

Empero, esta estructuración no es absoluta. Cabe reconocer en la dinámica constitucional argentina un pragmatismo que viabiliza las *competencias compartidas o concurrentes*.[27]

Por ejemplo, el gobierno federal ha venido definiendo la matriz energética nacional con fundamento —más allá de aquellos tramos interjurisdiccionales de las actividades involucradas— en la clausula del progreso (art. 75 inc. 18 C.N.) que impone al Congreso de la Nación

---

indirectamente en el ejercicio del comercio interjurisdiccional. Las facultades de las provincias, por importantes y respetables que sean, no justifican la prescindencia de la solidaridad requerida por el destino común de los demás estados autónomos y de la Nación toda (Fallos: 257:159; 263:437; 270:11).

También cabe destacar que ha entendido en términos amplios el vocablo comercio, en el sentido de comprender, además del tráfico mercantil y la circulación de efectos visibles y tangibles para todo el territorio de la Nación, la conducción de personas y la transmisión por telégrafos, teléfono u otros medios (Fallos: 154:104). Así como que el control del transporte, como elemento esencial del comercio, incluye no sólo el relativo a la propiedad, en cualquiera de sus manifestaciones, tranvías, camiones, telégrafos, teléfonos, buques, aviones, ómnibus, etc., sino también las personas y las relaciones jurídicas derivadas del mismo transporte cuando éste tiene lugar entre habitantes de diferentes estados (Fallos: 188:27).

[24] Desde 1876, CSJN, *Fiscal General de la Provincia de Buenos Aires c. Banco Nacional* (Fallos 9:344).

[25] Ampliar en A. Bianchi, *Los establecimientos de utilidad nacional en las provincias y el sistema federal de gobierno*, en El Derecho, 136, Buenos Aires, 1990, 469; con una detallada reseña de la evolución de la jurisprudencia de la Corte Suprema.

[26] J. Bosch, *La regulación del peaje en el servicio público de electricidad ¿Es una facultad local o federal?*, en La Ley, 1998-E, Buenos Aires, 843.

[27] La Constitución del Brasil también reconoce competencias privativas de la Unión y concurrentes con los estados, pero su texto, a diferencia del argentino, evidencia un deslinde detallado por materias, v. arts. 21 a 24 de la Constitución del Brasil.

"proveer lo conducente a la prosperidad del país". Ello sin mengua de la existencia, en las jurisdicciones provinciales, de servicios de distribución de energía eléctrica locales.

En estas áreas de poder concurrente, utilizando las palabras de la Suprema Corte de los Estados Unidos en el caso de las *Tarifas de Minnesota*,[28] "el Congreso debe ser el juez acerca de la necesidad de una actuación federal".[29] En este pronunciamiento —aunque no es posible soslayar que el caso se resuelve en plena *Lochner era*[30]— la Suprema

---

[28] *Simpson v. Shepard* (230 U.S. 402, 1913). La sentencia expresa: "Where the subject is peculiarly one of local concern, and from its nature belongs to the class with which the state appropriately deals in making reasonable provision for local needs, it cannot be regarded as left to the unrestrained will of individuals because Congress has not acted, although it may have such a relation to interstate commerce as to be within the reach of the federal power. In such case, Congress must be the judge of the necessity of federal action. Its paramount authority always enables it to intervene at its discretion for the complete and effective government of that which has been committed to its care, and, for this purpose and to this extent, in response to a conviction of national need, to displace local laws by substituting laws of its own. The successful working of our constitutional system has thus been made possible".

[29] Sin embargo, en este punto no es posible soslayar que en la jurisprudencia de la Corte Suprema de Justicia de la Nación ha predominado —si se quiere con una visión más *hamiltoniana* que *madisoniana*— la posición que la inviste como intérprete final de la Constitución Nacional, afirmando, por ejemplo, que "no hay otro poder por encima del de esta Corte para resolver acerca de la existencia y los límites de las atribuciones constitucionales otorgadas a los departamentos legislativo, judicial y ejecutivo, y del deslinde de atribuciones de éstos entre sí y con respecto a los de las provincias... Es función prominente de esta Corte precisar los límites que la Constitución fija para el ejercicio de las competencias del Congreso de la Nación" (Fallos 330:3160). Por la visión que han expuesto A. Hamilton y J. Madison en relación al rol de Suprema Corte de los Estados Unidos como intérprete de su Constitución y sus efectos en relación a los demás poderes del gobierno federal y a los estados, v. *El Federalista*, Buenos Aires, 1868, nros. 9 y 78 y 10, 39, 48, 49, 50 y 51, respectivamente, traducción de J. M. Cantilo. Ampliar el análisis acerca del contraste entre la supremacía propuesta por el primero y la respuesta institucional del segundo en R. Burt, *Constitución y conflicto*, Buenos Aires, 2000, 78 ss., traducción de G. Garrido de Ortells. Por supuesto que en estas cuestiones es ineludible la remisión a *Brown v. Board of Education of Topeka* (347 U.S. 483, 1954) y los interrogantes que, a partir de allí planteó, A. Bickel, *The least dangerous branch. The Supreme Court at the bar of politics*, New Heven, 1986, 55 ss. Si ello involucra la imposición de valores a la sociedad por el poder judicial, cfr. J. H. Ely, *Democracia y desconfianza. Una teoría del control constitucional*, Bogotá, 1997, 97 ss., traducción M. Holguín con R. Dworkin, *Los derechos en serio*, Barcelona, 2002, 209 ss., traducción de M. Guastavino.

[30] *Lochner v. New York* (198 U.S. 45, 1905). Período en el cual, en esta materia, se advierten importantes contradicciones. En la línea de *Lochner*, en una cuestión vinculada a la protección por ley federal de los menores ante la explotación laboral —*Child Labor Act*— y con planteos vinculados al comercio interjurisdiccional, pocos años después, aquella Corte se pronunció en *Hammer v. Dagenhart*, cit., limitando el alcance de los poderes regulatorios del Congreso para prohibir el comercio de bienes producidos mediante trabajo infantil; caso que registra una histórica disidencia del *justice* Holmes.
Sin embargo, E. Corwin afirma que, según estaban las cosas a esa fecha, tanto el Congreso c o m o los estados estaban impedidos de prohibir el libre flujo de los productos del trabajo infantil de un estado a otro, E. Corwin, *La Constitución de los Estado Unidos y su significado actual* cit., 97.

Corte condensa la evolución que llevaba su jurisprudencia desde 1851, cuando en *Cooley vs. Board of Wardens of the Port of Philadelphia* sentara la distinción entre los asuntos de comercio que exigen imperativamente una regla única y uniforme aplicada al país entero; y los que de un modo igualmente imperativo exigen esa diversidad que es la única que puede resolver las necesidades locales del comercio.[31] Con respecto a los primeros, ratificó el poder del Congreso para regular en forma exclusiva; con respecto a los segundos, sostuvo que los estados gozaban de un poder de "legislación concurrente". La generalidad de estas proposiciones les ha permitido sobrevivir en el tiempo, siendo todavía, un buen criterio jurídico.[32]

Se trata pues de un modelo que no pretende fusionar ni separar en términos absolutos, sino que busca articular y relacionar al todo con las partes y a las partes con el todo; en el que el orden federal tiene supremacía sobre los ordenamientos locales, pero a la vez pretende participación y coordinación; que procura el balance entre una fuerza centrípeta que aúna y otra centrífuga que dispersa.[33]

Las causas contemporáneas de este diagrama — que impacta en la noción de federalismo dual— se encuentran en la organización cada vez más compleja de la economía capitalista, bajo la intervención creciente del poder estatal central en los sectores sensibles de la

---

[31] La evolución en la interpretación de la Suprema Corte estadounidense en relación al art. I, sec. 8ª, cl. 3ª de su Constitución remite, principalmente, a *Gibbons v. Ogden* (22 U.S. [9 Wheat.] 1, 1824) y *Brown v. Maryland* (25 U.S. [12 Wheat.] 419), en los inicios; *Cooley v. Board of Wardens of the Port of Philadelphia* (53 U.S. [12 How.] 299, 1851), sentando las bases que viabilizan la concurrencia; el cambio producido a consecuencia del *new deal*, *United States v. Darby Lumber Co.*, cit., consolidado en *Southern Pacific Co. V. Arizona* (325 U.S. 761, 1945) y su expresión contemporánea en *Pike v. Bruce Church* (397 U.S. 137, 1970), *Garcia v. San Antonio Metropolitan Transit Authority* (469 U.S. 528, 1985), *C & A Carbone, Inc. v. Town of Clarkstown* (511 U.S. 383, 1994) y *Oregon Waste Sys., Inc. v. Department of Envtl. Quality* (511 U.S. 93, 1994). Ampliar en L. Tribe, *American constitutional law*, cit. 1043 ss. y M. Lawrence, *Toward a more coherent dormant commerce clause: a proposed unitary framework*, en *Harvard Journal of Law and Public Policy*, 21, 1998, 395 ss.
En 2005 la Corte resolvió *Granholm v. Heald* (544 U.S. 460), *the wine case*; ampliar en D. Day, *The expanded concept of facial discrimination in the dormant commerce clause doctrine*, en *Creighton Law Review*, 40, 2007, 497 ss. Y *Gonzales v. Raich* (545 U.S. 1, 2005) que ratifica las atribuciones del Congreso, bajo la cláusula comercial, para prohibir e incriminar la fabricación, distribución, oferta o posesión de cualquier sustancia controlada por la *Comprehensive Drug Abuse Prevention and Control Act* de 1970 y que ella no autorice expresamente. En el caso se trataba de la colisión con la ley local de California que autorizaba el cultivo y consumo limitado de la marihuana con fines terapéuticos.
Para una visión actual de la cuestión en la Suprema Corte, B. Denning, *Reconstructing the dormant commerce clause doctrine*, en *William and Mary Law Review*, 50, 2008, 417 ss.

[32] E. Corwin, *La Constitución de los Estado Unidos y su significado actual* cit., 102.

[33] G. Bidart Campos, *El federalismo argentino. Desde 1930 hasta la actualidad*, en *Federalismos latinoamericanos: México, Brasil, Argentina*, México, 1996, 365 ss.

economía, con la aspiración de generar y consolidar la unidad de un espacio económico nacional que viabilice un desarrollo homogéneo.[34]

Por supuesto que todo ello no otorga más que pautas lineales que apenas suministran un esbozo. Bidart Campos lo expresa con claridad: en la praxis del proceso federal, el funcionamiento de esas pautas nos tiene que mostrar otros índices. Por ejemplo, cuál es el volumen real de la participación de las provincias y del ejercicio de competencias que el reparto constitucional tiene distribuidas entre el gobierno federal y los gobiernos locales; cómo se compensan; qué márgenes de cooperación, negociación y desconcentración existen; si hay o no convergencia armónica hacia el bienestar general; cuál es el grado de centralización federal y de *sucursalización* de las provincias; si las rivalidades se enfrentan en confrontación o se superan con articulación de la diversidad de intereses…[35]

En este camino de *federalismo de concertación*[36] ha habido sin dudas muchos fracasos en el proceso histórico. No obstante, la reforma de 1994 ha permitido renovar de algún modo las expectativas al contemplar puntos neurálgicos de la relación entre la Nación y las provincias: reconocimiento constitucional de la doctrina de la no interferencia;[37] de la autonomía municipal; de los convenios internacionales de las provincias que no afecten la política exterior ni el crédito público de la Nación, con conocimiento del Congreso; las transferencias de competencias con reasignación de recursos; el dominio originario de las provincias sobre los recursos naturales[38] y, como veremos seguidamente, la posibilidad de crear regiones.

---

[34] M. G. Reiriz, *La jurisdicción nacional en el sector eléctrico*, en *Jornadas jurídicas sobre servicio público de electricidad*, Buenos Aires, 1995, 172.

[35] G. Bidart Campos, *El federalismo argentino. Desde 1930 hasta la actualidad*, en *Federalismos latinoamericanos: México, Brasil, Argentina* cit., 366.

[36] Pedro J. Frías sostiene, hace más de treinta años, que la reconstrucción del federalismo argentino debe encararse "como una empresa nacional, porque no está destinada a debilitar al gobierno federal sino a reubicarlo para que presida la una renovada concertación", *Introducción al Derecho Publico Provincial*, Buenos Aires, 1980, 41.

[37] Ver *supra*. El art. 75 inc. 30 de la C.N., conforme la reforma de 1994, dispone que corresponde al Congreso de la Nación: "Ejercer una legislación exclusiva en el territorio de la capital de la Nación y dictar la legislación necesaria para el cumplimiento de los fines específicos de los establecimientos de utilidad nacional en el territorio de la República. Las autoridades provinciales y municipales conservarán los poderes de policía e imposición sobre estos establecimientos, en tanto no interfieran en el cumplimiento de aquellos fines".

[38] En cuanto a los recursos pesqueros del mar argentino en el cual tienen costas la provincias, hemos tratado el tema en S. Carrillo, *El interés (del) público en el Régimen Federal de pesca*, en *ResPublica Argentina*, 2006-1, Buenos Aires, 77 ss. y *Una visión iuspublicista de los permisos de pesca*, en *La Ley Patagonia*, 2005, Buenos Aires, 983 ss.

II.2. La alternativa por las regiones para la regulación local

Tal vez, en materia de regulación de servicios públicos, el punto que mayores expectativas suscita se vincula con el reconocimiento a las provincias del derecho a la regionalización. Conforme la reforma de 1994 el art. 124, C.N. dice en lo pertinente: "Las provincias podrán crear regiones para el desarrollo económico y social y establecer órganos con facultades para el cumplimiento de sus fines...; con conocimiento del Congreso Nacional".

El bajo perfil provincial alcanzado en la práctica,[39] no constituye el adecuado sustrato para los conceptos que estructuran la organización federal de la Nación. Es necesario reformular tal ecuación; y la regionalización se plantea más como una defensa frente al poder central que como un factor de deibilitamiento de las entidades locales.[40] Para más, en un mundo con soberanías disminuidas y crecientes enlaces internacionales, en que los países desarrollados buscan atenuar el impacto de la fragmentación política, consolidando la unidad desde lo económico,[41] la integración regional es una guía que no puede ser desoída.

De adquirir la región una fisonomía cabal, que la erija como punto de concertación de competencias y conciliación de intereses; en un sistema de relaciones interprovinciales y no en nuevo estamento meramente burocrático, como álter ego de las provincias, la regulación de los servicios públicos podría alcanzar nuevas dimensiones en el orden local. Por lo pronto, la planificación territorial y la coordinación de políticas públicas, en servicios que utilizan redes o requieren fuertes inversiones en materia de infraestructura, sería más atractiva la relación económica al prestador, al ofrecerse una economía de escala que permita minimizar los costos unitarios y maximizar beneficios al aumentar el volumen de las operaciones.

---

[39] Frías ha expuesto una visión que clarifica este punto: "Reinstalar el mercado en los antiguos países comunistas es una sobrecarga que sólo gobiernos de altísimo consenso y mucha cintura política pueden aguantar. ¿Y en muchas provincias nuestras? Contesto que ampliar el mercado lo es también: una sobrecarga muy difícil. Donde todo lo domina el empleo público, como disfraz del desempleo, obtener ahorro interno y empresarios con vocación de riesgo es tan difícil como en la Europa del Este", P. J. Frías, *El proceso federal argentino*, en *Historia y evolución de las ideas políticas y filosóficas argentinas*, Córdoba, 2000, 124 ss.

[40] D. F. SORIA, *Consideraciones sobre las áreas metropolitanas y las iniciativas de organización en el gran buenos aires*, en, *Temas de derecho administrativo*, La Plata, 298.

[41] Ampliar en A. Gordillo, *Hacia la unidad del orden jurídico mundial*, en *ResPublica Argentina*, 2009-1, Buenos Aires, 47 ss.

La constitución de órganos interprovinciales de carácter técnico es un medio idóneo para la ordenación, planificación y gestión, total o parcial, de los intereses regionales. Pues, como modalidad de integración, plantea la posibilidad de consolidar tanto la coordinación como la concertación de medidas, para un suministro eficiente y equitativo de los servicios públicos.[42]

III. El concepto de regulación

El servicio público en la formulación actual que se le asigna en la Argentina —originada en el proceso de reforma del Estado encarado a fines del siglo pasado[43]— es considerado como una modalidad de regulación que disciplina el desarrollo de actividades de interés general a través de tres instrumentos básicos que son: un título habilitante de ingreso a la actividad en cualquiera de sus especies (concesión, licencia, otras figuras contractuales, permiso o autorización), la necesidad de aprobación de las tarifas del servicio y una agencia o ente especializado que ejercita la regulación.[44] Dos notas específicas singularizan estas actividades; la obligación de prestar el servicio a los usuarios en condiciones de igualdad y la de facilitar el acceso a las redes a los que realizan actividades complementarias, también bajo un tratamiento no discriminatorio.[45]

Por cierto que como consecuencia de la situación de crisis económica estas variables se han visto, en mayor o menor medida, trastocadas. Mas, es posible aspirar a que se trate de cimbronazos transitorios y que paulatinamente los marcos regulatorios de los servicios públicos vuelvan a la normalidad.[46]

Mata señala que, desde el punto de vista económico, la política de regulación es la respuesta a las denominadas fallas del mercado, esto es, los monopolios, las asimetrías informativas y las externalidades negativas, estableciendo un modelo que tiende a simular los efectos de

---

[42] D. F. Soria, *Consideraciones sobre las áreas metropolitanas y las iniciativas de organización en el gran buenos aires* cit., 297.

[43] Ampliar en R. C. Barra, *Tratado de derecho administrativo*, III, Buenos Aires, 2006, 485 ss.

[44] I. Mata, *Procesos de integración en la prestación y regulación de los servicios públicos*, en *Revista Rap*, 270, Buenos Aires, 2001, 115.

[45] H. Mairal, *El concepto de servicio público en el derecho argentino actual*, en *Servicio Público, Policía y Fomento*, Buenos Aires, 2003, 229 ss.

[46] N. Eliaschev, *Sector eléctrico: crisis y después. Presupuestos y propuestas para una contribución regulatoria a la superación de la crisis*, en *ResPublica Argentina*, 2007-2, Buenos Aires, 39 ss.

un mercado competitivo, en el cual la oferta y la demanda deberían articularse en condiciones de equilibrio.[47]

Esta aspiración estatal de adaptar las actividades económicas a los intereses colectivos resulta asaz compleja. Conlleva un importante número de abstracciones y diferenciaciones, determinadas en gran medida por la evolución histórica local y las concepciones de cada Estado en particular.[48] Denota pues singulares modos de perseguir el desarrollo.

Con todo, hay ciertas nociones que se van afianzando globalmente, especialmente en los países desarrollados. Una es que la idea de regulación no presupone la titularidad estatal de los servicios públicos. Como sostiene Mairal, esa titularidad no es necesaria para que exista control estatal sobre una actividad que satisface necesidades indispensables de la población. En un espectro de alternativas de regulación, de inexistente a máxima, el servicio público es el grado máximo de regulación.[49]

En el caso de la Constitución argentina, no posee una definición en torno a la titularidad estatal; correspondiendo tal determinación al Congreso.[50] Esta neutralidad constitucional tolera tanto una concepción francesa en que el Estado es el titular del servicio —aunque en la actualidad el derecho galo ha tenido que ajustar la noción de *service public* al derecho comunitario desembocando en el *service universel*[51] compatible con la competencia— o bien, aquella anglosajona referida a la noción *public utility*, desvinculada de la titularidad estatal de la actividad y consiste en una regulación intensa de ella por su repercusión en el interés general.[52]

No obstante, sea cual fuere la opción adoptada, lo cierto es que se trate de sustraerla del mercado o someterla a una intensa regulación, primeramente, involucra la reglamentación del derecho de los

---

[47] I. Mata, *Procesos de integración en la prestación y regulación de los servicios públicos* cit., 115.

[48] R. Pironti Aguirre de Castro, *Processo administrativo e controle da atividade regulatória*, Belo Horizonte, 2005, 18 ss.

[49] H. Mairal, *El concepto de servicio público en el derecho argentino actual*, cit.

[50] La Constitución argentina no contiene un equivalente al art. 175 de la Constitución del Brasil. Por los alcances de tal precepto, ampliar en R. Bacellar Filho, *Reflexões sobre direito administrativo*, Belo Horizonte, 2009, 45 ss. y 184 ss. Ver también P. R. Ferreira Motta, *Regulação e universalização dos serviços públicos*, Belo Horizonte, 2009, 153.

[51] Ampliar en R. Chapus, *Droit administratif général*, I, Paris, 2001, 574 ss. Allí se destaca la trascendencia que ha tenido la decisión del Tribunal de Justicia Europeo recaída en el asunto *Corbeau* (Caso C-320/91, 19.V.1993) sobre el servicio postal belga. En punto a la regulación y el derecho de la competencia en la Unión Europea, D. Sorace, *Estado y servicios públicos*, Lima, 2006, 59 ss., traducción de E. Ariano Deho.

[52] Ampliar en S. Breyer, R. Stewart, *Administrative law and regulatory policy* cit., 5 ss.

ciudadanos de ejercer industria lícita y el comercio (art. 14, C.N., 20 respecto de los extranjeros) que como tal debe ser dispuesto por ley (el mismo art. 14) y no traspasar los márgenes de la razonabilidad (art. 28, C.N.).[53] En adición, en el primer supuesto, que involucra la concesión de un privilegio, sea a favor de un particular o del *propio Estado*, puede ser dispuesto únicamente por el Congreso de la Nación (art. 75 inc. 18, C.N.).[54] En definitiva, en este sentido —regulación del servicio por ley— se inclina también el art. 175 de la Constitución del Brasil.

Además, existen ciertas demarcaciones aceptadas por la comunidad jurídica internacional referidas a que —por ejemplo— quien concede u otorga un monopolio no debe ser el que lo controle.[55] Veremos *infra* que tales postulados y la genérica protección de los derechos de los usuarios en sus relaciones de consumo, surgen del art. 42 de la Constitución argentina, sin distinciones respecto de quien es el prestador, si privado o público.

En tal sentido es necesario puntualizar que en los últimos tres años el Estado argentino ha efectuado ciertos movimientos que lo posicionan como prestador de ciertos servicios. Ello involucra un vuelco hacia el rumbo anterior a la Reforma del Estado efectuada a fines del siglo pasado. Mas, como afirma Gordillo, la experiencia de gestión indicará el acierto o desacierto de la decisión; dependiendo de cómo se compadecen estos nuevos regímenes con los subsistentes marcos regulatorios, con el aseguramiento del control público de la gestión y del gasto y, sobre todo, cómo se mantiene el nivel adquirido de derechos de los usuarios frente al nuevo prestador, el Estado.[56]

IV. La ejecución de los servicios públicos

Abordaremos el punto otorgando, inicialmente, un panorama acerca de la modalidad de vinculación empleada desde la Reforma del Estado para la prestación de los servicios públicos. Luego mencionaremos las notas distintivas que caracterizan dos elementos esenciales de la vinculación: las tarifas y el regulador. Y por último, analizaremos la posición que ocupan en este universo los usuarios y el efecto expansivo de la protección constitucional que tienen asignada.

---

[53] En torno a la razonabilidad en la concesión de privilegios, v. J. F. Linares, *Razonabilidad de las leyes*, Buenos Aires, 1989, 177 ss.

[54] J. F. Linares, *Concepto y definición de servicio público*, en *R.A.D.A.*, 19, Buenos Aires, 36. Linares acepta la posibilidad de que se establezca a través de reglamento delegado, art. 76, C.N.

[55] A. Gordillo, *Tratado de derecho administrativo. Parte General*, I, Buenos Aires, 2009, XV-3.

[56] A. Gordillo, *Tratado de derecho administrativo. Parte General*, cit., XV-4 ss.

IV.1. El título habilitante para la prestación del servicio público

Los contratos de concesión y las licencias que habilitan la realización de actividades vinculadas a los servicios públicos involucran relaciones jurídicas con el Estado que incluyen la prestación a los usuarios, bajo condiciones de obligatoriedad y tratamiento no discriminatorio, de un determinado tramo de un servicio destinado a satisfacer necesidades esenciales de la comunidad.[57] Pueden comprender, de acuerdo a las necesidades y características de la actividad, tanto la concesión de privilegios vinculados a la situación de exclusividad en el mercado, como la obligación de brindar acceso a las redes.

Constituyen, de otro lado, relaciones destinadas a perdurar en el tiempo, con prolongados plazos de explotación y diversos supuestos de prórroga contemplados en los respectivos instrumentos. Consecuentemente, más allá de que en los elementos constitutivos se delinean estructuralmente obligaciones y derechos de una y otra parte, lo esencial de la vinculación es el establecimiento de *procedimientos idóneos* que permitan establecer un adecuado equilibrio en las prestaciones que son, por necesidad, dinámicas. Aún ante el acaecimiento de circunstancias que no pueden ser previstas el momento de la formalización del vínculo.

En este sentido, cabe reconocer que la relación jurídica no se agota con lo dispuesto en la ley que regula el sector, sus reglamentos y la licencia que vincula con el Estado, concebidos de modo estático. Ineludiblemente, el marco regulatorio irá adaptándose a las necesidades del servicio, aunque, por supuesto, dentro de los límites establecidos por la ley y la Constitución Nacional, en punto a la protección de los derechos adquiridos.

Pues, lógicamente, esta técnica de gestión de los servicios públicos requiere un desenvolvimiento certero y previsible, que incentive a la inversión privada y al financiamiento a largo plazo, de modo de contar con herramientas idóneas que habiliten la infraestructura necesaria que acompañe el desarrollo económico. El quiebre de la confianza en la estabilidad del ordenamiento regulatorio por la ausencia de instituciones previsibles y razonables produce efectos devastadores pues dificulta el flujo de inversiones que los fondos públicos son incapaces de afrontar.

---

[57] H. Mairal, *El concepto de servicio público en el derecho argentino actual*, cit.

IV.2. Las tarifas

La tarifa es un componente esencial del equilibrio económico financiero del desarrollo de la actividad y en el vínculo de relación con el Estado. La frustración de la legítima aspiración de percibir en forma íntegra, cierta y en tiempo oportuno la tarifa, afecta el derecho de propiedad (art. 17 C.N.) y vulnera el principio de igualdad ante las cargas públicas (art. 16 C.N.).

No obstante, por su impacto social en relación a los usuarios, no es posible dejar de reconocer su componente reglamentario y en este marco situar la potestad tarifaria en el poder administrador, con los límites propios que impone la legislación regulatoria del sector y en forma acompasada con la protección de los intereses económicos de los usuarios encomendada por el art. 42 de la CN.

En general, cabe reconocer los siguientes principios para la regulación de las tarifas:

i) Las tarifas deben ser justas y razonables, en las condiciones del título que habilita la actividad.[58] El principio rige tanto los intereses del prestador del servicio como los de los usuarios.[59]

ii) Cubrir los costos operativos y asegurar una rentabilidad razonable en una empresa eficiente.

iii) Las ganancias deben ser similares, como promedio de la industria, a las de otras actividades de riesgo equivalente.

iv) Revisión periódica de los precios y reducción progresiva.

v) Delegación de la cuestión tarifaria en el ente regulador.[60]

En el contexto de estas relaciones destinadas a la larga duración y atendiendo a su impacto concreto en factores trascendentes de la economía nacional, los conflictos profundos en materia tarifaria, que necesariamente repercuten en la calidad de la prestación de los servicios y ponen en evidencia que la estructura vinculante ha perdido su capacidad de reflejar la realidad económica o jurídica, deben ser abordados en procesos de renegociación serios, sustanciados con especial prudencia, en los que sea viable compatibilizar los intereses en disputa de modo razonable sin aniquilar ninguno de ellos.[61]

---

[58] Ampliar en R. Barra, *Servicios públicos y regulación. La concesión aeroportuaria*, en *Revista Rap*, 259, Buenos Aires, 1999, 9.

[59] A. Gordillo, *Tratado de derecho administrativo. La defensa del usuario y del administrado*, II, Buenos Aires, 2009, VI-10 ss.

[60] Ampliar en A. Bianchi, *La regulación económica*, I, Buenos Aires, 2001, 323 ss.

[61] Por cierto que en este terreno es mejor abandonar los dogmatismos y reconocer que lo público tiene varias dimensiones, temporales (por ejemplo, algunas coyunturales y otras de

IV.3. El regulador: solvencia técnica y autonomía funcional[62]

El logro de resultados satisfactorios en tan complejo escenario requiere de ciertas decisiones políticas realistas, y por supuesto, su mantenimiento en el largo plazo. En este andarivel, juega un papel trascendente la configuración de un regulador y fiscalizador del servicio que sea técnicamente solvente y goce de autonomía funcional.[63]

Pues aún reconociendo que las políticas regulatorias involucran aspectos relacionados con niveles superiores de asignación de competencias, en tanto alcanza el reparto entre Nación y provincias, por imperio del art. 42, C.N. la regulación técnica debe recaer en estos organismos especializados, y con tales alcances, participar en los procesos decisorios.

Asegurar esa autonomía requiere la descentralización subjetiva de la organización y la estabilidad de sus órganos de conducción,[64] cuyos integrantes deben ser designados en forma parcial, previendo una discontinuidad con el mandato presidencial que impida que todos los miembros del directorio de un ente sean designados por un solo Presidente.[65] A su vez debe dotárselos de recursos humanos y materiales que aseguren la *expertise* supuesta en la atribución de competencia.[66]

Esta autonomía de los organismos que ejercen funciones de regulación, vigilancia y sancionadora, así como de resolución de conflictos, en el marco de los servicios públicos, es necesaria porque el poder político tiende a sacrificar objetivos de largo plazo en aras de las metas inmediatas.

---

largo plazo) o jurisdiccionales (intereses locales de las provincias). De la misma manera, los actores privados son variados y con intereses diversos en un mercado dinámico, N. Eliaschev, *Sector eléctrico: crisis y después. Presupuestos y propuestas para una contribución regulatoria a la superación de la crisis* cit., 42. Ello conlleva que la premisa que manda que el interés público debe sobreponerse sobre los particulares deba manejarse con cuidado, no como categoría lógica, sino como guía empírica para cada tiempo y lugar, A. Gordillo, *Tratado de derecho administrativo. La defensa del usuario y del administrado*, II, Buenos Aires, 2009, VI-37 ss.

[62] Por el funcionamiento y estructura de las agencias reguladoras en el Brasil, consultar el excelente trabajo de R. Pironti Aguirre de Castro, *Processo administrativo e controle da atividade regulatória*, Belo Horizonte, 2005, 71 ss.

[63] R. Barra, *Entes reguladores: en camino de su delimitación institucional*, en Jurisprudencia Argentina, 2005-III, Buenos Aires, 1079 ss.

[64] R. Barra, *Entes reguladores: en camino de su delimitación institucional* cit.

[65] Ampliar en S. Carrillo, *Entes reguladores: rumbo a las autoridades administrativas independientes*, en ResPublica, Revista de la Asociación Iberoamericana de Derecho Administrativo, 3, México, 2005, 11 ss; también publicado en <www.eldial.com.ar> del 18.XI.2005.

[66] R. Barra, *Entes reguladores: en camino de su delimitación institucional* cit.

IV.4. La protección de los usuarios

En la dinámica de la ejecución de las actividades calificadas como servicios públicos ingresan los usuarios, como un componente de tutela trascendente, pues sus derechos en las relaciones de consumo adquirieron rango constitucional en la reforma de 1994, con la incorporación del art. 42. Cuando no se ha podido evitar el monopolio o se lo ha creado expresamente, la necesidad de regulación fuerte e intensa de un régimen de derecho público es indispensable para que el monopolio no perjudique los derechos e intereses de los usuarios.[67]

IV.5. Efecto expansivo: presupuestos mínimos en la protección de los usuarios

En toda prestación de servicios, sea por medio de regulación nacional, provincial o regional, la Constitución ha impuesto, desde la reforma de 1994, como estándar de prestación la "calidad y eficiencia" —vinculados a la continuidad, regularidad y obligatoriedad—, así como las condiciones de trato digno y equitativo. Todo ello sintetiza la protección de los derechos e intereses económicos de los usuarios, misión en la que se ha contemplando la participación de asociaciones no gubernamentales.

Además, el art. 42 de la CN ha caracterizado a la *competencia* como un bien jurídicamente protegido, vinculado al *mercado* como regulador económico. Su preservación incumbe a todas las autoridades, en el ámbito propio de su competencia de acuerdo los distintos estamentos del ordenamiento federal.

El principio de la libertad que fluye de toda la Constitución, así como la previsión expresa del art. 42, C.N. en punto a la protección de los mercados, conduce, de un lado, a una interpretación restrictiva y fuertemente relacionada en materia de privilegios y sus consecuencias. Del otro, a otorgar un carácter igualmente restrictivo a la interpretación de las limitaciones a las decisiones estrictamente empresarias del prestador del servicio, que no afecten los intereses públicos en juego.[68]

Ello ha desembocado —no sin severas contramarchas— en el dictado de regulaciones sectoriales que persiguen el objetivo de

---

[67] A. Gordillo, *Tratado de derecho administrativo. La defensa del usuario y del administrado*, II, cit., VI-37.
[68] A. Pérez Hualde, *Constitución Nacional y control de los servicios públicos*, en *La Ley*, 2001-C, Buenos Aires, 1174 ss.

descentralizar las decisiones económicas, segmentando en todo lo posible las industrias involucradas, de modo de permitir el ingreso de la competencia en todo aquello que resulta compatible con el desarrollo eficiente de cada sector, a través del *open access*.

Sin embargo, no puede esperarse que la competencia apunte al desarrollo equilibrado del territorio o la lucha contra las exclusiones sociales. Ese es el rol que debe ocupar la intervención estatal, generando que los menores costos y la mayor eficiencia se trasladen a los usuarios, con exigencia de una calidad establecida del servicio. A su vez, a los fines de *universalizar*[69] el servicio le compete articular las inversiones necesarias para facilitar a los usuarios en condiciones de indigencias o pobreza tarifas sociales, a través de mecanismos trasparentes.

V. Conclusiones

Hemos visto que la Constitución argentina expresa una visión orgánico-funcional, que distribuye competencia pero a la vez fija principios rectores. Revela asimismo la posibilidad de un espacio de vinculación e interdependencia entre el centro y los estados periféricos que, desarrollado con justeza y despojado de intereses partidarios o coyunturales, permitiría el éxito buscado en el desarrollo social y comercial de la Nación.

En punto a la regulación de los servicios públicos, cabe apuntar la necesidad de que las provincias actúen la prerrogativa de generar regiones, permitiendo la atención de economías de escala con capitales privados y cumpliendo con el postergado mandato de introducir el mayor grado de competencia posible. También a la Nación le incumbe seguir ese rumbo en los espacios interjurisdiccionales.

Es necesario, en tal sentido, consolidar el principio del acceso abierto a las redes que ya se encuentra consagrado en diversas normas sectoriales. Los beneficios de una mayor competencia son múltiples. La competencia no sólo fomenta una baja relativa en los precios sino que también facilita la tarea de regulación y control por parte de las autoridades ya que se permite comparar desempeños de empresas operando en el mismo mercado. De otro lado, devuelve la libertad a los usuarios que no quedan cautivos de un monopolio, surgiendo la

---

[69] En punto a la universalización de los servicios públicos en Brasil y el contenido del mandato constitucional en ese sentido, ampliar en P. R. Ferreira Motta, *Regulação e universalização dos serviços públicos*, cit., 137 ss.

posibilidad de premiar y castigar, al poder elegir y dejar de elegir a las compañías prestadoras del servicio en función de su desempeño.[70]

Ahora bien, resulta evidente que ello debe venir acompañado de una revisión integral del derecho antimonopólico y sus canales de efectividad por el Congreso Nacional, pues si bien hay normas que prohíben el abuso de la posición dominante en el mercado, su aplicación queda reducida a la arbitraria selectividad de los órganos estatales.

Generar el ámbito propicio para el desarrollo de mercados de servicios eficientes, debidamente regulados, sigue siendo una deuda de las autoridades para con la sociedad.

Informação bibliográfica deste texto, conforme a NBR 6023:2002 da Associação Brasileira de Normas Técnicas (ABNT):

CARRILLO, Santiago R. El sistema federal y la regulación de los servicios públicos en la Argentina. *In*: SILVEIRA, Raquel Dias da; CASTRO, Rodrigo Pironti Aguirre de (Coord.). *Estudos dirigidos de gestão pública na América Latina*. Belo Horizonte: Fórum, 2011. v. 1, p. 351-371. ISBN 978-85-7700-432-4.

---

[70] N. Eliaschev, *Sector eléctrico: crisis y después. Presupuestos y propuestas para una contribución regulatoria a la superación de la crisis* cit., 45.

Algunas Pautas para la Gestión Estatal de las Necesidades Esenciales de la Comunidad: Conclusiones a la Luz de un Ejemplo Particular

Sebastián Álvarez

Sumario: **1** Enfoque – **2** El inicio de la actividad en Argentina. Actividad privada, no regulada – **3** Actividad esencial. Prestación mixta – **4** 1949 a 1990. Período de nacionalización de la actividad – **5** 1990 – 2001. Privatización de la industria. Regulación y control estatales – **6** 2001 al presente. Desadaptación del mercado, intensificación de la regulación. Ultimo modelo de gestión – **7** Algunas conclusiones a las que se puede arribar del ejemplo aquí referido

1 Enfoque

Al abordar esta idea, siguiendo la estructura mental que, para bien o para mal, me ha dejado mi formación como abogado, me orienté a intentar descubrir las pautas generales a las que debe atenerse un estado para la gestión directa o indirecta de las necesidades esenciales de la comunidad.

Como profesionales del derecho, de algún modo, siempre nos encaminamos a la búsqueda de instituciones o conceptos generales que nos permitan contener actividades sociales (de particulares o estatales) y establecer los principios que deben seguir y orientar tales actividades en general y, luego, sobre tal base y en particular, los criterios o pautas con que deben ser reguladas o interpretadas.

La búsqueda referida me encaminó inmediatamente a la extensamente tratada institución del Servicio Público, bajo cuyo desarrollo, sin perjuicio de las variadas y numerosas disquisiciones doctrinarias planteadas por los autores, se han establecido qué actividades se considera que integran tal noción, a quién pertenece su titularidad, de qué modos puede ser ejercida, cuáles son sus caracteres, entre muchas otras cuestiones, definiéndose de tal modo, en lo que hace a la ciencia jurídica, los criterios o pautas con que dicha actividad debe ser regulada e interpretada cuando los casos concretos así lo requieran.

Ahora bien, abordado el tema bajo tal enfoque, rápidamente arribé a una conclusión: carece de mayor interés práctico que en esta charla efectúe un brevísimo resumen de los insuperables análisis efectuados por notables autores de mi país (entre los que, siendo ingratos por no mencionar una gran cantidad de ellos, podemos citar al Dr. Barra, el Dr. Marienhoff y al Dr. Gordillo); bajo tal orientación, además de reiterar lo que pueden ser accedido de los libros, no haría ningún aporte personal a esta jornada.

En tal entendimiento, con base en la propia experiencia profesional, he decidido tomar como sujeto de análisis la historia de la provisión de un servicio esencial como es el de la provisión de energía eléctrica en la República Argentina, con la expectativa de poder extraer algunas conclusiones relacionadas con la eficiencia del Estado en la gestión de necesidades esenciales de la comunidad.

2 El inicio de la actividad en Argentina. Actividad privada, no regulada

Como es de su conocimiento, la República Argentina, es un estado federal constituido por un conjunto de estados autónomos preexistentes a la confederación, bajo una autoridad central.

Como derivación natural a la referida preexistencia de los estados a la nación, la mayoría de las actividades públicas y privadas, como es el caso de la provisión de energía eléctrica a la comunidad, en una primera etapa, se desarrollaron a nivel de cada provincia (estado), en función de las necesidades de sus comunidades más importantes.

En tal sentido, la energía eléctrica comenzó a ser proveída en los diferentes estados provinciales por empresas extranjeras que traían la entonces novedosa tecnología, mediante sistemas de generación, transmisión y distribución muy precarios y pequeños, desarrollados sobre la base de combustión de materiales orgánicos (carbón, leña, bagazo, etc.), proveyendo, principalmente, a consumos de alumbrado público y domiciliarios de partes minoritarias de la comunidad.

Estas empresas se radicaron en la Argentina hacia 1900 instalando las primeras usinas se levantaron en el área metropolitana, lugar donde se originaba la mayor demanda, y llevaron adelante su actividad sólo con permisos o autorizaciones estatales. El interior del país (es decir, todo lo que no fuera las principales ciudades) quedaba en situación marginal.

Sitúo el período comentado entre los años 1900 y 1935. En esta época, todavía podría decirse que la electricidad no era considerada un bien indispensable para la comunidad por lo que el Estado prácticamente no participaba de su provisión más que por la emisión de autorizaciones. No existía regulación especial para la generación ni provisión. Se trataba de una actividad privada como cualquier otra.

Es decir que se trata de un período de prestación privada, no regulada y menos aún planificada, en el que no se consideraba a la provisión de energía eléctrica un servicio esencial para la comunidad.

A lo largo del período comentado se desarrolló una tendencia que se continuó hasta la fecha, consistente en un continuo crecimiento de la población y de la actividad económica del país.

De tal modo, hacia el fin del período la combinación entre el crecimiento económico y social del país, la precaria y limitada prestación del servicio, y lo que podríamos denominar la esencialización del servicio (esto es, el cambio generalizado en la percepción social del servicio que comenzaba a considerarse esencial) provocaron movilizaciones y reclamos lo que se considera la *primera crisis relacionada con esta actividad*.

3 Actividad esencial. Prestación mixta

Entre los años 1935 y 1948 se sitúa el segundo período. Este término se caracteriza por un formidable incremento del consumo energético como consecuencia del crecimiento de la población y de la actividad económica del país.

El incremento en la necesidad de provisión de energía eléctrica fue notable cuantitativa y cualitativamente. En lo primero, en función de la directa relación que quedó establecida entre energía eléctrica y desarrollo económico; y en lo segundo, en atención a que las necesidades residenciales satisfechas mediante el fluido empezaron a ser entendidas como esenciales por la comunidad.

Las consideraciones referidas impulsaron al Estado Nacional a decidir intervenir en la prestación del servicio. La toma de conciencia de la esencialidad de la provisión de la energía eléctrica por parte del Estado Nacional se vio plasmada en la construcción de usinas y líneas de transporte y distribución de energía eléctrica y en la creación estatal de la empresa pública Agua y Energía Eléctrica, constituida con la finalidad de prestar un suministro de alcance nacional, permitiendo así abastecer a otras regiones del país. De esta manera se dio por finalizada la limitada prestación que ejercían los monopolios privados y extranjeros.

Durante este período se dio el primer antecedente de aplicación de tarifas con cargos específicos para llevar adelante obras de infraestructura energética. Es así que con ayuda de los usuarios fue posible agrandar la red de distribución.

Aún con la participación estatal en la prestación del servicio, en este término, la prestación del servicio se llevó a cabo sin la existencia de un marco regulatorio ni planificación general.

La conclusión de este período se produjo por la conjunción de tres factores. El primero de ellos, como se verá en el punto subsiguiente, de índole ideológica. Los otros dos, resultantes de la falta de planificación y la coyuntura, fueron (i) que la tasa de crecimiento de la oferta energética rápidamente se tornó insuficiente para el vertiginoso ritmo con que aumentó la demanda en este período (nuevamente incremento de población y actividad económica); y (ii) la falta de combustibles fósiles, insumo necesario para la producción de energía eléctrica, ocasionada como producto de la Segunda Guerra Mundial.

4 1949 a 1990. Período de nacionalización de la actividad

El período que se trata en este punto se encuentra signado por un marcado cambio en la concepción acerca de la prestación de los servicios públicos, consistente que la determinación estatal de que su provisión sea llevada a cabo íntegramente por el Estado. La industria eléctrica no fue una excepción a dicha concepción.

A modo de ejemplo de la firmeza del nuevo rumbo emprendido, resulta pertinente destacar que en el año 1949 se produjo una reforma de la Constitución Nacional, que si bien tuvo poca vigencia en el tiempo, plasmó claramente la ideología imperante durante el período reseñado. La reforma constitucional referida expresamente consignaba que todos los servicios públicos debían ser prestados por el Estado.

En tal contexto, el período comentado tuvo una fuerte presencia estatal y promovió la expropiación en el interior del país de empresas privadas.

Además de la creación de empresas estatales en el sector eléctrico (sumando a la ya existente Agua y Energía Eléctrica, las por entonces nuevas empresas Segba e Hidronor), a partir de la década del 60, el Estado llevó adelante un plan ambicioso que consistía: en aumentar la potencia instalada de generación y diversificar las fuentes de energía eléctrica a través de la construcción de usinas hidroeléctricas y de generación nuclear.

De esta manera, la planificación estratégica del Estado Nacional consistió no sólo en sumar al parque de generación térmico existente hasta ese momento el desarrollo de un vasto parque hidroeléctrico y un incipiente parque nuclear (desarrollando tecnología de punta a nivel mundial en la materia), sino también en la creación y agresiva explotación de empresas estatales dedicadas a la exploración y explotación de hidrocarburos (Yacimientos Petrolíferos Fiscales — YPF — y Gas del Estado), a los efectos de proveer a la población del servicio de gas y combustibles y apuntalar a la industria eléctrica a través de la producción de insumos indispensables para la generación (se debe recordar que, más allá de la diversificación desarrollada Argentina desde el comienzo y hasta el presente cuenta con una matriz energética predominantemente térmica, y por ende dependiente de la provisión de hidrocarburos).

El salto cuantitativo en la potencia disponible y las fuentes de generación alcanzado durante este período, con el tiempo se vio empañado por una deficiente administración del servicio que provocó dificultades financieras perjudicando los planes de inversión.

En adición, en este período el Estado Nacional emitió la primera regulación general de la provisión del servicio eléctrico a través de la sanción de la Ley N° 15.336. Esta ley, que marca un hito en la normativa regulatoria del sector eléctrico, definió expresamente al transporte y distribución de energía eléctrica como servicios públicos e impuso la jurisdicción federal sobre la totalidad de la industria que se valiera de interconexiones interjurisdiccionales (esto es la actividad de los generadores, transportistas y distribuidores cuyos servicios se prestaran a través del redes que superaran el ámbito de una provincia, así como sobre la generación nuclear y la hidroeléctrica interconectada al sistema nacional). Es decir que, también a partir de la vigencia de la referida ley (publicada en 1960) podemos decir que, como regla general, se produjo la federalización del servicio de provisión de energía eléctrica en Argentina (es de destacar que tal federalización no abarca la totalidad de la prestación del servicio y que, para que las provincias aceptaran la sanción de la ley, la Nación tuvo que hacer importantes concesiones, pero este tema, que no deja de tener cierta complejidad, no será por mi tratado en esta ocasión por exceder el marco de este trabajo).

En definitiva, podemos decir que en este período se produjo un fuerte avance en el sector, al haberse emitido una regulación general y planificación en el sector energético en general y en el eléctrico en particular.

No obstante ello, este período culminó con la peor crisis energética sufrida hasta el presente en Argentina que dio con el acaecimiento de cortes programados en el servicio de provisión de energía eléctrica (cortes rotativos de cuatro horas diarias durante dos meses en pleno verano del año 1989).

¿Qué llevó a la crisis? Como se dijo, en este período se emitió la primera regulación del sector, pero esta regulación omitió toda consideración de naturaleza económica. Sería razonable considerar que dicha omisión obedeció a que la economía del sector se hallaba íntegramente en manos estatales. Tanto las generadoras como la transportistas y distribuidoras (en general actividades prestadas, todas ellas, por cada empresa estatal), como las proveedoras de insumos para generación, o en su caso las importaciones de tales insumos se hallaban en cabeza del Estado. En el contexto comentado, las tarifas por la provisión del servicio que se cobraban a los usuarios eran fijadas por el Estado en función de criterios políticos a valores que no llegaban a cubrir el costo de la prestación de los servicios. De tal modo, esta falta de cobertura redundó en la falta de inversión adecuada en expansión de redes para atender los incrementos de demanda y en la falta de adecuada operación y mantenimiento de redes.

En tal marco, la crisis se originó en la conjunción de acumulación de la desinversión referida y el acaecimiento tres circunstancias que llevaron coyunturalmente a los cortes de suministro, a saber: (i) condiciones naturales (baja hidraulicidad debida a los tres años consecutivos más secos de la historia) adversas con bajos niveles de reservas en los embalses que anularon la capacidad hidroeléctrica; (ii) la producción de una avería de la Central Nuclear Atucha I; y (iii) alta indisponibilidad del equipamiento térmico, que es el que debería haber soportado la escasez, por la falta de mantenimiento. Todo ello acarreó la reaparición de cortes programados dando lugar a la mayor crisis energética que ha sufrido la Argentina.

La unión de la crisis sucedida con un nuevo cambio en la ideología imperante produjo la llegada de un nuevo período de signo inverso al reseñado en este punto.

5 1990 – 2001. Privatización de la industria. Regulación y control estatales

Para el momento en que se produjo la grave crisis referida precedentemente, comenzaba en la Argentina la gestión de un nuevo gobierno. Luego de unos primeros pasos vacilantes, el nuevo gobierno tomó dirección hacia un esquema general de gestión de los servicios públicos por parte de los privados (aún cuando, paradójicamente, el nuevo gobierno era de la extracción política que, en la anterior etapa habría decidido la prestación de todo servicio público por parte del Estado), situación a la que no escapó la industria eléctrica.

La privatización de la industria eléctrica fue profunda y estructural y, de algún modo, su factibilidad en los términos en que fue concebida se centró en la medida medular dispuesta por el nuevo gobierno en materia económica, esto es, el establecimiento por ley de la paridad cambiaria que fijó por ley la equivalencia de un peso argentino con un dólar estadounidense (\$1 = USD1).

En orden a la complejidad y diversidad del sector eléctrico nacional la privatización se llevó a cabo bajo el siguiente esquema general.

Las empresas y sociedades estatales que hasta ese momento prestaban, cada una de ellas, múltiples servicios fueron desmembradas en múltiples unidades económicas con formato de sociedades, estableciendo, para cada una de ellas, sólo una de las actividades de la industria (generación, transporte o distribución).

A partir de ello, ciertas actividades se concedieron (esto es, se concedió su realización a particulares por tiempo determinado y mediante contrato de concesión) y otras se privatizaron (es decir pasaron a manos privadas definitivamente).

En tal esquema, se caracterizaron al Transporte y la Distribución de electricidad como servicios públicos, bajo las siguientes condiciones principales:

 (i) Se concesionaron los servicios en condiciones de mercado monopólico con usuarios cautivos. Debe destacarse que nos hallamos ante casos de monopolios naturales en función de que para cada tramo de transporte y distribución existe sólo una red, y que su duplicación resultaría antieconómica;

 (ii) La regulación estatal determina y controla precios y la calidad de prestación, previniendo la ocurrencia de prácticas que configuren abuso de posición predominante en el mercado;

(iii) Rige el principio de "Libre Acceso" que posibilita que cualquiera pueda hacer uso de las instalaciones de los Distribuidores o Transportistas sin restricciones ni oposición por parte del titular, pagando los costos correspondientes, garantizando que el mismo no se constituya en un límite al principio;

(iv) Los distribuidores están obligados a suministrar la totalidad de la energía que les sea demandada en el área geográfica de su concesión.

La generación de energía eléctrica fue caracterizada como una actividad de interés general (que por contraposición a los servicios públicos constituye actividad de titularidad privada, pero que, dado el interés general, se halla fuertemente regulada), que opera en un mercado de competencia, cuyo funcionamiento se ajusta a la regulación estatal en materia técnica, y cuyos precios de venta de energía se calculan con ajuste al costo económico del sistema.

En este esquema, a grandes rasgos, los generadores de energía eléctrica venden el fluido que producen a los distribuidores, quienes se los facturan a los Usuarios, incluyendo el precio de los generadores, más la tarifa de distribución, más la tarifa de transporte e impuestos.

Una variedad a este diseño la introducen los Grandes Usuarios. Los Grandes Usuarios son aquellos Usuarios que, en función de sus actividades comerciales o industriales, consumen considerables cantidades de energía eléctrica (dichas cantidades son fijadas por el Estado). Dada tal situación, estos Grandes Usuarios pueden contratar para consumo propio, en forma independiente, su abastecimiento de energía eléctrica con un generador o distribuidor. La reglamentación de los procedimientos operativos ha ido fijando módulos decrecientes de potencia y energía para acceder a esa categoría de usuario.

El esquema referido, bajo regulación permanente del Estado Nacional, a través de la Secretaría de Energía, se completa con la creación de un ente estatal como es el Ente Nacional Regulador de la Electricidad (ENRE) y de una sociedad privada, la Compañía Administradora del Mercado Eléctrico Mayorista S.A. (CAMMESA).

El cometido asignado al ENRE fue el control de las concesiones de transporte y distribución y sus revisiones tarifarias, y en general, regular la competencia y el desenvolvimiento del mercado eléctrico.

Por su parte, CAMMESA, que es una sociedad anónima integrada por representantes de toda la industria eléctrica (generadores, transportistas, distribuidores y grandes usuarios) y del Estado Nacional por partes iguales, tiene asignado como objeto principal el despacho de energía eléctrica y administración de las transacciones económicas que se realizan a través del Sistema Argentino de Interconexión (SADI). Es decir que, esta sociedad anónima es la que, en función de la información que le proveen los integrantes del sector (generadores, en cuanto a energía disponible, transportistas, en cuanto a disponibilidades de transporte, y distribuidores en cuanto a necesidades para cubrir la demanda) (i) prevé las necesidades de abastecimiento para el futuro, (ii) decide como se cubren tales necesidades en tiempo real, en cada momento, y (iii) lleva a cabo periódicamente la cuantificación de las transacciones económicas del sistema estableciendo cuánto corresponde que se le pague a cada proveedor por la energía suministrada y quién debe hacerlo.

En este último aspecto, la realidad tecnológica de la industria eléctrica impone ciertas restricciones a la introducción absoluta de la competencia en todo el sistema. Por ejemplo, la necesidad de igualar oferta con demanda en forma instantánea y la imposibilidad de almacenar el fluido eléctrico lleva a que se deba operar con un despacho centralizado que determina: dónde, quién y cuanto se generará al mismo tiempo. Se ha creado para esto una entidad responsable del mercado mayorista CAMMESA integrada por representantes de todos los sectores de la industria eléctrica.

En definitiva, en esta etapa, la decisión estatal fue la de transferir la operación de la industria y las inversiones, bajo distintos esquemas, a los particulares, abandonando el Estado su papel de empresario para asumir el rol de diseñador de políticas, regulador de actividades esenciales y contralor del desenvolvimiento de las mismas.

Mientras se mantuvieron las condiciones macroeconómicas en el marco de las que se consumó la reforma referida en este punto, en especial la paridad cambiaria $1=USD1, la transformación viabilizó inversiones privadas que posibilitaron revertir un cuadro de escasez de energía eléctrica por otro de abundancia, y pasar de prestaciones inseguras a servicios confiables, a precios más bajos. Como se verá a continuación, la ruptura de las referidas condiciones aparejó un importante cambio en el sector, bajo el cual, hasta que se produzca un nuevo escenario duradero, nos encontramos en este momento.

En definitiva, se puede decir que en este período existió planificación y regulación estatal, incluyendo esta última regulación económica sobre la base del costo del sistema.

6 2001 al presente. Desadaptación del mercado, intensificación de la regulación. Ultimo modelo de gestión

Una serie de circunstancias acaecidas entre el año 2001 y el año 2004 produjeron una fuerte crisis en la Argentina en general, y en el sector eléctrico en particular.

Dichas circunstancias fueron:

(i) Una fuerte devaluación de la moneda argentina en el año 2001;

(ii) A nivel internacional se produjo un fuerte incremento del precio internacional de los combustibles (los que resultan centrales para la provisión de energía eléctrica en Argentina dado que el 56% de su matriz energética corresponde a generación en base a combustibles fósiles);

(iii) En 2004 se produce una fuerte escasez de gas, fluido indispensable de la matriz energética argentina.

La devaluación llevó la relación peso argentino dólar norteamericano de $1 = USD1 a $4 = USD1 (habiéndose estabilizado actualmente la relación en $1 = USD 3,9). Esta devaluación tuvo severos efectos en la industria, principalmente porque el costo de generación de la energía eléctrica se relaciona con valores internacionales (petróleo y derivados —fuel oil, gas oil— y gas), y el Estado decidió mantener a los usuarios las mismas tarifas que cobraba antes de la crisis (congeló las tarifas).

En tal contexto se rompió la ecuación económico-financiera de la industria eléctrica.

El primer efecto de la crisis fue que el pago por los consumidores de las tarifas congeladas y pesificadas no generaba suficiente dinero para solventar siquiera los costos (dolarizados) de generación. El segundo efecto principal fue el detenimiento absoluto de las inversiones privadas en infraestructura, expansión y/o mantenimiento.

Todo ello llevó a la necesidad de renegociar los contratos de concesión de distribución y transporte, a regular fuerte y restrictivamente la generación y a la intervención económica directa del Estado.

Así, por un lado, el Estado comenzó a efectuar préstamos al Mercado Eléctrico Mayorista, y por el otro se estableció una prioridad para la asignación de los ingresos deficientes que ingresaban a partir del pago de los usuarios. Por los montos no pagados se reconoció deuda a favor de los generadores impagos.

Posteriormente el Estado convocó a los acreedores a aportar sus acreencias a un fondo para la realización de obras de generación que dieron como resultado la realización de dos plantas de generación térmica, una en la Provincia de Buenos Aires y otra en la Provincia de Santa Fe.

Otras medidas secundarias fueron tomadas por el Estado Nacional para ir revirtiendo los efectos de la crisis que originó esta etapa y estabilizando la industria.

De cualquier modo, resulta indudable que el signo de este período ha sido, por un lado, mantener la estructura de base privada de la industria (siguen predominando la generación privada y el esquema de concesiones de distribución y transporte), y por el otro una fuerte y constante intervención estatal a los efectos de solucionar los diversos problemas particulares que situaciones macroeconómicas y macroeconómicas generaron a la industria (ruptura del equilibrio económico financiero de la industria, falta de inversión, crisis en por aumentos en los insumos, etc.). En este último sentido, resulta interesante destacar que, actualmente, las facturas de energía eléctrica que reciben los usuarios señalan expresamente que el consumo facturado se encuentra subvencionado por el Estado Nacional, expresando, a modo comparativo el valor que se habría facturado de acuerdo a lo que se cobra por igual consumo en otras jurisdicciones —entre las que se indica la Ciudad de San Pablo, Brasil—).

7 Algunas conclusiones a las que se puede arribar del ejemplo aquí referido

El ejemplo tratado en el presente trabajo ha sido la provisión del servicio esencial de energía eléctrica.

Pudimos observar que en el caso el Estado pasó de estar ajeno a la inversión, provisión y regulación del servicio en la primera etapa a transformarse en regulador, asumiendo la inversión y provisión en la tercera etapa, y finalmente, a delegar la inversión y generación manteniendo la regulación y el control en la cuarta etapa, asumiendo en el último tramo un mayor intervencionismo en el sector.

En todos los casos, lo que determinó el paso de un período o etapa al otro fue el acaecimiento de una crisis, entendida como imposibilidad de satisfacer la demanda en un momento dado.

Hasta el presente no han ocurrido crisis en función de la calidad de la provisión ni el precio pagado por los usuarios.

Por consiguiente, a los efectos de este trabajo nos permitimos hacer una primera conclusión estableciendo que en la prestación de

servicios esenciales la eficiencia estatal, sea el Estado el proveedor
directo o no del servicio, está relacionada con evitar crisis de provisión.

Ello nos lleva a preguntarnos qué produce las crisis de provisión
y cómo se evitan.

De acuerdo a la experiencia argentina las crisis de provisión se
originaron, en lo sustancial, en cuatro factores:
(i) Crecimiento de demanda por incremento de población o
actividad económica;
(ii) Faltantes de insumos para generación (ej. escasez de combustibles fósiles por cuestiones externas —la segunda guerra mundial, crisis internacionales generales en el mercado del petróleo o gas— o internas —insuficiencia de abastecimiento nacional—);
(iii) Acontecimientos de la naturaleza (ej. sequías) o técnicos por falta de inversión o mantenimiento;
(iv) Crisis micro o macroeconómicas.

Ante tales situaciones determinantes de crisis entendemos que el
único modo de fortalecer la eficiencia en la gestión de la energía eléctrica
en particular y de cualquier actividad esencial para la comunidad en
general, consiste en tomar las medidas necesarias para poder, en la
medida posible, anticipar las situaciones que llevan a la crisis a través
de estudio y planificación constantes del sector de que se trate.

Lo dicho nos lleva a la necesidad de contar con equipos permanentes, técnicos o de expertos en la materia que de modo constante
analicen y planifiquen el sector dando soporte a la gestión política de
turno que por su parte tiene decisión final respecto del rumbo a ser
tomado sobre la base de su representación popular.

Dejando de lado situaciones excepcionales, tanto los crecimientos
poblacionales como los de actividad económica pueden ser anticipados
de manera relativamente sencilla.

Por su parte, el diseño de la matriz energética, la toma de
decisiones en materia de exploración, explotación, exportación e importación de petróleo y gas y el direccionamiento de inversiones públicas
y privadas pueden componer un panorama a largo plazo que aleje a
los países de situaciones de crisis.

En cuanto a las crisis económicas, si bien la experiencia indica
que su previsibilidad es menor que la de los supuestos anteriores,
indudablemente, la debida planificación y diversificación energética
ayudarán a posicionar a la sociedad en una situación de mayor solidez
ante la eventualidad de una crisis de este tipo.

En definitiva, creemos que la mejor gestión, o dicho en otras palabras la más eficiente, se corresponde con la decisión de crear y sostener ámbitos estables o cuerpos de expertos en la materia que, situados en una posición de estabilidad se dediquen de modo constante a analizar y planificar el sector dando soporte a la gestión política de turno, la que siempre tendrá, en función de su carácter representativo la decisión final en materia del rumbo energético, en el caso particular, o del servicio esencial de que se trate.

Informação bibliográfica deste texto, conforme a NBR 6023:2002 da Associação Brasileira de Normas Técnicas (ABNT):

ÁLVAREZ, Sebastián. Algunas pautas para la gestión estatal de las necesidades esenciales de la comunidad: conclusiones a la luz de un ejemplo particular. *In*: SILVEIRA, Raquel Dias da; CASTRO, Rodrigo Pironti Aguirre de (Coord.). *Estudos dirigidos de gestão pública na América Latina*. Belo Horizonte: Fórum, 2011. v. 1, p. 373-385. ISBN 978-85-7700-432-4.

Sobre os Autores

André Luiz Freire
Doutorando e Mestre em Direito Administrativo pela PUC-SP. Advogado em São Paulo.

Angela Cassia Costaldello
Professora de Direito Administrativo da Faculdade de Direito da Universidade Federal do Paraná. Mestre e Doutora em Direito do Estado pela Universidade Federal do Paraná. Ex-Procuradora do Estado do Paraná e Procuradora do Ministério Público junto ao Tribunal de Contas do Estado do Paraná.

Daniel Ferreira
Professor Titular de Direito Administrativo da Faculdade de Direito de Curitiba e atual coordenador do Programa de pós-graduação *stricto sensu* em Direito do Centro Universitário Curitiba (UNICURITIBA). Mestre e Doutor em Direito do Estado (Direito Administrativo) pela Pontifícia Universidade Católica de São Paulo (PUC-SP). Membro da Comissão de Gestão Pública e de Assuntos da Administração Pública da OAB/PR (desde 2007).

Daniel Wunder Hachem
Mestrando em Direito do Estado na UFPR. Professor de Direito Administrativo e Direito Constitucional da UniBrasil. Coordenador do Curso de Especialização em Direito Administrativo do Instituto de Direito Romeu Felipe Bacellar. Secretário Editorial Executivo da *A&C – Revista de Direito Administrativo & Constitucional*. Advogado militante.

Daniel Müller Martins
Advogado e Consultor em Direito Público. Mestre em Direito Administrativo pela Pontifícia Universidade Católica de São Paulo (PUC-SP). Professor do Curso de Pós-Graduação em Direito Administrativo do Centro Universitário Curitiba (UNICURITIBA). Professor Convidado da Escola Superior da Advocacia e Membro da Comissão de Gestão Pública da Ordem dos Advogados do Brasil – Seção Paraná.

Eduardo Ramos Caron Tesserolli
Pós-graduado em Direito Administrativo pelo Instituto de Direito Romeu Felipe Bacellar. Professor de Direito Administrativo nos cursos de Pós-graduação do CESUL (Centro Sulamericano de Ensino Superior), em Francisco

Beltrão/PR. Professor de Direito Administrativo e Administração Pública nos cursos preparatórios para carreiras da Escola Próximo Passo, em Curitiba/PR. Membro da Comissão de Gestão Pública e Assuntos da Administração da OAB/PR. Ex-Procurador Jurídico da Administração dos Portos de Paranaguá e Antonina (APPA). Advogado em Curitiba/PR.

Emerson Gabardo
Mestre e Doutor em Direito do Estado pela UFPR. Professor Adjunto de Direito Econômico da PUCPR. Professor Adjunto de Direito Administrativo da UFPR. Vice-coordenador do Programa de Mestrado e Doutorado em Direito da PUCPR.

Gélzio Viana Filho
Inspetor de Controle Externo do Tribunal de Contas de Minas Gerais, lotado no gabinete do Auditor Licurgo Mourão. Perito Contábil. Especialista em Controle Externo da Gestão Pública Contemporânea pela Pontifícia Universidade Católica de Minas Gerais (PUC Minas). Bacharel em Ciências Contábeis (UFMG). Palestrante convidado da Controladoria-Geral da União (CGU) da Presidência da República. Ex-sócio-gerente de empresa de consultoria contábil e tributária. Ex-consultor em integração de sistemas empresariais administrativos e contábeis (*Enterprise Resource Planning-ERP*). Ex-contador de entidades dos segmentos da indústria, comércio, prestação de serviços, tecnológico e OSCIP. Coautor do trabalho técnico-científico ganhador do Prêmio Internacional de Investigação conferido em 2009 pela OLACEFS (*Organización Latinoamericana y del Caribe de Entidades Fiscalizadoras Superiores*).

Héctor Huici
Magíster en Derecho Administrativo de la Universidad Austral. 1992. Al docente que nos enriqueció académicamente desde la Dirección del Master y la Cátedra, exhortándonos siempre —en un ambiente de respeto y pluralismo— a la búsqueda de la Verdad. Al infante de marina que tuvo el orgullo de vestir el uniforme de campaña en épocas difíciles para la soberanía nacional.

José Márcio Donádio Ribeiro
Bacharel em Administração pela Faculdade de Ciências Administrativas e Contábeis da Fundação Comunitária de Ensino Superior de Itabira. Funcionário da Vale. *E-mail*: jose.marcio.ribeiro@vale.com

Juarez Freitas
Professor Titular do Mestrado e do Doutorado em Direito da PUCRS. Professor de Direito Administrativo da UFRGS. Presidente do Instituto Brasileiro de Altos Estudos de Direito Público. Membro do Conselho Nato do Instituto Brasileiro de Direito Administrativo. Pós-Doutorado em Milão. Advogado. Consultor. Parecerista.

Licurgo Mourão

Doutorando em Ciências Jurídicas e Sociais. Mestre em Direito Econômico. Pós-graduado em Direito Administrativo, Contabilidade Pública e Controladoria Governamental. Bacharel em Direito e em Administração. Auditor e Conselheiro Substituto do TCE-MG. Ex-advogado. Ex-auditor tributário e de contas públicas. Vice-presidente sudeste da Associação Nacional dos Auditores (Ministros e Conselheiros Substitutos) dos Tribunais de Contas do Brasil. Professor convidado da Universidade *San Nicolas de Hidalgo* – Morélia-México, da Universidade Positivo – Paraná-Brasil, do Centro Universitário de Ensino Superior do Amazonas (CIESA), da Escola de Administração Fazendária – ESAF (MINFAZ), do Ministério do Planejamento, Orçamento e Gestão e da Escola de Contas Públicas. Membro do *Foro Mundial de Jóvenes Administrativistas* com sede na Cidade do México. Professor universitário nas cadeiras de "Introdução ao Direito", "Orçamento e Finanças Públicas" e "Contabilidade e Auditoria do Setor Público". Professor em cursos de capacitação e de pós-graduação. Palestrante e conferencista nas áreas de Direito Financeiro, Administrativo, Econômico, Controle Externo, Responsabilidade Fiscal, Contabilidade Pública, Auditoria Governamental e Controle Gerencial. Ex-membro do Instituto Transparência Brasil, associado à *Transparency International America Latina y Caribe*. Autor e coautor de artigos técnicos e livros, entre eles: *Lei de responsabilidade fiscal: ensaios em comemoração aos 10 anos da Lei Complementar nº 101/00* (2010); *Direito administrativo brasileiro e lei de responsabilidade fiscal: o paradigma gerencial* (2004); *Direito financeiro e finanças públicas sob a égide da lei de responsabilidade fiscal* (2004); *Orçamento público sob a égide da lei de responsabilidade fiscal* (2004). Coautor do trabalho técnico-científico ganhador do Prêmio Internacional conferido em 2009 pela OLACEFS (*Organización Latinoamericana y del Caribe de Entidades Fiscalizadoras Superiores*) no "XII Concurso Anual de Investigação Omar Lynch".

Luciano Elias Reis

Mestrando em Direito Econômico na PUCPR. Professor de Direito Administrativo da UTP. Coordenador da Especialização de Direito Municipal do CESUL.

Luis Henrique Braga Madalena

Especialista em Direito Constitucional e em Teoria Geral do Direito pela Academia Brasileira de Direito Constitucional. Advogado. Membro da Comissão de Gestão Pública da OAB/PR.

Luiz Alex Silva Saraiva

Doutor em Administração pela Universidade Federal de Minas Gerais. Professor Adjunto do Departamento de Ciências Administrativas da Faculdade de Ciências Econômicas da Universidade Federal de Minas Gerais. Publicou os livros: *Comunicação e organização em processos e práticas* (Difusão, 2010); *Trabalho e sociedade: representações e significados* (CRV, 2009); *Análise do discurso em estudos organizacionais* (Juruá, 2009); *Turismo, sustentabilidade e meio ambiente: contradições e convergências* (Autêntica, 2009); *Organizações familiares: um mosaico brasileiro* (UPF, 2008); *Simbolismo organizacional no Brasil* (Atlas, 2007); *Administração com arte: experiências vividas de ensino-aprendizagem* (Atlas, 2007); *Terceiro setor: dilemas e polêmicas* (Saraiva, 2006); *Gestão, trabalho e cidadania: novas articulações* (Autêntica, 2001); *Dicionário da educação profissional* (NETE/FAE/UFMG, 2000); e *Recursos humanos: uma dimensão estratégica* (UFMG/FACE/CEPEAD, 1999). E-mail: saraiva@face.ufmg.br

Luis Eduardo Coimbra de Manuel
Engenheiro em Eletrônica e Telecomunicações pela Universidade Tecnológica Federal do Paraná (UTFPR). Bacharel em Direito pela Faculdade de Direito de Curitiba (UNICURITIBA), onde foi laureado com o "Prêmio Professor Milton Vianna – Medalha de Ouro" pela obtenção da maior média geral dentre os formandos da turma de Junho de 2010. Pós-graduado em Administração de Empresas (MBA) pelo Instituto Superior de Administração de Empresas da Pontifícia Universidade Católica do Paraná (ISAD/PUC-PR) e extensão pela University of Texas at Austin (EUA). Empresário do setor de Tecnologia da Informação. Advogado.

Mariano Lucas Cordeiro
Abogado. Especialista en Derecho Administrativo y Administración Pública, título expedido por la Universidad Nacional de Buenos Aires, con tesis distinguida. Profesor de Derecho Administrativo en la Universidad Nacional de Buenos Aires, y en la Facultad de Derecho de la Universidad del Salvador y de posgrado en la Universidad Católica de La Plata. Fue expositor en numerosos Congresos y Jornadas, tanto en su país como en el Brasil, México, Italia y España, siendo autor de numerosos artículos publicados en revistas de su especialidad y del libro *Recursos administrativos vs. Tutela judicial efectiva* que se encuentra en prensa.

Martín Plaza
Master en Derecho Administrativo. Profesor de Derecho Administrativo UCASAL. Ex Procurador General de la Ciudad de Salta. Becario de la Bar Asociation de New York. Autor del libro *Derecho administrativo de la Provincia de Salta*.

Pablo Oscar Gallegos Fedriani
Abogado egresado de la U.B.A. (1975), especializado en Derecho Administrativo y administración pública (U.B.A, 1986). Doctor en Derecho y Ciencias Jurídicas por la Universidad de Buenos Aires, área "Derecho Administrativo" 2008. Vocal de la Excma. Cámara Nacional de Apelaciones en lo Contencioso Administrativo Federal, Sala V y presidente de la misma. Profesor Adjunto Regular de Derecho Administrativo en la Facultad de Derecho y Cs. Sociales de la U.B.A. Docente universitario (U.B.A., 1980/1983).

Profesor de Derecho Procesal Administrativo y Constitucional de la Escuela del Cuerpo de Abogados del Estado de la Procuración del Tesoro de la Nación. Profesor invitado por la Facultad de Derecho de Pau (Francia, 1994). Integró la cátedra de Derecho Romano en la Facultad de Derecho y Cs. Sociales de la U.B.A. y en la Universidad del Salvador. Coordinador docente en la Fac. de Derecho y Cs. Sociales de la Universidad de Belgrano (1981/1986). Profesor del Curso de Especialización (posgrado) en Derecho Administrativo Económico (Universidad Católica Argentina, desde 1996). Profesor titular de Derecho Administrativo en la Facultad de Derecho de la Universidad Nacional de la Patagonia San Juan Bosco – Sede Esquel (desde agosto 2000). Miembro del Instituto de Derecho Administrativo de la Academia Nacional de Derecho y Ciencias Sociales. Becario en Derecho Administrativo, por la Dirección General de Cooperación Científica y Técnica del Ministerio de Asuntos Exteriores de Italia (Roma, Italia, 1979/1980) y en el programa FURP-CSIS United States 2009, desde el 14 de septiembre de 2009 al 18 de septiembre del mismo año por la Fundación Universitaria del Río de la Plata y el Cente for Strategic & International Studies. Miembro del Comité de Pares de evaluación de carreras de posgrado de especialización, maestría y doctorado del área Derecho Administrativo, y de Derecho Administrativo y Ambiental, años 1999 y 2000, respectivamente, en el marco de Acreditación de Carreras de Posgrado que desarrolla la CONEAU. Expositor en diversas jornadas provinciales, nacionales e internacionales. Autor de numerosas publicaciones en La Ley, El Derecho, *Revista Argentina del Régimen de la Administración Pública (RAP)*. *Revista de Derecho Administrativo*, *Revista de Derecho Procesal* (Ed. Rubinzal Culzoni). *Derecho Privado 1 y 2* (EUDEBA, 1985); "Derecho de aguas (uso especial de los particulares del agua del dominio público)"; *Derecho administrativo*. Obra colectiva en homenaje al Profesor Miguel S. Marienhoff, Ed. Abeledo Perrot, Bs.As., abril 1998; y de las obras *Las medidas cautelares contra la administración pública*, Ed. Ábaco, Bs. As., abril de 2002 y *Recursos directos (aspectos sustanciales y procesales)*, Ediciones RAP, Colección Thesis 2008.

Phillip Gil França
Doutorando e mestre em Direito do Estado pela PUCRS. Coordenador e professor (graduação e pós-graduação) da Faculdade de Direito da Universidade Tuiuti do Paraná. Professor da Escola da Magistratura do Paraná e da Escola Superior da Advocacia (OAB/PR). Membro da Comissão de Ensino Jurídico da OAB/PR. Membro do Grupo de Estudos e Pesquisas em Direitos Fundamentais-PUC/RS (Cnpq). Autor do livro *Controle da Administração Pública*. 2. ed. São Paulo: Revista dos Tribunais, 2010. Advogado e consultor jurídico.

Raquel Dias da Silveira
Mestre e Doutora em Direito, área de concentração Direito Administrativo, pela Universidade Federal de Minas Gerais. Professora e Diretora Acadêmica da Faculdade Dom Bosco, em Curitiba-PR. Advogada. Vice-Presidente da Comissão de Gestão Pública da OAB/PR.

Rodolfo Carlos Barra
Abogado y Doctor en Ciencias Jurídicas. Master en Derecho Administrativo Profundizado. Profesor Titular Ordinario de Derecho Administrativo de la Universidad Católica Argentina. Profesor Titular de Derecho Constitucional y Titular de Derecho Administrativo de la Universidad Nacional de La Matanza. Profesor Extraordinario de Derecho Administrativo de la Universidad Católica de Salta. Ex Juez de la Corte Suprema de Justicia de la Nación. Convencional Constituyente Nacional en 1994. Ex Ministro de Justicia de la Nación. Ex Presidente de la Auditoría General de la Nación.

Rodrigo Pironti Aguirre de Castro
Doutorando e Mestre em Direito Econômico e Social pela Pontifícia Universidade Católica do Paraná. Pós-graduado em Direito Administrativo pelo Instituto de Direito Romeu Felipe Bacellar Filho. Pós-Graduado em Direito Empresarial pela Pontifícia Universidade Católica do Paraná. Presidente da Comissão de Gestão Pública da Ordem dos Advogados do Brasil – Seção Paraná. Conselheiro Estadual da OAB/PR – Gestão 2010-2012. Vice-presidente do Foro Mundial de Jóvenes Administrativistas (Sede México). Membro do Instituto de Jovens Juristas Ibero-americanos. Membro do Instituto Paranaense de Direito Administrativo (IPDA). Membro da Comissão Nacional – CNAI – CFOAB – Gestão 2007-2009. Professor convidado da Universidade de La Plata-Argentina. Professor convidado da Universidade de San Nicolas de Hidalgo-México. Professor convidado da Escola de Gestão Pública Gallega-Espanha. Professor convidado do "Centro Studi Giuridici Latinoamericani"- Itália. Autor das Obras: *Processo administrativo e controle da atividade regulatória* (Ed. Fórum). *Sistema de controle interno: uma perspectiva do modelo de gestão pública gerencial* (2. ed. Fórum).

Romeu Felipe Bacellar Filho
Doutor em Direito do Estado. Professor Titular da Universidade Federal do Paraná e da Pontifícia Universidade Católica do Paraná. Advogado.

Santiago R. Carrillo
Abogado. Profesor de derecho administrativo de la Universidad de Buenos Aires, Universidad Nacional de la Matanza y Universidad Católica de La Plata. Relator Letrado de la Suprema Corte de Justicia de la Provincia de Buenos Aires.

Sebastián Álvarez
Abogado recibido en la Universidad de Buenos Aires. Especialista en Derecho Administrativo Económico egresado de la Universidad Católica Argentina. Profesor de Derecho Administrativo en las Facultades de Derecho de la Universidad de Buenos Aires y de La Matanza. Ha sido Profesor de Procedimiento Fiscal y Administrativo en la Universidad del Salvador. En el ámbito laboral ha sido Secretario del Fuero Contencioso Administrativo Federal, Gerente del Legales de Thales Spectrum de Argentina S.A., empresa

del rubro telecomunicaciones. Actualmente es Abogado Asociado del Estudio Jurídico Brons & Salas, desempeñándose en particular en el campo del Derecho Administrativo y Regulatorio. Es miembro de asociaciones profesionales nacionales y de la Ciudad de Buenos Aires. Ha publicado artículos y sido expositor en jornadas relacionadas con su especialidad.

Esta obra foi composta em fonte Palatino Linotype, corpo 10
e impressa em papel Offset 75g (miolo) e Supremo 250g (capa)
pela Gráfica e Editora O Lutador.
Belo Horizonte/MG, abril de 2011.